HISTOIRE COMPLÈTE

DE LA

NOBLESSE DE FRANCE.

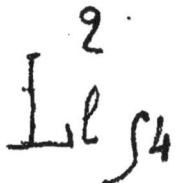

HISTOIRE COMPLÈTE

DE LA

NOBLESSE

DE FRANCE,

DEPUIS 1789 JUSQUE VERS L'ANNÉE 1862;

SUIVIE DE CONSIDÉRATIONS SUR LA GRANDEUR
DE LA NOBLESSE, SA SITUATION ACTUELLE ET L'INFLUENCE MORALE
QU'ELLE EXERCE SUR LES AUTRES CLASSES DE LA SOCIÉTÉ.

PAR N. BATJIN.

PARIS,	BRUXELLES,
E. Dentu, Libraire, Palais Royal,	C. Muquardt, Libraire,
13 et 17, Galerie d'Orléans.	2, rue Royale.

1862.
Tous droits de reproduction et de traduction réservés.

Imprimé par Eug. Vanderhaeghen, rue des Champs, 66, à Gand.

PRÉFACE.

La Noblesse, comme toutes les institutions politiques, a eu et a encore ses partisans et ses détracteurs; ces derniers s'appliquent à confondre et à faire envisager sous le même point de vue la Noblesse et la Féodalité; il est utile de détruire ce préjugé que la Noblesse et la Féodalité sont la même chose, il est bien que tout le monde sache que la Féodalité était le droit qu'un Seigneur avait sur une autre propriété que la sienne, et quelquefois même sur le vassal qui possédait cette propriété; mais depuis 73 ans, la Féodalité a été supprimée et depuis 73 ans les Nobles ne jouissent d'aucun privilége relativement aux autres Français, ils demeurent soumis aux lois civiles et criminelles et à toutes les lois de l'État.

Il circule dans le public et un certain nombre d'hommes instruits et éclairés ne craignent point de propager sciemment des doctrines erronées sur la Noblesse, oubliant les services qu'elle a rendus, ceux qu'elle rend et ceux qu'elle est appelée à rendre; nous avons pensé que le meilleur moyen de détruire ces erreurs, c'était d'exposer la conduite de la Noblesse Française en écrivant son histoire; l'ignorance à ce sujet s'explique jusqu'à un certain point par l'absence de récits sur le rôle important que les Nobles ont remplis aux grandes époques de nos annales; on a écrit l'histoire des classes bourgeoises, l'histoire des paysans, l'histoire des races maudites et des races réprouvées, et dans un siècle où tant d'Auteurs cherchent à rabaisser ce qui est élevé pour tout égaliser, nous avons osé faire l'Histoire de la Noblesse, nous voulons dire des races glorieuses.

A mesure que nous nous sommes avancés dans nos recherches, nous avons été frappé de l'injustice avec laquelle on apprécie la Noblesse dans beaucoup d'ouvrages modernes, nous avons senti le besoin d'un correctif pour rétablir la vérité, et pénétrés de l'importance de notre idée, nous l'avons réalisée en écrivant et publiant ce volume.

Souvent l'esprit de parti répand ses poisons sur l'histoire, peu lui importe qu'un fait soit erroné s'il est utile pour appuyer une mauvaise cause; on imprime de nos jours beaucoup de Livres remplis de narrations où on impute à la Noblesse des fautes nombreuses et inqualifiables. L'abus d'isoler quelques faits choisis et de les considérer comme le fondement de l'histoire, est le plus grand coup que l'on puisse porter à la certitude historique, c'est l'art de rédiger des faits faux à l'instar des faits vrais.

Telle est cette foule de romans historiques publiés sous les titres de prétendus Mémoires, de Lettres supposées, de Mystères dévoilés dans lesquels par de tristes odyssées on flatte et on excite les mauvaises passions; beaucoup d'individus pensent que le roman historique est le tableau vrai des mœurs et ils croient à la réalité des récits mensongers qu'ils lisent et qui leur sont présentés sous une forme séduisante et trompeuse avec l'aspect d'histoires exactes. Oui! c'est une grande mission que d'écrire l'histoire, surtout quand en tenant la plume, un écrivain pense qu'il peut être utile en rappelant les vertus de nos aïeux et en les présentant comme des modèles à suivre et à imiter.

Ce volume contient l'Histoire de la Noblesse depuis 1789, jusque vers l'année 1862, mais pour accomplir l'indication de notre titre : *Histoire Complète*, nous avons pris la résolution de publier prochainement un second volume, qui comprendra l'époque antérieure, c'est-à-dire, l'Histoire de la Noblesse de France, depuis l'origine de la monarchie jusqu'à l'année 1789; ces deux volumes se compléteront l'un par l'autre, ils formeront ensemble une histoire complète et ils justifieront notre titre.

HISTOIRE COMPLÈTE
DE
LA NOBLESSE
DE
FRANCE,

DEPUIS 1789 JUSQUE VERS L'ANNÉE 1862.

CHAPITRE I.er

RÈGNE DE LOUIS XVI,

DU 5 MAI 1789 AU 19 JUIN 1790.

Sommaire :

Liste des Membres du Corps de la Noblesse qui ont assisté aux États-Généraux, convoqués le 5 mai 1789. — Discussion entre le Clergé et la Noblesse d'une part, et le Tiers-État d'autre part, sur la manière de voter et de compter les suffrages. — Désordres dans les provinces aux cris de : Guerre aux Châteaux, Paix aux Chaumières. — Arrêté de la nuit du 4 août 1789, sur l'abolition des droits Seigneuriaux. — Le Roi hésite à donner sa sanction à cet arrêté. — Lettre du Roi à l'Archevêque d'Arles. — Réponse du Roi à l'Assemblée nationale exprimant les motifs de son refus de sanctionner l'arrêté du 4 août. — l'Assemblée nationale décide que le Président se rendrait auprès du Roi, pour demander la promulgation de cet arrêté. — Le Roi le sanctionne le 21 septembre 1789. — Continuation du pillage et de la destruction des Châteaux Seigneuriaux. — Séance de l'Assemblée nationale du 19 juin 1790, où est voté le décret de suppression de la Noblesse héréditaire.

Les États-Généraux convoqués se composaient de 1128 membres, savoir :

CLERGÉ.

Archevêques et Évêques...	48	
Abbés et Chanoines.....	35	} 293 Membres.
Curés............	210	

NOBLESSE.

Prince du sang.......	1	
Magistrats de cours Souveraines et de bailliages....	28	} 270 Membres.
Gentilshommes.......	241	

TIERS-ÉTAT.

Ecclésiastiques........	2	
Gentilshommes........	12	
Maires ou Consuls.....	18	
Magistrats de différens Tribunaux...........	62	} 565 d.º
Avocats...........	279	
Médecins..........	16	
Négociants, cultivateurs...	176	

Total 1128 Membres.

Liste alphabétique des Membres du Corps de la Noblesse qui ont assisté aux États-Généraux, convoqués par le Roi Louis XVI, le 5 Mai 1789.

AGOULT (le comte Antoine d'). Dauphiné.
AIGALLIERS (Bruéys, baron d'). Sénéchaussée de Nimes.
AIGUILLON (le duc d'), pair de France. Sénéchaussée d'Agen.
ALLARDE (le baron d'). Bailliage de Saint-Pierre-le-Moustier.
AMBLY (le marquis d'), maréchal-de-camp. Bailliage de Reims.
ANDELAU DE HOMBOURG (le baron d'), maréchal-de-camp, grand bailly d'épée. Bailliage d'Haguenau.
ANGOSSE (le marquis d'), maréchal-de-camp, gouverneur et grand sénéchal d'Armagnac. Sénéchaussée d'Armagnac.
ANTRAIGUES (le comte d'). Sénéchaussée de Villeneuve-de-Berg.
AOUST (le marquis d'). Bailliage de Douai.
APCHIER (le marquis d'). Sénéchaussée de Mende.
ARCY (le comte d'). Bailliage d'Auxerre.
ARGENTEUIL (le marquis d'), maréchal-de-camp. Bailliage d'Auxois.
AURILLAC (le baron d'). Bailliage de Saint-Flour.
AVARAY (le marquis d'), maître de la garde robe de *Monsieur* frère du roi. Bailliage d'Orléans.
AVESSENS (le marquis d'). Première sénéchaussée de Languedoc.
BADENS (le marquis du Pach de). Sénéchaussée de Carcassonne.
BALLIDARD (de). Bailliage de Vitry-le-Français.
BARBANÇON (le vicomte de). Bailliage de Villers-Cotterets.
BARBOTAN (le comte de). Sénéchaussée de Dax, etc.
BARVILLE (de), officier aux gardes. Bailliage d'Orléans.
BATZ (le comte de), grand sénéchal. Sénéchaussée de Nérac.

Beauchamp (le marquis de). Sénéchaussée de Saint-Jean-d'Angely.

Beaudrap (de). Bailliage de Coutances.

Beauharnois (le vicomte de), major en second d'infanterie. Bailliage de Blois.

Belbœuf (de), avocat général au parlement de Rouen. Bailliage de Rouen.

Bengy de Puy-Vallée. Bailliage du Berry.

Biencourt (le marquis de), maréchal-de-camp. Sénéchaussée de Guéret.

Biron (le duc de). Sénéchaussée de Quercy.

Blacons (le marquis de). Dauphiné.

Boisse (le chevalier de). Ville et Sénéchaussée de Lyon.

Bonneville (le comte de). Bailliage d'Evreux.

Bonnay (le marquis de). Bailliage de Nivernais.

Bonvouloir (Tachard de). Bailliage de Coutances.

Boufflers (le chevalier de), chevalier de Malte, noble génois, maréchal-de-camp, etc. Bailliage de Nancy.

Bournazel (le comte de). Sénéchaussée de Villefranche en Rouergue.

Bourban (le marquis de). Sénéchaussée d'Agen.

Bousmard, capitaine au corps royal du génie. Bailliage de Bar-le-Duc.

Bouthilier (le marquis de). Bailliage de Berry.

Bouville (de). Bailliage de Caux.

Briois de Beaumetz, premier président du conseil d'Artois. Province d'Artois.

Broglie (le prince Victor de). Bailliage de Colmar et Schélestat.

Broves de Rafélis (le vicomte de). Sénéchaussée de Draguignan.

Bureau de Puzy, officier du génie. Bailliage d'Amont.

Burignot de Varrennes. Bailliage de Châlons-sur-Saône.

Burle (de), lieutenant-général de Sisteron. Sénéchaussée de Forcalquier.

Buttafoco (de), maréchal-de-camp. Ile de Corse.

Cairon (le marquis de). Bailliage de Caux.

Castellane (le comte de). Bailliage de Châteauneuf en Thimerais.

Castries (le duc de). Prévôté et vicomté de Paris.

Causans (le marquis de). Principauté d'Orange.

Caylus (le duc de), grand d'Espagne. Bailliage de Saint-Flour.

Cazalès (de). Pays et jugerie de Rivière-Verdun.

Cernon (le baron de). Bailliage de Châlons-sur-Marne.

Chabrol, lieutenant-criminel de la sénéchaussée d'Auvergne.

Chalon (le chevalier de). Sénéchaussée de Castel-Moron.

Chaléon (le baron de). Dauphiné.

Chambray (le marquis de), maréchal-de-camp. Bailliage d'Évreux.

Champagny (de Nompair de), major de vaisseau. Bailliage de Forez.

Chastenay de Lanty (le comte de). Bailliage de Châtillon-sur-Seine.

Chatelet (le duc du), chevalier des ordres du roi, grand d'Espagne, colonel des gardes françaises. Bailliage de Bar-le-Duc.

Choiseul d'Aillecourt (le comte de). Bailliage de Chaumont en Bassigny.

Choiseul Praslin (le duc de). pair de France. Sénéchaussée d'Anjou.

Clapiers (de). Sénéchaussée d'Aix.

Clairmont (d'Esclaïbe, comte de). Bailliage de Chaumont en Bassigny.

Clermont-Lodeve (Guilhelm, marquis de). Ville d'Arles.

Clermont-Mont-Saint-Jean (le marquis de). Bailliage de Bugey et Val-Romey.

Clermont-Tonnerre (le comte de), pair de France. Ville de Paris.

Coiffier (le baron de). Sénéchaussée de Moulins.

Coigny (le duc de), pair de France, chevalier des ordres du roi, lieutenant-général de ses armées, etc. Bailliage de Caen.

Comaserra (de). Province de Roussillon.

Crécy (le comte de) Sénéchaussée de Ponthieu.

Crillon (le comte de). Bailliage de Beauvais.

Crillon (le marquis de), maréchal-de-Camp. Bailliage de Troyes.

Croï (le duc de), chevalier des ordres du roi. Hainault.

Croix (le comte de), major en second d'infanterie. Province d'Artois.

Crussol (le baron de), grand bailly d'épée. Bailliage de Bar-sur-Seine.

Crussol (le bailly de), chevalier des ordres du roi, capitaine des gardes de M. le comte d'Artois. Prévôté et Vicomté de Paris.

Crussol d'Amboise (le marquis de), lieutenant-général des armées du roi. Sénéchaussée du Poitou.

Culant (le comte de). Bailliage d'Angoulême.

Custine (le comte de). Bailliage de Metz.

Cypierre (le marquis de). Sénéchaussée de Marseille.

D'Agnesseau de Fresnes. Bailliage de Meaux.

D'André, conseiller au parlement d'Aix. Sénéchaussée d'Aix.

Depiis, grand sénéchal. Sénéchaussée de Bazas.

Deschamps. Ville et sénéchaussée de Lyon.

Dieuzie (le comte de). Sénéchaussée d'Anjou.

Digoine du Palais (le marquis). Bailliage d'Autun.

Dionis Duséjour, conseiller au parlement. Ville de Paris.

Dortan (le comte de). Bailliage de Dole en Franche-Comté.

Douzon (Dubuisson comte de). Sénéchaussée de Moulins.

Duport, conseiller au parlement. Ville de Paris.

Duval d'Esprémenil, conseiller au parlement. Prévôté et vicomté de Paris.

Egmont-Pignatelli (le comte d'), grand d'Espagne, chevalier de la Toison d'Or, lieutenant-général des armées du roi. Bailliage de Soissons.

Escars (le comte François d'), gentilhomme d'honneur de M. le comte d'Artois. Sénéchaussée de Châtellerault.

Esclans (le chevalier d'). Bailliage d'Amont.

Escouloubre (le marquis d'). Première sénéchaussée de Languedoc.

Esquille (le marquis d'), président au parlement. Béarn.

Estagnolle (le comte d'). Bailliage de Sedan.

Estourmel (le marquis d'). Cambresis.

Eymard (d'). Sénéchaussée de Forcalquier.

Failly (le comte de). Bailliage de Vitry-le-Français.

Férièrres (le marquis de). Sénéchaussée de Saumur.

Flachslanden (le baron de), maréchal-de-camp. Bailliage de Colmar et Schélestat.

Fonchateau (Provençal, marquis de). Sénéchaussée d'Arles.

Fossés (le vicomte des). Bailliage de Vermandois.

Foucault de Lardimalie (le marquis de). Sénéchaussée du Périgord.

Fournès (le marquis de), sénéchal. Sénéchaussée de Nimes.

Fresnay (Bailli, marquis de). Sénéchaussée du Maine.

Fréteau de Saint-Just, conseiller au parlement de Paris. Bailliage de Melun.

Froment (de), ancien lieutenant-colonel du régiment de Rohan. Bailliage de Langres.

Frondeville (Lambert de), président au parlement de Rouen. Bailliage de Rouen.

Fumel-Monségur (le marquis de), maréchal-de-camp. Sénéchaussée d'Agen.

Gaïllon (le marquis de). Bailliage de Mantes.

Garon de la Bévière, chevalier de Saint-Louis. Bailliage de Bourg-en-Bresse.

Gauville (le baron de). Bailliage de Dourdan.

Gleises de la Blanque, lieutenant-général de Béziers. Sénéchaussée de Béziers.

Gomer (le comte de), maréchal-de-camp. Bailliage de Sarguemines.

Gonnès (le baron de). Sénéchaussée de Bigorre.

Graimberg de Belleau, lieutenant des maréchaux de France. Bailliage de Château-Thierry.

Grammont (le comte de), lieutenant-général des armées du roi. Béarn.

Grezolles (le comte de). Bailliage du Forez.

Grosbois (de), premier président du parlement de Besançon. Bailliage de Besançon.

Harambure (le baron d'). Bailliage de Touraine.

Harchies (le marquis de), capitaine au régiment de Bresse. Bailliage de Bailleul.

Hart (le marquis du). Pays de Soules.

Hautoy (le vicomte du), maréchal-de-camp. Bailliage de Bar-le-Duc.

Havré et de Croï (le duc d'), grand d'Espagne. Bailliage d'Amiens et Ham.

Helmstatt (le comte d'). Bailliage de Sarguemines.

Hercé (le chevalier de). Sénéchaussée du Maine.

Hodicq (le comte d'), maréchal-de-camp. Bailliage de Montreuil-sur-mer.

Irland de Bazoges, lieutenant du présidial de Poitiers. Sénéchaussée du Poitou.

Iversay (Jouflard, comte d'). Sénéchaussée du Poitou.

Jessé (le baron de). Sénéchaussée de Béziers.

Juigné (le marquis de), lieutenant-général des armées du roi. Marches communes de Poitou et de Bretagne.

Juigné (le baron de). Bailliage de Coutances.

Lablache (le comte de), maréchal-de-camp. Dauphiné.

Lachatre (le comte de), premier gentilhomme de la chambre de *Monsieur*, frère du roi. Bailliage de Berry.

Lachatre (le vicomte de). Sénéchaussée de Poitou.

Lacoste (le marquis de). Bailliage de Charolles.

Lacoudraye (Deloynes, chevalier de). Sénéchaussée du Poitou.

Lafayette (Mottié, marquis de), maréchal-de-camp. Sénéchaussée de Riom.

Lagalissonnière (le comte de). Sénéchaussée d'Anjou.

Laipaud (le comte de), grand sénéchal d'épée. Sénéchaussée de la Basse-Marche.

Lally-Tolendal (le comte de). Ville de Paris.

Lamarck (le comte de). Hainault.

Lambertye (le comte de). Sénéchaussée du Poitou.

Lamerville (Heurtault, vicomte de). Bailliage de Berry.

Lameth (le chevalier Alexandre de), gentilhomme d'honneur de M. le comte d'Artois. Bailliage de Péronne.

Laneth (le comte Charles de), colonel des cuirassiers. Province d'Artois.

Lannoy (le comte de), maréchal-de-camp. Bailliage de Lille.

Langon (le marquis de). Dauphiné.

Landenberg-Wagenbourg (le baron de). Bailliage de Béfort.

Laqueille (le marquis de). Sénéchaussée de Riom.

Laqueille (le vicomte de). Sénéchaussée de Tulle.

La Rouzière (le marquis de), maréchal-de-camp. Sénéchaussée de Riom.

Lapoype-Vertrieux (le marquis de), chef d'escadre. Sénéchaussée de Toulon.

Lassigny de Juigné (le comte de). Sénéchaussée de Draguignan.

Larochefoucauld (le duc de), pair de France. Ville de Paris.

Laroque de Mons (le comte de). Sénéchaussée du Périgord.

Latouche (le Vassor, comte de), capitaine des vaisseaux du roi, inspecteur général des canonniers auxiliaires de la marine, chancelier de M. le duc d'Orléans. Bailliage de Montargis.

Latour-du-Pin (le comte de). Sénéchaussée de Saintes. (Remplacé par le comte de Bremont-d'Ars.)

Latour-Maubourg (le marquis de). Sénéchaussée du Puy-en-Velay.

Lavalette-Parizot (le marquis de). Sénéchaussée du Quercy.

Lavie (le président). Sénéchaussée de Bordeaux.

Leberthon; premier président du parlement de Bordeaux. Sénéchaussée de Bordeaux.

Lecarpentier de Chailloué, conseiller au parlement. Bailliage d'Alençon.

Lemoyne de Belleisle. Bailliage de Chaumont-en-Vexin.

Lemulier de Bressay. Bailliage de Dijon.

Lencosne (le marquis de). Bailliage de Touraine.

Lesergean d'Isbergue, lieutenant des maréchaux de France. Province d'Artois.

Lévis (le duc de). Bailliage de Senlis.

Lévis (le comte de). Bailliage de Dijon.

Lezai de Marnézia (le marquis de), maréchal-de-camp. Bailliage d'Aval.

L'Huillier-Rouvenac (le baron de). Sénéchaussée de Limoux.

Liancourt (le duc de), chevalier des ordres du roi, grand-maître de sa garde-robe. Bailliage de Clermont en Beauvoisis.

Linière (le comte de). Sénéchaussée de Nimes.

Logras (le marquis de), conseiller au parlement de Navarre. Navarre.

Loras (le marquis de). Ville et sénéchaussée de Lyon.

Ludres (le comte de), maréchal-de-camp. Bailliage de Nancy.

Lupé (le baron de). Sénéchaussée d'Auch.

Lusignan (le marquis de). Sénéchaussée de Condom.

Lusignem (le marquis de), lieutenant-général des armées du roi. Ville de Paris.

Luxembourg (Piney, duc de), pair de France, etc. (Remplacé par M. Irland de Bazoges.)

Luynes (le duc de), pair de France. Bailliage de Touraine.

Macaye (le vicomte de). Bailliage de Labour.

Maquerel de Quémy. Bailliage de Vermandois.

Mailly (le duc de). Bailliage de Péronne.

Malartic (le vicomte de), lieutenant-colonel de bataillon. Sénéchaussée de la Rochelle.

Marguerites (le baron de), maire de Nimes. Sénéchaussée de Nimes.

Marsanne-Fontjuliane (le comte de). Dauphiné.

Mascon (le comte de). Sénéchaussée de Riom.

Maulette (le chevalier de). Bailliage de Montfort-l'Amaury.

Maurens (de), président à mortier au parlement de Toulouse. Première sénéchaussée de Languedoc.

Menonville (de). Bailliage de Mirecourt.

Menou (le baron de). Bailliage de Touraine.

Mesgrigny (le marquis de). Bailliage de Troyes.

Mirabeau (le vicomte de), colonel du régiment de Touraine. Sénéchaussée de Limoges.

Miremont (le comte de). Bailliage de Vermandois.

Mirepoix (le comte de). Ville de Paris.

Moncorps Duchénoi (le comte de). Bailliage d'Auxerre.

Monjoye Vaufrey (le comte de). Bailliage de Béfort.

Monspey (le marquis de). Sénéchaussée de Beaujolais.

Montagut-Barrau (le baron de). Comminges et Nébouzan.

Montboissier (le comte de), chevalier des ordres du roi, lieutenant-général de ses armées. Sénéchaussée de Clermont en Auvergne.

Montboissier (le baron de). Bailliage de Chartres.

Montcalm-Gozon (le comte de), maréchal-de-camp. Sénéchaussée de Carcassonne.

Montcalm-Gozon (le marquis de). Sénéchaussée de Villefranche en Rouergue.

Mont d'Or (le marquis de). Ville et Sénéchaussée de Lyon.

Montesquiou-Fezensac (le marquis de), chevalier des ordres du roi, premier écuyer de *Monsieur*, etc. Ville de Paris.

Montferré (le chevalier de). Province de Roussillon.

Montmorency (le comte Mathieu de), grand bailly. Bailliage de Montfort-l'Amaury.

Montrevel (le comte de), maréchal-de-camp. Bailliage de Mâcon.

Morge (le comte de). Dauphiné.

Mortemart (le duc de) pair de France. Bailliage de Sens.

Mortemart (le marquis de). Bailliage de Rouen.

Noailles, prince de Poix, chevalier des ordres du roi et de la Toison d'Or, capitaine des gardes-du-corps, gouverneur de Versailles, etc. Bailliage d'Amiens et de Ham.

Noailles (le vicomte de). Bailliage de Nemours.

Noyelles (le baron de). Bailliage de Lille.

Orléans (Louis-Philippe-Joseph de Bourbon, duc d'). Bailliage de Crépy en Valois.

Ormesson (président d'). Prévôté et vicomté de Paris.

Panat (le marquis de). Première sénéchaussée de Languedoc.

Panat (le vicomte de). Sénéchaussée de Rhodez.

Panetiers (le comte de). Vicomté de Couserans.

Pannette (Vincent de). Sénéchaussée de Trévoux.

Pardieu (le comte Félix de). Bailliage de Saint-Quentin.

Paroy (le marquis de), grand bailly. Bailliage de Provins.

Phélines (de), capitaine au corps royal du génie. Bailliage de Blois.

Plas de Tane (le comte de). Sénéchaussée du Quercy.

Pleure (le marquis de), grand bailly. Bailliage de Sézanne.

Poissac (le baron de), conseiller au parlement de Bordeaux. Sénéchaussée de Tulle.

Pouilly (le baron de). Bailliage de Verdun.

Praslin (le comte de), colonel du régiment de Lorraine. Sénéchaussée du Maine.

Prez de Crassier, chevalier de St.-Louis, grand bailly d'épée. Bailliage de Gex.

Puch de Montbreton. Sénéchaussée de Libourne.

Puisaye (le comte de). Bailliage du Perche.

Rancourt de Villiers. Bailliage de Gien.

Rathsamhausen (le baron de), colonel d'infanterie. Bailliage d'Haguenau.

Renel (le comte de). Bailliage de Toul.

Reuillez (le comte de). Sénéchaussée d'Anjou.

Richier (de), gentilhomme de Marennes. Sénéchaussée de Saintes.

Robecq (le prince de), chevalier des ordres du roi, grand d'Espagne, etc. Bailliage de Bailleul.

Rochebrune (le baron de). Bailliage de Saint-Flour.

Rochechouart (le comte de), maréchal-de-camp. Ville de Paris.

Roquefort (la Salle, marquis de). Sénéchaussée de Mont-de-Marsan.

Roys (le comte de), grand sénéchal de Limoges. Sénéchaussée de Limoges.

Sainte-Aldegonde (le comte François de), colonel au régiment de Royal-Champagne. Bailliage d'Avesnes.

Saint-Fargeau (le Pelletier de), président au parlement. Ville de Paris.

Saint-Maixant (le marquis de), maréchal-de-camp. Sénéchaussée de Guéret.

Saint-Marc (le marquis de). Bailliage d'Etampe.

Saint-Maurice (le marquis de). Sénéchaussée de Montpellier.

Saint-Simon (le marquis de), grand d'Espagne. Bailliage d'Angoulême.

Sandrans (Cardon, baron de). Bailliage de Bourg-en-Bresse.

Sandrouin (le vicomte de), chevalier de Malte. Bailliage de Calais et Ardres.

Sarrazin (le comte de). Bailliage de Vendôme.

Sassenay (le marquis Bernard de). Bailliage de Chalons-sur-Saône.

Satilieu (le marquis de), capitaine au corps royal du génie. Sénéchaussée d'Annonay.

Ségur (le vicomte de), maréchal-de-camp. Sénéchaussée de Bordeaux.

Sérent (le comte de), maréchal-de-camp. Bailliage de Nivernais.

Seurrat de la Boulaye, conseiller au Châtelet d'Orléans. Bailliage d'Orléans.

Sillery (Brûlart de Genlis, marquis de). Bailliage de Reims.

Sinéti (de), chevalier de Saint-Louis. Sénéchaussée de Marseille.

Ternay (le marquis de). Bailliage de Loudun.

Tessé (le comte de), grand d'Espagne, chevalier des ordres du roi, premier écuyer de la reine, lieutenant-général des armées du roi. Sénéchaussée du Maine.

Thiboutot (le marquis de), maréchal-de-camp. Bailliage de Caux.

Toulongeon (le marquis de). Bailliage d'Amont.

Toulongeon (le vicomte de). Bailliage d'Aval.

Toulouse-Lautrec (le comte de), maréchal-de-camp. Sénéchaussée de Castres.

Toustain de Viray (le comte de). Bailliage de Mirecourt.

Tracy (Destutt, comte de). Sénéchaussée de Moulins.

Trie (le comte de). Bailliage de Rouen.

Usson (le marquis d'), maréchal-de-camp. Sénéchaussée de Pamiers.

Ustou de Saint-Michel (le vicomte d'). Comminges et Nébouzan.

Vassé (le vidame). Sénéchaussée de Pamiers.

Vassy (le comte Louis de). Bailliage de Caen.

Vaudreuil (le marquis de), lieutenant-général des armées navales. Sénéchaussée de Castelnaudary.

Verthamont (le chevalier de). Sénéchaussée de Bordeaux.

Vialis (de), maréchal-de-camp. Sénéchaussée de Toulon.

Villarmois (le comte Arthur de). Bailliage de Coutances.

Villemort (le comte de). Sénéchaussée du Poitou.

Villequier (le duc de), chevalier des ordres du roi, premier gentilhomme de sa chambre. Sénéchaussée de Boulogne-sur-Mer.

Virieu (le comte de). Dauphiné.

Vogué (le comte de). Sénéchaussée de Villeneuve-de-Berg.

Vrigny (le marquis de), grand-bailly. Bailliage d'Alençon.

Wimpfen (le baron de). Bailliage de Caen.

Wolter de Neubourg. Bailliage de Metz.

Dans les précédentes convocations des États-Généraux, la distinction entre les trois Ordres avait toujours été scrupuleusement observée, elle existait et elle se maintenait par tradition, il ne s'était jamais élevé un incident à ce sujet et tout portait à croire qu'il en serait de même cette fois où les dispositions avaient été prises pour que cette distinction des Ordres fut maintenue et qu'ils fussent divisé en trois chambres (chaque Ordre formant une chambre) et les votes devant s'effectuer par chambre.

Telle n'était pas l'idée du Tiers-État qui voulait tout réformer. Il débuta par provoquer l'égalité entre les trois ordres pour ne faire qu'une seule chambre, confondre tous les votes de manière à se créer la majorité dans l'assemblée.

En effet le vote par chambre, ne laissait au Tiers-État qu'un vote sur trois et le vote individuel de tous les membres des trois ordres, pouvait parfois offrir chance de la majorité aux idées du Tiers-État.

Aussi la difficulté élevée par le Tiers-État surgit lors de la vérification des pouvoirs; devait-on procéder par Ordre? ou par Tête? Les députés des communes disaient que, lors même que les Ordres devraient délibérer séparément, ce qu'ils ne pensaient point, les pouvoirs devaient être vérifiés en commun; et que chaque Ordre devant délibérer sur les propositions générales, il convenait à chacun de savoir si les députés des autres étaient légalement nommés.

La Noblesse ne reconnaissant point au Tiers-État le droit de changer la marche adoptée et suivie aux autres assemblées des États-Généraux, elle vérifia ses pouvoirs dans sa chambre et le 13 mai 1789, elle notifia au Tiers-État qu'elle se déclarait légalement constituée.

Le 17 juin 1789, les députés du Tiers-État qui avaient aussi agi à part, se constituèrent en *assemblée nationale*. Sur l'avis d'une lettre du Comte d'Artois qui laissait à entendre à la Noblesse qu'il convenait de se réunir à l'Assemblée des États-Généraux, parce que la vie du Roi était en danger, les Nobles obéïrent, le Clergé également, les trois Ordres se réunirent donc dans la Salle commune.

Les désordres continuaient en provinces, notamment dans le Mâconnais et dans le Beaujolais; soixante-douze châteaux venaient d'être brûlés; des bandes parcouraient le pays, allant de village en village; elles assemblaient les paysans au son du tocsin, et de là allaient à leurs expéditions, en criant : Guerre aux chateaux, Paix aux chaumières.

Le même mouvement avait lieu dans la plupart des autres provinces.

Le 4 août 1789, la séance de l'Assemblée Nationale commença à 8 heures du soir, elle se prolongea fort avant dans la nuit; un membre remontant aux causes de l'insurrection qui se propage dans tout le Royaume, déclare que le moyen de l'appaiser est avant tout de céder aux désirs du peuple en supprimant à l'instant même tous les privilèges, il propose l'égale distribution de toutes les charges publiques, le remboursement de tous les droits féodaux, la suppression sans rachat des corvées et des servitudes personnelles; aussitôt et sans délibération, l'assemblée abolit avec les droits féodaux les justices seigneuriales et tous privilèges.

Arrêté concernant la suppression de la Féodalité.

Du 4 Août 1789. — Séance du soir.

L'Assemblée nationale a arrêté, sauf rédaction, à l'unanimité, et sous la réserve exigée par les sermens et les mandats des divers commettans.......

.... Abolition de la qualité de serf et de la main-morte, sous quelque dénomination qu'elle existe.

— Faculté de rembourser les droits Seigneuriaux.

— Abolition des Justices Seigneuriales.

— Suppression du droit exclusif de la chasse, des colombiers et des garennes.

— Taxe en argent représentative de la dîme.

— Rachat possible de toutes les dîmes, de quelque espèce que ce soit.

L'Arrêté ci-contre fut imprimé et publié par ordre du Roi, le 21 Septembre, et envoyé aux Tribunaux et Municipalités, le 3 Novembre 1789.

*Ces six articles font partie du Décret connu sous le nom d'*ARRÊTÉS DE LA NUIT *du 4 Août 1789.*

Le Roi hésita longtemps avant de donner sa sanction à ce décret, voici ce qu'il écrivait à l'archevêque d'Arles :

« Je suis content de cette démarche noble et géné-
» reuse des deux premiers Ordres de l'État. Ils ont fait
» de grands sacrifices pour la réconciliation générale,
» pour leur patrie, pour leur Roi..... Le sacrifice est
» beau, mais je ne puis que l'admirer : je ne consentirai
» jamais à dépouiller mon Clergé, ma Noblesse.......
» Je ne donnerai point ma sanction à des décrets qui
» les dépouilleraient : c'est alors que le peuple français
» pourrait un jour m'accuser d'injustice ou de faiblesse.
» M. l'archevêque, vous vous soumettez aux décrets
» de la providence, je crois m'y soumettre en ne me
» livrant point à cet enthousiasme qui s'est emparé de
» tous les Ordres, mais qui ne fait que glisser sur mon
» âme. Je ferai tout ce qui dépendra de moi pour
» conserver mon Clergé, ma Noblesse...... Si la force
» m'obligeait à sanctionner, alors je céderais; mais
» alors il n'y aurait plus en France ni monarchie ni
» monarque..... Les moments sont difficiles, je le sais,
» M. l'archevêque, et c'est ici que nous avons besoin
» des lumières du ciel ; daignez les solliciter, nous
» serons exaucés. » (1). *Signé* LOUIS.

---

(1) Cette lettre explique pourquoi cet arrêté qui date du 4 août, n'a été sanctionné que le 21 septembre et envoyé aux autorités que le 3 novembre 1789.

Dans la Séance du soir du 12 septembre 1789 de l'Assemblée Nationale, à l'occasion de quelques entretiens sur les troubles qui agitaient la France, il fut décidé que les arrêtés du 4 août seraient présentés à la sanction du Roi; une vive opposition se manifesta, l'abbé Maury en tête observait que préalablement il fallait pourvoir au remplacement de tout ce qu'on abolissait, par exemple, assurer la subsistance des curés auxquels on enlevait la revenu des dîmes, déterminer le prix du rachat des droits féodaux, etc.

Assemblée Nationale.

Séance du 18 Septembre 1789.

M. le Président fait lecture de la réponse du Roi à la demande qui lui avait été faite de sanctionner les arrêtés du 4 août et jours suivants :

Cette réponse contient en substance ce qui suit :

« Vous avez demandé, Messieurs, de revêtir de ma
» sanction les articles arrêtés le 4 août dernier : plu-
» sieurs de ces articles ne sont pas le texte des lois,
» dont l'Assemblée a besoin de s'occuper; ainsi en
» approuvant l'esprit général de vos déterminations,
» il est cependant un petit nombre d'articles auxquels
» je ne pourrais donner à présent qu'une adhésion
» conditionnelle. Je vais vous faire connaître à ce sujet
» des opinions que je modifierai, et auxquelles je
» renoncerai même, si par la suite, je le reconnais
» nécessaire. Je ne m'éloignerai qu'à regret de la ma-
» nière de voir et de penser de l'Assemblée Nationale.

» L'abolition des droits féodaux portés par le pre-

» mier article est juste, en ce qui regarde ceux de
» ces droits qui dégradent l'homme: mais il est des
» redevances personnelles qui, sans l'avilir, sont d'une
» utilité importante pour tous les propriétaires des ter-
» res. Il est des redevances représentatives de devoirs
» personnels; il serait juste et raisonnable de les ran-
» ger parmi celles qui sont déclarées rachetables. Cet
» article comprend d'ailleurs des droits Seigneuriaux
» appartenant à des Princes étrangers, qui ont déjà
» fait des réflexions dignes de la plus sérieuse atten-
» tion. Il prononce le rachat des droits féodaux réels
» et fonciers, et je ne puis qu'approuver cette résolu-
» tion; mais il sera peut-être nécessaire d'établir en
» faveur de certains droits, qu'ils ne peuvent être
» rachetés indépendamment les uns des autres. Je vous
» invite à examiner si l'abolition du cens et des lobs et
» ventes est utile au bien de l'État : ces droits détour-
» nent les riches d'acheter les fonds qui entourent leurs
» propriétés. Ne serait-il pas avantageux de les con-
» server sous ce rapport? etc.

» J'approuve l'article concernant les Colombiers.

» J'approuve l'article qui détruit le privilége exclusif
» de la chasse; mais en permettant à tout propriétaire
» de chasser sur son fonds, il conviendrait d'empêcher
» que cette liberté ne multipliât le port d'armes d'une
» manière contraire à l'ordre public. J'ai supprimé mes
» capitaineries, et j'ai donné des ordres sur les con-
» damnations prononcées pour faits de chasse.

» J'approuverai la suppression des justices Seigneu-
» riales, dès que j'aurai la connaissance de la sagesse
» des dispositions qui seront prises sur l'organisation

» de l'ordre judiciaire. . . . .
» . . . . »

Cette lecture cause une vive émotion. Plusieurs membres demandent l'impression de la réponse du Roi, pour qu'elle soit très promptement envoyée dans les provinces. L'assemblée décide que cette impression sera faite en nombre assez considérable, pour que chaque député puisse disposer de quatre exemplaires.

M. Goupil de Préfeln propose de nommer soixante commissaires, pour examiner la réponse du Roi et en faire le rapport à l'assemblée, qui, jusqu'à ce moment, s'interdira toute discussion sur cet objet.

M. Chapelier, je suis bien loin d'adopter l'établissement d'un comité chargé d'examiner l'espèce de discours du Roi (1). Nous avons fait le 4 août des Arrêtés qui sont en partie constitutionnels; nous en avons demandé la *sanction,* et nous entendions par là, la *promulgation.* Tout ce qui s'est dit à ce sujet, devait éloigner de penser que nous demandions un *consentement.* Nous n'avons obtenu ni l'un ni l'autre, mais une espèce de conférence que nous ne pouvons agréer. Je propose, pour éviter toute équivoque, de décider tout de suite quels seront les termes et la forme de la sanction, et de ne point désemparer que la promulgation ne soit obtenue.

Cette motion est appuyée par beaucoup de membres.

M. Camus. Il est impossible, quand le Roi fait des objections de n'y pas répondre, je mets pour amendement à la motion de M. Goupil, qu'il soit établi quatre

---

(1) Il est difficile de s'écarter davantage de la haute déférence dûe au Souverain.

comités de trois personnes chacun; ils se partageront les articles du décret; l'un s'occupera de ce qui concerne les fiefs; le second des justices Seigneuriales et de la vénalité des offices; le troisième des matières ecclésiastiques; le quatrième, du reste des objets contenus dans ces arrêtés.

Ces comités agiraient dès ce soir, et l'un d'eux présenterait dès demain son travail.

M. Chasset. J'adopte la motion de M. Goupil; mais je ne crois pas nécessaire de nommer de nouveaux comités; ceux de Féodalité, des matières ecclésiastiques et le comité judiciaire, peuvent être chargés de cet examen, je demande d'ajourner la discussion à mardi matin (1), et je demande alors à faire connaître des mémoires sur les dimes ecclésiastiques, les droits féodaux, etc.

Mirabeau s'écrie j'appuie la motion de M. Chapelier, et je demande que votre président reçoive l'ordre de se retirer auprès du Roi, pour lui déclarer que nous attendons séance tenante, la promulgation de nos arrêtés.

M. le marquis de Bonnay, le Roi a cru pouvoir suspendre la sanction complète; il consent à quelques uns des articles. Le respect dû au chef auguste nous impose l'obligation d'examiner ses observations; on a proposé des comités pour cet objet. J'ai remarqué que sur les priviléges des provinces, le Roi désire que leurs sacrifices n'éprouvent pas de difficultés, et cette observation vient de ce que dans la nuit du 4 août, quelques uns ont apporté des restrictions à l'abolition des priviléges, et

---

(1) Il parlait le vendredi 2 Septembre 1789.

six semaines se sont écoulées depuis, sans avoir été ratifiées ; je demande que les députés des baillages, sénéchaussées et provinces, soient tenus de rapporter la ratification incessamment.

Enfin après de longs débats l'Assemblée nationale décida que le Président se retirerait auprès du Roi, pour demander la promulgation des arrêtés de la nuit du 4 août, promulgation qui fut arrachée à Louis XVI, le 21 septembre 1789.

Sur la route de Dijon à Autun, près Monmagny, est le château de Colombier, entouré de fortifications anciennes. Les paysans ont imaginé que le Seigneur, ses amis, et une multitude de personnes de tous états y avaient des projets et des moyens de guerre. Cette idée s'est propagée dans les villes de Dijon, Beaune, Chagny et Autun, qui y ont envoyé des détachemens de garde nationale. Le rendez-vous de 1100 hommes a été à Monmagny. Le Seigneur de Colombier leur a député pour les prier de venir, en détachement seulement, visiter son château, dont il leur a envoyé les clefs, et il a annoncé qu'il pouvait recevoir, ce jour, cent personnes à sa table. Le détachement a trouvé le seigneur fort tranquille, et des tables fort bien servies.

En Quercy et surtout en Bretagne, on imita l'exemple de la Bourgogne, de la Franche-Comté, c'est-à-dire, qu'on détruisait les chateaux seigneuriaux. Un mouvement général eut lieu en Bretagne. La fermentation était menaçante, à tel point qu'un grand nombre de Nobles abandonnèrent leur manoir et se réfugièrent dans les villes. L'insurrection commença aux environs de Plélau, de Bain, de Guer et de Lohéac, les châteaux furent attaqués et saccagés, celui de Bois-au-Voyer fut brûlé.

Dans l'Agénois, une petite ville a battu le tambour; les citoyens ont pris un gentilhomme qui avait payé une rente à son suzerain; ils lui ont fait rendre la quittance et donner encore une pareille somme; ils ont mangé cet argent sous les fenêtres du château. (1).

Assemblée Nationale.

SUPPRESSION DE LA NOBLESSE HÉRÉDITAIRE.

19 Juin 1790. — Séance du soir.

Il n'y avait pas à l'Assemblée Nationale un ordre du jour pour régler la marche des travaux et des délibérations, l'imprévu y jouait un très grand rôle. M. *Alexandre de Lameth* fait la motion que les quatre figures enchaînées au bas de la statue de Louis XIV, à la place des Victoires, soient enlevées avant le 14 juillet, jour fixé pour la fête de la fédération, parce que suivant lui, elles rappelent des idées de servitudes.

M. *Gourdan* adhère à cette motion, plusieurs membres du côté droit demandent l'ajournement.

M. *Lambel, député de Ville-Franche* de Rouergue, s'écrie : c'est aujourd'hui le tombeau de la vanité, je demande qu'il soit fait défense à toutes personnes de prendre les qualités de Comte, Baron, Marquis, etc.

M. *Charles Lameth*, j'appuie la première proposition du préopinant; les titres qu'il vous invite à détruire,

---

(1) Rapporté (*sic*) par M. de Fumel, à la séance du 2 février 1790 de l'Assemblée Nationale.

blessent l'Égalité qui forme la base de notre constitution; il doit être défendu à tous les citoyens de prendre, dans leurs actes, les titres de pair, duc, comte, marquis, etc. J'appuie également sa seconde proposition. La Noblesse héréditaire choque la raison et blesse la véritable liberté.

M. *de la Fayette,* cette motion est tellement nécessaire, que je ne crois pas qu'elle ait besoin d'être appuyée; mais si elle en a besoin, j'annonce que je m'y joins de tout mon cœur.

M. *le marquis de Foucault,* je ne sais ce qui résultera de la délibération; mais ma mission est de m'y opposer de tout mon pouvoir. Le jour où notre patriotisme a été le plus spécialement consacré, à la fameuse époque du 4 août, cette motion fut présentée. On nous dit qu'on était trop heureux de pouvoir établir des récompenses de cette nature. Comment récompenser quelqu'un dont le nom peu connu obtint des lettres en ces termes : « Un tel fait Noble et Comte pour avoir » sauvé l'État à telle heure. » Il resta avec ce titre qui a servi de fortune à toute sa famille.

M. *de la Fayette.* Au lieu de dire, a été fait Noble, on dira a sauvé l'État à telle heure.

M. *le comte de Faucigny,* je fais un grand cas de l'égalité; mais pour traiter une aussi grande question, il faut une séance du matin. Je demande l'ajournement jusqu'à lundi à midi.

Il s'élève des murmures dans la partie gauche.

Vous voulez détruire les distinctions des Nobles, il y aura toujours celles des banquiers, des usuriers, qui auront des deux cent mille écus de rente.

M. de Saint-Fargeau, je ne viens point ici faire hommage des titres de Comte et de Marquis ; je n'ai jamais pris ces noms, quoique j'aie possédé quelques ci-devant comtés et marquisats. Au moment où on vous demande des articles qui soient le complément de votre constitution, je crois qu'il est bon d'ordonner que chaque citoyen ne pourra porter d'autre nom que celui de sa famille, et non point celui d'une terre : je vous demande la permission de signer ma motion, Louis Michel le Pelletier.

M. de Tracy, je demande que ceux qui, depuis cent ans, ont usurpé les titres des anciennes familles, soient tenus de reprendre leurs noms primitifs, et que les membres de cette assemblée qui sont dans ce cas, commencent par donner l'exemple.

On demande que la discussion soit fermée.

M. l'abbé Maury, dans la multitude des questions qui sont soumises à votre discussion, je ne sais sur quel objet particulier je dois fixer mes regards. On a proposé de faire ôter de la statue de Louis-le-Grand tous les emblèmes de l'esclavage ; d'autres ont demandé l'anéantissement des dignités sociales, et le retour à l'égalité la plus absolue ; chacun de ces objets est digne d'un examen particulier, et je ne refuserai d'en discuter aucun. Vous devez rendre hommage à la mémoire de Louis-le-Grand, qui n'a pas ordonné ce monument de vanité. J'entends dire qu'il a soutenu une guerre pour le conserver ; je réponds que cela est faux. La guerre de Hollande dont on veut sans doute parler ici, a été occasionnée par l'injure faite à une médaille de ce Roi, et le monument de la place des Victoires a été ordonné par le maréchal de la Feuillade (1), qui a prodigué à Louis-le-Grand les témoignages de la plus servile adulation; encore, n'en est-il pas l'inventeur : la place de Médicis en a donné la première idée. Mais puisqu'on veut détruire tout ce qui sent l'esclavage, les regards du patriotisme ne devraient-ils pas se porter sur la statue de Henri IV, dont quelques-unes des inscriptions sont uniquement à la louange du cardinal de Richelieu (on applaudit). Il a aussi à ses pieds des esclaves enchaînés, mais ce sont des emblèmes qui représentent les vices; les amis de la liberté n'en sont point offensés.

Je crois qu'il ne faut pas toucher à la statue de Louis XIV. La philosophie doit consacrer ce monument pour montrer à la postérité comment on flattait les Rois. Il fut trop flatté pendant sa vie, mais trop méconnu après sa mort. C'est un Roi qui n'avait peut-être pas autant de grandeur dans le génie que dans le caractère; mais il est toujours digne du nom de GRAND, puisqu'il a agrandi son Pays. Quand vous érigerez des monuments, vous ferez voir la différence qu'il y a du XVII.me au XVIII.me

---

(1) Pour l'érection de ce monument, le maréchal duc de la Feuillade a donné la moitié de la place des Victoires, il a fait abattre à cet effet la plus grande partie de son hôtel, et la ville de Paris a fait une dépense de plus de 400,000 livres pour l'autre moitié, sous les ordres du président Le Fourcy, prévost des Marchands. Le piédestal sur lequel était élevé la statue de Louis XIV, était orné avec des corps avancés en bas, aux quatre coins desquels on avait placé quatre captifs ou esclaves de bronze de onze pieds de proportion, chacun accompagné d'un grand nombre de trophées aussi de bronze; ces quatre esclaves étaient assis et liés par des chaines de bronze, qui tenaient au piédestal. (*Description de la Statue ou du Monument érigé à la gloire du Roy Louis XIV. Paris, Pierre Marteau*, 1690. *in*-4.º).

siècle. Vous leur donnerez un but moral qui élevera l'âme des Rois. Mais il ne faut pas pour cela dégrader aux yeux du peuple, des Rois ensevelis dans la tombe et porter ainsi de terribles atteintes à la Majesté Royale. Quant à la question du retour au nom propre elle est juste. Un savant moraliste, disait qu'en France on ne reconnaissait plus ni les hommes à leur nom, ni les femmes à leur visage. Votre patriotisme s'élève contre ces abus de la vanité, et vous êtes dignes d'éloge; mais il ne faut pas passer le but. Ce ne sont pas les noms qu'il faut condamner, mais les usurpateurs des noms. Ceci ne porte point d'atteinte à notre liberté. Les Romains connaissaient les Ordres de Chevaliers; et les Romains se connaissaient en liberté. Je sais bien qu'à l'avenir on ne s'informera pas de ce qu'ont été les hommes, mais de ce qu'ils auront fait. Un auteur avait bien raison, quand il a dit que la première question d'un peuple donnait une idée de la philosophie de la nation. Parlez de quelqu'un en Allemagne, on vous demande s'il entre au Chapitre; en France, quelle place il occupe à la Cour; en Espagne s'il est Grand de première classe; en Angleterre on vous demande: quel homme? C'est sans doute que cette manière d'exister par soi-même est bien la meilleure.

En France, la noblesse est constitutionnelle; s'IL N'Y A PLUS DE NOBLESSE, IL N'Y A PLUS DE MONARCHIE. Cette question est donc assez importante pour être traitée dans une séance du matin. Je sais bien que dans la nuit du 4 août (1), plusieurs articles constitutionnels ont été arrê-

---

(1) Voir page 26.

tés, les sacrifices patriotiques se sont multipliés à l'infini; mais ce n'est pas toujours au milieu de cet enthousiasme qu'on prend les meilleures délibérations. Ne pourrait-on pas dire à ceux qui demandent avec acharnement toutes ces innovations: *tu foules à tes pieds le faste, mais avec plus de faste encore.*

Quant à la question des livrées, un domestique n'est ni plus malheureux, ni plus avili, pour avoir tel ou tel habit sur le corps. Personne n'ignore que cet usage remonte jusqu'à l'institution des armoiries et des croisades, et qu'excepté certaines familles, pas même M. le Maire de Paris, n'a droit d'avoir une livrée. C'est donc l'institution de la Noblesse que vous attaquez dans son principe. Je demande que si on veut traiter cette question, elle soit ajournée à une séance du matin.

M. le comte de Faucigny, je réclame l'exécution des décrets de l'assemblée nationale, qui disent qu'on ne peut porter de décrets constitutionnels dans une séance du soir.

M. Alexandre de Lameth. Après les réflexions qui ont été faites par plusieurs personnes, je me borne à demander la destruction de tous les emblèmes de la servitude, tels que ceux qui sont aux pieds de la statue de Louis XIV, à la place des Victoires, et qu'ils soient remplacés par d'autres qui rappellent les principaux évènements de notre heureuse révolution. On peut décréter le principe, sauf la rédaction.

Monsieur le marquis de Foucault. Quelque parti que l'on adopte, soit qu'on détruise tout-à-fait les emblèmes de la servitude, soit qu'on leur en substitue d'autres qui n'offensent pas les regards, il faut bien prendre garde qu'avec les emblèmes on ne veuille en même temps détruire les édifices.

M. le comte de Montlausier, il n'est pas plus permis de falsifier des monuments que des chartes. Si l'assemblée ordonne qu'il soit détaché quelques parties de celui de la place des Victoires, je demande qu'il soit dressé procès-verbal de l'exécution de ce décret.

M. Chapelier propose sur la seconde motion (l'abolition de la Noblesse héréditaire), un décret de rédaction;

On demande l'ajournement.

Cette proposition est rejetée à une forte majorité.

M. le marquis d'Estourmel, je demande par amendement.

M. le comte de Faucigny. Un gentilhomme ne propose pas d'amendement.

M. l'abbé Maury. La lecture du projet de décret prouve à chaque ligne, à chaque mot, combien il a besoin d'être amendé. On dit que la noblesse est née de la féodalité; c'est une extrême ignorance. La noblesse existait 200 ans avant les fiefs.....

Il s'élève des murmures; on interrompt en disant *lisez : Mably*.

Je dis que la noblesse a existé dans le royaume avant les fiefs. Avant la conquête du royaume par les Francs, la noblesse héréditaire existait chez les Gaulois. Lisez les *Commentaires de César*, vous y verrez les noms des premiers Gaulois déjà célèbres dans la nation par leur noblesse.... Je dis et je supplie ceux qui doivent me réfuter, de m'entendre.... César dit, qu'il a toujours battu l'infanterie des Gaulois, mais jamais leur cavalerie, parceque la noblesse ne servait que dans la cavalerie....

L'ordre de la Chevalerie existait dans les Gaules; s'il n'eut pas existé, les Romains l'aurait établi, parceque les chevaliers étaient distingués à Rome, des patriciens et des plébéiens.... Je suis dans la question, quand je prouve que l'assemblée se déshonorerait en avançant dans son décret des faits inexacts. La question de l'institution de la Noblesse.... (On demande à aller aux voix.) Je dis qu'il n'est peut-être pas sage de détruire sans discussion une institution aussi ancienne que la Monarchie... (On observe que la discussion ne peut être recommencée).

M. le comte de Virieu. Je crois devoir vous inviter à des précautions de prudence dans le cas où ce décret passerait à l'affirmative; ce que je suis loin de présumer. Un décret rendu avec l'activité de celui-ci se répandra promptement, et les peuples l'adopteront avec la même chaleur: votre invention n'est sûrement pas, quel que soit le décret que vous jugerez convenable de rendre, d'exciter le peuple à des mouvements d'éffervescence dont vous auriez à gémir; or, daignez observer que dans le moment où vous décréterez la destruction des attributs de la statue d'un de nos Rois, dans le moment où vous croirez devoir décréter l'abolition de la Noblesse héréditaire, la proscription des livrées et des armoiries, le peuple pourrait s'autoriser de votre décret. Prenez garde qu'il n'aille porter une main éffervescente sur les armoiries qui décorent les châteaux, les églises, les tombeaux. Je vous prie de considérer combien il est essentiel d'établir des règles d'après lesquelles votre décret sera exécuté; car vous ne voudrez pas que votre décret porte partout le désordre, et j'oserai le dire, puisqu'il est question d'église et de tombeaux, le sacrilége. Je vous supplie de prendre en considération, en sérieuse considération, l'observation que j'ai l'honneur de vous soumettre. Vos décrets ne doivent jamais s'exécuter par la violence du peuple, mais par des formes légales. Il faut se garder d'exalter la chaleur populaire dont nous avons tant souffert; c'est elle, j'ose le dire, qui a deshonoré une révolution.... (il s'élève beaucoup de murmures), révolution qui ne doit exister que par l'ordre; le désordre l'anéantirait.... Je ne puis m'empêcher de marquer mon étonnement des mouvements qu'exalte une observation si sage; je ne puis revenir de mon étonnement, de ce que d'honorables membres se permettent de dire autour de moi: « il faut que cela soit.... » (quelques membres placés auprès de la tribune, font entendre ces mots: « on n'a pas dit cela »). Je voulais proposer que le comité de constitution fut chargé de rédiger dans mes vues, un article que la brièveté du temps ne nous permet point de présenter.

M. Lanjuinais. Il est nécessaire d'ajouter au projet de décret la prohibition des titres : d'*Altesse*, de *Grandeur*, d'*Excellence* et d'*Éminence*.

M. le comte de Landenberg Wagenbourg, En 1789, c'est pour la première fois que la noblesse d'Alsace a eu l'avantage et l'honneur de se réunir à la noblesse Française! Mes commettans m'ont dit : Rendez-vous à cette auguste assemblée; mais par votre présence n'autorisez rien qui soit contraire à notre honneur et à nos droits. Je les connais sujets soumis, ils verseraient tout leur sang pour leur Roi; je les connais, ils me désavoueraient; ils me trouveraient indigne de reparaître devant eux, si j'avais par ma présence autorisé cette délibération par laquelle ils pourraient se regarder comme grevés. Je me retire donc, la douleur dans l'âme, et l'on doit bien m'en croire; je me retire, et j'irai dire à mes commettans : soyez soumis à toutes les lois de l'assemblée nationale : ils seront soumis; mais ils sauront qu'ils vivent avec le sang avec lequel ils sont nés, et que rien ne saurait les empêcher de vivre et de mourir gentilshommes.

Un long tumulte succède à cette allocution, on crie aux voix, le décret est rendu, en voici la teneur (1).

Décret concernant la suppression de la Noblesse héréditaire, des Livrées, des Armoiries, des qualités et honneurs qui en étaient la suite.

Du 19 Juin 1790. — Séance du soir.

L'Assemblée nationale décrète que la Noblesse héréditaire est pour toujours abolie, qu'en conséquence, les titres de Prince, de Duc, de Comte, de Marquis, de Vicomte, Vidame, Baron, Chevalier, Messire, Écuyer, Noble, et tous autres titres semblables, ne seront ni pris par qui que ce soit, ni donné à personne;

Qu'aucun citoyen Français, ne pourra prendre que le vrai nom de sa famille;

Qu'il ne pourra non plus porter ni faire porter de livrée, ni avoir d'Armoiries;

Que l'encens ne sera brûlé, dans les temples, que

---

(1) Un second décret a été adopté, qui ordonne que les quatre figures enchaînées aux pieds de la statue de Louis XIV, seront enlevées avant le 14 juillet.

pour honorer la divinité, et ne sera offert à qui que ce soit;

Que les titres de *Monseigneur* et de *Messeigneurs* ne seront donnés ni à aucun corps ni à aucun individu, ainsi que les titres d'*Excellence*, d'*Altesse*, d'*Éminence*, de *Grandeur*.

Sans que sous prétexte du présent décret, aucun citoyen puisse se permettre d'attenter aux monuments placés dans les temples, aux chartes, titres et autres renseignements intéressant les familles ou les propriétés, ni aux décorations d'aucun lieux publics ou particuliers, et sans que l'exécution des dispositions relatives aux livrées et aux armes placées sur les voitures, puisse être suivie ni exigée par qui que ce soit, avant le 14 juillet, pour les citoyens vivant à Paris, et avant trois mois pour ceux qui habitent les provinces.

Addition au précédent décret.

Du 20 Juin 1790.

Ne sont point compris dans la disposition du présent décret tous les étrangers, lesquels pourront conserver en France leurs livrées et leurs armoiries.

Le décret de ce jour est le complément du décret du 4 août 1789, il avait pour objet d'achever la destruction de la Noblesse (1).

---

(1) Voir page 26.

CHAPITRE II.

RÈGNE DE LOUIS XVI,

DU 19 JUIN 1790 AU 22 SEPTEMBRE 1792.

SOMMAIRE :

Difficultés graves pour exécuter le décret d'abolition de la Noblesse. — Pamphlet de Dulaure sur les ci-devant Nobles. — Les Nobles commencent à émigrer — Projet de décret contre les Émigrés. — Discours de Mirabeau qui fait ajourner le Décret. — Plus tard le décret est voté. — Les Ordres de Chevalerie sont supprimés. — Nouvelle loi qui augmente les formalités pour s'absenter du Royaume. — Liberté accordée par la constitution à tout citoyen de circuler dans le Royaume et d'en sortir à volonté. — Pénalités sévères contre tout citoyen qui insèrerait dans un acte ou dans une quittance des qualifications Nobiliaires. — Nouveau décret contre les Émigrans. — Rigueurs exercées contre les Nobles absens et les Nobles restés en France. — On brûle les papiers appartenants aux Ordres de Chevalerie et les Titres Généalogiques conservés dans les dépôts publics. — Les parents des Émigrés sont consignés comme des ôtages. — Les biens des Émigrés sont confisqués et acquis à la nation. — On confisque les biens des Familles qui sont allé prendre les Eaux hors de France pour le rétablissement de leur santé. — Coup d'œil sur les mesures révolutionnaires employées pour prendre les biens des Nobles Émigrés et de leurs parents restés en France.

Nous arrivons à l'époque la plus grave, la plus extraordinaire, la plus terrible des annales de la Noblesse de France. L'Assemblée Nationale vient de décréter l'abolition de la Noblésse ; mais qu'est-ce que l'abolition de la Noblesse ? c'est l'abolition des Nobles ! Le décret n'entre pas dans ces détails, cependant les événements qui vont suivre et qui sont la conséquence de ce décret vont nous amener graduellement à de funestes et inévitables catastrophes.

Nos lecteurs ne s'attendent point à ce que nous retracions ici l'histoire de l'Émigration et de ses péripéties, elle est traitée avec étendue dans la plupart des histoires qui ont été publiées sur la Révolution, néanmoins nous en suivrons la marche, les développements, parce qu'elle se rattache à l'histoire de la Noblesse, et aussi pour rectifier les allégations erronées de quelques historiens à ce sujet, et pour expliquer succinctement les causes du départ d'une grande partie des Nobles, leur absence de la France et plus tard leur retour successif dans la Mère-Patrie.

Tous les moyens étaient employés pour diffamer et perdre la Noblesse ; Dulaure, ce savant historien, si partial, si passionné, publia (1) ce fameux pamphlet intitulé : *Liste des noms des ci-devant Nobles*, etc., qui eut beaucoup de retentissement parce qu'il flattait les passions populaires ; il prépara, sans le savoir peut-être, les horribles exécutions destinées à épuiser sur l'échafaud tout le sang noble qui restait en France, il employait sa déplorable érudition, à salir les plus belles pages du Livre d'or de la Noblesse Française.

Le libraire eut la hardiesse de terminer chaque numéro (2) par cet avis : « les personnes qui auraient

---

(1) En 1790-91.
(2) C'était une publication qui paraissait par livraisons.

quelques renseignements à fournir sur cette matière, sont priées de les faire parvenir à l'adresse ci-dessous. »
Il y avait un bureau ouvert aux délations contre les Nobles, qui émigraient de toutes parts, qui ne pouvaient songer à sauver leur réputation et leurs aïeux, lorsque leur existence était en danger.

Les plus beaux noms furent immolés par sa plume satyrique; et dans ces années de terreur, la critique vanta le savoir et le goût qu'on remarquait dans cette compilation hérissée de mensonges et de calomnies; les gazettes dont les rédacteurs se respectaient en respectant leurs lecteurs, ne parlèrent pas du livre, malgré le bruit et le scandale qu'il sema sur son passage; deux ou trois journalistes à peine osèrent prendre la défense de la Noblesse, à leurs risques et périls; mais ces voix généreuses se lassèrent ou s'intimidèrent, et les livraisons de cette publication se succédèrent sans interruption, sans réclamation, sans rétractation; néanmoins, la vérité doit éclater tôt ou tard, et en 1841, l'érudit Bibliophile Paul L. Jacob publia (1) une réfutation éclatante de ce pamphlet où il vengea la mémoire outragée de plusieurs de nos Familles les plus respectables et les plus illustres telles que : les Rohan, les d'Uzès, les de Luynes, les La Rochefoucauld, les Lévis, les Grammont, les d'Harcourt, les Clermont-Tonnerre, etc.

Dans les jugements que porte Dulaure sur la Noblesse, il la considère du point de vue de la révolution;

---

(1) Brochure grand in-8.° de 96 pages, tirée à 55 exemplaires numérotés à la presse, éditée par Techener.

il ne lui fait aucune concession de temps ni d'idées reçues; il la fausse dans son principe et dans son caractère; il met en relief certaines tâches de détail pour nuire à la grandeur de l'ensemble; il impute à la Noblesse même les crimes et les fautes des individus; il aborde le XIVme et le XVme siècle avec les erreurs préméditées de la philosophie du XVIIIme; il se fait une conscience de mensonge et d'iniquité; il se proclame le vengeur des mœurs et le défenseur du bon ordre. La Noblesse n'est plus à ses yeux qu'une vaste conspiration du fort contre le faible, du coupable contre l'innocent.

Voici comme M. Paul L. Jacob termine sa réfutation : « Je m'arrête, indigné de trouver une tête coupée au bas de chaque article de la *Liste des ci-devant Nobles;* car en jetant les yeux sur les listes des proscrits de la Terreur, listes que je n'avais pas à la main pendant ce travail de réfutation froide et impartiale, je m'aperçois que chaque nom, pour ainsi dire, a payé son tribut à l'émigration, à la prison ou à l'échafaud, il me paraît démontré que les premiers coups ont été pour les familles signalées par Dulaure aux représailles de la République. J'ai jugé aussi que les calomnies systématiques de l'auteur étaient plus audacieuses encore que je ne pouvais le prouver, faute de documents nécessaires, et j'ai reconnu que le Cabinet des Titres de la Bibliothèque du Roi aurait été souvent l'unique source capable de me fournir des lumières généalogiques. Ce serait de la part des familles diffamées dans ce pamphlet ensanglanté, un devoir sacré et solennel que de prendre elles-mêmes la défense de leur noblesse attaquée avec autant d'impudence que de mauvaise foi. Dulaure n'est plus, mais son ouvrage subsiste, vierge encore de critiques et de démentis; mais son ouvrage contient toujours un germe fécond de désordre social et de lois d'exception. Cet ouvrage aujourd'hui ou demain, peut reparaitre avec d'autres noms et sous une autre forme, quoique dirigé vers le même but, la haine, la proscription et la destruction totale des Nobles. Arrachons une à une les pages de ce livre atroce, passons-y l'éponge trempée dans le sang des victimes, et jetons-les ensuite avec horreur et pitié dans le gouffre ténébreux de l'histoire des révolutions populaires. »

Les désordres de Paris continuaient, et les provinces partageaient l'agitation de la capitale. Dans les campagnes, le peuple continuait à piller et saccager les châteaux, sous prétexte de détruire les archives de la féodalité; des assassinats tumultuaires étaient commis, il n'y avait plus de sécurité pour les propriétés et pour la vie des nobles, telle fut la cause des émigrations, qui augmentaient chaque jour en raison de l'accroissement de l'effervescence populaire et de la terreur qui s'ensuivait.

L'Assemblée nationale voulait résoudre une question, il s'agissait de savoir s'il était possible de décréter une loi contre les émigrations, qui put se concilier avec les principes de la constitution de 1791.

Le comité de constitution avait été chargé de proposer un projet de loi à ce sujet; mais le comité qui avait pensé d'abord que les difficultés, pour faire une bonne loi contre les émigrants, n'étaient pas insurmontables, après un nouvel examen, était resté très-persuadé qu'il était impossible d'en faire une qui ne violât pas les principes de la constitution. Le rapporteur demanda, qu'avant de lire le projet de loi, l'Assemblée décida si elle voulait une loi contre les émigrations.

L'opinion du comité de constitution fut appuyée par beaucoup de membres.

D'autres croyaient qu'on pouvait, sans attenter à la constitution, faire une loi contre les émigrants; et ils demandaient que le projet du comité fut lu et imprimé.

Mirabeau prononça le discours suivant (1) :

« Je demande une permission dont j'ai rarement usé, je serai court, je demande à dire deux mots personnels à moi. J'ai reçu depuis une heure, six billets, dont la moitié m'atteste de prononcer la théorie de mes principes; l'autre provoque ma surveillance sur ce qu'on a beaucoup appelé, dans une assemblée, la nécessité des circonstances; je demande que dans la position où je me trouve, dans une occasion ou quelqu'un qui a servi les révolutions, et qui a déjà fait trop de bruit pour son repos.... je demande, dis-je, qu'il me soit permis de lire une page et demie (peu de discours sont moins longs) d'une lettre adressée, il y a huit ans, au despote le plus absolu de l'Europe. Les gens qui cherchent les principes, y trouveront quelque chose de raisonnable, et du moins on n'aura plus le droit de m'interroger. J'écrivais à Frédéric Guillaume, aujourd'hui roi de Prusse, le jour de son avènement au trône, voici comment je m'exprimais. »

« On doit être heureux dans vos états, Sire; donnez

---

(1) Séance de l'assemblée nationale du 28 février 1791.

la liberté de s'expatrier à quiconque n'est pas retenu d'une manière légale, par des obligations particulières ; donnez par un édit formel, cette liberté. C'est encore là une de ces lois d'éternelle équité, que la force des choses appelle, qui vous fera un honneur infini, et ne vous coûtera pas la privation la plus légère ; car votre peuple ne pourrait aller chercher ailleurs un meilleur sort que celui qui dépend de vous de lui donner ; et s'il pouvait être mieux ailleurs, vos prohibitions de sortie ne l'arrêteraient pas. (*La droite et une partie de la gauche applaudissent.*) Laissez ces lois à ces puissances qui ont voulu faire de leurs états une prison, comme si ce n'était pas le moyen d'en rendre le séjour odieux. Les lois les plus tyranniques sur les émigrations, n'ont jamais eu d'autre effet que de pousser le peuple, à émigrer contre le vœu de la nature, le plus impérieux de tous peut-être, qui l'attache à son pays. Le Lapon chérit le climat sauvage où il est né : comment l'habitant des provinces qu'éclaire un ciel plus doux, penserait-il à les quitter, si une administration tyrannique ne lui rendait pas inutiles ou odieux les bienfaits de la nature ? Une loi d'affranchissement, loin de disperser les hommes, les retiendra dans ce qu'ils appelleront alors leur bonne patrie, et qu'ils préféreront aux pays les plus fertiles ; car l'homme endure tout de la part de la Providence ; il n'endure rien d'injuste de son semblable, et s'il se soumet, ce n'est qu'avec un cœur révolté. »

« L'homme ne tient pas par des racines à la terre ; ainsi il n'appartient pas au sol. L'homme n'est pas un champ, un pré, un bétail ; ainsi il ne saurait être une propriété.

L'homme a le sentiment intérieur de ces vérités simples ; ainsi l'on ne saurait lui persuader que ses chefs aient le droit de l'enchaîner à la glèbe. Tous les pouvoirs se réuniraient en vain pour lui inculquer cette infâme doctrine. »

« J'ai l'honneur de proposer, non de passer à l'ordre du jour, il ne faut pas avoir l'air d'étouffer dans le silence une circonstance qui exige une déclaration solennelle, et que l'avis du comité rend très mémorable, mais de porter un décret en ces termes : »

« L'Assemblée nationale, ouï le rapport de son comité de constitution, considérant qu'une loi sur les émigrans est inconciliable avec les principes de la constitution, n'a pas voulu entendre la lecture du projet de loi sur les émigrans, et a déclaré de passer à l'ordre du jour. »

Une partie de l'assemblée demanda à aller aux voix, l'extrême gauche garda le silence, ensuite on demanda de toute part la question préalable, plusieurs membres demandèrent la parole.

Mirabeau, « j'avais la parole, je l'ai demandée pendant la lecture du projet de loi, et je la réclame.

Il l'obtint ;

« La formation de la loi, reprit-il, ou sa proposition ne peut se concilier avec les excès de zèle, de quelques espèces qu'ils soient ; ce n'est pas l'indignation, c'est la réflexion qui doit faire les lois, c'est surtout elle qui doit les porter. L'assemblée nationale n'a point fait au comité de constitution le même honneur que les Athéniens firent à Aristide, qu'ils laissèrent juge de la moralité de son projet. »

« Mais le frémissement qui s'est fait entendre à la

lecture du projet du comité, a montré que vous étiez aussi bons juges de cette moralité qu'Aristide, et que vous aviez bien fait de vous en réserver la juridiction. Je ne ferai pas au comité l'injure de démontrer que sa loi est digne d'être placée dans le code de Dracon, mais qu'elle ne pourra jamais entrer parmi les décrets de l'Assemblée nationale de France. Ce que j'entreprendrai de démontrer, c'est que la barbarie de la loi qu'on vous propose est la plus haute preuve de l'impraticabilité d'une loi sur l'émigration. »

Le côté droit et une partie du côté gauche applaudissent; le reste de l'assemblée murmure.

« Je demande qu'on m'entende, s'il est des circonstances où des mesures de police soient indispensablement nécessaires, même contre les principes, même contre les lois reçues, c'est le délit de la nécessité, et comme la société peut pour sa conservation tout ce qu'elle veut, que c'est la toute-puissance de la nature, cette mesure de police peut être prise par le corps législatif, et lorsqu'elle a reçu la sanction du contrôleur de la loi, du chef suprême de la police sociale, elle est aussi obligatoire que toute autre. Mais entre une mesure de police et une loi, la distance est immense. La loi sur les émigrations est, je vous le répète, une chose hors de votre puissance, parcequ'elle est impraticable, et qu'il est hors de votre sagesse de faire une loi qu'il est impossible de faire exécuter, même en anarchisant toutes les parties de l'empire. Il est prouvé par l'expérience de tous les temps, qu'avec l'exécution la plus despotique, la plus concentrée dans les mains des Busiris, une pareille loi n'a jamais été exécutée, parcequ'elle est inexécutable. »

(On applaudit et on murmure).

« Une mesure de police est sans doute en votre puissance. Reste à savoir s'il est de votre devoir de la prononcer, c'est-à-dire si elle est utile, si vous voulez retenir les citoyens dans l'empire autrement que par le bénéfice des lois, que par le bienfait de la liberté; car de ce que vous pouvez prendre cette mesure, il n'est pas dit que vous deviez le faire : mais je n'entreprendrai pas de le prouver; je m'écarterais alors de la question; elle consiste à savoir si le projet du comité doit être mis en délibération, et je le nie. Je déclare que je me croirais délié de tout serment de fidélité envers ceux qui auraient l'infamie de nommer une commission dictatoriale (*on applaudit*). La popularité que j'ai ambitionnée et dont j'ai eu l'honneur de jouir comme un autre, n'est pas un faible roseau; c'est dans la terre que je veux enfoncer ses racines sur l'imperturbable base de la raison et de la liberté. Si vous faites une loi contre les émigrans, JE JURE DE N'Y OBÉÏR JAMAIS. »

A la suite de ce discours, on entendit encore quelques orateurs, et le projet fut ajourné et renvoyé à l'examen de tous les comités.

Quatre mois après, l'Assemblée Nationale décrète (1) que tout Français hors du royaume, qui ne rentrera pas dans le délai d'un mois, à compter de la publication de ce décret, sera soumis à une triple imposition par addition au rôle de 1791, sauf à prendre, dans le

---

(1) Décret du 9 juillet 1791.

cas d'une invasion sur le territoire de la France, des mesures ultérieures, et telles que les circonstances pourront l'exiger; elle renvoie aux commissaires pour la rédaction du décret et présenter les moyens d'exécution.

Un décret (1) supprime tout ordre de chevalerie ou autre, toute corporation, toute décoration, tout signe extérieur qui suppose des distinctions.

Une nouvelle loi (2) vient confirmer le décret du 9 juillet 1791, en y ajoutant des restrictions et des obligations nouvelles tant fiscales que de police; les congés ou permissions de s'absenter hors du royaume ne pouvaient être accordées à aucun citoyen que par le directeur du district dans le ressort duquel il était domicilié, et d'après l'avis de la municipalité, pour des causes nécessaires, indispensables, connues ou constatées. Celui qui sollicitait cette permission, était obligé de prêter individuellement le serment civique, ou justifier qu'il l'avait déjà prêté, et joindre à sa demande par écrit qu'il entendait y rester fidèle. C'est de cette époque que date l'origine des passeports.

L'assemblée rejette la proposition de conserver au fils aîné du Roi, le titre de *Dauphin* (3).

Lors de la promulgation de la constitution, l'assemblée nationale décide (4) qu'il ne serait plus exigé aucunes permissions ou passeports, dont l'usage avait été momentanément établi, le décret ci-dessus précité, relatif aux

---

(1) 30 juillet 1791.
(2) Loi du 6 août 1791, décrétée le 1 août.
(3) Séance du 14 août 1791.
(4) Loi du 15 septembre 1791, décrétée le même jour, article 5.

émigrans, est révoqué, et conformément à la constitution il ne sera plus apporté aucun obstacle au droit de tout citoyen français de voyager librement dans le royaume et d'en sortir à volonté.

L'Assemblée nationale décrète (1) que tout citoyen Français qui insérerait dans ses quittances, obligations, promesses, et généralement dans tous ses actes quelconques, des *qualifications nobiliaires* supprimées par la constitution, ou des Titres ci-devant attribués à des fonctions qui n'existent plus, sera condamné par corps à une amende égale à six fois la valeur de sa contribution mobilière, sans déduction de la contribution foncière.

Lesdites qualifications ou titres seront rayés par procès-verbal des juges du tribunal, et ceux qui auront commis ce délit contre la constitution, seront condamnés en outre à être rayés du tableau civique, et seront incapables d'occuper aucun emplois civils ou militaires.

La peine et l'amende seront encourues et prononcées, soit que lesdits titres et qualifications soient dans le corps de l'acte attachés à un nom, ou réunis à la signature, ou simplement énoncés comme anciennement existant.

Seront punis des mêmes peines et sujets à la même amende, tous citoyens Français qui porteraient les marques distinctives qui ont été abolies, ou qui feraient porter des livrées à leurs domestiques et placeraient des armoiries sur leurs maisons ou sur leurs voitures. Les officiers municipaux et de police seront tenus de constater cette contravention par leurs procès-verbaux,

---

(1) Décret du 27 septembre — 16 octobre 1791.

et de les remettre aussitôt, dans la personne du greffier du tribunal, au commissaire du Roi, qui, sous peine de forfaiture, sera tenu d'en faire état aux juges, dans les vingt-quatre heures de la remise qui lui aura été faite desdits procès-verbaux par la voie du greffe.

Les Notaires et tous autres fonctionnaires et officiers publics, ne pourront recevoir des actes où ces qualifications et titres supprimés seraient contenus ou énoncés, à peine d'interdiction absolue de leurs fonctions; et leur contravention pourra être dénoncée par tout citoyen.

Seront également destitués pour toujours de leurs fonctions, tous notaires, fonctionnaires et officiers publics qui auraient prêté leur ministère à établir les preuves de ce qu'on appelait ci-devant la Noblesse, et les particuliers contre lesquels il serait prouvé qu'ils ont donné des certificats tendant à cette fin, seront condamnés à une amende égale à six fois la valeur de leur contribution mobilière, et à être rayé du tableau civique; ils seront aussi déclarés incapables d'occuper à l'avenir aucunes fonctions publiques.

Les préposés au droit d'enregistrement seront tenus, à peine de destitution, d'arrêter les actes qui leur seraient présentés, qui contiendraient quelques-uns des titres nobiliaires et qualifications abolis par la constitution, de les remettre au commissaire du Roi du Tribunal, lequel serait tenu de poursuivre les contrevenants ainsi qu'il est dit ci-dessus.

On voit avec quelle sévérité, tout vestige et toute apparence de signe de Noblesse était puni.

La nouvelle constitution ayant laissé libre à tous les citoyens la sortie du Royaume, un nombre considérable de Nobles en profita pour fuir les persécutions et les massacres; l'assemblée nationale s'en émut et la proposition fut renouvelée de faire une loi contre les émigrans; une foule d'opinions diverses avaient été émises. Les députés consciencieux regardaient une loi sur les émigrans comme inconciliable avec les principes de la constitution et de la déclaration des droits de l'homme; les autres croyaient trouver les principes qui l'autorisent dans la constitution même et dans les idées philosophiques, dont elle devait être le développement. Les uns affirmaient que les circonstances exigeaient impérieusement une pareille loi; beaucoup se plaignaient de ce qu'on voulait courber la loi devant les circonstances; plusieurs invoquaient le salut du peuple, d'autres leur répondaient que le salut du peuple était d'être juste; parmi ceux qui désiraient une loi, les uns la voulaient indulgente, les autres la voulaient sévère.

De cette divergence d'opinion, il sortit un décret (1) qui déclara suspects de conjuration les Français rassemblés au delà des frontières du royaume, et enjoignait de les poursuivre et de les condamner à mort.

Sur ce décret il fut répondu par Louis XVI, *qu'il examinerait* (2), c'était la formule du *veto*, il refusa donc sa sanction, préférant la voie de la douceur et de la persuasion, pensant que des dispositions rigoureuses ne feraient qu'aigrir les esprits; il avait cherché à obtenir par des moyens de conciliation les résultats auxquels l'assemblée nationale croyait pouvoir arriver par des mesures sévères.

---

(1) Le 9 novembre 1791.
(2) Séance du 12 novembre 1791.

C'est dans ces vues que, par deux proclamations dont la première est du 12 novembre 1791, Louis XVI rappela de la manière la plus pressante, dans leur patrie, ceux que leurs opinions politiques, la crainte, les persécutions ou d'autres motifs en avaient éloignés.

Les meneurs jouissent intérieurement de voir l'émigration, contre laquelle ils déclament en public avec tant de véhémence. On y trouve un prétexte pour envahir les fortunes des *ci-devant Nobles* qu'ils ont convoitées. On a besoin de victimes et non de défenseurs; on craint la présence et non l'absence des propriétaires; on repousse la rentrée de ceux dont on punit la sortie. Il n'a pas fallu plus d'une matinée pour décréter le séquestre général, on a délibéré pendant deux mois sur les moyens de l'exécuter, c'est-à-dire de l'aggraver. En vain plusieurs membres de l'assemblée nationale avaient demandé une distinction entre les absens susceptibles d'être accusés, et ceux qui ne l'étaient pas (1); le comité, par l'organe de son rapporteur, avait posé en principe *qu'il ne s'agissait pas d'examiner si tous étaient coupables, mais si tous étaient absents;* en vain un membre, ne voulant pas que tant d'odieux vint s'attacher à cette loi, avait cru devoir, dès le premier jour, réclamer en faveur des femmes et des enfants, en vain un autre, plus ami de la justice, avait cru pouvoir du moins obtenir que le délit d'un individu ne s'étendît pas sur toute sa famille; que les pères ne fussent pas responsables de l'émigration de leurs enfants,

---

(1) Séance du 9 février 1792.

ni les enfants de celle de leurs pères (1), mais cette voix généreuse fut étouffée par les murmures, loin d'adoucir les dispositions du projet, de nouveaux articles sont préférés à ceux du comité, parce qu'ils les surpassent en barbarie. Finalement, toutes les propriétés sont saisies; tous les propriétaires sont confondus. Le Noble qui n'est jamais sorti de France, est enveloppé dans la destinée des absens. On punit les pères pour les enfants, et les enfants pour les pères. On veut qu'une femme devienne la dénonciatrice de son mari; on ne lui permet une provision alimentaire, pour elle et pour ses enfants, qu'à condition qu'elle déclarera et livrera toutes les propriétés de leur père exilé (2).

Au mois de mai 1792, l'assemblée nationale avait décrété d'urgence (3) que les papiers déposés aux Augustins, appartenant ci-devant aux ordres de Chevalerie et à la Noblesse *seraient brûlés* sous les ordres du département de Paris, après qu'il aurait été distrait sous sa surveillance, par la municipalité et la commission des Savans, les titres de propriété tant nationales que particulières, et les pièces qui pouvaient intéresser les sciences et les arts. Ce décret ne fut envoyé qu'au département de Paris.

Plus tard il fut décrété (4), que dans chaque déparment, tous les Titres Généalogiques qui se trouveraient dans un dépôt public, devaient être brûlés. En un seul

---

(1) Séance du 12 mars 1792.
(2) Article 18 de la loi du 8 avril 1792.
(3) Décret du 12-16 mai 1792.
(4) Décret du 19-24 juin 1792.

jour six cents volumes in-folio, de titres de noblesse furent brûlés sur la place Vendôme.

Le 10 août 1792, Louis XVI et la Famille Royale se voyant menacés dans leur palais des Tuileries, se rendirent non sans dangers au sein de l'Assemblée législative; en entrant dans la salle des séances, le Roi prononça ces paroles : « je suis venu ici pour éviter un » grand crime qui allait se commettre, et je pense que » je ne saurais être plus en sûreté qu'au milieu des re- » présentants de la nation. » La famille royale resta sequestrée dans une des salles de ce palais jusqu'au 13 août, d'où elle fut conduite prisonnière à la tour du Temple.

Nous voyons que l'abolition de la Noblesse ne tarda pas à être suivie de l'abolition de la Royauté, et que l'adage de Montesquieu, *point de Noblesse, point de Monarchie*, reçut sa confirmation en cette pénible circonstance.

L'assemblée nationale décrète que les pères, mères, femmes et enfants des émigrés demeureront consignés dans leurs municipalités respectives, dont ils ne pourront sortir sans permission, sous peine d'arrestation (1); on les considère comme des ôtages.

Les biens des nobles émigrés, tant mobiliers qu'immobiliers, séquestrés ou qui le seraient par la suite, sont déclarés confisqués et acquis à la nation, pour lui tenir lieu d'indemnité; les meubles seront vendus à la criée, les biens immeubles seront aliénés, soit par vente au prix comptant, soit à bail à rente rachetable (2). Il en

---

(1) Décret du 15 août 1792.
(2) Loi du 2 septembre 1792.

est de même des biens que les Nobles émigrés possèdent dans les colonies faisant partie de l'empire (1).

Monsieur et madame d'Harcourt avaient été autorisés à aller à Aix-la-Chapelle pour prendre les eaux avec une partie de leur famille, un précepteur et quatre domestiques; en vertu de cette permission ils avaient présenté au ministre de l'intérieur un mémoire pour demander qu'il fut ordonné mainlevée du séquestre établi sur les biens qu'ils possédaient dans le département du Calvados.

A ce sujet le conseil exécutif provisoire lança une proclamation (2), en considérant que la loi (3) n'a pas mis les maladies au nombre des causes qui peuvent autoriser les français à sortir du royaume; qu'en conséquence le besoin de prendre les eaux d'Aix-la-Chapelle, pour le rétablissement de leur santé qu'allèguent monsieur et madame d'Harcourt, ne peut pas justifier leur absence et celle de leur famille, que le département de Paris, en admettant cette excuse comme légitime, est formellement contrevenu aux dispositions de la loi, et que faute par mesdits sieur et dame d'Harcourt, d'être rentrés en France depuis le 9 février 1792, ou un mois après la promulgation de la loi du 8 avril 1792, ils sont déclarés émigrés, et qu'ils ont encouru toutes les peines prononcées contre les émigrés.

Un décret supprime l'Ordre de Malte et prononce la confiscation de ses biens (4).

---

(1) Loi du 25 août 1792.
(2) Le 5 septembre 1792.
(3) Du 8 avril 1792.
(4) Décret du 19 septembre 1792.

Repassez l'affreuse nomenclature de tous ces forfaits qui sont nés successivement l'un de l'autre. D'abord, ce sont des proscriptions simples, qui conduisent à des proscriptions légales. Ces dernières commencent par frapper individuellement, puis en grand nombre, puis en masse. De la triple imposition on passe au séquestre général, du séquestre à la confiscation, de la confiscation au bannissement, du bannissement à la condamnation à mort. D'abord ceux-là seulement sont menacés, qui sont sortis de France, bientôt ceux qui ont été déportés, enfin ceux qui sont restés. La différence des âges et des sexes est respectée quelque temps; le moment arrive où la mère avec l'enfant, la sœur avec le frère tombent pêle-mêle et confondent les flots de leur sang, il n'y a plus de distinction, les adversaires de la révolution, les citoyens neutres ou passifs dans la révolution, sont bannis ou massacrés et tous dépouillés.

Le gouvernement révolutionnaire met sous le séquestre tous les biens des parents d'émigrés, il déclare ouverte la succession des vivants pour la confisquer sur des héritiers éventuels, qu'il frappe de mort civile, et dont il n'admet point la mort naturelle.

Tous ces actes d'iniquités sont consacrés par des lois, elles se publient. Non-seulement on les voit se faire, les débats qui leur donnent naissance ont des témoins, puis des historiens. On sait comment elles ont été motivées et combattues. On sait, par exemple, qu'à la vue du décret qui allait rendre le fisc héritier des citoyens, et des citoyens vivants, un représentant (1) s'est écrié :

---

(1) Corren Fustier.

Pourrions-nous méconnaître l'exécration qui nous attend, si nous consacrons une mesure aussi injuste? On sait que pour réponse aux mouvements de cette louable indignation, il a été dit : *que des* principes ne suffisaient pas; qu'il fallait des moyens, et que le meilleur moyen était de PRENDRE les *biens des Émigrés et de leurs parents* (1).

---

(1) De Lally-Tolendal, *Défense des Émigrés Français*, in-8.º

CHAPITRE III.

CONVENTION NATIONALE,

DU 23 SEPTEMBRE 1792 AU 26 OCTOBRE 1795.

Sommaire :

L'Émigration de la Noblesse fut-elle une faute? — Les Émigrés sont bannis à perpétuité. — Visites domiciliaires. — Désarmement des Nobles. — Démolition des châteaux. — Confiscation des jardins, enclos, maisons qui portaient des Armoiries. — Décret de la convention qui ordonne de faire retourner les plaques de cheminées qui portaient des signes héraldiques. — Défense à tous officiers publics d'insérer dans leurs actes des qualifications Nobiliaires. — Projet de supprimer les Armoiries empreintes sur tous les volumes de la Bibliothèque nationale. — Jugements exécutoires dans les 24 heures, sans appel. — Les Émigrés sont frappés de mort civile. — Une récompense de un dixième est accordée à celui qui fera connaître des biens d'émigrés non-déclarés.

Plusieurs écrivains ont prétendus que l'émigration de la Noblesse fut une faute, mais quel fut le sort de ceux qui servaient dans les régiments de l'armée; *je vois dans plus d'un corps,* disait le 4 juin 1790, M. de la Tour du Pin, alors ministre de la guerre, *les liens de la discipline relachés ou brisés, les chefs sans autorité, les caisses militaires et les drapeaux enlevés, les ordres du Roi même bravés hautement, les officiers captifs au milieu de leur troupe, y traînant une vie précaire au milieu des dégouts et des humiliations, et pour comble d'horreur, des commandants égorgés sous les yeux et presque dans les bras de leurs propres soldats.*

Dans une si horrible position, l'émigration était-elle un crime ou une nécessité? Oui certes, elle eut été un crime si ces officiers eussent eu encore quelque chose à défendre....... le Roi..... il y a quelque temps il était encore dans son palais, mais il n'était plus sur son trône, et peu après où étaient le trône et le monarque? La patrie, dira-t-on, la patrie! alors on prononçait son nom, on déchirait son sein! La patrie était sur les marches du trône, et les débris mêmes en étaient dispersés. La Patrie était dans le Roi, autour du Roi, et il avait disparu dans la tempête! La Patrie est dans les institutions, dans les lois, et il n'y en avait plus d'autres que celles des prisons et des échafauds!

Qui oserait se faire juge au milieu de tant d'orages et de catastrophes? Qui pourrait dire que l'émigration des Nobles fut une faute. Qui peut oser dire qu'ils commirent un crime en quittant le sol français? Il y a une chose vraie, c'est qu'il y a eu d'un côté des opprimés et des victimes, et de l'autre des oppresseurs et des bourreaux.

Suivant un décret (1), les dénominations de citoyen, citoyenne, remplacent celle de Monsieur, Madame, dans les assemblées des sections de la commune de Paris.

---

(1) Décret du 10 octobre 1792.

Quelques jours après l'ordre royal et militaire de Saint-Louis, est supprimé (1).

La convention décrète que tous les Émigrés Français sont bannis à perpétuité du territoire de la République, et que ceux qui au mépris de cette loi y rentreraient, seraient punis de mort (2).

Dixhuit jours après, la convention décrète que les Émigrés rentrés en France, sont tenus de sortir du territoire de la République, savoir :

De Paris, et de toutes autres villes dont la population est de 20,000 âmes et audessus, dans vingt-quatre heures du jour de la présente loi.

Et dans quinzaine du même jour, de toutes les autres parties de la République.

Après ces délais, ils seront censés avoir enfreint la loi du bannissement et seront punis de mort (3).

Convention Nationale.

Séance du 25 Février 1793.

J. F. Goupilleau, demande que les corps administratifs soient autorisés à faire des visites dans tous les lieux suspectés de recéler des Émigrés.

Robespierre. Pouvez-vous balancer à punir une contravention formelle à une loi que défend aux ennemis chassés par la patrie de rentrer sur son territoire ! Vous ne pouvez hésiter à réprimer cet attentat sans accorder

---

(1) Décret du 15 octobre 1792.
(2) Décret du 23 octobre 1792.
(3) Décret du 10 novembre 1792.

un privilége d'impunité à tous les conspirateurs qui viennent encore nous trahir. Les circonstances actuelles vous imposent évidemment des mesures plus grandes, plus rigoureuses contre les Émigrés. Toutes celles que vous avez prises sont illusoires; j'en atteste la facilité avec laquelle les Émigrés rentrent tous dans le sein de la patrie. Les exceptions tirent continuellement le principe. La source du mal est dans cette loi sur les Émigrés, loi incohérente, dont les dernières dispositions ont anéanti les premières que votre sagesse avait adoptée.

Lanjuinais, la loi supplémentaire à celle des Émigrés est préparée; on vous la présentera quand vous voudrez.

Pétion, on a saisi cette occasion pour demander que des visites domiciliaires soient faites chez tous les citoyens. Sans avoir recours à cette mesure, il existe une loi qui permet aux officiers municipaux de faire des recensements, et c'est alors qu'ils peuvent éclairer leurs doutes et découvrir les coupables. J'entends sans cesse parler des hommes qui ne connaissent pas la loi. Citoyens le patriotisme ne suffit pas toujours, il faut encore arriver au but, la loi à la main; car si les législateurs méconnaissent les premiers les lois, comment voulez-vous qu'elles soient respectées par les autres citoyens?

Il n'est personne ici qui entende favoriser les émigrés; il n'est personne ici qui ne désire une bonne loi sur les émigrés, mais une bonne loi sur cet objet est une chose si difficile à faire. Il me semble que cette vérité est démontrée par tous les efforts que l'assemblée n'a cessé de faire pour rendre exécutable la loi.

A la suite de cette discussion les décrets suivants furent rendus le même jour, **25 Février 1793**.

« La Convention Nationale voulant ajouter une nouvelle marque de reconnaissance à celle déjà promise, et en faire sentir, autant qu'il est en elle, les effets aux familles des braves défenseurs de la République, déclare que les biens des Émigrés sont affectés, jusqu'à concurrence de 400 millions, au paiement des pensions et gratifications qui seront acquises aux militaires, à leurs veuves et à leurs enfants. »

« La Convention, sur la proposition d'un de ses membres, décrète que les directoires de département, de district, et les corps municipaux, sont autorisés à nommer des commissaires pris, soit dans leur sein, soit dans les conseils généraux de leur administration, lesquels commissaires se feront accompagner de la force publique, pour se transporter dans les maisons suspectées de recéler des individus mis par la loi dans la classe des Émigrés. »

Les poursuites contre les Nobles sont exécutées sous toutes les formes et en vertu de nombreuses lois; la Convention prescrit le désarmement des Nobles inoffensifs (1); elle autorise les Représentants du peuple délégués dans les départements et près les armées de la République à faire démolir les Châteaux-Forts, appartenants aux ci-devant Seigneurs (2).

Sur la motion d'un membre, la Convention décrète que dans la huitaine, à compter dudit décret, tous les parcs, jardins, enclos, maisons, édifices, qui porte-

---

(1) Loi du 26 mars 1793.
(2) Décret du 19 octobre 1793.

raient des armoiries seront confisqués au profit de la Nation (1).

Le sieur Vaudeuil ayant négligé de faire enlever de sa maison deux girouettes en forme de Lion sur le toit et une fleur de lis sur une grille de fer servant de clôture à une avenue, vit sa maison confisquée au profit de la République. Il adressa une pétition à la convention nationale, qui déclara qu'il n'y avait lieu à délibérer sur sa pétition et qu'il n'avait qu'à se pourvoir par-devant le conseil exécutif provisoire, qui examinerait si les girouettes en forme de lion devaient être considérées comme armoiries. Le décret rendu en vertu de cette délibération (2) dénote que les membres de la convention n'étaient pas très instruit dans la science héraldique.

Le délire de la persécution pénètre jusques dans les moindre détails du foyer domestique, dont une preuve caractéristique est la loi suivante :

« La Convention Nationale décrète que les propriétaires des maisons, et, à leur défaut, les locataires ou fermiers, aux frais desdits propriétaires, seront tenus, sous un mois pour tout délai, sous les peines portées par la loi, de faire retourner toutes les plaques de cheminées ou contre-feux, qui porteraient des signes de féodalité ou l'ancien écusson de France, soit qu'ils aient trois fleurs de lis ou un plus grand nombre ; le tout provisoirement et jusqu'à ce qu'il ait été établi des fonderies en nombre suffisant dans toute l'étendue de la République (3). »

---

(1) Décret du 1.er août 1793.
(2) Décret de l'assemblée Nationale du 18-20 vendemiaire an II (9 Octobre 1793).
(3) C'est le texte officiel du décret du 11 octobre 1793.

Il est fait défense à tous notaires, greffiers et autres dépositaires quelconques, d'insérer dans les minutes, expéditions ou extraits d'actes de toute nature, quelque soit leur date, des clauses, qualifications, énonciations ou expressions, tendant à rappeler d'une manière directe ou indirecte le régime Féodal ou Nobiliaire, ou la Royauté, sous les peines portées par la loi, sauf auxdits dépositaires à délivrer lesdits extraits, après en avoir retranché tout ce qui est proscrit par les dispositions ci-dessus énoncées (1).

On délibère à la Commune de Paris (2), sur la proposition de brûler la Bibliothèque de la rue Richelieu; plusieurs patriotes s'écrient :

« Oui ! nous brûlerons toutes les bibliothèques; car
» il ne faudra plus que l'histoire de la révolution et les
» lois qu'elle aura produites. »

Vers cette époque parut une brochure in-8.º, intitulée: Conversation familière entre un homme de lettres et un ancien libraire sur le projet de supprimer les armoiries etc., empreintes sur la reliure de tous les Livres de la Bibliothèque Nationale.

Sur les théâtres on représente des comédies hideuses où on fait jouer aux nobles des rôles ignobles (3).

Une nouvelle loi (4) qui rappelle les principales dispositions des décrets précédents, contient encore des pénalités plus fortes; une fois l'identité reconnue de tout

---

(1) Décret de la convention du 27 Janvier 1794.
(2) 31 Août 1794.
(3) Les crimes de la Noblesse, par la citoyenne Villeneuve, Comédie.
(4) 15 Novembre 1794.

émigré qui rentrera ou sera rentré sur le territoire de la République, les juges prononceront contre l'émigré la peine de mort ou de déportation, *le jugement sera exécuté dans les vingt-quatre heures, sans qu'il puisse y avoir lieu à aucun sursis, recours ou demande en cassation.*

Ainsi que nous l'avons fait pressentir, l'exécution de la loi sur l'abolition de la Noblesse (1) devait graduellement conduire au meurtre; nous venons d'en parcourir toutes les phases en détail, pour mieux apprécier la marche des événements, rappelons-en les faits principaux dans leur ordre successif:

Nous voyons d'abord le Gouvernement révolutionnaire priver les Nobles Émigrés des pensions et des traitements qu'ils pouvaient tenir de lui.

Ce n'était là qu'un prélude à des mesures plus acerbes; bientôt on les soumet à une imposition exceptionnelle.

Le mal allait toujours croissant et l'on s'empare de leurs biens.

Ce n'est pas tout; arrive la loi qui les retranche de la société, en les frappant de mort civile.

Cette disposition législative représentait cette incohérence, cette contradiction, que le Noble Émigré, atteint par elle, n'était admis à recueillir aucun des droits qui pouvaient lui échoir et que cependant l'État venait à sa place et se permettait de s'en emparer et d'en jouir.

Tel était même le privilége qu'il s'était attribué, dans

---

(1) Voir pages 44 et suivantes.

un temps où tous les priviléges avaient été détruits, qu'il profitait de ces droits à l'exclusion de tous autres, lors même qu'on lui démontrait par des actes probans que celui qu'il voulait représenter n'existait plus.

Mais que ne pouvait l'autorité républicaine ! Elle est cependant allée plus loin encore, puisque après avoir été apposé sur les biens des Nobles Émigrés, le séquestre le fut ensuite sur ceux de leurs pères et mères eux-mêmes que l'on cherchait ainsi à punir d'une prétendue participation à un crime dont ils étaient ou pouvaient être innocents.

Cette mesure fut suivie de ce qu'on appela alors *partage de présuccession*, partage suivant lequel, et par une fiction anti-naturelle et bizarre, on supposait morts les ascendants des Nobles Émigrés pour investir l'État de la portion de droits qui auraient appartenu à ces derniers dans leur succession si elle avait été réellement ouverte.

Il était difficile à l'esprit révolutionnaire d'imaginer rien de plus injuste, de plus sauvage, de plus insolite, de plus contraire à tous les principes et à toutes les idées de probité et de morale; on a eu recours à la délation, une loi déclare que tout citoyen qui fera connaître des biens d'Émigrés qui auraient été récélés ou omis dans les listes, aura le dixième de ces mêmes biens (1), et pour stimuler davantage la cupidité des dénonciateurs, un décret subséquent ordonne le paiement provisoire par le Trésor du dixième accordé aux dénonciateurs de biens

---

(1) Article 73 de la loi du 28 mars 1793.

meubles ou immeubles, appartenant à des Émigrés et soustraits au séquestre (1).

Ainsi dépouillés il ne restait plus que la vie aux Nobles Émigrés, mais un décret de la convention les bannit à perpétuité du territoire de la République, et ceux qui au mépris de cette loi essayaient de rentrer étaient punis de mort(2); enfin le système des dénonciations est étendu, une loi alloue une récompense de *cent francs* à celui qui arrêtera un Noble Émigré (3).

Ils ne mourraient pas tous, mais tous étaient frappés !

---

(1) Décret du 12 Juillet 1793.
(2) Décret du 23 Octobre 1792.
(3) Décret du 15 Janvier 1793.

CHAPITRE IV.

DIRECTOIRE.

DU 4 NOVEMBRE 1795 AU 11 NOVEMBRE 1799.

Sommaire :

Les prévenus d'Émigration sont expulsés à 10 lieues de Paris. — A tout citoyen qui dénoncera des Émigrés il est alloué une récompense de 100 fr. par Émigré. — Les Nobles sont privés des droits de citoyen Français et assimilés à des étrangers. — Une loi prescrit de prendre des ôtages parmi les parents Nobles des Émigrés. — Continuation des visites domiciliaires.

Pendant le Directoire, la législation contre la Noblesse fut maintenue avec une assez grande sévérité et quelquefois même avec aggravation. Les demandes en radiation de la Liste des Émigrés entraient dans les attributions du Ministre de la Police, qui faisait un rapport au Directoire exécutif, lequel statuait lui-même et définitivement sur ces demandes (1).

Tout prévenu d'Émigration, non rayé définitivement de la Liste des Émigrés, encore qu'il ait son domicile

---

(1) Loi du 28 pluviose an IV. — Arrêté du 30 pluviose an IV.

dans le département de la Seine, est tenu de sortir dudit département dans l'espace de trois fois vingt-quatre heures, après la publication de la présente loi, et de se tenir à dix lieues au moins de la commune de Paris (1).

Il est mis à la disposition du Ministre des Finances, une somme de douze millions valeur fixe, pour effectuer le remboursement du prix des objets mobiliers qui n'ont pu ou qui ne pourront être rendus en nature aux héritiers des condamnés, aux personnes rayées de la liste des Émigrés et autres qui d'après les lois sont fondés à faire des réclamations (2).

Tout Sous-officier ou Gendarme qui aura saisi un Émigré déporté, trouvé sur le territoire de la France, recevra après l'exécution du jugement 50 francs par chaque Émigré (3).

Un arrêté du Directoire (4) ordonne d'imprimer, publier et afficher dans chaque commune de la République l'article de la loi du 25 brumaire an III, qui est ainsi conçu (5) :

« Tous citoyens qui auront dénoncé, saisi ou arrêté
» des Émigrés, recevront, après l'exécution du juge-
» ment, la somme de 100 francs par chaque Émigré. »

Une loi nouvelle déclarée d'urgence porte les résolutions suivantes :

Les ci-devant Nobles et Anoblis, c'est-à-dire, tous

---

(1) Loi du 21 floréal an IV.
(2) Loi du 29 floréal an IV.
(3) Loi du 28 germinal an VI.
(4) Arrêté du Directoire du 17 messidor an VI.
(5) Article 14 du Titre V.

ceux qui avaient reçus la Noblesse de leurs pères ou qui l'avaient acquise transmissible héréditairement à leurs enfants, ne pourront exercer les droits de citoyen Français dans les assemblées primaires, communales et électorales, ni être nommés à aucune fonction publique, qu'après avoir rempli les conditions et les délais prescrits à l'égard des étrangers par l'article 10 de la Constitution, (1) en un mot les Nobles sont assimilés à des étrangers et traités comme tels (2).

Une loi prescrit aux administrations centrales de prendre des ôtages, en premier lieu parmi les parents Nobles d'Émigrés, secondement parmi les ci-devant Nobles, pour répondre des faits qui seraient commis en haine de la république dans les départements, cantons et communes déclarées en état de trouble (3).

Le Directoire exécutif fut aussi plusieurs fois autorisé à ordonner pendant un mois des visites domicilaires pour procéder à l'arrestation des Émigrés (4).

---

(1) Voici le texte de l'article 10 de la constitution du 5 fructidor an III (22 Août 1795).

L'étranger devient citoyen français, lorsque après avoir atteint l'âge de vingt-un an accomplis, et avoir déclaré l'intention de se fixer en France, il y a résidé pendant sept années consécutives, pourvu qu'il y paie une contribution directe, et qu'en outre il y possède une propriété foncière ou un établissement d'agriculture ou de commerce, ou qu'il ait épousé une Française.

(2) Loi du 9 frimaire an VI (29 novembre 1797). — Loi du 29 Vendémiaire an VI.

(3) Loi du 12 juillet 1799.

(4) Loi du 18 messidor an VI. — Loi du 26 thermidor an VII.

CHAPITRE V.

CONSULAT,

DU 11 NOVEMBRE 1799 (1) AU 18 MAI 1804.

Sommaire :

La loi sur les ôtages est rapportée. — Bonaparte délivre les Nobles Émigrés naufragés à Calais. — Les biens des Émigrés sont déclarés irrévocablement acquis au profit de la République. — Avis du Conseil d'État relatif aux droits publics et à l'admissibilité des Émigrés aux fonctions publiques. — Avis du Conseil d'État sur la manière de procéder contre les Émigrés rentrés. — La dénomination de *Madame* remplace celle de *citoyenne*. — Nouveau décret fixant le mode d'application des lois relatives à l'Émigration. — Liste de la commission de 30 membres chargés de l'examen des réclamants inscrits sur la Liste des Émigrés. — La Liste générale des Émigrés s'élevait à 145,000. — Bonaparte I.er consul envoie au Sénat un projet d'acte d'amnistie concernant les Émigrés. — Ce projet d'amnistie est converti en Sénatus-Consulte. — La Liste des Émigrés ne devra point excéder 1000 individus. — Bonaparte crée un Ordre de Chevalerie, la Légion d'Honneur. — Création des Sénatoreries.

Nous arrivons à une époque où les rigueurs exercées contre la Noblesse vont recevoir quelques adoucissemens;

---

(1) Date de la journée du 18 brumaire an VIII.

l'odieuse loi du 12 Juillet 1799, sur les ôtages est rapportée, le nouveau Gouvernement abolit le serment de haine à la Royauté, exigé jusqu'alors des fonctionnaires publics.

Un arrêté des Consuls du 9 Décembre 1799, ordonne que les émigrés détenus au château de Ham, qui ont fait naufrage le 14 octobre 1795, sur les côtes de Calais, seront déportés; pour apprécier cet acte il faut se rapporter à l'origine de cette affaire; le ci-devant duc de Choiseul Stainville (1) accompagné d'un certain nombre de Nobles Émigrés se rendait aux Indes Orientales, sur un navire Danois portant pavillon neutre, lorsqu'une horrible tempête fit périr une partie des équipages et jeta le reste des passagers de diverses nations sur les côtes de Calais; parmi eux se trouvent 53 Français; les autorités s'étant assuré de leur personne, demandent des instructions au Ministre de la Police, lequel répond que les étrangers sont des simples prisonniers de guerre, mais que les Français doivent être considérés comme Émigrés pris les armes à la main, jugés militairement et sans délai.

Les principaux naufragés Français sont donc traduits devant une commission, elle se déclare incompétente, on en nomme une seconde qui ne reconnait point que les lois sur les émigrés leurs soient applicables.

Le Gouvernement anglais envoit deux commissaires réclamer la liberté des prisonniers arrêtés sur un bâtiment neutre; ses réclamations ne sont pas écoutées.

---

(1) Depuis Pair de France, en 1814.

La Cour de Cassation renvoit les prévenus au nombre de sept, par devant le Tribunal du Pas-de-Calais, lequel reconnait sa compétence.

Les deux conseils législatifs ordonnent à l'unanimité leur renvoi et leur embarquement. Le Directoire promulgua cet arrêt, mais il en suspendit l'exécution ; survint la journée du 18 Fructidor an V (4 Septembre 1797); alors sévérités plus grandes de la part de l'autorité révolutionnaire, après huit mois d'une nouvelle attente dans les cachots, le Conseil des cinq Cents ordonne de les mettre en jugement. Plus de trois mois s'écoulent encore avant que le Conseil des Anciens prononce; il rejette cette mesure; néanmoins le Directoire retient ces malheureux captifs. La journée du 18 Brumaire arrive, Bonaparte I.er Consul, fait rendre l'ordre qui les délivre et les envoit en liberté en pays neutre.

La nouvelle constitution du 13 Décembre 1799, porte article 93: « Les biens des Émigrés sont irrévoca-
» blement acquis au profit de la République. »

Le Conseil d'État délibérant sur le renvoi qui lui avait été fait par les Consuls de la République d'un arrêté de la section de législation, présentant la question de savoir, si les lois des :

   3 Brumaire an III,
   19 Fructidor an V,
   9 Frimaire an VI,

qui excluent de la participation aux droits politiques et de l'admissibilité aux fonctions publiques les parents d'Émigrés et les ci-devant Nobles, ont cessé d'exister par le fait de la Constitution (1) ou s'il faut une loi pour les rapporter ?

A rendu une décision portant que « les lois dont il
» s'agit, et tout autre loi dont le texte serait inconciliable
» avec celui de la Constitution, ont été abrogées par le
» fait seul de la promulgation de cette Constitution, et
» qu'il est inutile de s'adresser au législateur pour lui
» demander cette abrogation.

» En effet, c'est un principe éternel, qu'une loi nou-
» velle fait cesser toute loi précédente, ou toute disposi-
» tion de loi précédente contraire à son texte; principe
» applicable à plus forte raison à la Constitution, qui
» est la loi fondamentale de l'État.

» Or les conditions qui déterminent le droit de voter
» et celui d'être élu aux diverses fonctions publiques,
» sont réglées par l'acte constitutionnel; il n'est pas per-
» mis au législateur d'en retrancher quelques unes, ni
» d'en ajouter de nouvelles; son texte est général, im-
» périeux, exclusif.

» Donc toute loi ancienne qui en contrarierait l'appli-
» cation a cessé d'exister du moment où l'acte constitu-
» tionnel a été promulgué.

» Ainsi le gouvernement a le droit d'appeler aux
» fonctions publiques ceux des ci-devant Nobles ou
» parents d'Émigrés qu'il jugera dignes de sa confiance:
» il n'a pas besoin pour cela du consentement du légis-
» lateur; le peuple, en acceptant la Constitution, lui en
» a donné le droit absolu.

---

(1) Constitution du 22 Frimaire an VIII (13 décembre 1799).

» Les lois dont il s'agit n'étaient d'ailleurs que des
» lois de circonstance, motivées sur le malheur des temps
» et la faiblesse du gouvernement d'alors : aujourd'hui
» ces motifs ne peuvent plus être allégués; le gouverne-
» ment créé par la constitution de l'an VIII, a toute la
» force nécessaire pour être juste et maintenir dans
» toute leur pureté les principes de l'égalité et de la
» liberté. La seule distinction qui puisse diriger ses
» choix est celle de la probité, des talents et du patrio-
» tisme. » (1)

Le Conseil d'État ayant délibéré sur la question de savoir : *Comment on doit procéder contre les Émigrés rentrés :*

A reconnu que l'article 93 de l'acte constitutionnel lève toute espèce de difficulté sur cette question.

Cet article, en même temps qu'il déclare qu'en aucun cas la Nation Française ne souffrira le retour des Français émigrés, reconnaît formellement que les lois rendues contre les Émigrés n'ont pas cessé d'exister.

Si elles existent aujourd'hui comme par le passé, les formes, les tribunaux, les peines, créés par elles seules et pour elles seules, existent en même temps.

Et la constitution nouvelle n'ayant apporté aucune modification ni à la peine, ni aux formes qui dirigent l'application de la peine, l'Émigré rentré, peut être aujourd'hui, comme par le passé, traduit devant les tribunaux militaires créés par les lois qui forment encore aujourd'hui le code des Émigrés; et ces tribu-

---

(1) Décision du Conseil d'État du 27 Décembre 1799.

naux peuvent aujourd'hui, comme par le passé, soumettre l'Émigré rentré à la reconnaissance de l'identité.

La section du Conseil d'État pense que par la suite, il sera peut-être utile et politique de solliciter une loi qui ne punisse d'abord que de la déportation, l'infraction au bannissement, et qui n'applique la peine de mort qu'à l'infraction de cette dernière peine.

Cette modification fait partie du travail général sur les Émigrés soumis au Conseil.

Mais la section reconnaît que le Gouvernement ne peut attendre dans l'inaction l'époque où cette modification pourra être admise, et que, par provision, les lois existantes peuvent et doivent recevoir leur application.

Elle estime que, pour éviter de déplorables abus, le Gouvernement devrait se réserver à lui seul le droit de former toute commission spéciale et d'y traduire l'Émigré.

Le Conseil d'État, après avoir, sur le renvoi des Consuls et sur le rapport de la section de la Justice, discuté l'avis ci-dessus, l'approuve et arrête qu'il sera présenté aux Consuls dans la forme prescrite par le règlement (1).

Au mois de janvier 1800, Bonaparte, premier consul, substitue la dénomination de *madame* à celle de *citoyenne*, ce fut le signal de l'abandon du langage républicain.

Un décret nouveau (2) détermine le mode d'application des lois relatives à l'émigration; les individus considérés comme Émigrés avant le 25 décembre

---

(1) Avis du Conseil d'État du 5 Pluviôse an VIII.
(2) Décret du 3 Mars 1800.

1799, époque de la mise en activité de l'acte constitutionnel, ne pouvant invoquer le droit civil des Français, demeurent soumis aux lois sur l'émigration.

Ces individus sont :

1.º Ceux qui inscrits sur les listes d'Émigrés avant le 25 décembre 1799 ne sont point rayés définitivement.

2.º Ceux contre lesquels il existait à la même époque, des arrêtés, soit du Directoire exécutif, soit des administrations centrales, qui ordonnaient l'inscription de leurs noms sur la liste des Émigrés, pourvu que lesdits arrêtés aient été publiés, ou suivis du séquestre ou de la vente des biens.

Tout individu qui se serait absenté de France depuis le 25 décembre 1799, jour de la mise en activité de l'acte constitutionnel, ou qui s'en absenterait à l'avenir, n'est point soumis aux lois sur l'émigration.

Ceux qui désormais seront prévenus d'avoir émigré avant le 25 décembre 1799, seront jugés par les tribunaux criminels ordinaires.

La seule question soumise aux jurés de jugement, sera : *l'Accusé est-il coupable d'Émigration?*

Si l'accusé est déclaré coupable, la confiscation n'aura d'effet sur les biens du condamné, qu'après la distraction préalablement faite des droits de la femme et des autres créanciers, et en outre d'un tiers en nature sur la totalité des biens libres du condamné ; quotité à laquelle demeurent fixés les droits naturels des enfants et descendants, quelque soit leur nombre.

Une Commission de trente membres fut chargée de l'examen définitif des réclamations des individus inscrits sur la liste des Émigrés (1); ces trente membres furent choisis par Bonaparte premier Consul sur soixante candidats présentés par les ministres de la Justice et de la Police générale.

Furent nommés membre de ladite commission (2).

Lidonne, membre de la commission des Émigrés.
Fallet, examinateur au bureau des Émigrés.
Turgan, l'ainé.
Turgan, jeune.
Viard (de la Meurthe), ex-constituant.
Courtin, ancien chef de la division des Émigrés.
Civet, ex-employé au ministère de la Police.
Jouenne (du Calvados), ex-législateur.
Bordas, ex-député.
Pons (de Verdun), ex-député.
Tirlet-d'Herbourg, ex-chef adjoint au ministère de la police générale.
Duperrey, membre de la commission des Émigrés.
Duchosal, membre de la commission des Émigrés.
Lasalle, chef des bureaux de la commission des Émigrés.
Marquant, ancien chef de bureau au département.
Lejai, jurisconsulte.
Roucher-Daubanel, secrétaire du général Joubert.
Paré, ex-ministre de l'intérieur.
Sieyes, l'ainé.
Thuriot, jurisconsulte.
Derché, ex-chef de Division au Ministère des Relations Extérieures.

---

(1) Arrêté du 7 Ventose an VIII.
(2) Arrêté du 22 Ventose an VIII.

Devillèrs-Duterrage, membre de la commission des Archives au Louvre.

Leyris, ex-député.

Thouvenot, ex-jurisconsulte.

Ragonneau, ex-secrétaire de la commission de Naples.

Rohaut-Fleury, ancien chef de bureau de la Compagnie des Indes.

Perard, examinateur dans les bureaux de la commission des Émigrés.

Niou, chargé de l'échange des Prisonniers en Angleterre.

Majour. . . . . . .

La Liste générale des Émigrés fut imprimée (1) elle présentait une nomenclature de cent quarante cinq mille individus ou collections d'individus, et la répétition d'une multitude de noms; elle avait été formée de listes partielles, dressées par des autorités locales, que la Convention nationale avait chargées de cette opération.

L'Assemblée législative, la convention nationale, le comité de législation de la Convention, et depuis le corps législatif, ont rayé définitivement un grand nombre d'individus inscrits; treize mille ont été rayés par le Directoire exécutif, environ douze cent l'ont été par le Consulat du 11 novembre 1799 au 20 octobre 1800.

Ces individus devaient donc jouir des droits qui leur avaient été rendus, c'est sur la stabilité des décisions du Gouvernement que reposent la confiance publique, la foi des transactions paticulières, la sûreté des propriétés.

Le plus grand désordre existait dans la rédaction de

---

(1) Au mois d'Octobre 1800.

ces Listes; beaucoup d'inscriptions étaient collectives et frappaient des individus sous les dénominations générales d'*héritiers*, de *représentants*, d'*enfants*.

Les inscriptions collectives d'*héritiers*, de *représentants*, pouvaient embrasser dans leur généralité une foule de familles, inconnues à celui même dont elles étaient appelées à partager l'hérédité, puisque les lois ont établi la représentation à l'infini; inconnues par conséquant aux autorités locales, jusqu'au moment où les individus qui composent les familles ont produit leurs titres et fait constater leurs droits. On ne pouvait donc, sur de pareilles inscriptions, constituer des citoyens en prévention d'émigration.

L'inscription des enfants en masse n'était pas plus régulière. Le délit d'émigration devait être appliqué à un individu dénommé, comme la peine était individuellement appliquée.

Dans leur haine contre la Noblesse, les fervents de la République avaient inscrit les serviteurs, les gens à gages, les ouvriers, les cultivateurs employés par les Nobles; de cette classe d'individus, très peu avaient réclamés, presque tous ignoraient et l'inscription qui les avait frappés, et les lois qui les poursuivaient et la peine qui les menaçait.

La plupart sans propriété, n'avaient été, ni pu être avertis par un séquestre, de la prévention d'émigration qui planait sur eux.

De pareils individus ne pouvaient être de véritables Émigrés, s'ils avaient quittés le sol de leur patrie ils devaient toujours être absous par l'ignorance et surtout par l'intérêt de la société qui réclamait leurs travaux.

Les femmes en obéissant à l'impulsion de leur mari, avaient quitté leur patrie, sans apprécier les conséquences de cette démarche, et sans connaitre les lois qui les menaçaient.

De malheureux Nobles, victimes des tribunaux révolutionnaires, avaient été inscrits, quoiqu'ils n'eussent jamais émigré; les Français présents à Malte (1) à l'époque de la capitulation étaient absous par cette capitulation même, dont la foi publique exigeait l'exécution.

Beaucoup encore avaient été préjugés innocents par la Commission nommée le 22 ventôse an VIII (2).

Après ces différentes classes d'individus inscrits sur la liste générale, restaient des Nobles qui avaient des prérogatives de naissance et des titres à défendre, d'autres enfin qui n'avaient point réclamés dans les délais fixés par les arrêtés.

Telles étaient les classes d'individus qui formaient la Liste générale des Émigrés, cette classification donna lieu à un arrêté (3) qui fixa plusieurs catégories parmi

---

(1) La loi du 14 Décembre 1799, ratifiant le traité conclu entre le général en chef Bonaparte et les Chevaliers de Malte, avait ordonné relativement à ceux de ces Chevaliers Français, et alors résidant à Malte, que la Liste en serait arrêtée et publiée par les Consuls, que ceux qui y seraient portés seraient immédiatement remis en possession de leurs biens non vendus comme domaines nationaux; qu'en cas d'aliénation desdits domaines, ils auraient droit à l'indemnité fixée par la loi.

(2) Voir pages 84 et 85.
(3) Arrêté du 20 Octobre 1800.

les Émigrés et permit d'en rayer un grand nombre de la Liste générale.

Tout Français rayé de la liste des Émigrés devait dans les vingt jours qui suivaient cette radiation, faire la promesse de fidélité à la constitution, devant le Préfet du département, ou devant le Sous-Préfet de l'arrondissement communal où il résidait. Les individus ne recevaient leur arrêté de radiation qu'après avoir fait la promesse de fidélité.

Les individus ainsi rayés de la Liste des Émigrés, devaient rester sous la surveillance de la Police pendant la durée de la guerre et un an après la paix générale.

Enfin nous arrivons à un jour mémorable, Bonaparte, premier Consul, nomme les citoyens Régnier, Rœderer et Fourcroy, Conseillers d'État, pour porter au Sénat-conservateur le projet d'amnistie concernant les Émigrés et en exposer les motifs.

Discours des Orateurs du Gouvernement.

Le citoyen Regnier portant la parole (1):

Citoyens Sénateurs,

« Une multitude d'individus est encore inscrite
» sur la Liste des Émigrés, et l'expérience a démontré
» qu'en continuant de procéder par la voie nécessaire-
» ment lente des radiations individuelles, des années
» s'écouleraient avant qu'on eut pu prononcer sur le
» sort de tant de milliers d'hommes.

---

(1) Séance du Sénat du 26 Avril 1802 (6 Floréal an X).

» Cependant frappés par la loi et péniblement incer-
» tains de leur destinée, les individus inscrits errans en
» terre étrangère, ou obligés de se cacher en France,
» sont voués, sans en prévoir le terme, à une nullité
» désespérante: il y a plus; les nombreuses familles
» auxquelles ils tiennent par les relations de parenté,
» d'alliance ou d'intérêt, en quelque sorte associées à
» leur sort, éprouvent dans leurs transactions sociales,
» dans leurs alliances, et dans presque tous leurs arran-
» gements domestiques, une gêne et des contrariétés,
» qui, depuis plusieurs années, les agitent et les tour-
» mentent.

» Le Gouvernement a cru que le temps était enfin
» arrivé de faire disparaître un tel état de choses, que
» des conjonctures impérieuses ont commandé autrefois,
» mais qui doit finir avec elles.

» Le moyen le plus efficace pour arriver à ce but
» presque généralement désiré, est de substituer à la
» mesure beaucoup trop lente des radiations partielles,
» une autre mesure tout à la fois plus expéditive et plus
» digne de la magnanimité nationale. L'amnistie fut
» destinée dans tous les temps à effacer les délits poli-
» tiques, lorsqu'à la fin des troubles civils, les circon-
» stances permettent de remplacer la sévérité par l'in-
» dulgence; que l'amnistie aujourd'hui prononce, à
» quelques exceptions près, la radiation générale des
» inscrits sur la Liste des Émigrés!

» Un gouvernement puissant et fort, respecté au
» dedans comme au dehors, peut, sans danger, user
» de clémence; quelle serait en effet l'audace insensée

» qui pût essayer de tourner contre lui cette clémence,
» qui est la preuve la plus manifeste de sa force ?

» Ajoutons que nul moment ne pouvait être mieux
» choisi pour ce grand acte de rémission, que l'époque
» à jamais mémorable où la paix est rendue à l'Europe,
» le calme aux consciences, et où le bonheur public,
» assis sur des bases durables, dispose tous les cœurs
» à l'indulgence et à l'oubli du passé.

» Cette indulgence doit pourtant avoir ses bornes,
» et l'acte d'amnistie que nous vous transmettons au
» nom du Gouvernement, fait, à la grâce générale
» qu'il accorde, des exceptions que comme lui, sans
» doute, vous jugerez indispensables.

» Cette grâce est encore accompagnée d'une autre
» précaution qui s'applique non seulement aux indi-
» vidus compris dans l'amnistie, mais encore à ceux
» dont la radiation définitive ne remonte pas au-delà
» du 28 vendémiaire an IX (19 octobre 1800).

» Le Gouvernement a jugé nécessaire que tous ces
» individus demeurassent soumis à sa surveillance spé-
» ciale, jusqu'à ce qu'une conduite sage et soutenue
» pendant une assez longue période, ait fourni de leur
» part une garantie suffisante pour la tranquillité
» publique.

» Il faut de plus que la rentrée des amnistiés en
» France ne soit pas marquée par des répétitions
» indiscrètes, par des prétentions hazardées, par des
» procès qui tendraient à troubler le repos des citoyens
» qui ont traité avec la nation sous la garantie de la foi
» publique, et qui ont dû compter sur l'irréfragabilité
» des actes émanés de sa puissance.

» Avec ces précautions, l'amnistie que commandent
» à la fois, et la grandeur nationale, et le vœu de
» l'humanité, et la juste confiance que le gouvernement
» doit avoir dans sa force, n'offrira rien qui puisse
» donner matière à une inquiétude fondée.

» Vous jugerez sans doute aussi, citoyens Sénateurs,
» que cet acte ne présente rien qui ne se concilie
» avec l'esprit de la Constitution dont vous êtes les
» gardiens fidèles, et vous vous empresserez à le rendre
» plus solennel et plus auguste en le convertissant
» en Sénatus-Consulte. »

Le Sénat-conservateur, réuni au nombre des membres prescrit par la Constitution, après avoir entendu les orateurs du gouvernement, sur les motifs qui ont déterminé les différentes clauses du projet d'amnistie relatif aux Émigrés, l'a adopté en le faisant précéder des considérants suivants qui expliquent la situation :

« Considérant que la mesure proposée est commandée
» par l'état actuel des choses, par la justice, par
» l'intérêt national, et qu'elle est conforme à l'esprit de
» la Constitution.

» Considérant qu'aux diverses époques où les lois
» sur l'émigration ont été portées, la France, déchirée
» par des divisions intestines, soutenait contre
» presque toute l'Europe une guerre dont l'histoire
» n'offre pas d'exemple, et qui nécessitait des dispositions
» rigoureuses et extraordinaires.

» Qu'aujourd'hui la paix étant faite au-dehors, il
» importe de la cimenter dans l'intérieur par tout ce
» qui peut rallier les Français, tranquilliser les famil-

» les, et faire oublier les maux inséparables d'une
» longue révolution;

» Que rien ne peut mieux consolider la paix au-
» dedans, qu'une mesure qui tempère la sévérité des
» lois, et fait cesser les incertitudes et les lenteurs
» résultant des formes établies par les radiations;

» Considérant que cette mesure n'a pu être qu'une
» amnistie qui fît grâce au plus grand nombre, tou-
» jours plus égaré que criminel, et qui fît tomber la
» punition sur les grands coupables, par leur main-
» tenue définitive sur la liste des émigrés;

» Que cette amnistie, inspirée par la clémence, n'est
» cependant accordée qu'à des conditions justes en
» elles-mêmes, tranquillisantes pour la sûreté publi-
» que, et sagement combinées avec l'intérêt national.

» Que des dispositions particulières de l'amnistie,
» en défendant de toute atteinte les actes faits avec
» la République, consacre de nouveau la garantie des
» ventes des biens nationaux dont le maintien sera
» toujours un objet particulier de la sollicitude du
» Sénat-conservateur, comme il l'est de celle des
» Consuls. »

Le Sénatus-Consulte est divisé en deux Titres :

Le *premier Titre*, déclare qu'Amnistie est accordée pour fait d'émigration à tout individu qui en est prévenu et n'est pas rayé définitivement.

Ceux desdits individus qui ne sont point en France, seront tenus d'y rentrer avant le 22 septembre 1802 (1).

Au moment de leur rentrée, ils déclareront devant

---

(1) 1.er Vendémiaire an XI.

les commissaires qui seront délégués à cet effet, dans les villes de Calais, Bruxelles, Mayence, Strasbourg, Genève, Nice, Bayonne, Perpignan et Bordeaux, qu'ils rentrent sur le territoire de la République, en vertu de l'amnistie.

Cette déclaration sera suivie du serment d'être fidèle au Gouvernement établi par la Constitution, et de n'entretenir, ni directement ni indirectement, aucune liaison ni correspondance avec les ennemis de l'État.

Ceux qui ont obtenus des puissances étrangères des places, titres, décorations, traitements ou pensions, seront tenus de le déclarer devant les mêmes commissaires, et d'y renoncer formellement.

A défaut par eux d'être rentrés en France avant le 22 septembre 1802, et d'avoir rempli les conditions indiquées précédemment, ils demeureront déchus de la présente amnistie, et définitivement maintenus sur la Liste des Émigrés, s'ils ne rapportent la preuve en bonne forme, de l'impossibilité où ils se sont trouvés de rentrer dans le délai fixé, et s'ils ne justifient, en outre, qu'ils ont rempli, avant l'expiration du même délai, devant les agents de la République envoyés dans les pays où ils se trouvent, les autres conditions ci-dessus exprimées.

Ceux qui sont actuellement sur le territoire Français, seront tenus, sous la même peine de déchéance et de maintenue définitive sur la Liste des Émigrés, de faire, dans le mois, à dater de la publication du présent acte (26 avril 1802), devant le préfet du département où ils se trouveront, séant en conseil de préfecture, les mêmes déclarations, serment et renonciation.

Les mêmes commissaires et préfets chargés de les recevoir, enverront, sans délai, au Ministre de la police, expédition en forme du procès-verbal qu'ils en auront dressé. Sur le vû de cette expédition, le ministre fera rédiger, s'il y a lieu, un certificat d'amnistie, qu'il enverra au ministre de la justice, par lequel il sera signé et délivré à l'individu qu'il concerne.

Sera tenu ledit individu, jusqu'à la délivrance du certificat d'amnistie, d'habiter la commune où il aura fait la déclaration de sa rentrée sur le territoire de la République.

Sont exceptés de la présente amnistie :

1.º Les individus qui ont été chefs de rassemblements armés contre la République.

2.º Ceux qui ont eu des grades dans les armées ennemies.

3.º Ceux qui, depuis la fondation de la République, ont conservé des places dans les maisons des ci-devant Princes Français.

4.º Ceux qui sont connus pour avoir été ou pour être actuellement moteurs ou agents de guerre civile ou étrangère.

5.º Les commandants de terre et de mer, ainsi que les représentants du peuple qui se sont rendus coupables de trahison envers la République ; les archevêques et évêques qui, méconnaissant l'autorité légitime, ont refusé de donner leur démission.

Les individus que nous venons de dénommer sont définitivement maintenus sur la Liste des Émigrés ; néanmoins, le nombre n'en pourra excéder mille, dont cinq cents seront nécessairement désignés dans le cours de l'an 1802 (1).

Les émigrés amnistiés, ainsi que ceux qui ont été éliminés ou rayés définitivement depuis l'arrêté des Consuls du 20 octobre 1800, seront pendant dix années, sous la surveillance spéciale du Gouvernement, à dater du jour de la radiation, élimination ou délivrance du certificat d'amnistie.

Le Gouvernement pourra s'il le juge nécessaire, imposer aux individus soumis à cette surveillance spéciale, l'obligation de s'éloigner de leur résidence ordinaire jusqu'à la distance de vingt lieues; ils pourront même être éloignés à une plus grande distance, si les circonstances le requièrent; mais dans ce dernier cas, l'éloignement ne sera prononcé qu'après avoir entendu le Conseil d'État.

Après l'expiration des dix années de surveillance, tous les individus contre lesquels le gouvernement n'aura pas été obligé de recourir aux mesures mentionnées dans l'alinéa précédent, cesseront d'être soumis à ladite surveillance: elle ne pourra s'étendre à la durée de la vie de ceux contre lesquels ces mesures auront été jugées nécessaires.

Les individus soumis à la surveillance spéciale du gouvernement, jouiront au surplus, de tous leurs droits de citoyens.

Le *deuxième Titre*, contient les dispositions suivantes relatives aux biens:

---

(1) La Liste des Émigrés s'était élevée jusqu'à 145,000, en la réduisant à 1000 individus on avait successivement ouvert les portes de la France à 144,000 réfugiés.

Les individus amnistiés ne pourront, en aucun cas et sous aucun prétexte, attaquer les partages de présuccessions, successions, ou autres actes et arrangements faits entre la République et les particuliers, avant la présente amnistie.

Ceux de leurs biens qui sont encore dans les mains de la nation autres que les bois et forêts déclarés inaliénables (1), les immeubles affectés à un service public, les droits de propriété ou prétendus tels sur les grands canaux de navigation, les créances qui pouvaient leur appartenir sur le Trésor public, et dont l'extinction s'est opérée par confusion, au moment où la République a été saisie de leurs biens, droits et dettes actives, leur seront rendus sans restitution de fruits, qui en vertu de l'arrêté des Consuls (2), doivent appartenir à la République, jusqu'au jour de la délivrance qui leur sera faite de leur certificat d'amnistie.

Ce Sénatus-Consulte fut transmis par un message aux Consuls de la République.

Bonaparte I.er Consul crée un ordre de Chevalerie, en organisant la Légion d'honneur (3), il ne pensait pas seulement à des récompenses nationales aux guerriers, aux hommes d'état et aux savants qui ont rendus des services éclatants au pays, déjà il jettait les fondements du principe des dignités, et plus tard nous le verrons fonder une Noblesse, qui prendra sa source dans la légion d'honneur ; en effet un membre de la légion

---

(1) Par la loi du 2 Nivose an IV.
(2) Du 18 Juin 1800.
(3) Loi du 19 Mai 1802.

d'honneur pourra sous le gouvernement suivant (l'Empire), en constituant un majorat avoir le titre de *Chevalier de l'Empire.*

C'est pour arriver à ce but que l'ordre de la Légion d'Honneur fut dès le principe constitué sous la forme d'une Légion commandée par un Grand Conseil d'Administration, et composé de Seize Cohortes, comprenant chacune plusieurs départements du territoire de l'Empire.

Il devait être affecté à chaque cohorte des biens nationaux produisant 200,000 francs de rente (1).

Chaque Cohorte devait se composer :

De sept Grands Officiers;

De vingt Commandants;

De trente Officiers;

Et de trois cents cinquante Légionnaires, c'est-à-dire Chevaliers de la Légion d'honneur;

Il était affecté à chaque Grand-Officier, 5000 fr.;

A chaque Commandant, 2000 fr.;

A chaque Officier, 1000 fr.;

Et à chaque légionnaire, 250 fr.;

C'était le traitement affecté à chacun de ces grades dans la Légion.

Ces traitements devaient être prélevés sur les biens affectés à chaque Cohorte.

Plus tard les militaires de tout grade, appartenant au service de terre et de mer, qui pour des actions d'éclat faites pendant la guerre, avaient obtenus des armes

---

(1) Voir à la fin de ce volume, dans les Pièces Justificatives, la liste et la composition des Cohortes de la Légion d'Honneur en 1813.

d'honneur furent répartis dans les seize cohortes de la Légion d'Honneur.

Par le Sénatus-consulte, du 4 Janvier 1803, il avait été créé une Sénatorerie par arrondissement de Cour Impériale (1).

Chaque Sénatorerie était dotée d'un hôtel et d'un revenu annuel en domaines nationaux de 20 à 25,000 francs.

Les Sénatoreries étaient des possessions à vie; les Sénateurs qui en étaient pourvus, étaient tenus d'y résider au moins trois mois chaque année.

Ils remplissaient les missions extraordinaires que l'Empereur jugeait à propos de leur donner dans leur arrondissement, et ils lui en rendaient compte directement.

Les Sénatoreries étaient conférées par l'Empereur, sur la présentation du Sénat, qui, pour chacune désignait trois Sénateurs.

---

(1) Voir à la fin de ce volume, dans les pièces justificatives, la liste et la composition des Sénatoreries en 1813.

CHAPITRE VI.

RÈGNE DE NAPOLÉON I.ᵉʳ

DU 18 MAI 1804 AU 1 MARS 1808.

Sommaire :

Création des Grands Dignitaires et des Grands Officiers de l'Empire. — Rétablissement des Titres d'Altesse, de Monseigneur et d'Excellence. — Nomination des Grands Officiers du Palais. — Opinion de l'Empereur sur les costumes et l'étiquette. — Érection de 31 duchés grands Fiefs et de 8 Principautés. — Sénatus-Consulte autorisant la formation de Titres héréditaires avec des biens libres. — Message de l'Empereur au Sénat pour enregistrer les Lettres-Patentes de création du Titre de duc de Dantzick.

Le même Sénatus-Consulte organique qui défère à Napoléon le titre d'*Empereur des Français*, fonde des *Grands Dignitaires*, prélude de la création d'une nouvelle Noblesse.

Voici comme s'exprimait le sénateur Lacépède dans son rapport, au nom de la commission spéciale au Sénat (1) : sur ce projet de Sénatus-Consulte organique :

---

(1) Séance du Sénat du 18 Mai 1804.

« De grandes dignités ajoutent à la splendeur du trône,
» en fortifient la base, sans pouvoir l'ébranler, en détour-
» nent la foudre dans des temps orageux, donnent aux
» conseils plus de maturité ; peuvent, en écartant toute
» barrière funeste, ne laisser aucune pensée utile perdue
» pour l'Empereur, aucune action vertueuse pour l'État,
» aucune affection de l'Empereur perdue pour le peu-
» ple ; offrent aux plus grands services, la plus bril-
» lante palme, ne deviennent l'objet de toutes les
» ambitions, que pour les éloigner de tout dessein
» pervers ; n'inspirent les grands projets et les grandes
» actions, qu'en forçant à maintenir la constitution de
» l'État, et n'élèvent des citoyens dans un rang écla-
» tant, que pour faire voir de plus loin le triomphe
» de l'égalité. »

Les *grandes Dignités de l'Empire* sont celles :
De Grand-Électeur (1),
D'Archi-Chancelier de l'Empire,
D'Archi-Chancelier d'État,
D'Archi-Trésorier,
De Connétable,
De Grand Amiral.

Le *Grand-Électeur* fait les fonctions de chancelier :

1.º Pour la convocation du corps législatif, des colléges électoraux et des assemblées de canton.

2.º Pour la promulgation du Sénatus-consulte, portant dissolution soit du corps législatif, soit des colléges
électoraux.

---

(1) Ce titre de Grand-Électeur n'avait pas encore existé en France, il était emprunté aux Cours Allemandes.

Il porte à la connaissance de l'Empereur les réclamations formées par les colléges électoraux ou par les assemblées de canton pour la conservation de leurs prérogatives.

Le Grand-Électeur présente les membres du Sénat, du Conseil d'État, du Corps législatif au serment qu'ils prêtent entre les mains de l'Empereur.

Il présente les députations solennelles du Sénat, du Conseil d'État, du Corps législatif, lorsqu'elles sont admises à l'audience de l'Empereur.

L'*Archi-Chancelier de l'Empire* fait les fonctions de chancelier pour la promulgation des Sénatus-consulte organiques et des lois.

Il est présent au travail annuel dans lequel le Grand-Juge-Ministre de la justice rend compte à l'Empereur, des abus qui peuvent s'être introduits dans l'Administration de la justice, soit civile, soit criminelle.

Il préside la Haute-Cour-Impériale.

Il préside les sections réunies du Conseil d'État.

Il est présent à la célébration des mariages et à la naissance des princes; au couronnement et aux obsèques de l'Empereur. Il signe le procès-verbal que dresse le Secrétaire d'État.

Il présente les titulaires des grandes dignités de l'Empire, les Ministres, le Secrétaire d'État, les grands Officiers civils de la couronne et le Premier Président de la cour de Cassation, au serment qu'ils prêtent entre les mains de l'Empereur.

Il reçoit le serment des membres et du parquet de la cour de Cassation, des Présidents et des Procureurs-Généraux des Cours Impériales.

Il présente les députations solennelles et les membres des cours de Justice à l'audience de l'Empereur.

L'Archi-Chancelier d'État fait les fonctions de chancelier pour la promulgation des traités de paix et d'alliance, et pour les déclarations de guerre.

Il présente à l'Empereur et signe les lettres de créance et la correspondance d'étiquette avec les différentes Cours de l'Europe, rédigées suivant les formes du protocole impérial, dont il est le gardien.

Il est présent au travail annuel dans lequel le Ministre des relations extérieures rend compte à l'Empereur, de la situation politique de l'État.

Il présente les Ambassadeurs et Ministres de l'Empereur dans les Cours Étrangères, au serment qu'ils prêtent entre les mains de S. M. I.

Il reçoit le serment des résidents, chargés d'affaires, secrétaires d'ambassade et de légation et autres fonctionnaires.

Il présente les ambassades extraordinaires et les ambassadeurs et ministres français et étrangers.

L'Archi-Trésorier est présent au travail annuel dans lequel les ministres des finances et du trésor public, rendent à l'Empereur les comptes des recettes et des dépenses de l'État, et exposent leurs vues sur les besoins des finances de l'Empire.

Les comptes des recettes et des dépenses annuelles, avant d'être présentés à l'Empereur, seront revêtus de son *visa*.

Il reçoit tous les trois mois, le compte des travaux de la comptabilité impériale, et tous les ans le résultat général et les vues de réforme et d'amélioration dans les différentes parties de la comptabilité; il les porte à la connaissance de l'Empereur.

Il arrête tous les ans, le Grand-Livre de la dette publique.

Il signe les brevets des pensions civiles.

Il préside les Sections réunies du Conseil d'État.

Il reçoit le serment des membres de la comptabilité impériale, des administrations de finance, et des principaux agents du trésor public.

Il présente les députations de la comptabilité impériale et des administrations de finances admises à l'audience de l'Empereur.

Le *Connétable* est présent au travail annuel dans lequel le Ministre de la Guerre et le directeur de l'administration de la guerre rendent compte à l'Empereur des dispositions à prendre pour compléter le système de défense des frontières, l'entretien, les réparations et l'approvisionnement des places.

Il pose la première pierre des places fortes dont la construction est ordonnée.

Le *Grand-Amiral* est présent au travail annuel dans lequel le ministre de la marine rend compte à l'Empereur, de l'état des constructions navales, des arsenaux et des approvisionnements.

Il reçoit annuellement et présente à l'Empereur les comptes de la Caisse des invalides de la marine.

Il présente les amiraux, les vice-amiraux, les contre-amiraux et les capitaines de vaisseau, au serment qu'ils prêtent entre les mains de l'Empereur.

Il reçoit le serment des membres du Conseil des prises, et des capitaines de frégates.

Il présente les amiraux, les vice-amiraux, les contre-amiraux, les capitaines de vaisseau et de frégate, et les membres du Conseil des prises, lorsqu'ils sont admis à l'audience de l'Empereur.

Il signe les brevets des officiers de l'armée navale et ceux des marins pensionnaires de l'État.

Chaque titulaire des grandes dignités de l'Empire préside un Collège électoral de département.

Le traitement annuel d'un Grand Dignitaire de l'Empire était le tiers de la somme affectée aux Princes, conformément au décret du 21 décembre 1790, c'est-à-dire le tiers d'un million.

Il est gouverneur des écoles militaires.

Lorsque l'Empereur ne remet pas en personne les drapeaux aux corps de l'armée, ils leur sont remis en son nom par le connétable.

En l'absence de l'Empereur, le connétable passe les grandes revues de la garde impériale.

Il présente les maréchaux de l'Empire, les colonels-généraux, les inspecteurs-généraux, les officiers-généraux et les colonels de toutes les armes, au serment qu'ils prêtent entre les mains de l'Empereur.

Il reçoit le serment des majors, chefs de bataillon et d'escadron de toutes les armes.

Il installe les maréchaux de l'Empire.

Il présente les officiers-généraux et les colonels, majors, chefs de bataillon et d'escadron de toutes armes, lorsqu'ils sont admis à l'audience de l'Empereur.

Il signe les brevets de l'armée et ceux des militaires pensionnaires de l'État.

Nommés par l'Empereur, les titulaires des grandes dignités de l'Empire étaient inamovibles, ils jouissaient des mêmes honneurs que les Princes Français, ils prenaient rang immédiatement après eux; ils étaient Sénateurs et Conseillers d'État, ils formaient le grand Conseil de l'Empereur, ils étaient membres du Conseil Privé, enfin ils faisaient partie du grand Conseil de la Légion d'Honneur.

Le même Sénatus-Consulte organique instituait des *Grands-Officiers* de l'Empire, c'étaient :

PREMIÈREMENT, des maréchaux de l'Empire, choisis parmi les généraux les plus distingués, leur nombre ne devait pas excéder seize. Ne faisaient point partie de ce nombre les maréchaux de l'Empire qui étaient Sénateurs.

SECONDEMENT, huit inspecteurs et colonels-généraux (1) de l'artillerie et du génie, des troupes à cheval et de la marine.

TROISIÈMEMENT, des grands-officiers civils de la couronne.

Les places des grands-officiers étaient inamovibles, chacun d'eux présidait un collège électoral qui lui était spécialement affecté au moment de sa nomination.

---

(1) Un Sénatus-Consulte du 19 Mars 1811, est ainsi conçu :
Art. 1.er Deux nouvelles places de Grand-Officier de l'Empire sont créées, l'une sous le titre d'*Inspecteur-Général des côtes de la mer de Ligurie*, et l'autre sous le titre d'Inspecteur-Général des côtes de la mer du Nord.
En conséquence, le nombre des Grands-Officiers de l'Empire, inspecteurs et colonels-généraux, fixé d'abord à huit en 1804 fut porté à dix en 1811.

Le même jour que Napoléon fut proclamé Empereur par le Sénat, il éleva à la dignité de Grand-Électeur, le Prince Joseph Bonaparte, et à la dignité de Connétable le Prince Louis Bonaparte, et il adressa la lettre suivante aux deux Consuls Cambacérès et Lebrun :

Lettre de S. M. Impériale aux Consuls Cambacérès et Lebrun.

« Citoyen consul Cambacérès, votre Titre va chan-
» ger ; vos fonctions et ma confiance restent les mêmes.
» Dans la haute dignité, d'Archi-Chancelier de l'Em-
» pire, (et d'Archi-Trésorier) dont vous allez être
» revêtu ; vous manifesterez comme vous l'avez fait
» dans celle de Consul, la sagesse de vos conseils, et
» les talens distingués qui vous ont acquis une part
» aussi importante dans tout ce que je puis avoir fait
» de bien.
» Je n'ai donc à désirer de vous, que la continuation
» des mêmes sentimens pour l'État et pour moi.
» Donné au palais de Saint-Cloud, le 18 mai 1804.
» *Signé* : NAPOLÉON.
» Par l'Empereur :
» *Le Secrétaire-d'État*, Signé : H. B. Maret. »

Par suite de l'élévation de Napoléon au trône, on donne aux Princes Français le titre d'*Altesse Impériale*.

Les sœurs de l'Empereur portent le même titre.

On donne aux titulaires des grandes dignités de l'Empire le titre d'*Altesse Sérénissime*.

On donne aussi aux Princes et aux Titulaires des grandes dignités de l'Empire, le titre de *Monseigneur*.

Le Secrétaire d'État a rang de Ministre.

Les Ministres conservent le titre d'*Excellence*.

Les fonctionnaires de leurs départements et les personnes qui lui présentent des pétitions, leur donnent le titre de *Monseigneur*.

On appelle les Maréchaux de l'Empire : *Monsieur le Maréchal*. On leur donne aussi, quand on leur adresse la parole, ou quand on leur écrit, le titre de *Monseigneur*.

Au mois de juillet 1804, MM. le cardinal Fesch, le général Duroc, Talleyrand, Berthier, Caulaincourt, et le conseiller d'état Ségur reçurent le titre de Grands Officiers du Palais de l'Empereur.

M. Remusat fut nommé premier chambellan.

MM. Salmatoris et Cramayel, introducteurs des ambassadeurs, maîtres des cérémonies.

L'Empereur, en parlant des formes, des costumes qu'il avait prescrits, de l'étiquette qu'il avait introduite, disait : « Il m'était difficile de m'abandonner à moi-
» même. Je sortais de la foule ; il me fallait, de néces-
» sité, me créer un extérieur, me composer une certaine
» gravité, en un mot, établir une étiquette, autrement
» l'on m'eût journellement frappé sur l'épaule. En
» France, nous sommes naturellement enclins à une
» familiarité déplacée, et j'avais à me prémunir surtout
» contre ceux qui avaient *sauté* à pieds joints sur leur
» éducation. Nous sommes très facilement courtisans,
» très-obséquieux au début, portés d'abord à la flatterie,
» à l'adulation ; mais bientôt arrive, si on ne la réprime,

» une certaine familiarité qu'on porterait aisément jus-
» qu'à l'insolence. » (1).

Le 30 mars 1806, un décret impérial réunit les États Vénitiens au royaume d'Italie et érige douze provinces en duchés, grands fiefs de l'Empire Français; ce sont les provinces ci-après désignées :

    1.º La Dalmatie ;
    2.º L'Istrie ;
    3.º Le Frioul ;
    4.º Cadore ;
    5.º Bellune ;
    6.º Conegliano ;
    7.º Trévise ;
    8.º Feltri ;
    9.º Bassano ;
    10.º Vicence ;
    11.º Padoue ;
    12.º Rovigo.

L'Empereur se réservait de donner l'investiture de ces fiefs pour être transmis héréditairement, par ordre de primogéniture, aux descendants mâles, légitimes et naturels de ceux en faveur de qui il en aurait disposé; et en cas d'extinction de leur descendance masculine légitime et naturelle, ces fiefs devaient être reversibles à la couronne impériale pour en être disposé par l'Empereur.

Le quinzième du revenu que le royaume d'Italie retirait de ces provinces, était attaché à ces fiefs pour

---

(1) Mémorial de S.te-Hélène, par le comte de Las Cases. Tome IV, pages 315 et 316, édition de 1824, in-12.

être possédé par ceux qui en étaient investis, l'Empereur se réservant en outre et pour la même destination, la disposition de trente millions de domaines nationaux situés dans les mêmes provinces.

Napoléon 1.er créa, outre les douze titres ducaux, que nous venons de mentionner page 108, les dix-neuf suivants :

    1.º Abrantès ;
    2.º Albuféra ;
    3.º Auerstaedt ;
    4.º Castiglione ;
    5.º Dalberg-Tascher ;
    6.º Dantzick ;
    7.º Decrès ;
    8.º Elchingen ;
    9.º Gaëte ;
    10.º Litta (en Lombardie) ;
    11.º Massa ;
    12.º Montebello ;
    13.º Otrante ;
    14.º Plaisance ;
    15.º Raguse ;
    16.º Reggio ;
    17.º Rivoli ;
    18.º Tarente ;
    19.º Valmy ;

De plus, il y eut huit principautés :
    Bénévent ;
    Eckmühl ;
    Essling ;
    La Moskowa ;

Neuchâtel ;
Parme ;
Pontecorvo ;
Wagram ;

Sans parler des titres de la Famille Impériale.

On voit par ces dernières listes que dans le royaume de Naples, l'Empereur institua six grands fiefs de l'Empire français (1) avec le titre de duché et les mêmes avantages et prérogatives que ceux institués dans les provinces vénitiennes réunies à la couronne d'Italie ; ces duchés devenaient grands fiefs de l'Empire à perpétuité.

Le pays de Massa et Carrara fut aussi érigé en duché grand fief de l'Empire français ; le quinzième du revenu que le prince de Lucques retirait du pays de Massa et Carrara était attaché à ce fief pour être possédé par celui qui en était investi.

Il fut érigé encore dans les États de Parme et de Plaisance, trois duchés grands fiefs de l'Empire français, réservant les biens nationaux de ces États pour être affectés à ces duchés.

Il fut stipulé par un Sénatus-Consulte du 14 août 1806, que dans le cas où l'Empereur viendrait à autoriser l'échange ou l'aliénation des biens composant la dotation des Duchés relevant de l'Empire français, que nous venons de désigner, ou de la dotation de tous nouveaux Duchés ou autres *Titres* que Sa Majesté pourrait ériger ultérieurement, il serait acquis des biens en remplacement sur le territoire français, avec le prix des aliénations.

---

(1) Décret du 30 Mars 1806.

Les biens pris en échange ou acquis devaient être possédés, quant à l'hérédité et à la reversibilité, quittes de toutes charges, conformément aux actes de création.

Ensuite pour étendre davantage le rétablissement des Fiefs, le même Sénatus-Consulte portait que quand Sa Majesté le jugerait convenable, soit pour récompenser de grands services, soit pour exciter une utile émulation, soit pour concourir à l'éclat du Trône, elle pourrait autoriser un chef de famille à substituer ses biens libres pour former la dotation d'un *Titre héréditaire*, que Sa Majesté érigerait en sa faveur, reversible à son fils aîné, né ou à naître, et à ses descendants en ligne directe, de mâle en mâle, par ordre de primogéniture.

Le 28 mai 1807, l'Empereur envoi au Sénat un message daté du camp impérial de Finckenstein, dont voici le texte :

« Par nos décrets du 30 mars de l'année 1806,
» nous avons institué des Duchés pour récompenser
» les grands services civils et militaires qui nous ont
» été ou qui nous seront rendus, et pour donner de
» nouveaux appuis à notre trône, et environner notre
» couronne d'un nouvel éclat.

» C'est à nous à songer à assurer l'état et la for-
» tune des familles qui se dévouent entièrement à
» notre service, et qui sacrifient constamment leurs
» intérêts aux nôtres. Les honneurs permanents, la
» fortune légitime, honorable et glorieuse, que nous
» voulons donner à ceux qui nous rendent des servi-
» ces éminens, soit dans la carrière civile, soit dans

» la carrière militaire, contrasteront avec la fortune
» illégitime, cachée, honteuse, de ceux qui, dans
» l'exercice de leurs fonctions, ne cherchaient que leur
» intérêt, au lieu d'avoir en vue celui de nos peuples
» et le bien de notre service. Sans doute la conscience
» d'avoir fait son devoir, et les biens attachés à notre
» estime, suffisent pour retenir un bon Français dans
» la ligne de l'honneur; mais l'ordre de notre société
» est ainsi constituée, qu'à des distinctions apparentes,
» à une grande fortune, sont attachés une considéra-
» tion et un éclat dont nous voulons que soient envi-
» ronnés ceux de nos sujets grands par leurs talents,
» par leurs services, et par leur caractère, ce premier
» don de l'homme.

» Celui qui nous a le plus secondé dans cette pre-
» mière journée de notre règne, et qui, après avoir
» rendu des services dans toutes les circonstances de
» sa carrière militaire, vient d'attacher son nom à un
» siège mémorable (1), où il a déployé des talents et
» un brillant courage, nous a paru mériter une écla-
» tante distinction. Nous avons aussi voulu consacrer
» une époque si honorable pour nos armes, et par
» lettres-patentes dont nous chargeons notre cousin
» l'Archi-Chancelier de vous donner communication,
» nous avons créé notre cousin le maréchal et sénateur
» Lefebvre, Duc de Dantzick.

» Que ce Titre porté par ses descendants leur retrace
» les vertus de leur père; et qu'eux-mêmes ils s'en

---

(1) Le siége de Dantzick.

» reconnaissent indignes, s'ils préféraient jamais un
» lâche repos et l'oisiveté de la grande ville aux périls
» et à la noble poussière des camps, si jamais leurs
» premiers sentiments cessaient d'être pour la patrie
» et pour nous.

» Qu'aucun d'eux ne termine sa carrière sans avoir
» versé son sang pour la gloire et l'honneur de notre
» belle France; que dans le nom qu'ils portent, ils ne
» voient jamais un privilége, mais des devoirs envers
» nos peuples et envers nous. A ces conditions, notre
» protection et celle de nos successeurs les distinguera
» dans tous les temps.

» Sénateurs, nous éprouvons un sentiment de satis-
» faction en pensant que les premières lettres-patentes
» qui, en conséquence du Sénatus-consulte du 14 août
» 1806, doivent être inscrites sur vos registres, con-
» sacrent les services de votre Préteur. »

CHAPITRE VII.

RÈGNE DE NAPOLÉON I.er,

DU 1 MARS 1808 AU 11 AVRIL 1814.

Sommaire :

L'Archi-Chancelier de l'Empire (Cambacérès) porte au Sénat les deux Statuts sur la création et transmission de la Noblesse Impériale. — Adresse du Sénat à l'Empereur en réponse à cette communication. — Titres conférés aux Grand Dignitaires. — Titres conférés aux hauts-Fonctionnaires. — Lettres-Patentes des Chevaliers de l'Empire. — Institution des majorats. — Formation des majorats. — Condition des biens des majorats. — Siège des majorats. — Les magistrats sont autorisés à désigner les parties dans les jugements et les audiences avec leurs Titres Nobiliaires. — Conseil du Sceau des Titres. — Majorats sur demande. — Liste des membres du Conseil du Sceau des Titres. — Les habitants des départements réunis à la France qui étaient en possession de Titres Féodaux, sont autorisés à se pourvoir de nouveau Titres de Noblesse de l'Empire Français. — Libellé d'une Lettre-Patente qui confère le titre de Duc avec dotation héréditaire. — De la forme des Armoiries de la Noblesse Impériale. — Formule du Serment prêté par ceux qui étaient investis d'un Titre de Noblesse. — Défense de prendre des qualifications Nobiliaires que l'Empereur n'avaient pas accordées. — Situation de l'ancienne Noblesse.

Enfin, Napoléon réalise le projet qu'il méditait depuis longtemps, de fonder une nouvelle Noblesse avec droit d'hérédité, accompagné de transmission de Majorats. Le 11 mars 1808, le Prince Archi-Chancelier de l'Empire (1), s'est rendu au Sénat en vertu des ordres de l'Empereur; après avoir été reçu avec les honneurs d'usage et après avoir fait donner lecture à l'assemblée de l'acte de désignation qui lui en déférait la présidence, il a prononcé le discours suivant :

« Messieurs,

» Les Statuts que je vous apporte, et que S. M. I. et
» R. a voulu vous communiquer, doivent donner le
» mouvement et la vie au système créé par le sénatus-
» consulte du 14 août 1806.

» L'opinion n'est point incertaine sur les avantages de
» ce système.

» S'il restait encore quelques doutes à résoudre, j'au-
» rais recours à l'expérience des siècles, et à l'autorité
» d'un de nos plus grands publicistes, qui a considéré
» l'existence et le maintien des distinctions héréditaires,
» *comme entrant, en quelque façon, dans l'essence de*
» *la Monarchie.*

» Les prééminences qu'une telle institution établit,
» les rangs qu'elle détermine, les souvenirs qu'elle
» transmet, sont l'aliment de l'honneur; et cet honneur
» est en même temps le principe du Gouvernement sous
» lequel la force du caractère national nous a ramenés.

» Il était donc urgent de remplir cette lacune de notre
» organisation politique.

---

(1) Cambacérès.

» Mais vous le savez, Messieurs, le succès des éta-
» blissements auxquels se lie le sort des États, dépend
» d'un concours de circonstances que la prudence du
» législateur doit saisir.

» Il trouve des motifs d'encouragement ou d'hésitation
» dans le génie, dans les progrès, dans l'importance rela-
» tive du peuple auquel s'appliquent ses conceptions.

» Les lois, les institutions ont, comme les plantes, un
» sol, une saison qui leur permettent de jeter de plus
» profondes racines.

» C'est, en France surtout, qu'on peut tendre avec
» succès tous les ressorts dirigés par l'amour de la
» gloire; c'est dans des temps féconds en prodiges qu'on
» peut, pour d'autres âges, consacrer les symboles que
» la gloire a choisis.

» Jamais les distinctions dont il s'agit n'auront eu
» une source plus pure; les Titres ne serviront désor-
» mais, qu'à signaler à la reconnaissance publique, ceux
» qui se sont déjà signalés par leurs services, par leur
» dévouement au prince et à la patrie.

» L'Europe, témoin de nos convulsions politiques,
» admire les ressources du génie qui en a amené l'heu-
» reuse issue; elle est couverte de nos trophées; et son
» estime accueillera les noms auxquels la bienveillance
» de notre auguste Souverain daignera ajouter un nou-
» veau lustre.

» De grands exemples imposeront aux races futures
» de grandes obligations, et les efforts que cette dette
» rendra nécessaires, seront pour la France une source
» durable de gloire et de prospérité.

» Ces considérations ont déterminé S. M. I. et R. à

» ne pas différer plus longtemps les bienfaits d'un
» établissement dans lequel elle a mis toute la noblesse
» et la grandeur de son âme.

» Les statuts que vous allez entendre, présentent
» les conséquences et le développement des principes
» posés dans le Sénatus-consulte.

» Le motif principal de leurs dispositions a été de
» donner à l'institution qu'elles ont en vue, un principe
» d'utilité et de conservation, de tarir autour d'elles
» les sources de dépérissement; d'extirper, par la créa-
» tion des Titres Impériaux, les dernières racines d'un
» arbre que la main des temps a renversé, et qui ne
» pouvait renaître sous un prince aussi grand par ses
» lumières, qu'il l'est par sa puissance.

» Tout ce qu'il était possible de prévoir a été prévu.

» Le nouvel ordre de choses n'élève point de bar-
» rières entre les citoyens.

» Les nuances régulières qu'il établit ne portent
» point atteinte aux droits qui rendent tous les Français
» égaux en présence de la loi; elles confirment au
» contraire ces mêmes droits, puisqu'elles servent la
» morale, puisqu'elles guident l'opinion, qui s'égare
» souvent au défaut des démarcations fondées sur des
» motifs honorables.

» La carrière reste toujours ouverte aux vertus et
» aux talents utiles; les avantages qu'elle accorde au
» mérite éprouvé, ne nuiront point au mérite encore
» inconnu; ils seront, au contraire, autant de sujets
» d'espérance sur lesquels se dirigera une juste et
» louable émulation.

» Un premier Statut spécifie les Titres; il les assigne

» aux grandes fonctions de l'État et à celles qui forment
» les éléments du corps politique; il consolide les der-
» nières et accroit leur considération. Ainsi les colléges
» électoraux de département acquièrent plus de stabilité
» et d'importance par les honneurs accordés à leurs
» chefs, par ceux auxquels leurs membres peuvent
» arriver. Ce décret fait plus encore, il assure à ceux
» qui auront obtenu ces premiers témoignages de la
» satisfaction du Souverain, la faculté de les transmettre;
» il autorise les ministres de la religion à transporter à
» l'un de leurs neveux le titre que d'autres laisseront
» à leur postérité; et cette espèce d'adoption resserrera
» les liens qui doivent toujours unir le sacerdoce à la
» grande famille de l'État.

» La Légion d'Honneur ne pouvait demeurer étran-
» gère à l'organisation qui se prépare. Des dispositions
» spéciales en font le premier degré de cette illustre
» hiérarchie. Le titre qu'elle confère, tout révéré qu'il
» fut autrefois, semble acquérir aujourd'hui une nou-
» velle dignité; il devient un héritage glorieux que les
» enfants seront jaloux d'accroître et d'illustrer.

» Le second Statut règle tout ce qui concerne la for-
» mation et la conservation des majorats, ou corps de
» biens destinés à servir de dotation aux titres.

» Ces biens devront être de nature à ne jamais
» s'altérer dans leur substance, à ne jamais décroître,
» s'il est possible, dans leur revenu.

» Ils deviennent inaliénables. Si de justes motifs
» obligent de les échanger, cette faculté ne pourra être
» exercée qu'à la charge de les remplacer aussitôt par
» des biens d'une égale solidité.

» Toutes ces précautions de la sagesse, tous ces détails
» de la prévoyance sont confiés à un Conseil destiné à
» éclairer la religion de S. M., et à maintenir l'accom-
» plissement des formes conservatrices, tant de l'intérêt
» des familles, que de l'établissement des majorats.

» L'espèce de censure préliminaire dont il se trouve
» chargé, avertira sans cesse toutes les classes de la
» société qu'une vie régulière et honorable est la seule
» route qui conduise à leur but, le mérite et les talents.

» Vous verrez, Messieurs, dans le rapprochement
» de ces deux décrets, la pensée du génie qui con-
» solide, en les coordonnant, toutes les parties de son
» ouvrage.

» Le Sénat suivra avec intérêt les moyens profonds
» qui multiplient les supports autour de cette dynastie
» consacrée par les respects de l'Univers, comme elle
» l'est par l'amour de tous les Français; il reconnaitra
» surtout ce sentiment touchant qui veut fixer les
» incertitudes de l'avenir, et associer, pour ainsi dire,
» la gloire de la France à sa propre immortalité. »

Ce discours terminé, le Prince Archi-Chancelier a fait donner immédiatement lecture à l'Assemblée par un de MM. les secrétaires, des deux statuts.

Le Sénat après avoir entendu la lecture de ces deux actes, a ordonné qu'ils seraient transcrits sur ses registres. Il a de suite arrêté qu'en réponse aux communications faites dans cette séance, il serait présenté à S. M. une adresse dont la rédaction fut confiée à une commission spéciale de cinq membres.

La commission a été composée des Sénateurs :

Lacépède, Laplace,
Le maréchal duc de Dantzick, Monge,
Le cardinal Fesch.

Cette commission a présenté au Sénat dans la séance du même jour, 11 mars, et par l'organe de M. Lacépède, un projet d'adresse qui a été adopté.

Le dimanche suivant (1), le Sénat en corps et présenté à l'Empereur par le Prince Vice-Grand-Électeur, a par l'organe de M. Lacépède son président, déposé aux pieds du trône l'adresse suivante :

Sire,

« Le Sénat vient présenter à votre Majesté Impériale
» et Royale, le tribut de sa respectueuse reconnaissance,
» pour la bonté qu'elle a eue de lui faire communiquer,
» par S. A. S. le Prince Archi-Chancelier de l'Empire,
» les deux Statuts relatifs à l'érection des Titres Impériaux, établis par les décrets du 30 mars 1806, et
» par le Sénatus-Consulte du 14 août de la même
» année.
» Par cette grande Institution, Sire, V. M. vient
» d'imprimer le sceau de la durée à toutes celles que le
» peuple Français doit à la haute sagesse de V. M. I. et R.
» A mesure, Sire, que l'on observera les rapports
» mutuels qui enchaînent les différentes parties, si multipliées et néanmoins si bien co-ordonnées de ce grand
» ensemble élevé par V. M., à mesure que le temps,
» qui seul peut montrer toute l'étendue des bienfaits de

---

(1) 13 Mars 1808.

» V. M., développera les conséquences de la nouvelle
» institution qu'elle donne à l'Empire, quels effets ne
» verra-t-on pas de la prévoyance tutélaire de V. M. I.
» et R.

» Un nouveau prix ajouté à toutes les récompenses
» que V. M. ne cesse de décerner au mérite, dans quel-
» que obscurité que le hazard de la naissance l'ait placé,
» et quel que soit la diversité des services rendus à
» l'État; de nouveaux motifs d'imiter de grands exem-
» ples, de nouveaux liens de fidélité, de dévouement et
» d'amour envers la patrie, le Souverain et sa dynastie;
» un accord plus grand entre nos institutions et celles
» des peuples confédérés ou amis; les pères récom-
» pensés dans ce qu'ils ont de plus cher; les sou-
» venirs de famille rendus plus touchants; la mé-
» moire des ayeux devenue plus sacrée; l'esprit d'or-
» dre, d'économie et de conservation fortifié par
» l'intérêt le plus naturel, celui des descendants; les
» premiers corps de l'Empire et la plus noble des
» institutions plus rapprochés et plus réunis; toute
» crainte du retour d'une odieuse féodalité à jamais
» bannie; tout souvenir étranger à ce que vous avez
» fondé, évanoui pour toujours; la splendeur des
» familles devenue la réflexion de quelques-uns des
» rayons émanés de votre couronne; l'origine de leur
» illustration rendue contemporaine de votre gloire; le
» passé, le présent et l'avenir se rattachant à votre
» puissance, de même que dans les conceptions subli-
» mes du plus grand poète de l'antiquité, le premier
» anneau de la chaîne des destinées était dans la main
» du plus puissant des Dieux; tels sont, SIRE, les

» résultats de l'institution à laquelle le génie de V. M.
» vient de donner le mouvement.

» La réunion de ces résultats si nombreux et si
» importants rassurant à jamais ceux pour qui le pré-
» sent n'est rien, lorsqu'il ne garantit pas l'avenir,
» consolide dans ses bases, fortifie dans toutes ses
» parties, perfectionne dans ses proportions et embel-
» lit dans ses ornements, l'immense édifice social au
» sommet duquel s'élève le trône resplendissant du
» plus grand des monarques.

» Du haut de tant de gloire, du milieu de tant de
» trophées, puisse Votre Majesté Impériale et Royale,
» SIRE, agréer avec sa bienveillance ordinaire pour
» le Sénat, l'hommage de notre gratitude, de notre
» fidélité, de notre affection et de notre respect. »

L'Empereur a répondu qu'il agréait la démarche du Sénat, et les principes exposés dans son adresse.

Les nouveaux décrets portaient (1) :

Que les titulaires des grandes dignités porteraient le titre de *Prince* et d'*Altesse Sérénissime*.

Que les fils aînés des grands dignitaires auraient de droit le titre de *Duc de l'Empire*, lorsque leur père aurait institué en leur faveur un majorat de 200,000 fr. de revenu. Ce titre et ce majorat seraient transmissibles à leur descendance directe et légitime, naturelle ou adoptive, de mâle en mâle, et par ordre de primogéniture.

---

(1) **Décret et Statuts du 1.er Mars 1808.**

Que les grands dignitaires pourraient instituer pour leurs fils aînés ou puînés, des majorats auxquels seraient attachés des titres de *Comte* ou de *Baron* (1).

Que les ministres, les sénateurs, les conseillers d'État, les présidents du corps législatif, les archevêques, porteraient pendant leur vie le titre de *Comte*, et qu'il leur serait à cet effet délivré des lettres-patentes, scellées du grand sceau de l'Empire.

Que ces titres donnés à vie, seraient transmissibles à la descendance directe et légitime, naturelle ou adoptive, de mâle en mâle, par ordre de primogéniture, de celui qui en aurait été revêtu, et pour les archevêques, à celui de leurs neveux qu'ils auront choisi, en se présentant devant le Prince Archi-Chancelier, afin d'obtenir à cet effet les lettres-patentes, et en outre aux conditions suivantes :

Que le titulaire justifierait d'un revenu net de 30,000 francs, en biens de la nature de ceux qui devraient entrer dans la formation des majorats. Un tiers de ces biens serait affecté à la dotation du titre de *Comte* et passerait avec lui sur toutes les têtes ou ce titre se fixerait.

Que les mêmes titulaires qui ont le titre de *Comte* pourront instituer en faveur de leur fils aîné ou puîné, un majorat auquel serait attaché le titre de *Baron*, en justifiant d'un revenu de 15,000 francs, dont le tiers serait affecté à la dotation du titre de *Baron* et passerait avec lui sur toutes les têtes où ce titre se fixerait.

---

(1) Les titres de *Marquis* et de *Vicomte* ne furent pas admis dans la hiérarchie Nobiliaire de l'Empire.

Que les présidents des colléges électoraux de département, le premier président et le procureur-général de la cour de cassation, le premier président et le procureur-général de la cour des comptes, les premiers présidents et les procureurs-généraux des cours impériales, les évêques, les maires des trente sept bonnes villes qui ont droit d'assister au couronnement, porteront pendant leur vie le titre de *Baron*, savoir : les présidents des colléges électoraux, lorsqu'ils auront présidé le collége pendant trois sessions, les premiers présidents, procureurs-généraux et maires, lorsqu'ils auront dix ans d'exercice, et que les uns et les autres auront remplis leur fonction à la satisfaction de l'Empereur.

Ceux qui porteraient le titre de *Baron* à vie, pourraient le transmettre à leur descendance directe et légitime, naturelle ou adoptive, de mâle en mâle, par ordre de primogéniture, en justifiant d'un revenu de 15,000 francs, dont le tiers sera affecté à la dotation de leur titre, et passera avec lui sur toutes les têtes où ce titre se fixera.

Enfin les membres de la légion d'honneur furent autorisés à demander des lettres-patentes du titre de *Chevalier de l'Empire*, en justifiant d'un revenu annuel de 3000 francs de rente, et à désigner leurs livrées et armoiries; ces lettres-patentes ne devaient devenir définitives et n'établir sans retour un titre transmissible à la descendance directe, légitime, naturelle ou adoptive, par ordre de primogéniture de l'impétrant, que lorsque elles auraient reçu de l'Empereur sa confirmation pendant trois générations successives; alors la transmission devait avoir lieu sans autre formalité que celle du *visa* du Conseil du Sceau des Titres (1).

L'institution de titres de Noblesse héréditaire avec transmission des biens affectés aux majorats, exigeait des moyens d'exécution propres à en garantir la durée. La nécessité de conserver dans les familles les biens affectés au maintien des titres, imposait l'obligation de les excepter du droit commun, et de les assujetir à des règles particulières qui, en même temps qu'elles en empêcheraient l'aliénation ou le démembrement, préviendraient les abus, en donnant connaissance au public, de la condition dans laquelle ces biens étaient placés.

Il a donc été pourvu par des règlements d'administration publique (2) aux principes et à l'exécution des actes relatifs à la formation des majorats, soit pour des titres déjà conférés, soit pour des titres dont la munificence du Souverain aurait en tout ou en partie, composé la dotation.

Il a donc fallu établir les exceptions qui distinguent les majorats, des biens régis par le Code Napoléon, les conditions de leur institution dans les familles, et les devoirs imposés à ceux qui en jouissent.

Il ne pouvait entrer dans la formation d'un majorat que des immeubles libres de tous privilèges et hypothèques, et non grevés de restitution (3).

Les rentes sur l'État et les actions de la Banque de

---

(1) Décret du 3 Mars 1810.
(2) Décret du 1.er Mars 1808.
(3) En vertu des articles 1048 et 1049 du Code Napoléon.

France pouvaient être admises dans la formation d'un majorat toutes les fois qu'elles avaient été immobilisées ; ces rentes immobilisées continuaient à être inscrites sur le Grand-Livre de la dette publique pour mémoire, avec déclaration de l'immobilisation, et elles étaient en outre portées sur un Livre particulier ; il en était de même pour les actions de la Banque de France.

La portion du revenu d'un majorat qui était en rentes sur l'État ou en actions de la Banque de France était soumise à une retenue annuelle d'un dixième, qui était successivement, chaque année, replacée en rentes sur l'État, ou en actions de la Banque de France, au profit du titulaire du majorat et des appelés après lui. Ces rentes ou actions étaient également immobilisées.

Les biens qui formaient les majorats étaient inaliénables ; ils ne pouvaient être engagés ni saisis.

Néanmoins, les enfants du fondateur, qui n'étaient pas remplis de leur légitime sur les biens libres de leur père, pouvaient en demander le complément sur les biens donnés par le père pour la formation du majorat.

Les biens des majorats ne pouvaient être grevés d'aucune hypothèque légale ni judiciaire.

Le titulaire d'un majorat était tenu :

1.º D'acquitter les impositions et autres charges réelles ;

2.º D'entretenir les biens en bon père de famille ;

3.º De payer la pension de la veuve du titulaire précédent ;

4.º De payer les dettes de ce titulaire, sans néanmoins que le titulaire nouveau fut obligé d'y employer plus du tiers du produit des biens, pendant les deux premières années de sa jouissance.

Les propriétés possédées en majorat ne conféraient à ceux en faveur desquels ils étaient érigés, aucun privilège, relativement aux autres sujets français et à leurs propriétés; en conséquence les titulaires demeuraient soumis aux lois civiles et criminelles, et à toutes les lois de l'empire, ils supportaient les contributions personnelles, mobilières, immobilières, directes et indirectes, dans la même proportion que les autres citoyens.

Le siége des majorats devaient être établi (1) dans une maison d'habitation à laquelle le majorat était attaché, et qui en faisait partie, soit qu'il ait été doté par la munificence de l'Empereur, soit qu'il ait été institué par fondation volontaire.

Les maisons d'habitation formant le siége des majorats devaient être pour les Princes de l'Empire, ducs, comtes et barons, de la valeur de deux années du revenu du majorat au *minimum*.

Si la maison d'habitation d'un majorat n'avait pas été désignée dans les Lettres-Patentes, les titulaires étaient tenus, dans un délai de dix ans, d'avoir acquis et réuni une maison d'habitation à leur majorat.

La maison d'habitation attachée à un majorat quelle quel fut suivait le sort du majorat et était transmissible comme lui.

Le Prince du sang impérial, et les princes grands-

---

(1) Décret du 3 Mars 1810.

dignitaires pouvaient placer sur les maison d'habitation qu'ils occupaient dans la ville de Paris, cette inscription ·

Palais du Prince de . . . . .

Les maisons d'habitation des Princes de l'Empire et des Ducs, situées dans l'enceinte de Paris, pouvaient porter l'inscription suivante :

Hôtel du Prince de . . . . .

Hôtel du Duc de . . . . .

L'établissement du siége des majorats des Comtes et Barons pouvait avoir lieu (1) dans la maison d'habitation qui s'accordait le mieux, avec la situation de fortune de l'impétrant et la convenance des biens composant le majorat, ils pouvaient placer sur leurs maisons l'inscription suivante :

Hôtel du Comte de . . . .

Hôtel du Baron de . . . .

Néanmoins ces derniers ne pouvaient jouir de cette faculté dans l'enceinte de la ville de Paris, que lorsqu'ils avaient justifié que le revenu de leur majorat s'élevait à 100,000 francs, et qu'en vertu d'une autorisation spéciale émanée de l'Empereur, et contenue dans une lettre close adressée à cet effet au premier Archi-Chancelier de l'Empire.

Les Ducs seuls pouvaient placer leurs armoiries sur les faces extérieures des édifices et bâtiments composant leurs hôtels.

Le fils du titulaire d'un majorat dont la transmission lui était assurée par des Lettres-Patentes, portait

---

(1) Décret du 11 Juin 1811.

le titre immédiatement inférieur à celui du majorat.

Les fils puînés des titulaires de majorats portaient le titre de *Chevalier*.

Le nom, les armoiries et les livrées passaient du père à tous les enfants. Ils ne pouvaient néanmoins porter les signes caractéristiques du titre auquel le majorat de leur père était attaché, que lorsqu'ils devenaient titulaires de ce majorat.

Les présidents des Cours et des Tribunaux qui ne désignent les parties dans le prononcé des arrêts et jugements que par leurs noms et prénoms, furent autorisés à ajouter les titres de Prince, Duc, Comte, Baron et Chevalier, conférés par l'Empereur; cette disposition fut rendue commune au Ministère public portant la parole (1).

Un *conseil du Sceau des Titres* assistait le Prince Archi-Chancelier de l'Empire, pour l'examen des demandes relatives aux titres et aux majorats; ce conseil était composé de :

    Trois sénateurs,
    Deux conseillers d'état,
    Un procureur général,
    Un secrétaire général.

Ce conseil tenait ordinairement ses séances les lundi et jeudi de chaque semaine, dans le palais du Prince Archi-Chancelier.

Lorsqu'il s'agissait de majorats formés par ceux à qui le premier statut du 1.er mars 1808 accordait la faculté de transmettre leur titre, ou lorsqu'il était

---

(1) Décret du 6 Juillet 1810.

seulement question d'obtenir les lettres-patentes de ce titre, les impétrans devaient présenter requête à S. A. S le Prince Archi-Chancelier, lequel faisait procéder à l'examen de la demande par le conseil.

Quant à ceux qui sollicitaient de la grâce de l'Empereur la permission d'instituer dans leur famille un majorat, conformément à la faculté établie par l'article V du Sénatus-consulte du 14 août 1806, ils devaient adresser leur requête directement à l'Empereur.

Lorsque Napoléon I.er daignait prendre la demande en considération, la requête et les pièces à l'appui étaient envoyées au Prince Archi-Chancelier, lequel les faisait examiner par le conseil du Sceau des Titres.

Le Prince soumettait ensuite à l'Empereur les conclusions du procureur général et l'avis du conseil, et il prenait les ordres de l'Empereur, pour lui présenter, s'il y avait lieu, le projet de décret tendant à l'institution du majorat.

D'après les dispositions du décret impérial du 24 juin 1808, toutes les affaires sur lesquelles le Conseil du Sceau était appelé à délibérer, devaient être instruites par le ministère des Avocats au Conseil d'État.

La constitution d'avocat, les dépôts de pièces et mémoires se faisaient au secrétariat du sceau des titres, dans les formes prescrites par les règlements du 11 juin et 22 juillet 1806, sur les affaires contentieuses portées au Conseil d'État.

Il y avait un sceau particulier pour les Lettres patentes conférant des Titres soit à vie, soit héréditaires; il portait pour légende ces mots : *Sceau impérial des Titres.*

Les frais d'expédition des Lettres-patentes étaient fixés savoir :

Pour les Ducs, à . . . . 600 francs.
» les Comtes, à . . . . 400 »
» les Barons, à . . . . 200 »
» les Chevaliers, à. . . . . . 60 »

Les Lettres-patentes portant institution de majorat étaient insérées par extrait au Bulletin des Lois (1).

Voici la composition du Conseil du Sceau des Titres en l'année 1813 :

Le Duc de Parme, Prince Archi-Chancelier de l'Empire.

Membres du Conseil :

Le comte Garnier,
Le comte Saint-Martin de la Motte, } Sénateurs.
Le comte Colchen,

Le comte d'Hauterive,
Le comte Neri de Corsini, } Conseillers d'État.

Procureur-Général :

Le comte Fabre de l'Aude, Sénateur.

Secrétaire-Général :

Regnier, comte de Gronau, Auditeur au Conseil d'État.
Lavollée, *Commissaire,* chargé d'apposer le Sceau.

Les habitants des Départements de l'Arno, des Appenins, des Bouches-de-la-Meuse, des Bouches-de-l'Elbe, des Bouches-de-l'Escaut, des Bouches-de-l'Issel, des

---

(1) Décret du 16 Mars 1809.

Bouches-du-Rhin, des Bouches-du-Weser, de la Doire, de l'Ems-Occidental, de l'Ems-Oriental, de l'Ems-Supérieur, de la Frise, de Gênes, de la Lippe, de Marengo, de la Méditerranée, de Montenotte, de l'Ombrone, du Pô, de Rome, du Simplon, de la Sesia, de la Stura, de Trasimène, du Taro, de l'Issel-Supérieur, du Zuyderzée, qui étaient en possession de titres féodaux avant la réunion de ces pays au territoire de l'Empire, (1) eurent un délai de 16 mois, d'août 1811 au 1 janvier 1813, pour jouir de la faculté de se pourvoir auprès du Prince Archi-Chancelier de l'Empire, à l'effet de solliciter la concession de nouveaux titres de Noblesse de l'Empire, de nouvelles armoiries et livrées en remplacement de ceux que les lois françaises ne leur permettaient pas de conserver (2).

Mais sur l'observation que par l'effet des circonstances, plusieurs personnes n'avaient point eu le temps nécessaire pour rassembler les pièces à l'appui de leurs demandes ce délai fut prorogé jusqu'au 1 janvier 1814 (3).

Les titres ainsi obtenus, étaient transmissibles à la descendance directe et légitime, naturelle ou adoptive, de mâle en mâle, par ordre de primogéniture, de ceux qui en avaient été revêtus lorsqu'ils avaient institué un majorat conformément aux statuts impériaux dont nous avons donné les dispositions (1).

Nous pensons que nos lecteurs verront avec plaisir

---

(1) Il fut procédé de même à l'égard des habitants de tous les autres Départements nouveaux qui furent réunis à la France.
(2) Décret du 26 Août 1811.
(3) Décret du 27 Décembre 1812.
(1) Voir pages 125 et suivantes.

le libellé d'une Lettre-patente qui confère le titre de Duc avec dotation héréditaire où l'on retrouve les formules de rédaction de l'ancien régime, et surtout cette phrase : *Tel est notre bon plaisir.*

LETTRES-PATENTES *qui confèrent le titre de Duc à M. le comte Regnier, Grand-Juge, Ministre de la Justice.*

Au quartier-général Impérial de Schœnbrunn, le 15 Août 1809.

Napoléon, etc.

Les services signalés rendus à l'État et à nous par notre cher et bien-amé le sieur Regnier, ayant fixé sur lui notre estime et notre bienveillance particulière, nous avons résolu de récompenser le zèle, le dévouement et la fidélité dont il nous a donné des preuves constantes dans le ministère important dont nous l'avons chargé. Dans cette vue, nous avons par notre décret du 15 août 1809, nommé notre cher et bien-amé le sieur Regnier l'un des Ducs de notre Empire, sous le titre de Duc de Massa di Carrara; en conséquence, et en vertu dudit décret, ledit sieur Regnier s'étant retiré par-devant notre cousin le Prince Archi-Chancelier de l'Empire, à l'effet d'obtenir de notre grâce les Lettres-Patentes qui lui sont nécessaires pour jouir de son Titre, nous avons, par ces présentes signées de notre main, conféré et conférons à notre cher et bien-amé le sieur Claude-Ambroise Regnier, notre Grand-Juge Ministre de la Justice, grand aigle de la légion d'honneur, Comte de notre Empire, né à Blamont, département de la Meurthe, le 5 novembre 1746, le titre de Duc de Massa di Carrara; voulant que ce titre et les biens qui y sont attachés, soient transmissibles à sa descendance directe, légitime, naturelle ou adoptive, de mâle en mâle, par ordre de primogéniture; lesdits biens se trouvant désignés dans l'acte de constitution à faire, de notre autorité, par notre cousin le Prince Archi-Chancelier de l'Empire, en présence du Conseil du Sceau des Titres, dans lequel acte seront énoncés les conditions sous lesquelles jouiront desdits biens notre cher et bien-aimé le sieur Regnier et ceux de ses descendants appelés après lui à les recueillir, ainsi que le titre auquel ils sont attachés;

Autorisons notre cher et bien amé le sieur Regnier à se dire et qualifier Duc de Massa di Carrara en tous actes et contrats, tant en jugement que dehors; voulons qu'il soit reconnu partout en ladite qualité, qu'il jouisse des honneurs attachés à ce Titre, après qu'il aura prêté en nos mains le serment prescrit par l'article 37 de notre second statut (1) du 1.er mars 1808; qu'il puisse porter en tous lieux les Armoiries telles qu'elles sont figurées aux présentes, et qui sont d'hermine à la fasce de sable, chargées de trois alérions d'or, chef des Ducs de l'Empire, et pour livrée, noir nuancé, hermine et argent.

Chargeons notre cousin le Prince Archi-Chancelier de l'Empire, de donner communication des présentes au Sénat, et de les faire transcrire sur ses registres : car tel est notre bon plaisir; et afin que ce soit chose

---

(1) Voir page 130.

ferme et stable à toujours, notre cousin le Prince Archi-Chancelier de l'Empire y a fait apposer, par nos ordres, notre grand sceau, en présence du conseil du sceau des Titres.

Donné en notre quartier général Impérial de Schœnbrunn, le 15 du mois d'août de l'an de grâce 1809.

DE LA FORME DES ARMOIRIES DE LA NOBLESSE IMPÉRIALE (1).

Le Prince archi-chancelier de l'Empire d'après l'avis des membres du Conseil du sceau des titres, décida que l'on ferait graver les formules des Lettres-patentes des Comtes, des Barons et des Chevaliers, et que l'on imprimerait les originaux qui devaient rester aux Archives.

Il fut décidé que l'Écu franc serait réservé à la famille Impériale.

Que dans les autres écussons, on placerait un signe d'origine, savoir :

Pour les *Princes grands Dignitaires* : chef d'azur, semé d'abeilles d'or;

Pour les *Ducs* : chef de gueules, semé d'étoiles d'argent;

Pour les *Comtes* : franc quartier à dextre d'azur, chargé, savoir : pour les comtes sortis du ministère, d'une tête de lion d'or, arrachée; pour les comtes

---

(1) Règlement arrêté au Conseil du Sceau des Titres le 25 Mars 1808, et approuvé par l'Empereur.

sortis du Sénat, d'un miroir d'or, enlacé d'un serpent d'argent; pour les comtes sortis du Conseil d'État, échiqueté d'or ; pour les comtes présidents du corps législatif, des tables de la loi d'or; pour les comtes archevêques, d'une croix pattée d'or; pour les comtes sortis de l'armée, d'une épée debout à lame d'argent et à poignée d'or.

Pour les *Barons:* quartier senestre de gueules, chargé, savoir : pour les barons sortis de l'armée, d'une épée debout, lame et poignée d'argent; pour les barons évêques, d'une croix alezée ; pour les barons premiers présidents et procureurs-généraux de la cour de cassation, d'une balance d'argent; pour les barons présidents et procureurs-généraux des Cours Impériales, d'une toque de velours noire brasée d'hermine ; pour les barons présidents des Collèges électoraux, de trois fusées d'argent; pour les barons maires, d'un mur crenelé d'argent, pour les barons membres des Collèges électoraux, d'une branche de chêne d'argent; pour les barons tirés des corps savants, d'une palme d'argent.

Le signe d'origine des Chevaliers était l'écu tiercé de gueules en tout sens, excepté en chef; le gueules chargé de l'étoile de la légion d'honneur d'argent.

Les couronnements variaient aussi suivant les titres.

Celui des grands Dignitaires consistait en une toque de velours noir, retroussée de vair, avec porte-aigrette en or, surmontée de sept plumes et accompagnée de six lambrequins d'or; le tout entouré d'un manteau d'azur semé d'abeilles d'or, doublé d'hermine et surmonté d'un bonnet d'honneur, forme électorale, calotte d'azur retroussée d'hermine.

Celui des Ducs consistait dans la toque de velours, retroussée d'hermine, avec porte-aigrette d'or, surmontée de sept plumes, accompagnée de six lambrequins d'or, le tout entouré d'un manteau d'azur doublé de vair.

Celui des Comtes consistait seulement dans la toque de velours noir, retroussée de contre-hermine, avec porte-aigrette or et argent, surmontée de cinq plumes, accompagnée de quatre lambrequins, les deux supérieurs en or et les deux autres en argent.

Celui des Barons consistait dans la toque de velours noir, retroussée de contre-vair, avec porte aigrette en argent, surmontée de trois plumes, accompagnée de deux lambrequins d'argent.

Celui des Chevaliers consistait dans le seule toque de velours noir, retroussée de sinople, avec un porte-aigrette et aigrette d'argent.

Les personnes qui avaient reçu un titre de Comte ou de Baron, de la munificence de l'Empereur, portaient le comte à dextre, le baron à Senestre, un franc quartier chargé d'une des pièces ci-dessus énumérées et les mieux appropriées à leurs fonctions.

Le franc quartier des barons sortis du Conseil d'État était à senestre échiqueté d'or et de gueules (1).

Les Comtes, ministres employés à l'Extérieur avaient le franc quartier à dextre d'azur à la tête de lion arrachée, d'argent (2).

Les Barons tirés des corps administratifs avaient le franc quartier à senestre, de gueules au mur crenelé

---

(1) Règlement du 3 Octobre 1808.
(2) Règlement du 6 Janvier 1809.

d'argent, surmonté d'une branche de chêne d'argent (1).

Les dames ayant le titre de *baronne*, écu de gueules, avec les mêmes pièces en argent.

Les veuves de militaires, comtesses, écu en abîme, sur le tout d'or, à l'épée en pal, renversée de sable.

Baronnes, d'argent, à l'épée en pal, renversée d'azur.

Les Dames titrées comtesse, et n'appartenant point à ces catégories, écu en abîme, sur le tout d'or plein.

Baronnes, écu d'argent plein.

Les ornements extérieurs uniformes et deux palmes nouées à l'extrémité inférieure, d'or avec un ruban d'azur pour les comtesses, d'argent avec un ruban de pourpre pour les baronnes (2).

Les officiers de la Maison de l'Empereur avaient : le comte, le franc quartier d'azur au portique à deux colonnes, surmontées d'un fronton, au bas les lettres D et A; le duc, d'or; le baron, de gueules avec les mêmes emblèmes en argent (3).

Ceux qui n'exerçaient point de fonction avaient :

Les comtes, le franc quartier d'azur à l'épée d'or.

Les barons, de gueules à l'épée d'argent (4).

Les barons sous-préfets avaient un franc quartier de gueules à la muraille non crenelée d'argent, surmontée d'une branche d'olivier de même (5).

Les officiers des maisons des princes et princesses de la famille impériale avaient les mêmes emblèmes que

---

(1) Règlement du 23 Janvier 1809.
(2) Règlement du 12 Janvier 1810.
(3) Règlement du 20 Février 1809.
(4)   Id.   du 8 Mai 1809.
(5)   Id.   du 7 Juillet 1809.

ceux de la Maison du Souverain, aux lettres D et I, au lieu de D et A.

Les dames qui avaient reçu un titre par décret impérial, portaient, savoir :

Les dames attachées aux maisons impériales, ayant le titre de *Comtesse*, un écusson en abime, et sur le tout d'azur au portique ouvert à deux colonnes, surmontées d'un fronton, le tout d'or.

Ceux auxquels les titres de *Duc*, de *Comte* ou *Baron* ou *Chevalier*, étaient conférés de plein droit, ou ceux qui avaient obtenu en leur faveur la création d'un majorat, prêtaient dans le mois le serment suivant (1).

« Je jure d'être fidèle à l'Empereur et à sa dynas-
» tie, d'obéir aux constitutions, lois et règlements de
» l'Empire, de servir sa Majesté en bon, loyal et fidèle
» sujet, et d'élever mes enfants dans les mêmes senti-
» ments de fidélité et d'obéissance, et de marcher à
» la défense de la patrie toutes les fois que le terri-
» toire sera menacé, ou que Sa Majesté irait à l'armée. »

Le même serment était prêté dans les trois mois, par ceux qui étaient appelés à recueillir un majorat.

Les Ducs prêtaient le serment entre les mains de l'Empereur, et ils étaient présentés par l'Archi-Chancelier.

Les comtes, les barons et les chevaliers le prêtaient entre les mains de celui ou de ceux qui étaient désignés à cet effet.

Pour qu'on apprécie bien le sérieux et l'importance

---

(1) Art. 37 du décret du 1.er Mars 1808.

des majorats créés sous le régime de l'Empire, ainsi que la vérité historique des noms de ceux qui les ont créés sur demande, nous donnons dans le chapitre des documents justificatifs placés à la fin de ce volume l'État chronologique des Lettres-patentes portant constitution de majorats, qui ont été formés avec les propres biens mobiliers et immobiliers des titulaires, depuis le 15 mars 1806 jusqu'au 11 avril 1814.

L'Empereur avait fait faire un grand pas rétrograde à la révolution en instituant une Noblesse nouvelle, en cela il fit un acte de sagesse et comme dit Montesquieu (1), l'honneur étant le principe du gouvernement Monarchique, les lois doivent s'y rapporter, il faut qu'elles y travaillent à soutenir cette Noblesse dont l'honneur est pour ainsi dire l'enfant et le père.

Il faut qu'elles la rendent héréditaire, non pas pour être le terme entre le pouvoir du Prince et la faiblesse du peuple, mais le lien de tous les deux.

Les substitutions, qui conservent les biens dans les familles seront très-utiles dans ce gouvernement, quoiqu'elles ne conviennent pas dans les autres.

Le retrait lignager rendra aux familles Nobles les terres que la prodigalité d'un parent aura aliénées.

Les terres Nobles auront des privilèges comme les personnes, on ne peut séparer la dignité du Souverain de celle de l'Empire; on ne peut séparer non plus la dignité du Noble de celle de son Majorat.

Les Français auxquels l'Empereur avait conféré des

---

(1) De l'Esprit des Lois, Livre V, chapitre IX.

Titres de Noblesse, ne pouvaient porter d'autres armoiries, ni avoir d'autres livrées que celles qui étaient énoncées dans les Lettres-Patentes de création.

Il fut défendu de prendre des titres et qualifications que l'Empereur n'aurait pas accordés ; aux officiers de l'état civil, notaires et autres de les donner, les contrevenants étant passibles des lois alors en vigueur (1).

Or, en mars 1808, le code pénal n'était pas encore promulgué, il ne le fut guère que deux ans après, le 22 février 1810, ce n'aurait pas été l'article 259 de ce code qu'on aurait appliqué, qui punit de six mois à deux ans de prison, mais la loi du 27 septembre 1791 qui était encore en vigueur et d'une excessive sévérité ; elle portait que tout citoyen qui, dans un acte quelconque, prendrait quelques-unes des qualifications ou des titres supprimés, serait condamné à une amende égale à six fois la valeur de sa contribution, rayé du tableau civique et déclaré incapable d'occuper aucun emploi civil ou militaire, et que les notaires, fonctionnaires et autres officiers publics qui auraient reçus de semblables actes, encourraient les mêmes peines et seraient destitués pour toujours de leurs fonctions (2).

C'est expliquer suffisamment que l'ancienne Noblesse ne pouvait point jouir de ses titres et honneurs, à moins de solliciter de l'Empereur de nouveaux Titres Impériaux. Napoléon ayant reconnu l'utilité de la No-

---

(1) Articles 14 et 15 du décret du 1.ᵉʳ Mars 1808 (concernant les Titres).

(2) Voir page 55.

blesse dans un état monarchique, il semblait naturel d'abroger la loi de 1790 qui supprimait la Noblesse et prohibait les titres nobiliaires, alors l'ancienne Noblesse aurait été reconnue.

Mais le Gouvernement Impérial qui venait d'adopter le système des dignités héréditaires et des dignités à vie, crut ne devoir admettre que des titres de création nouvelle, que laisser les anciens se rétablir, ce serait provoquer une rivalité au préjudice des nouveaux, d'autant plus qu'il y avait des différences d'origine qui établissaient une ligne de démarcation très prononcée; il pensait que beaucoup de titres anciens qui portaient sur des terres vendues, divisées à l'infini et qui n'existaient plus, ne pouvaient pas être appliqués aux anciens possesseurs ou à leurs descendants, par le seul droit du passé, que reconnaître ceux-ci en créant ceux-là, ce serait admettre des titres semblables de deux espèces, les uns par le fait de la naissance et de la possession, et les autres comme le prix d'éminents services rendus récemment au pays, et par une confusion dangereuse perdre peut-être le relief et l'effet salutaire de tous les deux.

Quant à la Noblesse dont l'origine chevaleresque reposait sur de hauts faits d'armes d'une date ancienne, ou sur des services civils d'une époque reculée mais non moins utiles et aussi recommandables, et comme juste prix de la gratitude publique, elle fut considérée comme périmée et sans valeur; c'était regrettable, car la gloire en France a été de tous les siècles.

L'ancienne Noblesse fut donc sacrifiée, de peur qu'elle ne nuisit à l'éclat de la nouvelle Noblesse. Ce fut une grave erreur, la nouvelle Noblesse ne pouvait point pâlir devant l'ancienne, c'était les illustrations de nos armées, de nos hommes d'état, de nos savants pendant un quart de siècle, aujourd'hui représentées par de puissantes familles.

Les lois avaient été impuissantes pour supprimer la Noblesse Ancienne; pour être efficaces, il aurait fallu supprimer tous les Nobles qui résidaient soit en France soit à l'étranger. L'ancienne Noblesse existait donc de fait dans la personne des familles Nobles vivantes, et que le public qualifiait de *ci-devant*, laissant sous-entendu le mot : *Noble* (en voulant désigner un ci-devant Noble), la dénomination avait donc changée, on ne disait pas un Noble, mais on disait un *ci-devant*.

On le voit la qualité de noble malgré la sévérité de la loi, suivait toujours celui qui la possédait, seulement dans la conversation on éludait de prononcer le mot *Noble* pour ne point paraître suspect et on le remplaçait par la dénomination : *ci-devant;* enfin on avait tellement généralisé ce mot qu'on appelait une femme Noble, *une ci-devant*.

Souvent même on complétait l'épithète Nobiliaire lorsqu'on désignait les personnes de qualité en ajoutant le titre, ainsi pour faire apprécier tel personnage on disait Monsieur ***, ci-devant Duc, Monsieur ***, ci-devant Marquis, ce qui rentrait dans l'obligation de la loi et était l'équivalent de Monsieur le Duc, Monsieur le Marquis, le mot *ci-devant* rendant légale la dénomination Nobiliaire.

CHAPITRE VIII.

RÈGNE DE LOUIS XVIII.

DU 6 AVRIL 1814 AU 20 MARS 1815.

Sommaire :

Louis XVIII, par la Charte, consacre les Titres de l'Ancienne Noblesse et de la Nouvelle Noblesse. — Liste des membres de la Chambre des Pairs. — Le Conseil du Sceau des Titres est remplacé par une Commission du Sceau. — Création des Référendaires au Sceau. — Ordonnance conférant des Lettres d'Anoblissement. — Les Listes d'Émigrés encore subsistantes sont abolies, et ceux qui y étaient inscrits sont autorisés à exercer leurs droits politiques et leurs droits civils. — Présentation et adoption du projet de loi sur la remise des biens non-vendus des Émigrés. — Proposition faite à la Chambre des Pairs par le maréchal duc de Tarente, pour accorder des indemnités aux Émigrés dont les biens avaient été vendus.

Le 12 avril 1814, le comte d'Artois entra dans Paris, escorté des Nobles Émigrés qui formait la cour de Louis XVIII dans l'exil, et des Nobles qui étaient rentrés successivement sur le sol de la Patrie; le voile fut levé et chacun raconta ouvertement la part plus ou moins active de ses démarches pour le retour du Roi et il fut bien prouvé que l'ancienne Noblesse avait considérablement concouru au rétablissement de la dynastie des Bourbons.

Le 4 juin 1814, Louis XVIII, octroya la charte constitutionnelle dont l'article 71 porte :

« La Noblesse ancienne reprend ses Titres; la nou-
» velle conserve les siens. Le Roi fait des Nobles à
» volonté; mais il ne leur accorde que des rangs et des
» honneurs, sans aucune exemption des charges et
» des devoirs de la Société. »

Cette clause était une alliance sage entre l'ancien et le nouveau régime, un trait d'union entre l'Ancienne Noblesse et la Noblesse Impériale, beaucoup de membres qui appartenaient à la seconde, appartenaient aussi à la première; l'une et l'autre devaient se prêter un nouvel éclat, une force réciproque, et leur union a été justement applaudie, aussi désormais nous ne nous servirons plus des expressions *Ancienne Noblesse*, et *Noblesse Impériale*, nous dirons simplement *la Noblesse*; ce que nous venons d'observer nous dispense d'examiner quelle est la valeur relative de la Noblesse Ancienne et de la Noblesse de l'Empire, toutes deux ayant le mérite et la gloire pour base, peut-on estimer l'une au détriment de l'autre ? Non certes ! nous ne voulons point connaitre les nuances de vanité qui peuvent faire naître des contestations entre les familles, sous prétexte que les unes sont plus Nobles ou plus anciennes que les autres et comme le dit Montesquieu (1) cela doit être mis au rang des petitesses des particuliers.

---

(1) De l'Esprit des Lois, Livre V, chapitre VIII.

Le Roi nomma 154 personnages pour composer la Chambre des Pairs (1); en voici la liste:

L'Archevêque de Reims (Alexandre de Talleyrand-Périgord).
L'Évêque de Langres (César-Guillaume de la Luzerne).
L'Évêque de Châlons-sur-Marne (de Clermont-Tonnerre).
Le duc d'Uzès.
Le duc d'Elbeuf.
Le duc de Montbazon.
Le duc de la Trémoille.
Le duc de Chevreuse.
Le duc de Brissac.
Le duc de Richelieu.
Le duc de Rohan.
Le duc de Luxembourg.
Le duc de Gramont.
Le duc de Mortemart.
Le duc de Saint-Aignan.
Le duc de Noailles.
Le duc d'Aumont.
Le duc d'Harcourt.
Le duc de Fitz-James.
Le duc de Brancas.
Le duc de Valentinois.
Le duc de Fleury.
Le duc de Duras.
Le duc de La Vauguyon.
Le duc de Praslin.
Le duc de La Rochefoucauld.
Le duc de Clermont-Tonnerre.
Le duc de Choiseul.
Le duc de Coigny.
Le prince duc de Talleyrand.
Le duc de Croy.

---

(1) Ordonnance du 4 Juin 1814.

Le duc de Broglie.
Le duc de Laval-Montmorency.
Le duc de Montmorency.
Le duc de Beaumont.
Le duc de Lorges.
Le duc de Croy-d'Havré.
Le duc de Polignac.
Le duc de Lévis.
Le duc de Maillé.
Le duc de Saulx-Tavannes.
Le duc de Laforce.
Le duc de Castries.
De Noailles, prince de Poix.
Le duc de Doudeauville.
Le prince de Chalais.
Le duc de Sérent.
Le duc de Plaisance.
Le prince de Wagram.
Le maréchal duc de Tarente.
Le maréchal duc d'Elchingen, prince de la Moskowa.
Le maréchal duc d'Albuféra.
Le maréchal duc de Castiglione.
Le maréchal marquis de Gouvion Saint-Cyr.
Le maréchal duc de Raguse.
Le maréchal duc de Reggio.
Le maréchal duc de Conégliano.
Le maréchal duc de Trévise.
Le duc de Cadore.
Le maréchal duc de Dantzick.
Le maréchal duc de Valmy.
Le duc de Feltre.
Le comte d'Aboville.
Le comte Abrial.
Le comte d'Aguesseau.
Le comte Barral, Archevêque de Tours.
Le comte Barthélemy.

Le cardinal de Bayane.
Le comte de Beauharnais.
Le comte de Beaumont.
Le comte de Berthollet.
Le comte de Beurnonville.
Le comte Barbé de Marbois.
Le comte Boissy d'Anglas.
Le comte Bourlier, évêque d'Évreux.
Le comte de Canclaux.
Le comte de Casabianca.
Le comte de Chasseloup-Laubat.
Le comte Cholet.
Le comte Clément de Ris.
Le comte Colaud.
Le comte Colchen.
Le comte Cornet.
Le comte Cornudet.
Le comte Davoust.
Le comte Demont.
Le comte de Croix.
Le comte de Delley-d'Agier.
Le comte Dejean.
Le comte Dembarrère.
Le comte Depère.
Le comte Destutt de Tracy.
Le comte d'Harville.
Le comte d'Haubersart.
Le comte d'Hédouville.
Le comte Dupont.
Le comte Dupuy.
Le comte Emmery.
Le comte Fabre de l'Aude.
Le comte de Fontanes.
Le comte Garnier.
Le comte Gassendi.
Le comte de Gouvion.

Le comte Herwyn.
Le comte de Jaucourt.
Le comte Journu-Auber.
Le comte Klein.
Le comte de Lacépède.
Le comte de Lamartillière.
Le comte Lanjuinais.
Le comte Laplace.
Le comte de Latour-Maubourg.
Le comte Lecouteulx de Canteleu.
Le comte Lebrun de Rochemont.
Le comte Legrand.
Le comte Lemercier.
Le comte Lenoir-Laroche.
Le comte de l'Espinasse.
Le comte de Maleville.
Le comte de Monbadon.
Le comte de Montesquiou.
Le comte Pastoret.
Le comte Peré.
Le maréchal comte Pérignon.
Le comte de Pontécoulant.
Le comte Porcher de Richebourg.
Le comte Rampon.
Le comte Redon.
Le comte de Sainte-Suzanne.
Le comte de Saint-Vallier.
Le comte de Ségur.
Le comte de Semonville.
Le maréchal comte Serrurier.
Le comte Soulès.
Le comte Shée.
Le comte de Tascher.
Le comte de Thévenard.
Le comte de Valence.
Le comte de Vaubois.

Le comte Vernier.
Le comte de Villemanzy.
Le comte Vimar.
Le comte Volney.
Le comte Maison.
Le comte Dessoles.
Le comte Victor de Latour-Maubourg.
Le comte Belliard.
Le comte Curial.
Le comte de Vioménil.
Le comte de Vaudreuil.
Le bailli de Crussol.
Le marquis d'Harcourt.
Le marquis de Clermont-Gallerande.
Le comte Charles de Damas.

Ainsi cette Assemblée se composait de trois des six anciens pairs ecclésiastiques ; l'archevêque de Reims (M. de Périgord), l'évêque de Langres (M. de la Luzerne), l'évêque de Châlons-sur-Marne (M. de Clermont-Tonnerre) qui furent portés en tête de la liste ; venaient ensuite les pairs qui siégeaient au parlement en 1788 ou leurs héritiers directs, ils étaient au nombre de 26
  Ducs héréditaires non-pairs . . . 11
  Ducs à brevet 6
  Maréchaux de l'Empire 14
  Officiers-Généraux des Armées Royales 6
  Anciens Sénateurs de l'Empire . . 91

                Total . . . 154 Pairs.

Il est à remarquer que la prééminence fut rendue à la dignité Ducale, qui avait cédé le pas à celle de Prince dans la hiérarchie Nobiliaire du Gouvernement Impérial.

La chambre des pairs ainsi composée, était la véritable représentation de la Noblesse.

Les qualifications de Marquis et de Vicomte furent rétablies.

Le Conseil du Sceau des Titres fut remplacé par une Commission de trois Conseillers d'État et trois Maîtres des Requêtes, d'un commissaire faisant fonction du ministère public, du secrétaire du sceau et d'un trésorier (1).

La Commission du Sceau, présidée par le Chancelier de France, fut chargée de toutes les affaires qui, d'après les statuts et règlements relatifs aux titres et majorats étaient portées au précédent Conseil du Sceau des Titres.

Elle statuait sur la régularité, quant à leur forme extérieure, des actes de la juridiction gracieuse du Roi qui devaient être présentées au Sceau.

Sur les oppositions qui pouvaient être formées à la délivrance des Lettres-Patentes concernant les intérêts locaux et particuliers, et en général sur tous les objets analogues que Sa Majesté jugeait à propos de lui attribuer.

Elle statuait sur toutes les affaires par un avis formé à la majorité des voix. Les maîtres des requêtes faisaient les rapports, le Commissaire était chargé spécialement de l'examen préalable des pièces soumises à la Commission et de donner conclusion sur le rapport des requêtes et mémoires, il présentait pour être revêtues du Sceau, les Lettres-Patentes portant collation ou confirmation de Titres, institution de majorats, il en

---

(1) Ordonnance du 15 Juillet 1814.

suivait l'exécution au-dehors, et informait le Chancelier de l'enregistrement desdites lettres dans les Cours et Tribunaux.

Les fonctions de secrétaire du Sceau appartenaient au secrétaire-général de la Chancellerie de France.

Le trésorier du Sceau faisant la recette des revenus précédemment attribués au Conseil du Sceau des titres, il faisait pareillement celle des droits à payer par les impétrants.

Il fut décidé qu'il y aurait près de la Commission du Sceau six Référendaires (1), qui exerceraient près d'elle exclusivement, pour l'instruction et la suite des affaires qui lui sont attribuées, les fonctions précédemment exercées par les Avocats au Conseil d'État.

Enfin, la même ordonnance prescrivit que les personnes auxquelles il avait été accordé des armoiries pourraient, sur le rapport de leurs Lettres-Patentes, obtenir une nouvelle concession d'armoiries. Dans celles qui seraient concédées par le Roi, les écussons seraient timbrés des anciennes couronnes de duc, comte ou baron; l'écusson des chevaliers aurait pour timbre le casque d'argent taré de profil.

Depuis cette époque les toques qui surmontaient les écussons des nobles sous le Gouvernement Impérial, furent abandonnées et remplacées par les couronnes distinctives de chaque Titre Nobiliaire.

Furent nommés près la Commission du Sceau (2):

---

(1) Leur nombre fut ultérieurement porté à douze, par ordonnance du 15 Décembre 1816.

(2) Ordonnance du 15 Juillet 1814.

M. Prevet, Commissaire, avec le Titre de Maître des Requêtes honoraires (1).

Furent nommés Référendaires près la Commission :
MM. Beliard,   MM. Rebut la Rhoëllerie,
    De Mery,   Barbier-Daucourt,
    Geoffroy,   De Bray-Valfresne.

M. Petit (du Cher), membre de la Chambre des Députés, fut nommé Trésorier.

Le Roi accorda la Noblesse à titre de récompense à plusieurs fonctionnaires municipaux, nous donnons le texte de l'Ordonnance afin de faire connaître la forme de cet acte.

Au Château des Tuileries le 27 Juillet 1814.

Louis, etc.

Sur le compte qui nous a été rendu par notre Ministre Secrétaire d'État au département de l'Intérieur, des preuves de dévouement données à notre personne par le sieur Lebeau, Président du Conseil Général du Département de la Seine, et par les sieurs Bellart et Pérignon, membres du même conseil.

Nous avons anobli et anoblissons, décoré et décorons du titre et qualité de Noble, lesdits sieurs Lebeau, Bellart et Pérignon.

Lesdits sieurs se pourvoiront devant notre Chancelier, pour qu'il leur soit délivré des Lettres de Noblesse.

---

(1) Il avait été Auditeur au Conseil d'État, Secrétaire d'Ambassade à Constantinople et à Saint-Pétersbourg.

En publiant la charte constitutionnelle Louis XVIII avait dit : « que le vœu le plus cher à son cœur était que *tous les Français vivent en Frères*, et que jamais aucun souvenir amer ne trouble la sécurité qui doit suivre un acte aussi solennel. »

Cette déclaration et les dispositions de la charte constitutionnelle appelaient également tous les français à la jouissance des droits civils et militaires. Dès lors les inscriptions sur les Listes d'Emigrés devaient être effacées, et nulle différence ne pouvaient être admise aux yeux de la loi, entre les Français restés en pays Étrangers auprès du Roi et ceux restés sur le sol de la Patrie; en attendant qu'il fut présenté aux Chambres une loi sur la restitutions des biens non-vendus, et afin de ne laisser aux Tribunaux et aux corps administratifs, aucun doute sur l'état des personnes et pour réserver spécialement les droits des tiers qui, en aucun cas ne devaient être compromis, le Roi rendit une ordonnance (1) dont voici le texte :

Art. 1.er Toutes les inscriptions sur les listes d'émigrés, et encore subsistantes à défaut d'élimination, de radiation ou d'exécution des conditions imposées par le Senatus-Consulte du 6 Floréal an VI, ou à quelqu'autre titre que ce soit, sont et demeurent abolis à compter du jour de la publication de la charte constitutionnelle.

Art. 2. En conséquence tous les Français qui auraient été et seraient encore inscrits sur lesdites Listes,

---

(1) Le 23 Août 1814.

à quelque titre que ce soit, exercent les droits politiques que cette charte leur garantit, et jouissent des droits civils attachés à la qualité de citoyen, sous la réserve expresse des droits acquis à des tiers et sans y préjudicier.

Relativement aux membres de la Légion d'honneur, le 8 octobre 1814, le Roi rendit une ordonnance portant :

Art. 1.^r Il continuera d'être expédié des lettres-patentes conférant les titres personnels de chevalier et des armoiries aux membres de la Légion d'honneur, qui se retireront à cet effet devant le chancelier de France, et qui justifieront qu'ils possèdent un revenu net de 3000 fr. au moins, en biens immeubles situés en France.

2. Lorsque l'aïeul, le fils et le petit-fils auront été successivement membres de la Légion d'honneur, et auront obtenu des lettres-patentes conformément à l'article précédent, le petit-fils sera noble de droit, et transmettra sa noblesse à toute sa descendance.

3. Les dispositions contraires aux présentes sont abrogées.

En rentrant en France, le Roi porta ses regards sur les Nobles Émigrés, il était juste, il était naturel que le sort de ses compagnons d'infortune, de ces serviteurs d'une fidélité longtemps éprouvée, fut un des premiers objets de sa sollicitude ; il avait annoncé l'intention de rendre aux anciens propriétaires, ceux de leurs biens confisqués à leur préjudice, qui n'avaient pas été vendus.

En exprimant la même volonté dans une ordonnance

(1), le Roi avait déclaré que toutes les inscriptions sur les listes d'émigrés, encore subsistantes à défaut d'élimination, de radiation ou d'exécution des conditions imposées (2) ou à quelqu'autre titres que ce soit, seraient et demeureraient abolies, à compter du jour de la publication de la Charte Constitutionnelle.

Mais la première de ces ordonnances, se réduisait en quelque sorte, à exprimer un vœu, plutôt qu'à régler l'exécution des intentions du Roi. Une loi pouvait seule réintégrer les Émigrés dans celles de leurs anciennes propriétés qui se trouvaient encore libres dans les mains de l'État.

Ce projet de loi fut donc apporté à la Chambre des Députés par M. le Ministre d'État Ferrand, qui le fit précéder d'un exposé des motifs, où en parlant des Nobles Émigrés, il dit : « Il est bien reconnu aujour-
» d'hui qu'en s'éloignant de leur patrie, tant de bons
» et fidèles Français n'avaient jamais eu l'intention
» de s'en séparer ; que passagèrement jetés sur des
» rives étrangères, ils pleuraient sur les calamités de
» la patrie qu'ils se flattaient toujours de revoir ; il est
» bien reconnu que les régnicoles, comme les émigrés,
» appelaient, de tous leurs vœux, un heureux change-
» ment lors même qu'ils n'osaient pas encore l'espé-
» rer. A force de malheurs et d'agitation, tous se
» retrouvaient donc au même point : tous y étaient
» arrivés, les uns en suivant une ligne droite sans
» jamais en dévier, les autres après avoir parcouru

---

(1) Ordonnance du 21 Août 1814.
(2) Par le Sénatus-Consulte du 6 Floréal an X. (26 Avril 1802.)

» plus ou moins les phases révolutionnaires au milieu
» desquelles ils se sont trouvés. Tous étaient donc
» réunis d'intention : et la bienfaisante ordonnance du
» Roi en n'admettant aucune différence entr'eux, n'a
» été que la déclaration légale d'un fait existant. La
» loi que nous apportons aujourd'hui dérive de cette
» ordonnance : elle reconnait un droit de propriété
» qui existait toujours, elle en légalise la réinté-
» gration (1). »

Ces paroles excitèrent un grand mécontentement, tant dans l'enceinte de la Chambre des Députés qu'au dehors, aussi M. Bedoch, rapporteur, en soumettant quelques réflexions sur l'exposé fait par M. Ferrand, déclara (2) :
« que la commission, plus prudente que lui, n'entrerait
» pas dans la discussion aussi inutile qu'elle pouvait
» devenir funeste, sur les torts des différents partis
» pendant notre longue et violente révolution. Qu'elle
» ne s'engageait point dans l'imprudente recherche des
» erreurs et des sacrifices réciproques, des infortunes
» et des fautes communes. Que pourrait-il servir de
» reconnaitre les liaisons qui existent entre les événe-
» ments les plus opposés en apparence, et de découvrir,
» par exemple, que les plus grands attentats n'ont été
» peut-être que les suites nécessaires des premières et
» imprudentes résistances ! »

« Il y a des époques de crise dans les nations et de
» changement dans l'esprit des siècles, ou la balance
» du bien et du mal ne saurait être tenue par la main

---

(1) Chambre des Députés, Séance du 13 Septembre 1814.
(2) Chambre des Députés, Séance du 17 Octobre 1814.

» incertaine des hommes. Il est plus sage, il est plus
» humain, il est plus sûr de confondre tous les débats
» du passé dans un oubli profond, sincère, et de
» s'abandonner sans réserve et sans regret à une récon-
» ciliation générale. »

Mais, ajoute le Rapporteur : « nous demanderons à
» M. Ferrand, si ceux qui ont versé leur sang en
» servant leur pays, si les honorables victimes de leur
» amour pour la Patrie ou pour leur Roi ; si ceux qui
» ont eu le courage de braver le danger, et dont les
» généreux efforts avaient pour but de détourner
» l'orage ou d'arrêter les progrès du mal, si ces
» fonctionnaires zélés, ces magistrats intègres, défen-
» dant au prix de leur liberté et de leur vie les prin-
» cipes de justice et d'une saine morale ; si des mil-
» liers de citoyens recommandables par leurs talents et
» leurs vertus, traînés dans les cachots ou conduits à
» l'échafaud, ont suivi *une ligne moins droite*, que
» ceux qui se sont séparés de la patrie même pour de
» justes motifs. »

« Nous lui demanderons si ceux-ci auraient seuls
» des droits à *l'affection paternelle du monarque*,
» tandis que les autres ne pourraient implorer que sa
» souveraine justice, ou sa royale indulgence ? »

. . . .

« Mais, Messieurs, l'exposé fait par M. Ferrand,
» n'est point l'expression de la volonté du Roi. Disons-
» le franchement, le ministre a substitué l'aigreur de
» ses ressentiments particuliers aux sentiments du
» Monarque. Nous sommes cependant loin de douter
» de son attachement et de son entier dévouement pour

» la personne auguste et sacrée du Roi; mais nous
» croyons devoir ici rappeler que l'infortuné Louis XVI,
» dans son testament, dans ce monument de ses
» vertus et de sa bonté, a également pardonné à ses
» ennemis et à ceux qui, par un faux zèle, ou par
» un zèle mal entendu, lui avaient fait beaucoup de
» mal. »

Alors les Émigrés se trouvaient divisés en deux classes :

L'une comprenant ceux qui étaient rentrés dans le sein de leur patrie en vertu du Sénatus-Consulte du 26 avril 1802 (1).

Dans l'autre se trouvent ceux qui étaient volontairement restés sur une terre étrangère, ou qui avaient été exceptés de l'amnistie générale.

Les premiers étaient rentrés en possession de ceux de leurs anciens biens qui n'avaient été ni aliénés, ni exceptés de la remise par le Sénatus-Consulte.

Les seconds étaient constamment restés frappés de mort civile, et ils n'avaient reçu, ni pu recevoir aucune partie des biens confisqués à leur préjudice.

Le projet de loi qui faisait l'objet du Rapport de M. Bedoch, ordonnait en faveur des anciens propriétaires, la remise des Biens compris dans l'exception énoncée par le Sénatus-Consulte précité, et de tous les autres biens non-vendus des Émigrés qui faisaient alors partie du domaine de l'État; cette loi

---

(1) 6 Floréal an X.

fut adoptée et promulguée le 5 décembre 1814 (1).

La Chambre des Pairs dans sa séance du 3 décembre 1814, après avoir entendu le rapport d'une commission spéciale avait adopté sans amendement la loi relative à la remise des biens invendus des Émigrés. Elle avait délibéré en même temps qu'elle s'occuperait, dans une de ses suivantes séances, d'une proposition annoncée par M. le maréchal duc de Tarente, tendante à donner, par une mesure générale, des indemnités aux Nobles Émigrés dont les biens avaient été vendus, nous allons citer quelques fragments du discours prononcé par cet illustre guerrier :

« J'ai témoigné les regrets que je renouvelle ici, que ce projet de loi ne présentât pas, pour le moment, des ressources plus étendues à un si grand nombre d'infortunes; j'ai aussi exprimé le vœu adopté par la commission et que M. le comte Pastoret a si éloquemment développé, que le Roi fut supplié de présenter les moyens les plus prompts et les plus sûrs qu'il avisera dans sa haute sagesse, de concilier avec l'état des Finances un système général d'indemnités, tel qu'on ne put former aucun doute sur l'empressement des Chambres à y concourir, et sur l'assentiment de la nation, qui verra enfin cicatriser toutes les plaies, avec l'intention d'éteindre toutes les haines et les ressentiments. »

« Dans mon vœu je n'ai considéré que les malheurs

---

(1) On en trouvera le texte officiel dans les documents justificatifs à la fin de ce volume.

de la patrie, et ceux d'une classe de citoyens dignes, je le répète de tout notre intérêt. »

« Les premiers sont finis par la charte constitutionnelle, les autres ne le sont par le projet de loi qui vous est soumis : car nulle part on n'y trouve le caractère propre à effacer les souvenirs de ces grands déchirements qui ont ébranlé la Société jusque dans ses bases, déplacé les propriétés, disséminé les familles, et altéré parmi les Français, jusqu'à ce sentiment d'aménité, de confiance et d'abandon chevaleresque, apanage héréditaire de la nation. »

« Non, Messieurs, je ne crains point de le dire, le projet de loi n'atteint point ce but si désirable; et s'il m'est permis de m'exprimer avec la franchise d'un soldat, les discussions provoquées dans la Chambre des députés, et proclamées dans toute la France nous en ont encore éloignés. »

« Que devait-on faire, au contraire, pour s'en rapprocher? deux opérations bien distinctes. »

« La première, rendre aux familles frappées de séquestre ou de confiscations en vertu des lois antérieures, tous les biens non-vendus, existant en nature dans les mains du Gouvernement : cette mesure résulte de la loi. Des discussions déclamatoires n'étaient point nécessaires pour l'obtenir; la justice parlait toute seule; il était évident que les causes des confiscations et des séquestres ne subsistant plus, les confiscations et les séquestres étaient anéantis, du jour que la patrie recevait dans son sein des enfans trop longtemps séparés d'elle. »

« La seconde opération n'a pas même été indiquée

dans le projet de loi, mais elle est attendue de votre sagesse; l'humanité, la justice, le salut de la France, le vœu de son Roi, commandaient de fermer toutes les plaies; elles ont été réouvertes par des discours imprudents! »

« On irait jusqu'à croire qu'il est dans les intentions secrètes de quelques personnes de les envenimer, si l'on ne savait jusqu'à quel point l'esprit de parti peut égarer les cœurs les plus droits. »

« A l'arrivée du fils de Saint-Louis, la France s'était jonchée de fleurs, et maintenant on signale par des monuments de deuil tous les endroits témoins de nos discordes civiles; mais après tant de calamités, quel lieu ne réclamerait pas à son tour le triste honneur de rappeler de douloureux souvenirs? »

« C'est ainsi que chaque jour on acquiert le droit de se plaindre, des inquiétudes qu'on a fait naître la veille. »

« Oui, sans doute, plusieurs millions d'acquéreurs de biens nationaux sont inquiets de la direction que quelques individus cherchent à donner à l'opinion publique : et l'on s'est réjoui de leurs alarmes, comme si elles devaient amener des abandons volontaires! »

« On s'est bercé du chimérique espoir que des craintes, habilement jetées dans les esprits, obtiendraient de nouveau des déplacements de propriétés, contre lesquels eut échoué toute la puissance du Gouvernement. »

« Eh quoi! les spectateurs de sa chûte rapide sont-ils encore assez stupéfaits de cette catastrophe, pour n'avoir point médité sur ses causes? Ignorent-ils que, ni les constitutions, ni les lois, ni les armées ne défendent les Gouvernements contre la masse des intérêts sociaux? Ignorent-ils que lorsque ces intérêts sont dans un péril imminent, les Gouvernements sont atteints les premiers? »

« Rendons grâce au ciel de ce qu'enfin le précipice de l'ambition est comblé par cette sainte légitimité qui défend les marches du trône de l'approche des factions. »

« Mais les fondements de ce grand édifice, relevé à la hâte au milieu des ruines, ont encore besoin d'être consolidés par le ciment des intérêts et des affections. »

« Combien en est-il de méconnus ou d'oubliés dans la loi que vous discutez? »

« Elle rend des biens non-vendus, qui, par leur nature, appartenaient en général aux premières Familles de l'État. »

« Mais ceux qu'un dévouement peut-être plus exalté, a arraché des rangs de l'armée, ou de leurs antiques manoirs, sans qu'ils eussent jamais participés à la puissance ni aux faveurs de la cour! »

« Ceux qui se sont associés sans espoir de retour aux infortunes du monarque, et qui, chaque année, voyaient avec indifférence passer dans des mains étrangères les débris d'un patrimoine, longtemps préservé par la médiocrité ! »

« Depuis plusieurs années, l'exil de ces Familles était devenu volontaire; elles pouvaient réclamer l'application des premières lois rendues en leur faveur; mais il eut fallu qu'elles désertassent la cause du malheur. Les punirait-on de s'y être refusées ? »

« Non, Messieurs, la générosité nationale sera proportionnée à nos désastres, elle sera immense comme eux, et n'aura d'autres bornes que nos facultés. J'en ai la confiance, j'ai besoin de l'avoir ; et si, comme je n'en doute point, nous sommes tous pressés par le même sentiment, cette cession ne se terminera pas sans avoir scellé le bonheur du monarque et celui de la France. »

« Serait-il donc vrai, Messieurs, que des motifs si puissants, ceux d'une pacification générale entre tous les Français, seraient un instant balancés dans les esprits, par la modique considération d'une indemnité annuelle d'environ 12 millions ? »

. . . .
. . . .

« Tels sont, Messieurs, nos vœux les plus ardents, vous les partagez, sans doute, et c'est parceque j'en ai l'assurance que j'ai osé me livrer à un travail étranger à mes habitudes. »

« J'aurai l'honneur de vous le soumettre avec un entier abandon dans une autre séance. Vous prononcerez sur l'exactitude des calculs, sur la valeur des moyens que je me permettrai de proposer, pour créer, en faveur du Trésor, des ressources applicables aux dépenses. »

« Et si après cette ébauche, tout ce que je sollicite de vos lumières, vous la rendez digne de devenir la matière d'une Proposition au Roi, vous serez à jamais environnés de la reconnaissance nationale, pour avoir consacré l'alliance impérissable de la gloire avec les plus nobles infortunes, de la justice avec la générosité, et de la paix publique avec la félicité du monarque. »

Dans une séance suivante, le 10 Décembre 1814, M. le maréchal duc de Tarente a développé sa proposition en des termes trop étendus pour entrer dans notre cadre, en parlant des Nobles Émigrés, il dit :

« Ils reparaissent au milieu de nous, protégés par la vieillesse et le malheur; ce sont des espèces de croisés qui ont suivi l'oriflamme en terre étrangère, et nous racontent ces longues vicissitudes, ces orages, ces tempêtes, qui les ont enfin poussés dans le port, où ils avaient perdu l'espoir d'aborder. »

« Qui de nous pourrait se défendre de leur donner la main en signe d'alliance éternelle? Nos cœurs ont été émus. Si les leurs sont restés plus froids, faut-il s'en étonner ? Le retour du Roi, dépositaire de l'olivier de la paix, dépassait toutes nos espérances. »

« Une seule des leurs est réalisée. A la vérité le premier de leurs vœux est exaucé; les tours de Saint-Louis ont revu son auguste héritier. »

« Mais que de changements opérés dans cette France, si longtemps désirés! Que de destructions consommées! Que de monuments renversés! Que d'autres élevés avec leurs débris! Que de rêves prospères évanouis en un seul jour, après avoir été durant tant de nuits les consolations de l'exil ! »

« Descendons dans nos cœurs, Messieurs, pour juger nos semblables. Plaçons-nous par la pensée, dans la position que je décris; ajoutons aux sentiments qu'elle nous inspirerait cette fierté compagne de l'infortune; et, au lieu de partager des plaintes vulgaires sur l'accueil des frères qui nous sont rendus, reconnaissons des Français au calme du désintéressement de la plupart d'entre eux et à la noblesse de leur attitude. »

« Importe-t-il à la tranquillité publique qu'ils la changent, alors il faut changer leurs rapports. Autrement nos campagnes seront semées d'agitations secrètes, indéterminées, pour ceux qui les éprouveront, involontaires pour ceux qui en seront la cause. Le retour d'une seule Famille exilée sera-t-il dans une contrée l'objet de la curiosité et des entretiens domestiques, il deviendra le jour suivant le motif des affections de quelques-uns, le lendemain celui des alarmes de plusieurs autres. Les récits, les propos, les suppositions, voleront de bouche en bouche. Une fois les intérêts de la propriété ou de l'estime publique mis en jeu, on parlera aux passions, elles entreront en effervescence, soit qu'un vieillard ait jeté un regard douloureux sur son ancien domaine, soit qu'il ait affecté d'en détourner les yeux. Et dans ce tableau, Messieurs, vous le voyez, je ne fais ressortir ni les imprudences, ni les provocations. Je ne suppose ni ressentiments, ni craintes dans l'origine; mais j'établis que les uns et les autres naîtront par un fait qui est hors de l'autorité du Roi, comme de la vôtre. »

« Je soutiens que ce fait aura, s'il n'a déjà, les conséquences les plus désastreuses pour la tranquillité publique. Or, comme ce fait (l'existence des anciens propriétaires en présence des acquéreurs) ne peut ni ne doit cesser d'être, j'en ai tiré cette conséquence nécessaire, qu'il fallait déplacer la difficulté, au lieu de tenter vainement de la vaincre, changer l'état présent pour un état nouveau; en un mot, oser faire connaître l'abîme ouvert devant nous, le franchir, et nous lancer, armés de toute la générosité, de toutes les forces de la nation dans un vaste système d'indemnités. »

« Est-il possible, il est adopté. J'en ai pour garant

le cœur du Roi, les nôtres, ceux de tous les Français, et cette gloire, la seule qui nous reste à conquérir, celle de l'union entre tous les citoyens, signalera la première époque d'un règne à qui nous devons déjà l'innapréciable bienfait d'une constitution. »

Projet d'Adresse pour supplier Sa Majesté.

1.° D'ordonner à ses Ministres un travail tendant à déterminer la valeur fixe, en capital et en revenu, des biens vendus par suite de confiscation; le montant des créances liquidées sur les anciens propriétaires de ces biens et le montant des dotations non éteintes, qui n'excèdent point 2000 fr. d'après les décrets d'affectation (1).

2.° De faire régler par ses Ministres, d'après les résultats de ce travail, la somme à constituer en rentes sur l'État, soit pour remplacer les dotations, soit pour assigner aux anciens propriétaires de ces biens, et le montant des dotations, soit pour assigner aux anciens propriétaires des biens vendus par suite de confiscation une indemnité équivalant à 2 et demi pour cent du capital desdits biens en 1790 (en les laissant passibles des droits de leurs créanciers non liquidés), ou au tiers du revenu à la même époque, en réduisant au même taux leurs créanciers non liquidés;

3.° De faire examiner s'il ne serait pas possible, sans nuire à aucune partie du service, et par le seul effet

---

(1) M. le Duc de Tarente comprenait aussi dans sa proposition les militaires qui avaient reçu du Gouvernement Impérial des dotations de 500 à 2000 francs de revenu.

d'économies ou de plus-values, d'affecter, en tout ou en partie, au service de ces rentes quelque branche actuelle du revenu public;

4.° De présenter dans le cours de la prochaine session, les mesures législatives que pourrait exiger l'accomplissement de ces dispositions.

La session des Chambres fut bientôt close et les évènements survenus au mois de mars 1815 firent ajourner l'examen et la réalisation de la proposition du maréchal duc de Tarente.

CHAPITRE IX.

CENT-JOURS.

DU 20 MARS 1815 AU 28 JUIN 1815.

SOMMAIRE :

Deux Décrets de l'Empereur datés de Lyon concernant les Nobles Émigrés. — Nouveaux Titres de Comte et de Baron conférés. — Chambre des Pairs héréditaires. — Rétablissement du Conseil du Sceau des Titres.

Napoléon quitte l'île d'Elbe, débarque à Cannes et poursuit sa marche sur Paris, arrivé à Lyon, il rend en cette ville deux décrets, dont voici la teneur :

A Lyon, le 13 Mars 1815.
NAPOLÉON, par la grace de Dieu, et les constitutions de l'Empire, Empereur des Français, etc., etc., etc.

Nous avons décrété et décrétons ce qui suit :

Art. 1.er. Tous les Émigrés qui n'ont pas été rayés, amnistiés ou éliminés par nous ou par les gouvernements qui nous ont précédé et sont rentrés en France depuis le 1.er Janvier 1814, sortiront sur-le-champ du territoire de l'Empire.

2. Les Émigrés qui, quinze jours après la publication

du présent décret, se trouveraient sur le territoire de l'Empire, seront arrêtés et jugés, conformément aux lois décrétées par nos assemblées nationales, à moins toutefois qu'il ne soit constaté qu'ils n'ont pas eu connaissance du présent décret, auquel cas, ils seront simplement arrêtés et conduits par la gendarmerie hors du territoire.

3. Le sequestre sera mis sur tous leurs biens meubles et immeubles. Les préfets et officiers de l'enregistrement feront exécuter le présent décret aussitôt qu'ils en auront connaissance; et faute par eux de le faire, ils seront responsables des dommages qui pourraient en résulter pour notre trésor national.

4. Notre Grand-Maréchal, faisant fonctions de major-général de la grande armée, est chargé de prendre les mesures nécessaires pour la publication du présent décret.

Signé **NAPOLÉON.**

Par l'Empereur,
Le Grand-Maréchal faisant fonctions de major-général de la grande armée,

Signé BERTRAND.

A Lyon, le 13 Mars 1815.

NAPOLÉON, par la grâce de Dieu et les constitutions de l'Empire, Empereur des Français, etc., etc., etc.

Nous avons décrété et décrétons ce qui suit :

Art. 1.er La Noblesse est abolie, et les lois de l'Assemblée constituante seront mises en vigueur.

Art. 2. Les Titres féodaux sont supprimés; les lois de nos assemblées nationales seront mises en vigueur.

Art. 3. Les individus qui ont obtenu de nous des Titres nationaux, comme récompense nationale, et dont les lettres-patentes ont été vérifiées au Conseil du Sceau des Titres, continueront à les porter.

Art. 4. Nous nous réservons de donner des Titres aux descendants des hommes qui ont illustré le nom français dans les différents siècles, soit dans le commandement des armées de terre et de mer, dans les conseils du Souverain, dans les administrations civiles et judiciaires, soit enfin dans les sciences et les arts et dans le commerce, conformément à la loi qui sera promulguée sur cette matière.

Art. 5. Notre Grand-Maréchal, faisant fonction de major-général de la grande armée, est chargé de prendre les mesures nécessaires pour la publication du présent décret.

Signé NAPOLÉON.

Par l'Empereur,
Le Grand-Maréchal faisant fonctions de major-général de la grande armée,

Signé BERTRAND.

D'après le second décret, Napoléon qualifie de *Titres féodaux* les Titres de la Noblesse Ancienne, et de *Titres nationaux*, les Titres qu'il a conféré à la Noblesse Impériale; comme cette différence d'appréciation n'a été que passagère nous ne nous y arrêterons point; mais nous signalerons que l'Empereur attachait toujours une haute importance à la Noblesse qu'il avait créée, car il arrive à Paris le 20 mars et le même jour il signe un décret dont le considérant est ainsi conçu :

« Voulant donner au général Carnot un témoignage

» de sa satisfaction pour la défense d'Anvers (1), il le
» nomme Comte de l'Empire (2). »

Du 20 mars au 4 juin 1815, l'empereur concéda encore 12 titres de Comte et 5 titres de Baron.

Après avoir entendu le Conseil d'État, l'Empereur rend un nouveau décret (3) sur les ventes que les Émigrés auraient pu effectuer des biens rendus par la loi du 5 décembre 1814. Toutes les ventes faites de bonne foi jusqu'au 13 mars 1815, en forme légale et authentique, sont déclarées valables; dans l'intérêt des acquéreurs, ils sont propriétaires irrévocables. Le prix de leur acquisition ou ce qui en reste à payer devra être versé dans les caisses de l'État.

Les ventes simulées, déclarées telles par les tribunaux, sont annulées.

Les ventes postérieures au 13 mars sont déclarées nulles; sauf aux acquéreurs à prouver qu'elles ont été conclues de bonne foi.

Nous retrouvons aussi le principe aristocratique qui dominait aux dernières années du Gouvernement Impérial dans l'article 4 de l'acte additionnel aux constitutions de l'empire (4).

« L'Empereur en nomme les membres (*de la Cham-*
» *bre des Pairs*) qui sont irrévocables, eux et leurs

---

(1) Le général Carnot lors du siège d'Anvers, en 1814, soutint quatre jours de bombardement, et n'adhéra que tardivement aux actes du Gouvernement provisoire, ce ne fut qu'après s'être bien assuré de l'abdication de Napoléon et du rétablissement de l'ancienne Famille Royale qu'il consentit à reconnaître Louis XVIII.

(2) *Moniteur* du 22 Mars 1815.

(3) Le 26 Mars 1815.

(4) Du 22 Avril 1815.

» descendants mâles, d'ainé en ainé en ligne directe. »
La Chambre des Pairs devenait ainsi héréditaire.

Le Conseil du Sceau des Titres fut rétabli avec les fonctions et attributions qui lui avaient été données par les Statuts et Décrets Impériaux, et il fut ordonné que le grand sceau et le contre-scel, fussent regravés dans le plus bref délai. Les avocats près le Conseil d'État furent chargés comme précédemment de la présentation de toutes les affaires sur lesquelles le Conseil du Sceau des Titres était appelé à délibérer (1).

---

(1) Décret du 24 Mars 1815.

CHAPITRE X.

RÈGNE DE LOUIS XVIII.

DU 28 JUIN 1815 AU 16 SEPTEMBRE 1824.

Sommaire :

La dignité de Pair est déclarée héréditaire. — Chaque Lettre-Patente de Pair porte collation d'un Titre de Noblesse. — Chaque Pair doit instituer un majorat qui devient la dotation héréditaire de son Titre. — Dans les cérémonies la préséance est accordée aux Pairs. — Modèle de Lettres-Patentes d'un Pair. — Rangs observés parmi les Pairs ecclésiastiques. — Ordonnance soumettant l'hérédité des Titres à la constitution de majorats.

Louis XVIII, convaincu que rien ne consolide plus le repos des États que cette hérédité des sentiments qui s'attache dans les familles à l'hérédité des hautes fonctions publiques, et qui crée ainsi une succession non-interrompue de sujets dont la fidélité et le dévouement au prince et à la patrie sont garantis par les principes et les exemples qu'ils ont reçus de leurs pères, usant de la faculté qu'il s'était réservé par l'article 27 de la Charte (1),

---

(1) Voici le texte de cet article : « La nomination des Pairs de France appartient au Roi. Leur nombre est illimité : il peut en varier les dignités, les nommer à vie, ou les rendre héréditaires, selon sa volonté. »

rendit une ordonnance (1) ou il déclara la dignité de pair héréditaire de mâle en mâle, par ordre de primogéniture, dans la famille des pairs qui composaient alors la noble Chambre, ajoutant que la même prérogative serait accordée aux pairs qui seraient nommés à l'avenir.

Dans le cas où la ligne directe viendrait à manquer dans la famille d'un Pair, le Roi se réservait d'autoriser la transmission du titre dans la ligne collatérale qu'il lui plairait de désigner; auquel cas, le titulaire ainsi substitué jouirait de rang d'ancienneté originaire de la Pairie dont il se trouverait revêtu.

Les lettres-patentes, délivrées en exécution de cette mesure, portaient toutes collation d'un titre sous lequel était institué chaque Pairie.

Ces titres étaient ceux de baron, vicomte, comte, marquis et duc.

Enfin, le Roi se réservait de changer le titre d'institution des Pairies, en accordant un titre supérieur à celui de la Pairie originaire.

Pour rehausser la Pairie héréditaire il importait que ceux qui y étaient appelés par leur naissance, fussent avant d'être admis à l'honneur d'exercer leurs droits, reconnus dignes d'en remplir les hautes et importantes fonctions; en conséquence une nouvelle ordonnance (2) statua que le décès d'un Pair arrivant, son successeur à la Pairie se pourvoirait auprès de Sa Majesté, à l'effet de poursuivre sa réception.

Il présentait ensuite sa requête à la Chambre des

---

(1) Ordonnance du 19 Août 1815.
(2) Du 23 Mars 1816.

Pairs, accompagnée des actes établissant son droit à la Pairie, ainsi que d'une liste de douze Pairs, choisis par lui pour lui servir de garants.

La requête et les pièces étaient remises aux archives, il en était fait mention sur les registres.

La requête présentée à la Chambre des Pairs était lue dans une de ses plus prochaines séances : il était nommé, par la voie du sort, une commission de trois membres, à l'effet de procéder à la vérification des titres justificatifs.

Sur le rapport fait par un des membres de la commission, et les titres étant jugés valables par la Chambre, il était choisi, par la voie du sort, six Pairs sur les douze Pairs portés dans la liste présentée par le nouveau Pair.

Le Président interrogeait les six Pairs séparément, et leur demandait de déclarer, sur leur honneur, si le nouveau Pair était digne d'être admis à prêter serment et à prendre séance.

Sur leur déclaration affirmative, unanime et signée d'eux, de laquelle il était rendu compte à la Chambre par le Président, la Chambre fixait un jour pour la réception du nouveau Pair (1).

Au jour déterminé, immédiatement après la lecture du procès-verbal (2), le Président annonce que le

---

(1) Si la déclaration n'était pas unanime, le Président en rendait compte à la Chambre, et la réception du nouveau Pair pouvait être ajournée; néanmoins les dispositions que nous venons de relater ne pouvaient porter préjudice au droit d'hérédité et de successibilité à la Pairie.

(2) Article 78, du Règlement intérieur de la Chambre des Pairs.

nouveau Pair demande à être admis. Deux membres désignés par le Président, vont recevoir le nouveau Pair, et rentrent avec lui, précédés de deux huissiers. Le Président ordonne au garde des registres, de lire les lettres de nomination. Après cette lecture, pendant laquelle le nouveau Pair, se tient debout, il prête serment, et va prendre place parmi les autres Pairs.

Ce serment est celui qui a été prêté dans la séance royale du 4 Juin 1814, et qui est conçu dans les termes suivants :

« *Je Jure d'être fidèle au Roi, d'obéir aux lois du Royaume, et de me conduire en tout comme il appartient à un bon et loyal Pair de France.* »

Suivant le Code Civil (1), les biens libres formant la dotation d'un titre héréditaire que le Souverain aurait érigé en faveur d'un chef de famille, peuvent être transmis héréditairement. Il appartient au Roi, soit pour récompenser de grands services, soit pour exciter une utile émulation, soit pour concourir à l'éclat du Trône, d'autoriser un chef de famille à substituer ses biens libres pour former la dotation d'un titre héréditaire érigé en sa faveur, et la transmissibilité de ces biens et de ce titre à son fils né ou à naître, et à sa descendance en ligne directe de mâle en mâle, par ordre de primogéniture. Prenant ces dispositions en considération, et les rapprochant de celles de la Charte con-

---

(1) Article 896 : « Les substitutions sont prohibées. Néanmoins les » biens libres formant la dotation d'un Titre héréditaire que le Roi » aurait érigé en faveur d'un Prince ou d'un chef de famille, pourront » être transmis héréditairement, ainsi qu'il est réglé par l'acte du » 30 Mars 1806, et par celui du 14 Août suivant. » (Voir pages 125 et suivantes).

stitutionnelle du 4 juin 1814, relatives à l'érection d'une Chambre des Pairs, Louis XVIII, reconnut que l'institution de la pairie héréditaire rendait nécessaire l'établissement des majorats autorisés par les lois du royaume dans les familles honorées de cette dignité, afin d'assurer à perpétuité à ceux qui seraient successivement revêtus de la pairie, les moyens de la soutenir convenablement, comme il appartient aux membres du premier corps de l'État.

D'après ces considérations, le Roi prit la résolution de n'appeler dorénavant à la dignité de Pair de France, que ceux qui auraient préalablement institué dans leur famille un majorat qui pût devenir la dotation héréditaire de leur titre, ne doutant pas d'ailleurs que les Pairs actuels ne s'empressassent, ainsi qu'ils les invitaient, pour le plus grand avantage de l'État, à former de semblables majorats, toutes les fois que la disponibilité et la situation de leurs biens le comportent.

En conséquence, une ordonnance (1) prescrivit qu'à l'avenir, nul ne serait appelé à la Chambre des Pairs, les ecclésiastiques exceptés, s'il n'avait préalablement à sa nomination, obtenu du Roi l'autorisation de former un majorat et institué ce majorat.

Il fut établi trois classes de majorats de Pairs :

Ceux attachés au titre de Duc, lesquels ne pouvaient être composés de biens produisant moins de 30,000 fr. de revenu net;

Ceux attachés au titre de Comte, qui ne pouvaient s'élever à moins de 20,000 fr. de revenu net;

---

(1) Ordonnance du 25 Août 1817, sur la formation des majorats à instituer par les Pairs.

Et ceux attachés au titre de Vicomte et de Baron, lesquels ne pouvaient s'élever à moins de 10,000 fr. de revenu net.

Les majorats de Pairs étaient transmissibles à perpétuité, avec le titre de la Pairie, au fils aîné, né ou à naître, du fondateur du majorat, et à la descendance naturelle et légitime de celui-ci, de mâle en mâle et par ordre de primogéniture, de telle sorte que le majorat et la pairie fussent toujours réunis sur la même tête.

Le garde des sceaux, ministre secrétaire d'État au département de la justice, faisait expédier par la Commission du Sceau, aux membres de la Chambre des Pairs, sur la demande qui lui en était faite par le ministère d'un référendaire au sceau, les lettres patentes portant institution du titre de Pair de France créé en leur faveur.

Ces lettres-patentes rédigées sur parchemin, contresignées par le garde des sceaux, visées par le Président du Conseil des ministres et scellées du grand sceau contenaient (1) :

1.º La date de l'acte portant nomination de l'impétrant à la Pairie, et les motifs de cette nomination.

2.º Le titre affecté à la Pairie érigée en faveur de l'impétrant, et qui détermine son rang dans la Chambre.

3.º La concession du droit exclusif de placer leurs armoiries sur un manteau d'azur doublé d'hermines, et de les timbrer d'une couronne de Pair ou bonnet d'azur cerclé d'hermines et surmonté d'une houppe d'or.

Ces lettres-patentes étaient transcrites en entier sur

---

(1) Ordonnance du 25 Août 1817, sur la délivrance des Lettres-Patentes portant collation des Titres de Pairie.

un registre spécialement consacré à cet usage, qui demeurait déposé aux archives de la commission du sceau. Elles étaient à la diligence tant du procureur-général que de l'impétrant, et sur le réquisitoire du ministère public, publiées et enregistrées à la cour royale et au tribunal de première instance du domicile de l'impétrant. Les greffiers de ces cours et tribunaux faisaient mention, sur l'original des lettres, de la publication à l'audience, et de la transcription sur les registres. Elles étaient en outre insérées au bulletin des lois. Les frais de publication et d'enregistrement étaient à la charge de l'impétrant.

Ces Lettres-patentes étaient ensuite transcrites en entier sur le registre-matricule en parchemin, intitulé : *Livre de la Pairie*, qui reste déposé aux archives de la Chambre des Pairs et dont la garde est confiée au grand référendaire.

Dans toutes les cérémonies publiques et réunions civiles ou administratives, un Pair de France qui avait été invité en sa qualité de Pair, et qui était revêtu de l'habit de pair prenait toujours et sur toute personne, la droite de l'autorité, quelle quelle fut qui avait la préséance.

Le fils d'un Duc et Pair, portait, de droit, le titre de Marquis ; celui d'un marquis et pair, le titre de Comte ; celui d'un comte et pair, le titre de Vicomte ; celui d'un vicomte et pair, le titre de Baron ; celui d'un baron et pair, le titre de Chevalier.

Les fils puînés de tous les pairs, portaient, de droit, le titre immédiatement inférieur à celui que portait leur frère aîné.

Lorsque la chambre des pairs était appelée à siéger en séance royale, et dans les autres occasions solennelles seulement, il était préparé dans le lieu habituel de ses séances, ou dans celui destiné à la réunion de ses membres, des places ou bancs séparés pour chaque ordre de titres (1): les pairs également titrés se plaçaient sur le même banc, selon l'ordre de leur promotion ou de l'ancienneté de leur titre.

Le premier de tous les bancs était destiné aux Princes du sang. Les Pairs Ecclésiastiques occupaient, de droit, les premières places des bancs où ils étaient appelés en vertu du titre qui leur était conféré par les Lettres Patentes d'institution.

Modèle de Lettres Patentes du Titre de Pair de France:

LOUIS par la grâce de Dieu, Roi de France et de Navarre, à tous ceux qui ces présentes veront, Salut.

Par l'article 27 de la Charte Constitutionnelle, nous nous sommes réservé la nomination des Pairs de France, et nous avons élevé par notre   Ordonnance du

à la dignité de *Pair de France*, notre

En conséquence et en vertu de cette ordonnance, Notre

---

(1) La gradation des titres fut accordée exceptionnellement aux familles honorées de la Pairie, mais non pas aux autres Familles de la Noblesse.

s'étant retiré par-devant notre Garde des Sceaux de France, Ministre d'État au département de la Justice, afin d'obtenir de notre grâce les lettres patentes qui lui sont nécessaires pour jouir de l'institution de son titre de pairie, nous avons, par ces présentes, signées de notre-main, déclaré que la Pairie de notre dit

est et demeure instituée sous le titre héréditaire de
que nous lui avons conféré et conférons, pour en jouir par lui et ses descendants directs, naturels et légitimes, de mâle en mâle, par ordre de primogéniture, ou par la ligne collatérale qu'il nous a plu ou qu'il nous plaira d'y appeler

Ordonne que notre dit
prendra rang à la Chambre des Pairs parmi les
lui permettons de se dire et qualifier
dans tous actes et contrats, tant en jugement que dehors; voulons qu'il soit reconnu partout en ladite qualité, qu'il jouisse des honneurs attachés à ce titre, et que tous les officiers publics le qualifient en outre, en tous actes et contrats le concernant, et dans lesquels il interviendra, de *très noble et très illustre Pair de France.*

Concédons à lui et à ses successeurs le droit de placer ses armoiries telles qu'elles se comportent,

sur un manteau d'azur, doublé d'hermine, et de le timbrer d'une couronne de pair ou bonnet d'azur, cerclé d'hermines et surmonté d'une houppe d'or.

Chargeons notre garde des sceaux, ministre secrétaire d'état au département de la justice, de donner communication des présentes à la chambre des pairs, et d'en surveiller l'insertion au bulletin des lois.

Mandons à nos procureurs-généraux près nos Cours Royales, et à tous autres nos procureurs près les tribunaux de première instance sur les lieux de faire enregistrer et publier les présentes en l'audience de la Cour royale ou du tribunal du domicile de notre dit partout ou besoin sera : car tel est notre bon plaisir; et afin que ce soit chose ferme et stable à toujours, notre garde des sceaux y a fait apposer notre sceau, en présence de notre commission du sceau, et nous y avons apposé notre seing royal.

Donné à etc.

—

Le Roi décida que les Cardinaux, pairs du Royaume, prendraient rang au banc des Ducs et qu'ils jouiraient des droits, honneurs et prérogatives attachés à ce titre.

Que les Pairs du Royaume revêtus de la dignité d'Archevêque et d'Évêque, prendraient rang au banc des Comtes, et qu'ils jouiraient des droits, honneurs et prérogatives attachés à ce titre, à moins qu'ils ne fussent personnellement pourvus d'un titre de pairie supérieure.

Des lettres-patentes furent expédiées, en conformité de ces dispositions, aux cardinaux, archevêques et évêques qui faisaient partie de la Chambre des Pairs; les mêmes dispositions devaient être appliquées à ceux qui y siégeraient par la suite (1).

Le Roi rendit une ordonnance soumettant l'hérédité des titres à la constitution de majorats (2), c'est-à-dire

---

(1) Ordonnance du 8 Janvier 1823.
(2) Ordonnance du 10 Février 1824,

qu'il imposa pour la transmission des titres de noblesse des conditions analogues à celles exigées de la Pairie (1); il prescrivit qu'à l'avenir les titres de *Baron*, de *Vicomte*, de *Comte*, de *Marquis* et de *Duc* qu'il accorderait, seraient personnels, et ne passeraient aux enfants et descendants en ligne directe, qu'autant que les titulaires auraient été autorisés par lui à constituer et qu'ils auraient constitué en effet le majorat affecté au titre dont ils seraient revêtus.

Ces titres et autorisations étaient accordés par ordonnances royales, sur le rapport du Garde des Sceaux et non autrement.

La valeur des biens nécessaires pour la formation des majorats resta fixée (2) comme précédemment. L'assimilation faite pour la Pairie, entre les majorats de *baron* et de *vicomte*, et les majorats de *comte* et de *marquis*, fut étendue aux majorats du même genre constitués hors de la Pairie.

En conséquence, les majorats attachés au titre de *vicomte* ou de *marquis*, ne pouvaient, hors de la Pairie, être composés savoir : celui de *vicomte*, de biens produisant moins de cinq mille francs de revenu net, et celui de *marquis*, de biens produisant un revenu moindre de dix mille francs.

Les biens admis dans la composition des majorats, ne pouvaient, dans aucun cas, excéder le tiers des biens libres appartenant à l'impétrant au moment de la formation.

---

(1) Par l'ordonnance du 25 Août 1817 (voir pages 178 et 179).
(2) Articles 6 et 9 du 1.er statut du 1.er Mars 1808.

CHAPITRE XI.

RÈGNE DE CHARLES X,

DU 16 SEPTEMBRE 1824 AU 9 AOUT 1830.

Sommaire :

Loi sur les substitutions. — Ordonnance concernant les délais accordés pour retirer de la Chancellerie les Lettres-Patentes portant concession de Titres de Noblesse. — Discours de M. de Martignac en présentant le projet de loi de l'Indemnité des Émigrés. — Discussion de ce projet de loi. — Adoption du projet de loi. — Modifications sur les majorats en dehors de la Pairie pour les Titres de marquis et de vicomte.

Nous ne pouvons nous dispenser de parler d'une loi importante qui fut votée, quoiqu'elle soit commune à toutes les classes de la Société, elle trouve sa place dans ce chapitre, la Noblesse par sa position étant appelée à en faire un usage fréquent.

Loi du 17 Mai 1826 sur les Substitutions.

I.

Article Unique. — Les biens dont il est permis de disposer, aux termes des articles 913, 915 et 916 du Code Civil, pourront être donnés en tout ou en partie, par acte entre-vifs ou testamentaire, avec la charge de les rendre à un ou plusieurs enfants du donataire, nés ou à naître, jusqu'au deuxième degré inclusivement.

Seront observés, pour l'exécution de cette disposition, les articles 1051 et suivants du Code Civil jusques et y compris l'art. 1074.

Un droit qui prit sa source dans la faculté de disposer, un droit qui en était le complément, le droit de grever de substitution son donataire, fut brusquement aboli par deux décrets du 25 octobre et 14 novembre 1792.

Ce droit qui était exercé plus généralement par le père de Famille, qui, par sa nature, était si propre à perpétuer la Famille, à favoriser et à maintenir l'autorité domestique, ne pouvait être épargné par le gouvernement révolutionnaire qui ne voulait plus que des individus, et à une époque où la législation s'occupait à relâcher tous les liens de l'autorité paternelle.

Aussi trouve-t-on la cause véritable de l'abolition des substitutions dans la marche que s'était tracée la révolution, comme on peut trouver dans la législation elle-même de cette époque l'histoire la plus fidèle de la révolution.

Les rédacteurs du Code Civil, qui travaillaient encore sous l'ère républicaine, ne crurent point pouvoir attaquer de front des préjugés trop récens. Toutefois, ils ne purent se dissimuler le besoin de recréer le droit de substituer; mais ils craignirent, lors-même qu'ils le renfermeraient dans les bornes les plus étroites, de le faire apparaître sous sa véritable dénomination (1).

Les monarchies se défendent et ont besoin de se défendre par des institutions qui ne doivent pas convenir aux gouvernements républicains. Les monarchies se conservent et se perpétuent par l'ordre et la fixité; le mouvement et l'agitation conviennent aux républiques. Sous les gouvernements monarchiques, toutes les institutions doivent être en rapport avec le principe de la stabilité, qui fait la force du monarque, comme il est la sauvegarde des peuples qu'il est destiné à gouverner.

La loi qui fut proposée et adoptée est une loi de conservation; elle se lie, par les rapports les plus intimes, à l'ordre et à la stabilité, en cherchant à lier la famille à la propriété. Si le principe qu'elle tend à développer n'eut pas existé, il faudrait le créer, par cette puissante considération, qu'il est un principe conservateur.

---

(1) Les articles 1048 et 1049, placés sous le même titre que l'art. 896 (le titre relatif aux donations entre vifs et aux testaments) apprirent bientôt quel était le sens de cette prohibition, et quelle étendue il convenait de lui donner.

Ces deux articles permirent de grever de la charge de rendre la donation de la quotité disponible; et par suite de cette faculté l'aïeul pouvait transmettre à ses petits-enfants, par l'intermédiaire de l'un ou de plusieurs de ses fils; l'oncle pouvait transmettre à ses neveux, par l'intermédiaire de l'un ou de plusieurs de ses frères ou sœurs.

Ainsi, malgré la prohibition prononcée par l'art. 896, le Code Civil autorisa les libéralités sous la charge de conserver et de rendre, et ces sortes de libéralités emportaient avec elles, au profit du donataire, le droit de recueillir.

Ce droit de recueillir et cette obligation de rendre constituant tous les caractères distinctifs de la substitution, personne ne fut et ne put être trompé par cette espèce d'antinomie qui existait entre l'art. 896 et les articles 1048 et 1049.

Le morcellement progressif de la propriété foncière agit depuis longtemps en sens contraire des intérêts de la monarchie; il isole tous les intérêts entre les sujets, en isolant toutes les familles; il corrompt et détruit l'esprit de famille, première garantie de leur conservation; que reste-t-il à la place? l'égoïsme et l'indifférence (1).

M. Mousnier-Buisson, rapporteur de la Commission à la Chambre des Députés, a résumé la discussion dans les termes suivants, et en répondant aux principales objections qu'elle avait soulevées (2):

« L'introduction des substitutions dans notre législation tend à détruire l'égalité des droits, elle crée des priviléges et des castes privilégiées. »

« Les substitutions seront une source féconde de procès dans les familles. »

« Elles paralysent l'action et les poursuites des créanciers les plus légitimes. »

« Elles nuisent au commerce et à l'industrie, en plaçant une partie de la propriété foncière hors de la circulation. »

« Les substitutions ne conviennent plus à la France. »

Prodigalité.

« La charge de rendre attachée au droit de recueillir constitue essentiellement la substitution. Voilà un principe qui n'a pas été contesté et qui ne peut l'être. »

---

(1) Rapport de la commission chargée d'examiner le projet de loi sur les substitutions, fait dans la séance du 28 Avril 1826, à la Chambre des Députés.

(2) Chambres des Députés, séance du 11 Mai 1826.

« Le père de famille (1) libre de disposer, par voie de substitution, en faveur de ses enfants nés et à naître, c'est-à-dire, de substituer à un seul degré, peut grever de la charge de conserver et de rendre, le fils le plus économe le meilleur administrateur, comme le fils le plus prodigue; il n'est pas permis ni de rechercher, ni de censurer la cause impulsive de la détermination qu'il a prise, de la volonté qu'il a exprimée; et que la charge de rendre doit produire tout son effet, n'importe qu'elle ait été imposée à un fils prodigue, ou qu'elle l'ait été à un fils excellent administrateur. »

« Le texte de la loi est clair, il ne fait pas de distinction. Les controverses et les débats qui ont précédés sa rédaction, ne sont rien devant le texte qui dit tout; et où l'on ne doit lire que ce qu'il dit. »

Égalité des Droits.

« Le projet qui vous est soumis ne permet de grever de substitution que la partie des biens que la loi en vigueur déclare *disponible.* »

« Une loi dont l'exécution est purement facultative, ne saurait être une loi qui crée des priviléges et des castes privilégiées. Celle qui nous est proposée n'oblige personne à faire, n'exclut personne de la faculté de faire ce qu'elle tend seulement à autoriser. Le plus simple particulier, comme le citoyen le plus élevé par son nom et sa fortune, jouissent indistinctement de la faculté de substituer. La cabane du cultivateur le plus modeste

---

(1) Articles 1048 et 1049 du Code civil.

pourra être grevée de substitution comme le plus magnifique palais. Pourvu que la modeste habitation, comme le superbe palais n'excèdent pas en valeur la quotité dont on peut disposer. Si l'égalité des droits pouvait être invoquée dans la question qui nous occupe, il faudrait décider que, par cette confusion de tous les rangs, de toutes les classes et de toutes les fortunes, elle est bien strictement observée. »

Les Substitutions sources de procès.

« A côté des avantages d'une institution, il faut savoir se résigner à quelques inconvénients. Les substitutions, a-t-on dit, seront une source de procès. La crainte est exagérée. Les partages des successions sont souvent aussi le sujet de contestations judiciaires, encore que ces successions doivent être divisées également entre les héritiers appelés à les recueillir. »

« Les substitutions, renfermées dans la descendance du donataire, bornées à deux degrés, fourniront bien peu de prétextes aux contestations judiciaires, lorsque les formalités prescrites par le Code Civil, pour leur publication et leur exécution, auront été remplies (1). »

Elles sont un moyen de tromper les Créanciers.

« Les mesures de publicité que nous venons de rappeler sont introduites dans l'intérêt du tiers. Chaque jour on voit des créanciers déchus de leurs espérances

---

(1) L'ordonnance de 1747 en avait diminué la source, en réduisant les substitutions de deux degrés. Le projet la diminue bien davantage, en les renfermant dans la descendance du donataire. .

pour n'avoir point vérifié les hypothèques dont étaient grevés leurs débiteurs, avant de leur prêter leur argent. »

« La loi a fait tout ce qu'elle doit faire, lorsqu'elle a averti du danger et indiqué les précautions à prendre, les recherches et les investigations auxquelles il fallait avoir recours pour s'en garantir. »

Les substitutions sont nuisibles au commerce et à l'industrie.

« La propriété foncière et l'industrie ne doivent point être considérées comme des puissances ennemies. L'une et l'autre contribuent à l'aisance et à la prospérité des États. La France s'honore des progrès qu'a fait son industrie ; elle s'enorgueillit de tous les avantages que son commerce a su se procurer, de la confiance et du crédit dont il jouit sur tous les points du Globe et dans toutes les parties du Monde. »

« Mais sans déprécier tous ces avantages, qui sont aussi des avantages pour l'État lui-même, le Gouvernement qui favorise constamment le commerce de sa puissante protection, ne doit-il pas sans blesser le commerce et l'industrie, prêter aussi quelqu'appui à la propriété foncière et à sa conservation ? »

« Le commerce, par son action et son mouvement continuel, tend à tout mobiliser. La propriété foncière, dans les mains du spéculateur et du négociant, n'est en quelque sorte qu'un accident ; une surabondance de capitaux le détermine à l'acquérir ; une spéculation nouvelle le porte subitement à s'en séparer. Aussi dans les familles qui se consacrent spécialement au commerce, les substitutions sont une espèce de phénomène ; ce n'est point pour les commerçants que les substitutions doivent être établies. Cette loi est pour eux sans objet, puisqu'ils n'en useraient pas, et que leur intérêt paraît leur commander de ne point en user. »

« On a dit que le commerce était par sa nature républicain. Cette idée est juste; elle est vraie pour tous les gouvernements. Elle devient plus sensible et mieux démontrée à mesure que le commerce étend des spéculations dans les pays lointains et chez l'étranger. »

« La propriété foncière au contraire, considérée dans les mains de celui qui la cultive, de celui qui la possède, comme élément de sa fortune et de ses moyens d'existence, est essentiellement monarchique; elle s'attache au Gouvernement dont la plus grande stabilité lui garantit aussi plus de stabilité dans ses jouissances et dans sa possession. Elle aime, elle honore ses pénates et ne les connaît que dans le foyer domestique; c'est pour elle que les lois de conservation doivent être faites, et c'est par ces lois que les monarchies, en fortifiant la propriété, se fortifient elles-mêmes. »

« La mobilité est dans la nature même du commerce; la fixité dans la propriété foncière. La mobilité amène des morcellements, et le morcellement est contraire à la stabilité. Faites des lois pour le commerce; il est le plus grand auxiliaire de la propriété lors-même qu'il paraît en hostilité contre elle. Mais faites aussi des lois pour la propriété, elle est la garantie du gouvernement bien constitué, comme elle est leur ressource dans les moments de détresse et de danger. »

« La Commission estime de bonne foi que la proposition est morale, conforme aux règles ordinaires du droit civil; qu'elle doit contribuer à la stabilité des familles, qu'elle est dans les intérêts de la monarchie. Ce qui est bien ne doit pas être ajourné. »

La loi fut adoptée (1).

Charles X ayant été informé qu'un certain nombre de ses sujets à qui son frère et prédécesseur et lui-même avait jugé convenable d'accorder des titres de Noblesse avec ou sans autorisation de majorats, avec ou sans remise de droits, avaient négligés de se conformer aux conditions imposées par les ordonnances mêmes de concession et n'avaient pas encore retiré de la chancellerie les Lettres-Patentes collatives et constitutives de ces grâces; considérant que les ordonnances, par lesquelles il est accordé des titres de Noblesse, imposent l'obligation de se pourvoir de Lettres-Patentes signées du Roi et revêtues du Sceau de l'État, rendit une ordonnance (2) par laquelle il accordait aux impétrants, pour régulariser leurs titres et retirer les Lettres-Patentes nécessaires à ce sujet, un délai de six mois, à partir du 15 octobre 1828; à l'expiration de ce délai, toute ordonnance à raison de laquelle les Lettres-Patentes n'auraient point été impétrées par requête présentée dans les formes, serait déclarée éteinte et périmée.

Depuis longtemps tous les émigrés étaient rentrés; nos pages précédentes ont appris qu'on avait restitué

---

(1) Elle porte la date du 17 Mai 1826.
(2) Ordonnance du 15 Octobre 1828.

aux anciens propriétaires tous les biens non-vendus (1), mais ceux dont les biens avaient été vendus au profit de l'État se trouvaient dépouillés et la plupart sans ressources, il était donc équitable d'accorder une indemnité aux dépossédés. Pour bien apprécier la situation nous croyons ne pouvoir mieux faire que de donner l'analyse du discours prononcé à la Chambre des Députés (2) par M. de Martignac, Commissaire du Roi, en présentant le projet de loi.

« Messieurs,

« Le Roi nous a ordonné de vous apporter un projet de loi tendant à accorder une indemnité aux anciens propriétaires des biens fonds confisqués et vendus au profit de l'État, dans les temps de nos discordes civiles. »

« Les motifs qui ont déterminé le Roi à vous proposer ce grand acte de justice et de sagesse n'ont pas besoin d'être longuement développés devant vous. Lorsque les tempêtes politiques sont calmées, lorsque le règne des passions et des partis est arrivé à son terme, la raison et la vérité se font entendre d'elles-mêmes; ce qui est généreux et juste, ce qui est utile et bon se manifeste à tous les esprits, se fait entendre à tous les cœurs, et ne veut plus être ni justifié ni expliqué. »

« Vous le savez, Messieurs, à cette époque de douloureuse mémoire, qui sépara la famille de nos Rois et le reste de la France, le cœur des hommes de bien fut incertain et partagé. Les uns jugèrent que la prudence,

---

(1) Voir page 160.
(2) Séance du 3 Janvier 1825.

les intérêts du trône et du pays, les attachaient au sol brûlant, mais toujours cher de la patrie; d'autres virent l'honneur sur la terre étrangère, où une royale infortune avait cherché un asile, et où la fidélité leur sembla devoir suivre le malheur; un grand nombre de Français quittèrent alors leur pays, déjà menacé de tous les maux que traîne après soi l'anarchie : à Dieu ne plaise que nous tracions ici les sinistres événements qui ont marqué ces temps de trouble et de désordre dont tous nos efforts doivent tendre à effacer le souvenir! »

« Nous ne rappelerons de tant de maux que ceux que la justice et la prudence ordonnent de réparer, et qui ne peuvent être oubliés qu'à ce prix. »

« Des actes sévères et menaçants rappelèrent en France ceux qui s'en étaient éloignés. Un refus que tout le monde comprend aujourd'hui attira sur eux des lois de vengeance et de fureur, l'exil éternel ou la mort. »

« Ces lois ne suffirent pas.... Il fallait chercher un moyen de frapper à la fois et les absents et leurs familles; l'esprit de haine le trouva : leurs propriétés furent successivement sequestrées, confisquées et mises en vente; des lois nombreuses ordonnèrent et pressèrent de toute la puissance de la force et de la terreur une expropriation trouvée trop lente. »

« Les biens des Émigrés furent divisés, subdivisés et vendus. »

« Plusieurs années s'écoulèrent. »

« Lorsque les événements eurent changé la situation des Émigrés et leur eurent permis de revoir la France, un nombre assez considérable d'entre eux y rentrèrent, et quelques-uns obtinrent la restitution de celles de leurs propriétés qui étaient restées au pouvoir de l'État. »

« Les choses étaient dans cette situation lorsque Louis XVIII remonta sur le trône de ses aïeux. »

« L'un des premiers désirs de son cœur fut sans doute de secourir ceux dont l'honorable détresse se rattachait à ses propres malheurs; mais le premier besoin de sa sagesse, fut d'assurer la paix publique dans le royaume qui lui était rendu. Vingt-cinq années avaient passé sur la France, et la profonde trace de leur passage se rencontrait à chaque pas. »

« La Charte, gage de sécurité, monument de modération, déclara toutes les propriétés inviolables et comprit expressément dans cette inviolabilité celles qu'on appelait *nationales*. »

« Elle proclama qu'entre les propriétés la loi n'admettait aucune différence, et vous savez, Messieurs, si cette déclaration du monarque législateur a été respectée en France. »

« Cependant ces familles, dépossédées pendant une absence aujourd'hui si hautement légitimée, dépouillées à leur retour de toute espérance de restitution, avaient à la bienveillance du Roi et à la justice du pays des droits qui ne pouvaient pas être méconnus. Leur champ, leur maison, l'héritage de leur famille, avaient été confisqués et vendus au profit de l'État. Auprès d'une nation généreuse et loyale, c'était là comme une sorte de créance qui ne devait pas être contestée. »

« Une indemnité devait donc être la suite de l'inviolabilité des contrats passés sous l'empire des confiscations. »

« Tous les cœurs le sentirent, mais le soin d'exprimer le premier ce noble sentiment appartenait à l'un des plus illustres chefs de cette armée qui fut quelque temps la consolation et toujours la gloire de notre patrie. La France conservera le souvenir de l'appel fait à sa loyauté par un noble pair (1), dès les premiers mois qui suivirent la restauration du trône légitime. »

« D'autres obligations, d'autres besoins, forcèrent d'ajourner l'exécution d'une mesure dont les esprits droits et les âmes généreuses sentaient dès-lors la convenance et la nécessité. »

« La Charte avait dit aussi : « La dette publique est » garantie, toute espèce d'engagement pris par l'État » avec ses créanciers est inviolable. » Il fallait accomplir cette grande et solennelle promesse, et jeter ainsi, par ce haut témoignage de respect pour tous les engagements contractés au nom de l'État, les vrais fondements de la fortune publique. »

« On se contenta donc d'étendre à toutes les familles d'émigrés les remises faites à quelques-uns de leurs biens non-vendus, et de leur faire l'abandon des portions du prix de vente qui n'étaient pas encore rentrées dans les caisses du domaine. Telles furent les dispositions de la loi du 5 décembre 1814. »

« Bientôt des malheurs nouveaux vinrent assaillir la France. Les charges d'une longue occupation se joignirent aux charges déjà existantes; le Roi et la France s'entendirent encore pour les acquitter. Le temps, les ressources de notre pays, l'esprit de justice et de

---

(1) Le maréchal duc de Tarente, voir pages 160 et suivantes.

loyauté qui anime ses habitants, et le crédit qui naît de la confiance et qui la soutient, en donnèrent l'heureuse possibilité. »

« Déjà Louis XVIII s'occupait de proposer aux Chambres les moyens de sceller, par un acte réparateur, une réconciliation générale, déjà des réserves étaient préparées, lorsque les périls dont se vit menacé le Roi d'Espagne, et la sûreté de nos frontières, nous imposèrent de nouveaux sacrifices. La guerre faite à la révolution espagnole retarda encore l'accomplissement d'un projet dès longtemps conçu par la royale sagesse. »

« Il vous en souvient, Messieurs, à l'ouverture de la dernière session, ce Roi juste et bienfaisant, dont vous ne deviez plus entendre la voix paternelle, vous exprima son désir de fermer les dernières plaies de la révolution. Vos âmes comprirent aisément la sienne, et vos vœux appliquèrent ces consolantes paroles à la fidélité malheureuse et dépouillée. »

« Le moment est enfin venu où ce désir peut être satisfait, où cet acte d'une honnête et saine politique peut être accompli. La libération de l'arriéré, l'heureux état de nos finances, la puissance toujours croissante de notre crédit, la bonne et sûre intelligence qui règne entre le Roi et les autres Gouvernements, permettent enfin de sonder cette plaie que la restauration a laissée saignante, et qui porte sur le corps entier, quoiqu'elle paraisse n'affecter qu'une de ses parties. »

« Le temps est arrivé où il est possible de dire à ceux qu'on a dépouillés de leur héritage et qui ont supporté ce malheur avec une si constante résignation : « L'État vous a privés de vos biens, il en a transmis

» la propriété à d'autres dans des temps de trouble
» et de désordre, l'État, rendu à la paix et à la légi-
» timité, vient vous offrir le dédommagement qui est en
» son pouvoir ; recevez-le, et que la funeste trace des
» confiscations et des haines s'efface et disparaisse
» pour jamais. »

« Tel est, Messieurs, le grand et légitime but du projet de loi que le Roi nous a ordonné de vous présenter. »

« Proclamé par la justice, sanctionné par l'intérêt-général, le principe sur lequel ce projet repose a quelque chose de noble, de vrai, de satisfaisant, qui semble de nature à concilier tous les esprits, et qui n'a besoin que d'être énoncé. »

« De tous les droits dont la société permet et doit la conservation, le droit de propriété est sans doute le plus sacré, celui auquel se rattache plus fortement la garantie des autres. »

« De toutes les peines que peuvent prononcer les lois, et que doit appliquer la justice humaine, la plus cruelle, c'est la confiscation de tous les biens, châtiment odieux qui frappe le condamné jusque dans sa postérité, et par qui l'État s'enrichit des dépouilles de ceux qu'il a privés de leur père. »

« En 1790, elle fut abolie par un décret solennel, au nom de la justice et de l'humanité ; et peu de mois après elle fut rétablie au nom de la vengeance et de la haine. »

« Et comment le fut-elle ? par une mesure générale, prononcée et appliquée par la loi elle-même, et qui enveloppa toutes les Familles de ceux que leur devoir et leurs dangers avaient contraints à fuir leur patrie. Elle ne se borna pas cette fois à dépouiller les enfants; elle remonta pour frapper, et, héritière anticipée, elle alla saisir la part promise par la nature au fils émigré jusque dans les mains du père vivant. »

« Ces lois funestes ont disparu, la confiscation judiciaire elle-même a été effacée de nos codes, où elle avait été replacée. Le Roi l'a abolie à son retour, et sa sagesse éclairée, luttant d'avance contre les fautes de l'avenir, a déclaré qu'elle ne pourrait être rétablie. »

« Ces dispositions bienfaisantes n'ont pu rétroagir; elles n'ont pu franchir l'intervalle qui sépare le mois de mai 1814 du mois de janvier 1790, pour rejoindre ainsi l'un des premiers bienfaits de Louis XVIII à l'un des derniers bienfaits de Louis XVI. »

« Des transactions nombreuses avaient été passées sous l'empire des lois abolies; la présidence du monarque pacificateur les a maintenues. La Charte, qui a prêté à ces transactions l'appui de l'autorité souveraine et légitime, les a déclarées inviolables. Un respect entier, profond, sans réserve, sans controverse, est dû à cette auguste sanction. »

« Mais quand le respect pour le droit de propriété, quand l'obligation de réparer le dommage injustement souffert, ne seraient pas écrits aussi dans les lois de tous les peuples, il est dans les consciences quelque chose de plus fort que les lois elles-mêmes, qui avertirait que l'État, au nom duquel ces confiscations et ces ventes ont été faites, que l'État, qui a reçu le prix, qui en a joui trente années, doit un dédommagement à ceux qui furent ainsi violemment dépossédés. »

« Quelques voix cependant s'élèvent pour repousser

cette réparation, que de si grands intérêts réclament. »

« On a demandé pourquoi les pertes dont l'émigration a été la cause, seraient les seules pour lesquelles un dédommagement serait jugé nécessaire, pourquoi les malheurs de ce genre seraient la seule plaie qu'il fut juste et humain de cicatriser. »

« La réduction de la dette publique, a-t-on dit, a privé les créanciers de l'État des deux tiers de leurs créances. Le *maximum*, les assignats, les désastres de la guerre, ont frappé de nombreuses familles. Pourquoi tous ceux qui ont été ainsi dépouillés n'auraient-ils pas des droits à une réparation qu'on ne veut accorder qu'à quelques malheurs et à quelques victimes? Il y a impossibilité de réparer toutes les pertes, et il y aurait injustice à n'en réparer que quelques-unes. »

« Vous avez déjà, Messieurs, pressenti la réponse : sans doute la révolution a produit des maux de toute espèce ; on trouve des malheurs partout où l'on reconnaît la trace de ses fureurs et de ses folies. »

« Sans doute il faut renoncer à guérir tant de maux directs. Les richesses de la France rendues à l'ordre et à la légitimité ne suffiraient pas pour réparer les pertes qu'avait subies la France appauvrie par l'anarchie et par la licence. »

« Mais, si parmi ces maux que la révolution a faits, il en est que la justice signale comme les plus graves et les plus odieux, et la raison comme les plus funestes ; s'il en est dont l'origine soit un attentat aux droits les plus saints, et la trace une cause toujours subsistante de division ou de haine, l'impuissance où nous serions de guérir tous les autres, doit-elle nous empêcher de porter à ceux-là un remède qui serait en notre pouvoir?»

« Les Émigrés ont tout perdu à la fois. Tous les maux qui ont pesé sur la France les ont frappés, et ils ont souffert, en outre, des malheurs plus graves encore et qui n'ont été réservés que pour eux. »

« Les créanciers de l'État, victimes d'une coupable infidélité, ont perdu les deux tiers de leurs créances, mais ils en ont conservé une partie; et la funeste mesure qui les a dépouillés de l'autre, leur a du moins laissé leurs autres propriétés. »

« Le *maximum*, les *assignats*, ont altéré et détruit, au préjudice des négociants et des capitalistes, les valeurs qu'ils avaient dans leurs mains; mais ils n'ont porté aucune atteinte à leur fortune immobilière. »

«. Ceux qui ont souffert des maux de la guerre, ont vu dévaster leurs champs et leurs asiles; mais le sol au moins leur est resté. »

« Les lois sur les Émigrés leur ont tout ravi aussi, leurs créances, leurs meubles, leurs revenus, mais, de plus, ces lois cruelles les ont privés, et les ont privés seuls, de leurs champs, de leur maison, de la partie de ce sol natal, pour la conservation de laquelle le propriétaire a droit de demander à la société protection et garantie. »

« C'est pour ce dernier malheur qu'une réparation est demandée. Celui-là sort de la classe commune, aucun autre ne peut lui être comparé. S'il n'est qu'une classe de victimes, à qui une réparation puisse être accordée, c'est à celles qui l'ont souffert que la justice la doit. »

« Et si ce n'était pas à cause de l'étendue de la

perte, Messieurs, ce devrait être à cause de son origine et de sa nature. »

« L'acte qui les a dépouillés, ce ne fut pas cette confiscation que des lois criminelles prononcent pour l'avenir contre un crime qu'elles signalent, et qui est destiné à être appliqué par les tribunaux. Odieuse parce qu'elle frappe au-delà du coupable, une pareille disposition offre du moins quelque garantie dans l'impartialité du juge qui doit l'infliger. »

« La confiscation lancée contre les Émigrés ne fut pas une peine établie, mais une vengeance exercée. Ce fut la confiscation en masse, cette confiscation qui marche à la suite des proscriptions, celle qui fut jetée dans Rome par Sylla, et que la puissance de la force prononce contre tous ceux que poursuit son ressentiment. »

« Ces lois violentes, ces lois de colère qui portent atteinte soit à l'existence, soit à la propriété d'une masse entière de citoyens, sont de grandes calamités par lesquelles tous les fondements de la société sont ébranlés. »

« Dès l'instant où la terre du plus faible peut passer par un acte d'autorité au pouvoir du plus fort, il n'y a plus ni garantie ni sécurité, et le lien social est brisé. »

« De tels actes sont des abus de la force, qu'aucun exemple ne peut justifier, et contre lesquels les amis de l'ordre, les écrivains courageux, les publicistes renommés, ont dans tous les temps élevé la voix. »

« Il importe qu'un exemple mémorable et utile pour

tous, apprenne que les grandes injustices doivent avec le temps, obtenir de grandes réparations. »

« Cet exemple, c'est à la France qu'il appartient de le donner. C'est sous l'empire d'un Roi protecteur de tous les droits, c'est sous l'influence d'une Charte éminemment conservatrice, qu'il doit être offert avec franchise et loyauté, comme un gage de plus, comme une garantie nouvelle. »

« Aussi, Messieurs, le dédommagement qui ne peut être accordé pour toutes les pertes, doit l'être pour les suites de la confiscation prononcée contre les Émigrés, d'abord parce que les pertes des Émigrés ont été entières, et que celles des autres n'ont été que partielles; ensuite, parce qu'il y a dans la violence qui les a dépouillés de leurs biens quelque chose d'odieux et de dangereux qui demande, qui exige une réparation. »

« Mais ce n'est pas tout : des motifs d'une autre nature indiquent assez hautement que les maux pour lesquels un remède se prépare, ne peuvent être confondus avec les autres, et que les plus grands intérêts, les intérêts de tous, sont attachés à leur guérison. »

« Qui ne sent comme nous, Messieurs, le besoin d'effacer sur de nombreuses portions de notre terre la trace des confiscations? Qui ne sent surtout le besoin d'éteindre sans retour les divisions et les haines; et qui pourrait nier qu'une grande mesure qui atteindrait ce double but, ne fut un véritable bienfait pour la France entière ? »

« Cette mesure est celle que nous vous proposons. »

« Malgré la sécurité profonde où sont, où doivent être les nouveaux propriétaires; malgré l'irrévocable sanction accordée à leurs titres, l'opinion publique, il faut bien le dire, persiste à reconnaître encore la ligne que la loi a effacée. »

« Les biens confisqués sur les Émigrés trouvent difficilement des acquéreurs, et leur valeur dans le commerce n'est point en proportion avec leur valeur matérielle. »

« L'indemnité allouée aux anciens possesseurs peut seule rendre commun à l'opinion le langage de la Charte et ce n'est que par elle que peut disparaître la différence qui existe encore entre les propriétés du même sol. »

« Par ce moyen, la réparation prononcée profitera à l'État, en rendant des fonds devenus stériles pour lui à une circulation productive; mais elle lui profitera bien plus et bien mieux encore, en affermissant l'union et la paix, source première de toutes les prospérités. »

« Quelle que soit l'admirable résignation avec laquelle les anciens propriétaires ont supporté leur sort, il y a dans ce rapprochement continuel de l'homme dépouillé de l'objet matériel dont il a été privé et du possesseur actuel, une action constante qui ne permet pas aux souvenirs de s'effacer, et aux passions de s'éteindre. C'est le frottement qui entretient et ranime les plaies. »

« Sans doute ceux que la révolution a frappés dans leurs créances, dans leur état, dans leur fortune mobilière; ceux qui ont souffert du fléau de la guerre, conserveront de tant de pertes un souvenir pénible et douloureux; mais le ressentiment qu'ils éprouvent n'a pas du moins l'objet particulier présent; c'est la Loi, c'est l'État, c'est la guerre qu'ils accusent; leurs malheurs n'ont pas laissé dans des mains étrangères des monuments toujours subsistants, destinés à frapper constamment leur vue, et à servir comme de plaintes continuelles et de reproches éternels. »

« De pareils souvenirs s'effacent; mais la confiscation immobilière n'est pas née de ces calamités dont la trace soit fugitive. Elle produit un souvenir vif et profond sans cesse présent, sans cesse renouvelé, qui s'identifie avec le sol, qui se perpétue avec lui, et qui, pour avoir sommeillé quelque temps, n'en est pas moins toujours prêt à se ranimer. »

« D'autres terres sont encore, après des siècles, sillonnées par ces volcans. Le Roi demande votre secours, Messieurs, pour les éteindre dans votre patrie, et déjà vos vœux sont allés au-devant des siens. »

« Nous vous proposons donc de reconnaître qu'une indemnité doit être allouée aux Familles françaises au préjudice desquelles les biens-fonds situés en France ont été confisqués et vendus en vertu des lois sur les Émigrés. »

« Le capital de cette indemnité doit représenter une valeur à peu-près égale à celle qu'elle est destinée à remplacer. Une indemnité fractionnelle, un simple secours accordé au malheur n'atteindrait pas le but que le Roi se propose, et vers lequel doivent tendre vos efforts. L'empreinte de la confiscation resterait toujours sur les biens vendus; les anciens propriétaires seraient encore dépouillés, et les deux classes de propriétés ne verraient pas s'opérer la fusion conciliatrice. »

« Il faut donc que le capital de l'indemnité représente approximativement le capital de la valeur perdue. D'accord sur le premier point, on doit l'être aisément sur celui-ci. »

« Les véritables difficultés commencent à l'exécution de la mesure. »

« Pour déterminer le montant de l'indemnité, la première obligation était de connaître la valeur des propriétés vendues, et rien ne peut offrir plus d'embarras à l'esprit que l'adoption d'une base pour cette appréciation. »

« Il était impossible de la chercher dans les impositions actuelles. D'une part, l'état des choses a subi, dans un intervalle de trente années, des modifications telles, que la valeur d'aujourd'hui n'est plus en rapport avec celle d'autrefois; des édifices ont été détruits ou élevés; des bois ont été défrichés ou plantés et accrus; des terrains incultes ont été mis en rapport; d'autre part, quelque fonds possédés par divers propriétaires ont été acquis par fraction, et remis dans une seule exploitation. D'autres, au contraire, ont subi des divisions différentes. Il serait impossible, et nous en avons acquis la certitude, de trouver l'application des articles compris dans le rôle actuel des contributions aux lots vendus depuis trente ans. »

« La plus grande partie de ces inconvénients se retrouverait dans l'estimation à faire par experts, et cette mesure en assurerait d'autres d'une nature peut-être plus grave. Les visites et les expertises placeraient les nouveaux propriétaires en contact nécessaire et prolongé avec les anciens, et ne conduiraient qu'à des résultats vagues, arbitraires, appuyés sur des souvenirs et des conjectures. Elle mettrait ainsi aux prises les intérêts et les passions, sans aucune utilité pour la justice et pour la vérité. »

« Ce n'est pas tout. Le Gouvernement, en venant proposer aux Chambres une grande mesure qui exige un grand sacrifice, ne peut se présenter à elles qu'avec des documents qui leur permettent d'en déterminer l'étendue. Notre premier devoir était de vous la faire connaître, et ce devoir ne pouvait être rempli si la base de l'indemnité restait soumise à des opérations éventuelles dont il serait impossible de prévoir les résultats. »

« On avait pensé que les matrices de la contribution foncière, existant à l'époque des ventes, pourraient fournir des indications suffisantes ; nous y avons recouru et il nous a été démontré qu'il fallait encore renoncer à cette voie. Les états de section, les matrices de rôles et les rôles de 1793 n'existent plus dans une grande partie des départements. Le renouvellement de ces états ayant été opéré en 1797, 1801, 1802 et depuis, les matrices primitives ont été considérées comme inutiles et n'ont pu être conservées. Au surplus, leur incroyable inexactitude, que tout le monde connaît depuis longtemps, ne permet guère d'en regretter la perte. »

« Il a donc fallu recourir à d'autres moyens, chercher dans les actes qui étaient en notre pouvoir des documents positifs qui fussent de nature à écarter toute possibilité d'arbitraire, et qui offrissent toutes les garanties que peut comporter cette difficile opération. »

« Les ventes des biens d'Émigrés ont commencé en 1793 ; elles ont continué pendant près de dix ans. Elles ont été faites contre des assignats, contre des mandats, contre des bons de remboursement des deux tiers, contre des bons du tiers consolidé, contre du numéraire. La valeur représentative des propriétés vendues a donc subi toutes les chances et toutes les variations qui se rattachent aux époques, aux localités et à la valeur des monnaies diverses reçues en paiement. »

« Les aliénations ont été opérées en vertu des lois différentes et nombreuses qui ont prescrit des formes diverses plus ou moins favorables à l'évaluation des prix. »

« Vous concevez aisément, Messieurs, combien il était difficile de saisir au milieu de tant d'incertitudes et d'embarras une base satisfaisante à laquelle on put s'arrêter avec quelque sécurité. »

« Celle qui se présentait avec le plus d'avantage était incontestablement le revenu de 1790, régulièrement constaté, évalué en numéraire d'après des documents alors récents et à peu près certains, le revenu de 1790 offrait un point de départ d'où l'on pouvait arriver à la vérité. »

« Cette base se retrouve dans les ventes faites depuis la loi du 12 prairial an III. Toutes les lois postérieures à cette époque prescrivent l'indication dans les procès-verbaux du revenu en numéraire, valeur de 1790. »

« L'élément principal de cette fixation était pris dans les baux à ferme. On faisait entrer dans la composition du prix tout ce que le fermier était tenu de payer ou de faire, les impositions, les charrois, les corvées. On y comprenait même les dîmes, les droits féodaux et toutes les autres charges imposées par le bail au fermier, et dont la suppression récemment ordonnée devait tourner au profit du propriétaire. »

« A défaut de baux seulement on recourait au rôle de la contribution de 1793 qui était alors en vigueur :

enfin pour les maisons et usines, des experts étaient chargés d'en faire l'estimation en capital et en revenu valeur de 1790. »

« Telles étaient les bases prescrites par la loi du 28 ventôse an IV, en vertu de laquelle a été faite la partie la plus considérable des ventes, et par les lois postérieures. L'exécution de ces dispositions se retrouve dans tous les procès-verbaux faits depuis cette époque. »

« Ces lois ont varié suivant les monnaies et les circonstances pour la formation du capital à l'aide de la multiplication du revenu. Les uns forment ce capital de soixante-quinze fois le revenu; d'autres, de vingt-deux fois pour les immeubles ruraux et de dix-huit pour les maisons; on en trouve qui le portent à seize, d'autres à dix et à six; mais le point de départ est toujours demeuré le même; c'est le revenu de 1790, et ce point de départ offre un moyen facile de fixer la valeur numéraire des immeubles vendus. »

« Dans l'état actuel des choses, voici donc ce que présentent des documents que nous avons sous les yeux. »

« Les biens dont le revenu a été évalué, et dont la valeur se trouve formée par la multiplication de ce revenu, s'élèvent à . . .   692,407,615 fr. 80 c.

« Ceux dont la valeur est déterminée par le prix d'adjudication réduit sur l'echelle des départements, représentant une somme de . . . .   605,352,992 fr. 16 c.

« La valeur totale s'élève donc à . . . .   1,297,760,607 fr. 96 c.

Report . . . . . 1,297,760,607 fr. 96 c.

« La masse des déductions indiquée par le relevé du passif est portée à . . . . . . 309,940,645 fr. 00 c.

« Le capital pour lequel l'indemnité doit être accordée demeure donc fixé à . . 987,819,962 fr. 96 c.

« Ainsi que vous l'avez aisément pressenti, il ne peut être question de payer un capital aussi considérable aux familles dépossédées. C'est un intérêt juste et modéré qui peut leur être alloué, et cet intérêt doit être demandé, non aux impôts, mais au crédit; non par un emprunt qui enlèverait une partie des avantages, mais par une émission de rentes au profit de ceux à qui l'indemnité est dévolue. »

« Le projet de loi tend donc à créer, en leur faveur, des rentes nouvelles. Ces rentes représenteront un intérêt de 3, au capital de 100. »

« Dégagé des contributions et de toutes les charges diverses qui pèsent sur la propriété immobilière, un revenu de 3 pour 100 offre au propriétaire devenu rentier, un dédommagement équitable; ce n'est pas à ceux qui ont attendu si longtemps sans murmure et sans plainte, qu'il sera nécessaire de faire remarquer qu'il s'agit pour le pays de reconnaître près d'un milliard de capital et de créer 30 millions de rentes. »

« Il vous est donc proposé, Messieurs, d'autoriser l'émission de trente millions de rentes à 3 pour cent. »

« Vous concevez aisément encore que cette émission ne peut être simultanément opérée. Trop de fortunes, trop d'éléments de prospérité sont attachés au crédit, pour qu'il soit permis de le compromettre par des mesures précipitées et imprudentes. L'intérêt de tous, l'intérêt particulier de ceux à qui des dédommagements vont être offerts, commandent des précautions et des ménagements. »

« C'est dans le crédit qu'ils trouveront l'accroissement naturel de leur propriété nouvelle. L'atteinte que ne manquerait pas d'y porter une émission disproportionnée, ferait passer dans leurs mains des valeurs affaiblies, et cette exécution empressée, loin de les servir, leur serait évidemment funeste. »

« Le projet de loi divise par cinquième les rentes dont il propose l'émission. »

« Les propriétaires dépossédés, ou leurs Familles, recevront, chaque année, à partir du 22 juin prochain, un cinquième du montant de l'indemnité liquidée en leur faveur. Les intérêts de chaque cinquième courront du jour où l'inscription est autorisée par la loi, de telle manière que les embarras et les retards de la liquidation ne pourront, dans aucun cas, porter préjudice à ceux qui les auront éprouvés; ils n'en auront pas moins un droit égal aux intérêts successifs qui augmenteront, chaque année, d'un cinquième, jusqu'à l'inscription intégrale. »

« Telles sont les bases proposées pour l'évaluation de l'indemnité, tel est le mode qui a paru juste, possible et convenable pour son paiement. Un projet de loi particulière et purement financière déterminera les moyens à l'aide desquels le gouvernement croit pouvoir, dans l'intérêt commun, régler et assurer l'exécution de ces mesures. »

« Ce qui a été fait pour les remises des biens en nature, nous a paru devoir être fait encore pour l'indemnité représentative des biens vendus, il ne nous a pas paru possible d'admettre que le partage des biens provenant du même individu put être réglé par deux lois opposées et opéré entre des héritiers différents. »

« Il ne nous reste plus à vous entretenir que d'une dernière disposition dont vous apprécierez la convenance. »

« Il importe que la France connaisse, dans un délai déterminé, l'étendue précise, certaine et positive du sacrifice qu'elle se sera imposé; il ne serait ni juste ni politique qu'elle demeurât exposée à des réclamations sans terme. »

« Nous avons donc pensé qu'il convenait de faire un délai après lequel les réclamations ne seraient plus admises. Ce délai doit être combiné de manière à laisser aux intéressés toute la latitude nécessaire pour connaître la loi, rechercher leurs titres et préparer leurs réclamations. »

« Nous vous proposons d'accorder un an à tous ceux qui habitent le royaume, dix-huit mois à ceux qui se trouvent dans les autres États de l'Europe, et deux ans à ceux qui habitent hors de l'Europe. »

« La loi détermine, en conséquence, le mode d'après lequel la date des réclamations sera constatée. »

« Tel est, Messieurs, dans son ensemble et dans ses détails, le projet de loi que nous venons soumettre à votre examen, et dont nous vous demandons l'adoption. »

« Simple dans son principe comme la justice et la vérité, le grand ouvrage auquel vous êtes appelés à concourir, offrait dans son exécution des difficultés réelles que nous n'avons pas cherché à vous dissimuler.»

« Le Roi compte, Messieurs, pour les applanir, sur le concours de vos lumières et de votre patriotisme. Un acte de justice destiné à réparer de grands maux, une œuvre de paix et de conciliation propre à effacer les traces de nos divisions intestines, doit trouver en vous des appuis. »

« C'est le dernier vœu du monarque législateur dont la France chérit et vénère la mémoire. »

« C'est, vous l'avez dit, un legs pieux dont il a chargé son héritier, et que le Roi vous propose de reconnaitre et d'acquitter avec lui. »

DISCUSSION DU PROJET DE LOI D'INDEMNITÉ A LA CHAMBRE DES DÉPUTÉS (1).

M. *Labbey de Pompières*, premier orateur inscrit contre le projet, s'exprime en ces termes :

On veut, allègue-t-on, faire disparaître la défaveur que l'opinion publique attache aux nouveaux propriétaires.

Ainsi déjà le blâme plane sur l'acquéreur des biens confisqués : bientôt il sera possesseur illégitime.

Mais toute société commence par de telles ventes ou par un partage; Sparte et Rome en font foi, et jamais il n'y eut de possession plus légitime. Celui qui acheta le champ sur lequel campait Annibal, fut-il poursuivi par l'opinion publique? Lorsque Charles VII fit vendre les biens confisqués de Jacques-Cœur, un des princi-

---

(1) La discussion ouvrit le 17 Février 1825.

paux acquéreurs, *Guillaume Gouffier*, fut-il traité de spoliateur?

Si la possession d'un bien confisqué est illégitime, quel est le champ exempt de cette tache? quelle est la terre qui n'en fut pas atteinte, depuis la confiscation prononcée contre Robert d'Artois, ou seulement depuis le connétable de Bourbon jusqu'à nos jours?

Qu'aurait-on à répondre à un nouveau possesseur qui, se présentant dans la Chambre des Pairs ou dans celle-ci avec une liste complète des confiscations anciennes et modernes, et s'adressant aux chefs des familles les plus riches, les plus hautes en dignité, demanderait aux uns : que fit-on des terres des Coligny, des Fetigny et des milliers de Français qui périrent dans ce jour d'exécrable mémoire? Aux autres, quels sont les possesseurs des dépouilles des Conchini, des Cinq-Mars, des de Thou, des Marillac? En quelles mains sont les biens des religionnaires fugitifs, presque tous donnés à la faveur, à la dénonciation? S'il y en eut d'employés à payer les services rendus dans la guerre de la succession, si telle terre fut donnée et prit le nom d'un petit-fils d'un Monarque refugié, cette origine suffit-elle pour effacer l'illégitimité ?

Si de nos jours la confiscation fut un crime, elle en fut un dans tous les siècles.

M. *Agier* répond :

Si c'était une loi de grâce qu'on vous proposât, toute loi serait bonne; comme c'est une loi de justice, il faut qu'elle tranche autant que possible toutes les questions qu'elle soulève, autrement, mieux vaudrait ne pas la faire; mais ce n'est pas seulement une loi de justice, c'est encore une loi de morale et de propriété; c'est en outre une loi politique, puisqu'elle est destinée, tout à la fois, à réparer une grande iniquité, à rétablir la morale publique, à raffermir la propriété, à effacer le passé, à rassurer le présent et à féconder l'avenir.

C'est une loi de justice : car chez tous les peuples civilisés, il est de principe rigoureux, que tout ce qui a été pris par la violence doit être restitué : s'il n'en était pas ainsi, c'est la violence qui triompherait et la civilisation serait détruite ou du moins altérée. C'est une loi de justice, et cependant je serais presque tenté d'en douter si je croyais ce que je viens d'entendre.

Je l'avouerai, j'espérais que nous n'entendrions pas répéter dans cette enceinte, quoique d'une façon plus modérée, cette parole qui a été entendue trop d'une fois au-dehors, que l'émigration fut un crime; parole qui, si elle était vraie, jetterait l'effroi dans tous les cœurs; car tout-à-coup les victimes seraient transformées en accusés, et il faudrait appeler vertu la persécution, l'assassinat, la confiscation, puisqu'on appellerait crime, la fidélité, le malheur et l'émigration.

Je n'avais pourtant lu nulle part, jusqu'ici, que des sujets fussent criminels pour avoir voulu défendre leur Roi, et avoir suivi leurs Princes.

Je concevrais que l'on professât l'opinion que l'émigration fut un tort, une faute, et ce serait une *nouvelle* et grave question à traiter; dans tous les cas, un tort, une faute ne peuvent donner le droit de spoliation.

Qui oserait se faire juge au milieu de tant d'orages et de catastrophes? Qui pourrait dire que les Émigrés firent une faute? Qui peut oser dire qu'ils commirent un crime en quittant le sol français ? Il n'y a qu'une chose vraie, c'est que la vertu ne peut être que du côté des victimes, et le tort ou plutôt les crimes du côté des bourreaux; il n'y a qu'une chose certaine, c'est que hors les temps d'anarchie, l'honneur et le malheur eurent toujours des droits sacrés en France.

Aussi ai-je dit que la loi proposée était une loi morale, car la morale des peuples gagne à ce qu'ils apprécient que les nobles infortunes, que les grandes injustices ne restent pas toujours sans réparations.

C'est encore une loi de propriété, qui tend à raffermir, comme première source de civilisation, première base de toute monarchie, en effaçant la différence que depuis les confiscations on a mise entre les deux natures d'acquisition patrimoniale et nationale.

C'est une loi politique, puisque son but est de rapprocher tous les esprits en reconciliant ces propriétés, s'il est permis de s'exprimer ainsi.

C'est une médiation entre les iniquités d'une révolution entièrement terminée et ceux qui en furent les principales victimes.

M. *Méchin* dit que la loi ne remplit aucune des conditions qui détermineraient son suffrage ; suivant lui, loin d'amener une réconciliation désirable, elle en éloigne le terme et en fausse les moyens.

M. *Lézardière* après avoir admis le principe de l'indemnité combat le mode d'exécution, il combat surtout les inégalités qui résultent des évaluations, d'après le système ministériel, il s'élève ensuite contre la disposition du projet par laquelle une commission formée à Paris disposera de la propriété de cent mille familles.

Cette monstrueuse disposition, dit-il, a fait frémir nos provinces, victimes depuis si longtemps de la centralisation.

La liquidation pour être juste doit être opérée sous les yeux des intéressés, par des hommes connus d'eux, vivant au milieu d'eux, garantis contre tout soupçon par leur caractère; ce moyen seul assure une répartition juste entre les ayants-droit.

Il vote pour le projet avec certains amendements.

M. *Basterrèche* se félicite d'abord de ce que dans le calme des passions haineuses engendrées par la révolution, l'on peut désormais parler des évènements de cette grande époque comme de faits historiques déjà loin de nous.

Au lieu de justice, je ne trouve, dit-il, dans le projet de loi que partialité et exclusions impolitiques, au lieu d'espérance, de concorde, de satisfaction générale, je n'y apperçois que de plus nombreux motifs de reproche et de récrimination; au lieu d'une mesure conciliatrice, je n'y vois que la renaissance des haines intestines et d'accusations réciproques.

Devant un avenir aussi funeste, je ne dois écouter que ma conscience, mon honneur, et celui du plus grand nombre de Français, je vote contre la proposition.

M. *de Vaublanc* (*Commissaire du Roi*) déclare que la justice de la loi est prouvée par l'assentiment donné pendant dix ans consécutifs à toutes les demandes d'une indemnité en faveur des Émigrés, il se demande ensuite si elle est conforme à la saine politique, et résout cette question par la célèbre maxime des anciens : « *que tout ce qui est juste est utile, tout ce qui est injuste est nuisible.* »

L'indemnité, ajoute-t-il, sera favorable aux propriétés, en ajoutant une nouvelle garantie à celle qu'établit la Charte.

Il s'attache ensuite à justifier la nécessité d'indemniser seulement une portion de ceux qui ont souffert, et termine en rappelant tous les efforts faits par le Gouvernement, pour diminuer autant qu'il est possible, les inégalités de la répartition, et en faisant observer qu'on ne peut pas les regarder comme des injustices, parce que l'injustice est non dans le fait, mais dans l'intention de nuire.

M. *de Laurencin* établit le principe de la justice de l'indemnité, et s'attache à combattre le mode d'exécution; il propose que les acquéreurs nationaux paient une plus value ainsi que cela arrive lorsque, par l'effet d'entreprises telles que canaux, desséchements de marais, les propriétaires riverains voient augmenter la valeur de leur propriété.

M. le *Président du Conseil des Ministres*, s'oppose à cette proposition en se fondant sur le texte de l'article 9 de la Charte, et déclare que dans le cas où l'on introduirait dans la loi des dispositions contraires au pacte fondamental, le Gouvernement ne pourrait pas porter plus loin le projet qu'il a soumis à la délibération des chambres.

M. *Alexis de Noailles* se plaint de l'amertume de la discussion, au sujet d'une loi de réconciliation et de paix; il établit les titres particuliers que la propriété foncière a à une réparation. Une guerre, dit-il, peut survenir, mais alors la France trouvera des ressources dans le millard qu'elle paie à l'émigration, car les fils des Émigrés donneront à l'instant comme leurs pères, leurs fortunes et leurs vies pour la défense de l'État.

Je sais bien, ajoute-t-il, que l'évaluation est insuffisante, mais on ne peut faire davantage.

Enfin, il émet le vœu que chaque Émigré en recevant sa part, signe qu'il se trouve complètement indemnisé, qu'il en donne quittance pleine et entière, et reconnaisse à l'acquéreur tous les droits qui lui eussent été conférés par une vente.

C'est ainsi, dit-il, que nous opérerons une réconciliation universelle.

Il vote pour la loi.

M. *De la Bourdonnaye* a soutenu que le projet de loi était anti-monarchique, en ce qu'il légalise les actes du Gouvernement de fait, que les Émigrés étant dépossédés de fait et non *de droit*, il convient que le prix de cette cession soit fixé d'après la valeur actuelle des biens confisqués, ou au moins d'après celle qu'ils avaient quand la Charte a été donnée.

Cette opinion a répliqué M. *Pardessus*, n'a paru à un autre orateur qu'un moyen terme et une sorte de composition. Il a pensé que si les confiscations étaient illégales, les vendeurs de biens confisqués ne possèdent pas justement; que les ventes qu'ils ont faites sont nulles, et que puisqu'on ne peut transmettre à personne plus de droits qu'on n'en a soi-même, aucun droit, ni public, ni privé, ne peut autoriser les détenteurs des biens confisqués à se maintenir dans leur injuste possession.

M. *Pardessus* reconnait la vérité de ces principes ; mais dit-il, les sociétés peuvent être régies par ces vérités abstraites, par ces théories inflexibles qu'aucun publiciste, qu'aucun moraliste n'a jamais enseignées, sans annoncer qu'audessus de toutes il existe une loi plus absolue, plus nécessaire, la loi de conservation de l'État.

Seul resté au milieu des ruines des institutions, le pouvoir royal doit (*à la Restauration*) s'occuper de sauver la société à quelque prix que ce fût.

Investi de la plus grande autorité qu'un Monarque ait jamais exercée, de la plus grande confiance dont puisse jamais être revêtu un législateur, le Roi s'est fait dépositaire et arbitre de tous les intérêts.... et au *fait* de la possession des acquéreurs, ouvrage de l'autorité illégitime, la déclaration du 2 mai 1814, et la charte ont joint *le droit*, qui ne pouvait émaner que du pouvoir légitime.

Ceux, poursuit M. Pardessus (Rapporteur), dont un si grand acte de la puissance royale, avoué par tous les publicistes (1), contrariait les opinions ou froissait les intérêts, n'ont pu que dire avec l'un de nos plus éloquents magistrats : *le Roi a parlé, il ne nous reste plus que la gloire de lui obéir* (2).

M. Pardessus rappelle que d'autres orateurs ont qualifié l'indemnité de *récompense*, de *rançon*, d'*amnistie*.

---

(1) *Grotius, de jure pacis et belli, lib. I, cap. 1, parag. 6.*
(2) D'Aguesseau, premier Plaidoyer dans la cause de la Picherdière.

S'il s'agissait de *récompenses*, dit-il, *il faudrait choisir, discuter les titres, et la restitution se fera sans acception de personnes.*

S'il s'agissait de *bienfaits*, il faudrait discuter les besoins; mais celui à qui l'on rendra beaucoup, ne recevra beaucoup que parce qu'on lui aura confisqué beaucoup.

Ce n'est pas une *rançon*, parce que la France n'a vu dans la restauration qu'une victoire de l'ordre sur le désordre, de la légitimité sur l'usurpation.

Ce n'est pas une amnistie qu'on accorde à la France, parce que la France ne fut jamais coupable des crimes commis par ceux qui l'avaient subjuguée.

Il termine en regrettant que la discussion, réduite aux seuls termes que la bonne foi et la raison indiquaient, ne l'ait pas dispensé de répondre à tant d'injustes attaques, de rappeler tant de souvenirs douloureux.

Enfin, sur 383 votants, la loi fut adoptée à la chambre des Députés par 259 boules blanches contre 124 noires.

Puis elle fut portée à la chambre des Pairs (1), où elle fut adoptée par 159 voix contre 65 avec trois amendements; ce qui obligea de soumettre de nouveau cette loi à la chambre des Députés qui approuva les trois amendements de la haute Chambre et vota de nouveau définitivement sur l'ensemble du projet qui fut adopté par 221 boules blanches contre 130 noires.

Sur le rapport du Garde des Sceaux et l'avis de la

---

(1) Séance du 20 Mars 1825.

Commission du Sceau, Charles X rendit une ordonnance par laquelle les majorats fondés en dehors de la Pairie aux Titres de marquis et de vicomte ne pouvaient être composés, savoir : les majorats de marquis, de biens produisant moins de 15,000 francs de revenu net, et les majorats de vicomte, de biens produisant un revenu net moindre de 7,000 francs (1); c'était une élévation dans la constitution de ces majorats qui n'étaient précédemment que de 10,000 francs de revenu pour les marquis et de 5000 francs de revenu pour les vicomtes (2).

---

(1) Ordonnance du 21 juin 1829.
(2) Voir page 184.

CHAPITRE XII.

RÈGNE DE LOUIS PHILIPPE,

DU 9 AOUT 1830 AU 1 DÉCEMBRE 1831.

Sommaire :

La charte quoique amendée conserve les mêmes dispositions relativement à la Noblesse. — Ordonnance qui prescrit les Titres que doivent porter les Princes et Princesses de la maison Royale. — La Commission du Sceau est supprimée, ses attributions forment une division nouvelle au ministère de la Justice. — Projet de loi qui supprime l'hérédité de la Pairie. — Discussion de ce projet de loi. — Opinion de M. Chalret-Durieu. — Opinion de M. Thiers. — Opinion de M. Royer-Collard. — Opinion de M. Berryer. — Opinion de M. Guizot. — Opinion de M. Kératry. — L'hérédité de la Pairie est abolie.

La charte constitutionnelle octroyée par Louis XVIII (1) fut amendée par la Chambre des Pairs et la Chambre des Députés le 7 août 1830, et acceptée par Louis-Philippe le 9 août 1830; mais l'article 74 de cette charte fut conservé intégralement, il devint l'article 62 de la nouvelle charte dont nous répétons le texte.

---

(1) Le 4 Juin 1814.

« La noblesse ancienne reprend ses titres, la nouvelle conserve les siens. Le Roi fait des Nobles à volonté, mais il ne leur accorde que des rangs et des honneurs, sans aucune exemption des charges et des devoirs de la Société. »

L'avènement de Louis-Philippe à la couronne ayant rendu nécessaire de déterminer les Noms et les Titres que devaient porter les Princes et Princesses ses enfants, ainsi que la Princesse sa sœur, une ordonnance prescrivit que les Princes et Princesses continueraient à porter les armes d'Orléans, que le fils aîné porterait comme Prince Royal le Titre de *Duc d'Orléans*, que les fils puînés conserveraient les titres qu'ils avaient portés jusqu'à ce jour, que les filles et la sœur du Roi ne porteraient d'autre Titre que celui de *Princesse d'Orléans*, en se distinguant entre elles par leurs prénoms.

Il a été fait en conséquence sur les registres de l'état civil de la maison Royale, dans les archives de la Chambre des Pairs, toutes les rectifications qui résultent des dispositions ci-dessus (1).

Le titre de *Monseigneur* n'est plus donné aux membres du conseil des Ministres, on les appelle *Monsieur le Ministre.* (2).

Le nouveau Gouvernement ne voulant plus donner autant d'éclat à la Noblesse, supprima la Commission

---

(1) Ordonnance du Roi du 13 Août 1830.
(2) Autre ordonnance du Roi du 13 Août 1830.

du Sceau (1) dont il forma une division nouvelle au Ministère de la Justice, sous le titre de Division du Sceau ; le secrétaire-général de l'ancienne commission eut le titre de chef de division, et il fut assimilé aux autres chefs de division du même ministère, en conservant ses anciennes attributions qui se trouvaient bien amoindries par les conséquences de la révolution de juillet ; il fut chargé de faire le rapport des affaires du Sceau ; les décisions étaient prises à la pluralité des voix des membres chefs de division qui composaient le nouveau Conseil. Les fonctions de Commissaire du Roi au Sceau de France furent remplies par le secrétaire-général du ministère de la Justice.

Les Référendaires institués près de la Chancellerie, continueront d'être seuls chargés de la poursuite des affaires sur lesquelles l'ancienne Commission du Sceau était appelée à délibérer. On les obligea à fournir un cautionnement de 500 francs de rente sur le Grand Livre de la Dette Publique. Ce cautionnement, déposé à la Caisse des dépôts et consignations, fut soumis pour être retiré aux formalités voulues pour les autres cautionnements (2).

L'article 23 de la Charte nouvelle, proclamée le 14 août 1830, est conçu en ces termes :

---

(1) Elle était composée de :
    5 Membres Conseillers d'État.
    3 Membres Maîtres des Requêtes.
    1 Auditeur au Conseil d'État.
    1 Commissaire du Roi, Conseiller d'État.
    Le Secrétaire-Général.
    Le Caissier.
(2) Ordonnance du Roi du 31 Octobre 1830.

« La nomination des Pairs de France appartient au
» Roi. Leur nombre est illimité. Il peut en varier les
» dignités, les nommer à vie, ou les rendre hérédi-
» taires, selon sa volonté. »

L'article 68, de cette même Charte mentionnait que ledit article 23 serait soumis à un nouvel examen dans la session de 1831; d'après cette clause, M. Casimir Perier, président du conseil des ministres, secrétaire d'État au département de l'intérieur, présenta à la Chambre des Députés dans sa séance du 27 août 1831, le projet de loi suivant :

Article unique destiné à remplacer l'article 23 de la Charte.

« La nomination des Membres de la Chambre des
» Pairs appartient au Roi;
» La dignité de Pair est conférée à Vie; elle n'est
» pas transmissible par droit d'hérédité.
» Toutes dispositions contraires sont et demeurent
» abrogées.
» Le présent article pourra être modifié à l'avenir,
» néanmoins aucune proposition à cet effet ne sera
» soumise à l'examen de la législation, qu'autant que
» la législature précédente la lui aura déférée. »

L'examen de ce projet de loi soulevait donc trois questions:

Les Pairs seront-ils nommés par le Roi, ou par un corps électoral, ou par le Roi sur une liste de candidats élus?

Leur nombre sera-t-il limité ou illimité?

La Pairie sera-t-elle héréditaire ou sera-t-elle à Vie?

Les deux premières questions ne présentèrent pour ainsi dire par d'objections, et il fut maintenu que la nomination des Pairs de France appartiendrait au Roi que le nombre des Pairs de France serait illimité.

La troisième et dernière question était d'une haute gravité, elle attaquait et battait en brèche le raffermissement de la Noblesse. Sous la Restauration la Chambre des Pairs telle qu'elle était constituée représentait la Noblesse de France et la réunion de nos familles illustres, tous les Pairs étaient Nobles et ils devaient avoir préalablement institués dans leur famille (1) un majorat qui put devenir la dotation héréditaire de leur Titre; le nouveau projet de loi déclarant que la dignité de Pair n'est pas transmissible par droit d'hérédité, renversait cette organisation hiérarchique et détruisait l'institution de la Pairie en la privant de la force vitale qu'apporte la stabilité et le prestige des grands Noms qui font la gloire de la patrie; d'excellents discours furent prononcés en cette circonstance où les débats de la Chambre des Députés s'élevèrent à une grande hauteur, nous allons en donner l'analyse :

M. *Chalret-Durieu*, jusqu'en 1830 il était passé en axiome que tout gouvernement représentatif, à trois branches législatives, devait avoir une chambre haute, nécessairement héréditaire. Aujourd'hui, le besoin de cette hérédité est mis en problème. Que dis-je? cette hérédité est proscrite, dit-on, par l'opinion publique.

---

(1) Voir pages 178 et suivantes.

D'où vient cette opposition de doctrines.....?..... La révolution de juillet s'est opérée. Peu de jours après dans cette enceinte, l'inadmissibilité d'une pairie héréditaire a été proclamée par un illustre général (1) dont la voix et le bras sont voués, depuis cinquante ans, à la défense de l'indépendance des nations et des institutions libérales; ses accents ont trouvé de l'écho dans cette jeunesse française, toujours ardente à saisir ce qu'elle croit devoir consacrer, l'égalité des droits. La presse les a propagés.

Un grand nombre d'électeurs ont cru pouvoir donner mandat aux députés de proscrire l'hérédité. Et, il faut l'avouer, Messieurs, nous qui payons aussi notre tribut de faiblesse à l'humanité, qui n'appartenons point à une ligne de succession dotée de ce patriciat, notre amour-propre a vu d'abord sans peine se former une opinion qui tend à lever cette interdiction, dont la presque universalité des Français est frappée par l'hérédité de la Pairie.

Telle est la source de cette subite conversion d'idées.

Mais ces sentiments, ces autorités, ce mandat impératif sur l'abolition de cette hérédité, ne doivent-ils pas être subordonnés au cas où l'on trouvera une garantie de l'indépendance des pairs au moins égale à celle qui résulte de l'hérédité?

Il suffit d'énoncer la question, la solution se présente aussitôt à l'esprit, puisque l'indépendance de la Pairie est une des conditions fondamentales de notre Gouvernement représentatif.

---

(1) Le général Lafayette.

Comparons la garantie donnée par l'hérédité aux garanties proposées au remplacement dans les divers projets qui ont été présentés au public.

Mais avant d'entrer dans cet examen, nous devons résoudre une difficulté préjudicielle, et voir si le mandat qui aurait été donné par plusieurs électeurs de voter pour ou contre l'hérédité de la Pairie, n'est pas une monstruosité dans un Gouvernement représentatif.

Nous ne sommes pas, Messieurs, les députés des électeurs, nous sommes les députés de la France. Nous ne représentons pas seulement les électeurs, nous représentons les 33 millions d'hommes qui forment notre population; c'est dans cet intérêt général que nous siégeons et que nous délibérons.

Lorsque la loi a investi les électeurs du droit d'élire les députés, elle a borné là leur pouvoir. Aussi la législation des colléges électoraux leur défend-elle toute délibération. De même, dans tous les gouvernements représentatifs a-t-on considéré comme une usurpation de pouvoir, de la part de l'électeur, le mandat qu'il se permettrait d'imposer.

Ainsi point d'engagement qu'on ait pu imposer au député, point d'engagement qui ait pu être valablement contracté par le député. La raison seule ne nous dit-elle pas d'ailleurs qu'un pareil lien, s'il pouvait être valable, placerait le député entre sa parole donnée à l'électeur et sa conscience, mieux éclairée par un débat solennel. C'est ce que proclamait énergiquement un de mes honorables collègues à la tribune des représentants dans les Cent-Jours, en prouvant la nécessité de conserver la Pairie héréditaire. Un député, disait monsieur Laguette de Mornai, ne doit pas apporter ici l'opinion trop souvent factice de son département; il ne faut jamais flatter l'opinion publique, il faut suivre sa conscience.

C'est donc en toute liberté de conscience que nous pouvons examiner les projets qui nous sont soumis. Examinons donc au fond la question principale.

Trouvons-nous une aussi forte garantie dans les projets qui ont été présentés au public?

La solution de cette question doit dériver des principes mêmes qui ont fait admettre la pairie comme un des éléments des gouvernements représentatifs.

La France, après avoir été si longtemps sous une monarchie où le Roi seul était législateur, adopta en 1791 un gouvernement où les représentants électifs de la nation faisaient la loi, qui devait néanmoins être accompagnée de l'approbation du Roi.

Changeant ensuite de système, elle donna à une seule assemblée élective le droit législatif absolu.

Elle a essayé ensuite de deux assemblées concomitantes de représentants électifs.

Enfin, elle s'est convaincue que la stabilité du gouvernement exigeait un système représentatif dans lequel le Prince, les députés de la nation, et un tiers pouvoir indépendant et du Prince et des députés, participeraient par égales part à la confection de la loi.

Ce système, emprunté d'un peuple voisin, établit un équilibre qui tendrait à se rompre en faveur de l'assemblée populaire, ou du Roi, si le tiers pouvoir, indépendant des deux autres, n'était constitué de manière à aller au secours du pouvoir envahi.

Pour établir ce tiers pouvoir, de telle sorte qu'il n'ait pas une tendance à agir plutôt en faveur du Roi, ou de la Chambre élective, il est indispensable que le choix de ses membres soit à jamais étranger à chacun des deux autres pouvoirs, afin que l'esprit de son origine ne vienne pas influencer ses actes. L'hérédité, Messieurs, remplit cette condition; et à la circonstance que ce mode de désignation des pairs est entièrement hors de l'influence du pouvoir royal et de l'autre chambre; elle joint l'avantage de donner au jeune héritier de la Pairie cet esprit de corps et de famille, qui, fortifié et éclairé par une éducation dirigée vers ce but, tend à maintenir chacun des deux autres pouvoirs dans ses droits et dans ses devoirs. Et l'hérédité, Messieurs, n'est pas seulement une garantie de l'indépendance des membres de la Chambre, elle consolide le Trône, les institutions, les libertés publiques qui découlent de la constitution.

L'homme n'a pas de désir plus vif, plus constant que celui de la propriété de sa famille. C'est chez lui le principe, la source de ses vertus et de ses vices. Si l'homme est laborieux, c'est qu'il veut acquérir pour ses enfants; s'il est avare, c'est pour ses enfants qu'il veut conserver, et cet intérêt s'étend même aux générations ultérieures.

De ces sentiments inhérents à la nature humaine, les législateurs ont eu la sagesse de conclure que les membres d'une chambre législative héréditaire s'attacheraient de toute leur puissance à la constitution qui confère cette prérogative légale à leur postérité, et leur fait contracter avec l'État une solidarité absolue de durée et de perpétuité.

Sans doute il peut arriver, il arrivera quelquefois que le fils d'un pair n'apportera pas dans cette haute magistrature le mérite et les talents convenables. L'on verra même de loin en loin un héritier de la Pairie être dans un état de nullité que l'éducation ne pourra corriger. Oui, cet inconvénient existe, et quoique infiniment moindre que celui qui peut se trouver pareillement dans l'hérédité du trône, il est pénible qu'on ne puisse l'écarter. Mais, comme nous le verrons, la non hérédité de la Pairie, telle qu'elle est proposée dans les divers projets connus, en entrainerait de plus graves encore; elle compromettrait la stabilité de la monarchie, et ce vice fondamental et perpétuel, aurait des résultats bien autrement funestes que le cas exceptionnel que nous venons de signaler, et dont l'importance s'atténue d'ailleurs par le grand nombre des membres de la Chambre.

Aussi, la Chambre des Pairs d'Angleterre, depuis sa création, n'a-t-elle jamais éprouvé des résultats fâcheux de cette chance. L'histoire même n'en a signalé aucun dans les six cents années de durée qu'a eues le Sénat héréditaire de la République Romaine.

Il est, je l'avoue, quelques personnes de bonne foi qui improuvent cette dévolution héréditaire. Ce sont des gens de bien qui voient les hommes, non tels qu'ils sont, mais tels qu'ils devraient être, qui n'ont pas examiné la difficulté sur toutes ses faces. Ils deviendront irrésolus quand ils chercheront à remplacer cette garantie, et comme nous tous, ils finiront par voir qu'elle est imposée par la loi la plus irrésistible : la nécessité.

Cette garantie est plus fortement repoussée par une autre classe d'hommes, qui, sans tergiversation et sans rémission, cherchent à calomnier tout ce qui peut constituer la stabilité et le repos de l'État; ce sont ceux qui rêvent le renversement de la monarchie, et qui naguère ont porté l'audace jusqu'à publier leur félonie.

Ils ont demandé l'abolition de l'hérédité de la Pairie. Depuis ils réclament la suppression absolue de la Chambre des Pairs elle-même. Plusieurs journaux, leurs échos, proclament cette chambre antipathique avec la révolution de juillet; enfin, ils ont entièrement jeté le masque, et vous avez vu dans un de ces mêmes journaux le but final de ces esprits turbulents. S'érigeant d'abord en prophètes de malheur contre une tête auguste, ils disent ensuite, et *bien logiquement :* « L'hérédité » royale tombera devant le bon sens du peuple, comme » tombe aujourd'hui l'hérédité de la Pairie, il y a un » instinct d'avenir contre l'hérédité du pouvoir royal. » (*La Tribune du* 24 *août* 1831) (1).

M. *Thiers.* Messieurs, avant de m'engager dans cette grave discussion, j'ai besoin d'invoquer l'indulgence de la Chambre, et je dois lui avouer tout d'abord la doctrine que je viens soutenir aujourd'hui devant elle : c'est l'hérédité de la Pairie. Je ne me dissimule pas l'état des esprits, je n'ai pas la prétention de lutter contre le

---

(1) Les événements, survenus depuis, nous ont bien démontré que la chute de l'hérédité de la Pairie a été une des causes de la chute du pouvoir royal en 1848; le Trône attaqué sans cesse par les Sociétés secrètes, s'étant trouvé sans l'appui d'une assemblée forte et puissante qui aurait pu conjurer l'orage qui menaçait la Royauté.

torrent des opinions. Aussi me suis-je demandé si je devais prendre aujourd'hui la parole. Je m'y suis décidé par deux considérations que je vais soumettre à votre jugement. La première, c'est l'énergie même de ma conviction; je me suis dit, qu'on ne pouvait se taire lorsqu'on éprouvait une conviction aussi forte que celle que j'éprouve; je me suis dit que la difficulté, l'impossibilité même de faire triompher la vérité, ne dispensait pas de la soutenir. Notre devoir, en effet, n'est pas de la faire triompher, il est de la dire. La seconde considération est toute d'utilité. Nous travaillons tous à faire une Monarchie, c'est notre intention sincère; eh bien ! Il importe de savoir ce que nous ferons, il importe de nous expliquer sur les véritables conditions de la Monarchie; il n'y a pas de meilleure occasion de le faire que la discussion sur la Pairie (1).

En politique, Messieurs, on n'invente pas plus que dans les autres sciences; on observe, et l'observation a révélé à tous les publicistes trois formes de gouvernement : le gouvernement purement monarchique, le gouvernement purement aristocratique, le gouvernement purement démocratique. Si vous les observez, si vous en étudiez les avantages et les inconvénients, vous verrez que dans le gouvernement monarchique se trouve l'unité de volonté, unité si précieuse pour l'exécution; mais à côté de cette unité se trouvent les caprices du Souverain, la succession des bons et mauvais princes, les intrigues de cour..... Dans les gouvernements aristocratiques, vous avez les ambitions soutenues, les

---

(1) Chambre des Députés, séance du 3 Octobre 1831.

longs desseins, les grandes entreprises fortement exécutées. Dans les gouvernements démocratiques, vous avez tous les vices et toutes les vertus; vous avez une durée éphémère, toutes les inconséquences, toutes les alternatives du courage et de la faiblesse, car les masses sont tantôt braves, tantôt lâches.

Tous les gouvernements ne peuvent d'ailleurs durer; ils ont un germe de destruction. La monarchie périt par la démocratie; la démocratie se change en despotisme et périt par la monarchie. Ils périssent tous par ce qui leur manque. Les États ne peuvent durer quand ils n'ont qu'une seule forme.

Nous avons vu sous nos yeux, à nos côtés, la société se reposer dans un gouvernement mélangé de toutes ces formes, y séjourner grande et paisible; je veux parler de l'Angleterre; ce gouvernement a eu l'avantage de l'unité de volonté, mais sans ses caprices; il a réuni l'esprit de suite et la constance de l'aristocratie à l'énergie de la démocratie.

Si nous avons à juger ses effets, nous voyons qu'il a réuni trois choses qui sont le plus rarement réunies dans l'histoire; il a su conquérir; en conquérant rester libre, et se réformer sans secousses. Il n'y a pas de Gouvernement qui ait réuni ces trois choses si rares, si ce n'est le Gouvernement anglais.

En toute chose, ce qu'il faut avant tout, c'est la constance. Il faut que le Gouvernement en ait beaucoup, il faut qu'il persiste avec fermeté dans ses projets; c'est ainsi qu'il arrivera à la grandeur. On vous a dit, il est vrai, qu'en constituant une chambre héréditaire, c'est-à-dire en confiant à quelques individus le privilége de contribuer héréditairement à la confection des lois, on s'exposait à voir les intérêts généraux du pays contrariés par les intérêts isolés de quelques individus.

Mais on me dit : « Une Chambre héréditaire n'aura pas les lumières nécessaires; » et l'on m'oppose cet adage vulgaire : « Le mérite du père ne passe pas à son fils. » Ce que j'ai dit, Messieurs, me semble résoudre encore cette question. Qu'ai-je dit, en effet, que je souhaitais rencontrer dans cette chambre des traditions. Eh bien! Messieurs, l'esprit, ne se transmet pas, soit; mais les traditions se transmettent, et c'est ce qui suffit à l'objet que nous nous proposons.

Mais je dis plus : l'esprit même ne manquera pas. On dit que dans la question de l'hérédité de la Royauté il se trouve un correctif dans la responsabilité des ministres, qui vient prêter au Roi les lumières qu'il n'aurait pas, et pour la Pairie, il n'y a pas, en quelque sorte, un Pair responsable à côté du Pair héréditaire pour lui prêter la capacité qu'il n'a pas lui-même.

Il est facile de répondre à cela. La Famille régnante est une seule Famille. Si le fils du Roi n'a pas d'esprit, tout est fini; il n'y a rien, qui puisse y suppléer. Mais la Pairie se compose de deux ou trois cent familles; s'il n'y a pas d'esprit, de talents dans une de ces familles, il y en aura dans une autre; et permettez-moi de le dire, si les gens d'esprit sont exposés à faire des sots; les sots sont aussi exposés à faire des gens d'esprit.

Si, dans un jour donné, l'esprit ne se trouve pas dans une famille, il se trouvera le même jour dans une autre, et pour me servir d'une expression vulgaire, les facultés heureuses se promèneront de famille en famille, et chacun aura son tour.

Remarquez que dans les classes moyennes, il y a beaucoup d'hommes distingués dont les dispositions vont en quelque sorte s'enfouir dans des professions obscures. Il ne peut en être de même dans les familles destinées à la Pairie. Là, l'éducation guette et fait arriver en quelque sorte l'homme d'esprit, elle s'en empare, elle le développe, elle le fait arriver à bien : et pour me servir de l'expression des naturalistes il n'y a pas là de germes perdus.

La Chambre des Pairs d'Angleterre a déployé autant de talent que la Chambre des Communes. Et chez nous-mêmes soyons justes, Messieurs, ayons le courage de l'être, la Chambre des Pairs a présenté des discussions aussi belles, aussi libérales que la Chambre des Députés.

Je vous dis, Messieurs, que cette Aristocratie parlementaire (veuillez m'accorder cette distinction) que cette Aristocratie possède les lumières des traditions, qu'elle peut avoir l'esprit et les talents qui s'acquièrent, alors surtout qu'on est appelé à remplir un rôle public. Elle aura sa vanité aussi; elle cherchera à se rendre populaire.

Les antécédents le prouvent; et permettez-moi de vous citer un exemple : les idées les plus libérales, par qui sont-elles soutenues ici, dans cette Chambre? Est-ce par des roturiers (passez-moi le terme)? Non; elles n'ont pas de plus zélés défenseurs que certains hommes nés dans les classes les plus élevées.

Elle a donc, elle doit même avoir du libéralisme,

puisqu'elle est appelée à discuter les intérêts du pays à la tribune législative.

Ainsi ce troisième élément, que nous voudrions placer entre la royauté et l'Aristocratie, nous ne le trouvons que dans une Chambre qui ne dépende pas de la passion du jour, c'est-à-dire, qui ne soit pas formée par l'élection, qui tienne à la Couronne par un intérêt de conservation, et au pays par ses propriétés ou le rôle important qu'elle y joue.

Elle a deux indépendances, car il faut en avoir deux; elle a l'indépendance de la Couronne, car provenant de la nature, et non pas seulement du choix de la Couronne, elle ne doit pas dépendre d'elle. Enfin, elle a aussi l'indépendance du pays, et quand il se trompe, elle peut ne pas partager ses erreurs. Elle est un corps équilibrant entre les deux corps politiques.

Maintenant, que je crois avoir fixé comment et de quels éléments doit se composer la monarchie représentative, permettez-moi d'arriver à cette autre partie de la question, qui est plus difficile peut-être. On nous dit que l'Aristocratie est un privilége, et que le privilége n'est plus dans nos mœurs ni dans nos lois, qu'il est antipathique avec la révolution de Juillet.

On nous dit, d'ailleurs, que quand même nous voudrions fonder cette aristocratie, elle n'est plus possible, que tout le mal même que nous voudrions créer n'est plus possible, que tous les efforts pour le reproduire seraient chimériques.

On ajoute que si nous parvenions à le réaliser, nous ressusciterions une foule d'abus que l'Aristocratie entraîne toujours après elle.

Je n'affaiblis pas l'objection, je la reproduis toute entière, parceque j'ai l'espoir de la résoudre victorieusement.

Permettez-moi de m'expliquer sur ce qu'on appelle droit et privilége. Pour mon compte, je crois que comme toute science doit se fonder sur les faits, il n'y a pas de droit politique que celui qui repose sur l'utilité nationale. On pourrait être tenté d'appeler privilége la Royauté héréditaire; car c'est le gouvernement du pays remis aux mains d'une famille quels que puissent être les descendants du Souverain; mais c'est évidemment le sentiment de l'unité nationale qui a fait constituer la royauté héréditaire; la royauté n'est donc pas un privilége, c'est un droit.

L'hérédité repose sur l'utilité nationale; c'est là le fondement de tout droit. Et vous-mêmes, Messieurs, nommés par deux cent mille individus, vous traitez les intérêts de trente-deux millions d'hommes. Sur quoi repose votre droit? Sur l'utilité nationale.

On a par conséquent résumé, pour ainsi dire, la nation dans un corps électoral, qui à son tour se résume en vous. Ainsi vous avez par cette convention d'utilité nationale, vous, nommés par cent cinquante mille individus, le droit de traiter pour la nation entière. Il n'y a donc de droit politique que celui qui est fondé sur l'utilité de tous.

Si donc il est reconnu utile, véritablement utile de confier à quelques individus le droit de concourir héréditairement à la loi, ce ne sera plus un privilége, ce sera un droit, comme celui de la Royauté, fondé sur l'utilité de tous. (Très bien! très bien!)

J'écarte donc cette vaine objection comme indigne d'hommes de sens. Il ne s'agit pas de priviléges; il s'agit de savoir si c'est ou non utile.

On dit : mais ce privilége fera faire de mauvais raisonnements; beaucoup diront qu'il est étrange que pour être député il faille obtenir les suffrages de ses concitoyens, tandis que le fils d'un Pair n'aura pas besoin de suffrages pour arriver à siéger dans la Chambre héréditaire.

Messieurs, puisque nous sommes arrivés à faire comprendre au pays l'utilité de la Royauté héréditaire, il n'est pas plus difficile de lui faire comprendre l'utilité de la Pairie héréditaire; ceux qui ont senti la nécessité de la première pour empêcher l'usurpation, comprendront l'utilité de la seconde pour le maintien de la société.

L'un n'est pas plus difficile à comprendre que l'autre; et si vous parvenez à concilier l'esprit de la masse avec l'une de ces vérités, vous parviendrez aussi facilement à le concilier avec l'autre.

Je suis convaincu, quant à moi, que, sans la Pairie héréditaire, il ne nous faudrait pas des siècles pour arriver à la constitution des États-Unis, et que, pour être conséquens, nous ne tarderions pas à avoir un pouvoir exécutif livré à l'élection. Il faut donc opter entre le système électif des États-Unis et le système anglais éprouvé par 150 années.

Avant la révolution, nous étions livrés aux caprices des cours; si nous étions livrés aux caprices de la démocratie, nous n'aurions pas de correctifs. Je demande donc le Gouvernement qui seul puisse avoir de la constance et de la durée; je le demande pour mon pays, pour sa prospérité et pour sa gloire; je tiens à l'égalité autant que personne, mais je tiens aussi à la grandeur, à la durée de mon pays.

Je demande le Gouvernement qui pourra lui donner l'une et l'autre; et si, par une déférence aux opinions du jour, déférence que je comprends, vous portez une atteinte à ce beau Gouvernement, je vous en conjure, Messieurs, que cette atteinte ne soit pas tellement profonde, que la monarchie représentative y périsse.

M. *Royer-Collard* (1). Messieurs, l'hérédité de la Pairie n'est pas une question de raison; c'est une question de résolution : car il s'agit de changer, au nom de la volonté populaire, non pas seulement la forme, mais le fond de notre Gouvernement. Avec l'hérédité périt la Pairie, avec la Pairie peut-être la Royauté héréditaire.

La nécessité de deux chambres est admise. Il est admis que, pour être deux, elles doivent être d'origine diverse, sans quoi une cloison au milieu de cette salle résoudrait parfaitement le problème numérique de deux chambres. Jusque-là, la Pairie résiste; elle a le mérite que l'on recherche, d'être autre que la Chambre des Députés et de concourir avec elle au Gouvernement de l'État dans un système d'idées et d'intérêts, non sans doute opposé mais différent. La contradiction ne sera encore ni générale, ni très-vive, quand on soutiendra que la Pairie fait partie intégrante du gouvernement représentatif, parce qu'elle est elle-même représentative et qu'elle exprime un fait social, savoir l'inégalité sociale

---

(1) Chambre des Députés, séance du 4 Octobre 1831.

qui résulte des hautes supériorités de tout genre, la gloire, les services rendus à l'État, la propriété ou la richesse à ce point où elle est une force. Mais si on ajoute que c'est par l'hérédité seulement, et sous cette indispensable condition, que ces supériorités une fois recueillies, sont érigées en pouvoir social, et deviennent, par les instincts qui leur sont propres, le rempart de la Monarchie héréditaire et de la constitution de l'État, la discussion s'arrête, la délibération échoue, les juges sont hors d'état d'être convaincus. Quel est donc le crime irrémédiable de l'hérédité de la Pairie? On dit que la révolution de juillet, on dit que la souveraineté du peuple la réprouvent, la condamnent.

C'est-à-dire, Messieurs, que l'hérédité de la Pairie est proscrite. Je pourrais m'arrêter là; la proscription absout. Mais j'ai assez vécu pour voir réformer bien des arrêts de ce genre; l'hérédité de la Pairie n'est pas plus réprouvée, n'est pas plus condamnée que la souveraineté du peuple, que ne l'étaient, il y a quarante ans les deux Chambres et la Royauté elle-même. Aujourd'hui comme alors, il est permis d'en appeler du *parterre en tumulte au parterre attentif,* de la souveraineté du peuple à une autre souveraineté, la seule qui mérite ce nom, souveraineté supérieure aux peuples comme aux Rois, souveraineté immuable et immortelle comme son auteur, je veux dire, la souveraineté de la raison, seul législateur véritable de l'humanité.

Je sais, Messieurs, quelles sont les difficultés et les périls d'une discussion que la défaveur précède et que nulle espérance de succès n'encourage. Mais, comme je ne récèle point au fond de mon âme, ni dans les plus secrets replis de mon esprit, des doctrines que j'aie besoin de dissimuler ou que je veuille déguiser, comme j'obéis à une conviction désintéressée, et que je suis vivement persuadé que la vérité ne porte que des fruits salutaires et l'erreur des fruits empoisonnés, je ne céderai point à la crainte de choquer des opinions accréditées.

Avant de m'expliquer sur l'abus qu'on fait de la souveraineté du peuple, qu'il me soit permis de m'arrêter quelques instants à cet objection en quelque sorte préliminaire, que l'hérédité de la Pairie se confondant avec la Restauration, la révolution qui a détruit l'une, ne permet pas, à moins de se démentir, que l'autre survive.

L'objection repose sur un principe que je ne puis admettre, savoir : que l'origine seule d'une institution décide, sans examen, si elle doit être maintenue ou détruite.

L'hérédité de notre Pairie est une bonne ou une mauvaise institution : c'est uniquement de quoi il s'agit. Est-elle mauvaise? fut-elle d'hier, il faudrait l'abolir; mais si l'institution est salutaire, ne lui demandez pas d'où elle vient ni sous quel astre elle est née. Qu'importe qu'elle ait précédé la révolution de Juillet? Tant mieux, elle en sera plus solide; comme le chêne, elle se sera affermie dans la tempête. Je la voudrais bien plus ancienne qu'elle ne l'est; car je fais de l'élément Aristocratique dans la composition d'un Gouvernement, et je subis volontiers le ridicule de citer à l'appui de cette opinion les noms surannés de Cicéron, de Tacite, de Montesquieu. Cependant, Messieurs, pour n'être ni un débris vénérable des âges, ni la création improvisée d'une révolution récente, la Pairie française en est-elle moins ce qu'elle doit être, selon l'état de notre société, l'assemblage des supériorités réelles que celle-ci renferme? Quel pays en Europe, sans excepter l'Angleterre et sa glorieuse Aristocratie, présenterait une élite d'hommes plus considérables à toute sorte de titres, la gloire des armes, les services politiques, l'éclat des talents, j'ajoute les illustrations de naissance; car je veux le dire en ce jour, un nom historique est une grandeur, et le respect de la gloire passée, prend sa source dans de nobles sentiments.

Puisqu'on a dit anathème à l'hérédité de la Pairie, au nom de la souveraineté du peuple, il y a, nous l'avons vu, deux souverainetés du peuple, l'une vraie, l'autre fausse; celle-ci, symbole grossier de la force, cri éternel des démagogues, pâture des factions qui s'en nourrissent et ne s'en rassasient jamais. Rappelez vos souvenirs, exceptez les premiers jours de 1789, si vite écoulés, où la souveraineté du peuple, empruntée à une autre société, à d'autres cieux et à une autre terre, n'avait que l'aspect innocent d'une vérité philosophique, sous quels auspices a-t-elle été invoquée dans les longues années de nos malheurs? Quels sont les crimes publics auxquels elle n'ait pas présidé? A quelle divinité barbare a-t-on immolé plus de victimes humaines? Je ne confonds pas l'Empire avec ces temps funestes, je sais ce que nous lui avons dû, et je lui en garde une sincère reconnaissance. Eh! bien, Messieurs, aucun des gouvernements révolutionnaires qui l'ont précédé ne s'est autant appliqué à émaner de la souveraineté du peuple et ne lui a rendu autant d'hommages, hommages qu'elle n'a point repoussés; car dès que l'anarchie lui manque, c'est dans le despotisme qu'elle va se précipiter.

La vraie souveraineté du peuple, celle qui range la force sous les lois de la justice, j'ai démontré qu'elle vient se déposer toute entière dans le Gouvernement représentatif. Elle laisse donc intacte la question de l'hérédité de la Pairie, et c'est au Gouvernement représentatif bien compris qu'il appartient de la résoudre. Les avantages de l'hérédité vous ont été exposés avec une raison supérieure par M. le Rapporteur et par l'orateur que vous avez entendu dans la séance d'hier (1); mais la question est placée encore plus haut : l'hérédité n'est pas seulement la meilleure loi et la plus libérale, elle est la loi nécessaire de la Pairie. Je ne veux pas reproduire une discussion épuisée, je ne dirai que deux mots. La Pairie est représentative. Ce qu'elle représente dans le Gouvernement, au contraire de la Chambre élective, c'est l'inégalité, c'est-à-dire les supériorités, non pour leur intérêt, mais pour la protection de la société entière. Ferez-vous sortir la Pairie, comme cette Chambre, de l'élection populaire, en quelque degré que ce soit? Elle ne représentera plus, elle ne pourra représenter que les intérêts généraux dans une mesure quelconque; elle ne sera plus cette citadelle des supériorités qui, au sein même du Gouvernement, les rend inaccessibles et inviolables. Ferez-vous sortir la Pairie de la nomination royale, puisée ou non dans des catégories illusoires? Elle ne représentera plus rien; car la

---

(1) M. Thiers.

nomination royale ne représente par elle-même ni les supériorités, ni les intérêts généraux; elle ne serait pas même une garantie de plus pour la Royauté que ce poids énorme accablerait. Dans le premier système, il y a, comme on l'a dit, le double emploi de deux chambres vouées aux mêmes intérêts, qu'elles envisageront du même point de vue, l'une et l'autre également adversaires et des supériorités sans défense pour la couronne.

La nécessité de la Pairie, la nécessité de l'hérédité, c'est, Messieurs, une seule et même nécessité, sur laquelle il faut craindre de remporter une victoire qui serait sévèrement punie. Avec l'hérédité de moins, vous avez de moins la Pairie, la Pairie de moins n'est pas seulement une altération profonde de notre Constitution, n'est pas seulement une révolution dans le Gouvernement; c'est, je le crains, Messieurs, la dissolution du Gouvernement lui-même et peut-être de l'ordre social. Vous tombez tout d'un coup dans la démocratie Royale; pour combien de temps? Vous le savez, vous l'avez appris de l'Assemblée constituante. La garantie accordée aux supériorités a cet avantage, entre beaucoup d'autres, qu'elles les interpose immobiles et impénétrables entre le Trône et le peuple. Qu'elles se retirent, et le trône à découvert, battu sans relâche par les flots croissants de la démocratie, s'écroule misérablement, entraînant tout dans sa chûte. Je me suis toujours gardé d'être républicain en France, et le temps serait mal choisi pour le devenir; cependant, je le déclare, la république, oui la république, avec un Sénat héréditaire me semble moins insensée, moins impossible que la démocratie royale. Allons au vrai ; la démocratie royale, qu'elle daigne ou non garder son fantôme de royauté, est ou sera bientôt la démocratie pure; l'abolition de la Pairie atteint rapidemment cette conséquence.

La démocratie! Pensez-y, Messieurs, voyez quelle est sa force. Il y a des siècles qu'elle marche chez nous du même pas que la civilisation, et la révolution de juillet est venue animer, hâter son progrès. De la société où elle règne sans adversaires, déjà elle a fait irruption dans le Gouvernement, en élevant cette Chambre à une autorité qui ne connaît plus de bornes. La Royauté est appauvrie, et voilà la Pairie attaquée dans la prérogative qui seule la constitue. Quand mon noble ami M. de Serre s'écriait il y a dix ans : *la démocratie coule à pleins bords*, il ne s'agissait encore que de la société. Nous pouvions lui répondre et nous lui répondions : « Ren- » dons grâce à la Providence de ce qu'elle appelle aux » bienfaits de la civilisation un plus grand nombre de » ses créatures. » Aujourd'hui, c'est du Gouvernement qu'il s'agit. La démocratie doit-elle le constituer seule, ou y entrer si puissante qu'elle soit en état de détruire ou d'asservir les autres pouvoirs? En d'autres termes, l'égalité politique est-elle la juste et nécessaire conséquence de l'égalité civile? Je ne raisonnerai point, j'en appelle à votre expérience. Deux fois, la démocratie a siégé souveraine dans notre Gouvernement; c'est l'égalité politique qui a été savamment organisée dans la constitution de 1791 et dans celle de l'an III.

Certes, ni les lumières ne manquaient à leurs auteurs, ni les bonnes et patriotiques intentions, je le reconnais. Quels fruits ont-elles portés? Au dedans, l'anarchie, la misère, la banqueroute, enfin le despotisme; au-dehors, une guerre qui a duré plus de vingt ans, qui s'est terminée par deux invasions, et de laquelle il ne reste que la gloire de nos armes. C'est, Messieurs, que la démocratie dans le Gouvernement est incapable de prudence; c'est qu'elle est de sa nature violente, guerrière, banqueroutière. Avant donc de faire un pas décisif vers elle, dites un long adieu à la liberté, à l'ordre, à la paix, au crédit, à la prospérité.

Je contiens les pressentiments dont je ne puis me défendre; mes paroles n'ont point franchi la question qui vous occupe. Cependant, quelque grave qu'elle soit, elle révèle une situation plus grave encore et dont nous faisons nous-mêmes partie. Il nous est donné, peut-être pour la dernière fois, de la changer, si nous arrêtons dans cette grande circonstance le cours de nos destructions, je n'ose le dire, de nos dévastations. C'est assez de ruines, Messieurs, assez d'innovations tentées contre l'expérience. La pratique générale vous invite au repos. Les plus ignorants savent démolir, les plus habiles échouent à reconstruire. Maintenez avec fermeté, consacrez de nouveau l'hérédité de la Pairie, et vous n'aurez pas seulement sauvé une institution protectrice de la liberté comme de l'ordre, vous aurez repoussé l'invasion de l'anarchie, vous aurez relevé l'édifice social qui penche vers sa ruine.

M. *Berryer* (1). Deux ordres d'intérêts bien fixés, bien déterminés, se trouvent en présence dans toute société.

---

(1) Chambre des Députés, séance du 8 Octobre 1831.

De ces deux intérêts, l'un est celui du plus grand nombre, de ceux qui possèdent moins, et qui ont besoin d'activité et de mouvement, parce qu'ils veulent acquérir.

L'autre, celui de conservation, de stabilité, de fixité, est celui du plus petit nombre de la minorité.

Il n'est donc pas vrai, comme on l'a dit, et ç'a été un argument sur lequel se sont le plus appuyés les adversaires du projet de loi, en tant qu'il repousse l'hérédité; il n'est pas vrai de dire qu'une société arrive à un état tel que tous les intérêts deviennent généraux, égaux, et tous également protégés par la loi commune. Cela n'est pas vrai; car si la forme de représenter et de défendre ces divers intérêts distincts est la même, le besoin de conservation, de fixité, de durée, qui sont les intérêts de la minorité, seront écrasés par la majorité.

Ces deux caractères d'intérêts, dont l'un appartient au plus grand nombre des individus d'une société, l'autre au plus petit nombre, se signalent par eux-mêmes quant au choix qu'il faut en faire pour les deux Chambres, quand deux chambres sont ouvertes.

Il n'y a plus rien qu'à faire entrer dans chacune des deux Chambres les éléments qui leur appartiennent par leur nature, leur direction, leur tendance.

C'est ainsi qu'on formera la Chambre des Députés de tout ce qui a besoin d'activité, de mouvement; elle sera temporaire et élective, parce que ses intérêts se renouvellent, se rajeunissent sans cesse; la Chambre des Pairs, l'autre Chambre enfin, de ce qui est positif, acquis, et qui a besoin de conservation.

Ainsi, Messieurs, cette Chambre toute politique ne sera pas constituée dans un intérêt de caste, mais pour servir des intérêts sociaux auxquels sont liés ceux du plus petit nombre.

Cette Chambre, ce Sénat peut être qualifié de corps Aristocratique.

Je dirai donc encore, car cette observation ne peut échapper à l'ordre de mes idées, je dirai encore avec un des orateurs que vous avez entendus : il n'est pas vrai de dire qu'il n'y a plus chez nous d'Aristocratie, que l'élément manque. Cet élément se retrouvera toujours chez un peuple qui a vécu, qui a grandi, qui a parcouru des siècles avec gloire au milieu des autres nations, des autres peuples, qui a été enrichi par le commerce, par l'agriculture, qui s'est annobli par les arts, par les victoires, qui s'est éclairé par ses savants, ses orateurs, ses magistrats.

Lorsqu'en 1814, la Royauté constitua la Chambre des Pairs, ce fut assurément une grande et libérale pensée que celle de créer un pouvoir qui allait tenir la balance entre la royauté et le peuple, un pouvoir destiné à s'opposer également aux envahissements de la Couronne et à l'action trop précipitée, trop emportée du peuple, si de tels actes se manifestaient.

Ce fut une grande idée ; et le tort de la Restauration, son tort immense a été de ne pas être conséquent dans sa pensée et de s'arrêter aussi devant les appréhensions populaires, de ne pas consolider son ouvrage : car il faut que la loi politique s'empare des intérêts divers et communs, qu'elle les coordonne, les consolide, après que la société vive de la vie forte et durable que la législation donne à des intérêts ainsi classés.

Eh! Messieurs, si c'est un juste sentiment dans le

cœur de l'homme qui a acquis, que celui de vouloir conserver ; s'il est de sa prudence, de sa vertu de craindre les événements, les agitations, les innovations, qui peuvent renverser son existence, la plus noble passion qui puisse entrer dans le cœur de l'homme est celle de transmettre ce qu'il a acquis, de se survivre à lui-même, de se continuer, comme l'a dit un jurisconsulte, par-delà la tombe.

Et voilà pourquoi l'hérédité est la force de tout corps Aristocratique. Voilà pourquoi l'hérédité est la meilleure ou plutôt la seule garantie de l'ordre que les classes supérieures doivent protéger, et de cette stabilité qu'elles doivent s'efforcer de conserver.

Voilà pourquoi cet orateur, muri par la méditation et l'expérience, nous disait hier que l'hérédité est la Pairie elle-même.

On a dit encore que cette hérédité, moins puissante que ne le veulent ses partisans, blesse essentiellement l'égalité. Je ne reviendrai guère sur ce point, après ce qu'en a dit l'orateur qui m'a précédé soit qu'on envisage la question sous le rapport de l'égalité, dans l'ordre social, ou dans le sein des familles.

Dans l'ordre social, on se dit que l'égalité n'était pas blessée toutes les fois qu'il y avait droit d'admissibilité pour tous les individus remplissant les conditions prescrites par l'institution. Je ferai une observation à l'honorable orateur de qui nous vient plus particulièrement cette objection : il nous a dit que les partisans de l'hérédité voulaient introduire dans l'État le gouvernement des intérêts particuliers à la place du gouvernement des intérêts-généraux. Il ne s'est pas aperçu que c'est lui au contraire, qui vient faire prédominer les intérêts particuliers, et qui sacrifie les besoins généraux.

Quant à la famille, la compassion dont on a paru si visiblement touché dans de belles harangues pour les puînés, me paraît être un sentiment moins actif dans la question, que le mécontentement qu'inspire une position fixe et stable du frère aîné.

On a reconnu d'ailleurs, et l'on en a fait une objection, que la famille s'accroîtrait, que les puînés profiteraient de la position de l'aîné, l'on a dit que dans l'intérêt des puînés, les suffrages des aînés seraient inféodés au Ministère.

Il est possible que quelque soit le perfectionnement social, quelque soit le progrès des lumières et des vertus, il se trouve des hommes qui ne gardent pas toute la dignité due à leur caractère et aux fonctions dont ils sont revêtus.

Mais, après tout, quand il s'agirait de Pairs héréditaires ou de Pairs à Vie, quelle différence y aura-t-il? C'est qu'il y aura un fils de plus à pourvoir; et s'il s'agit de Pairs temporaires, c'est qu'on sera plus pressé d'obtenir des satisfactions du Ministère. Je n'aperçois dans cette objection rien qui puisse être sérieux.

A quoi tend la proposition d'abolir l'hérédité? On l'a dit, à la destruction de ce corps, à anéantir, à paralyser à annuler l'action particulière, l'existence des classes supérieures de la société, à contraindre toutes les parties du corps social à se resserrer dans la vie plus étroite de la classe moyenne.

C'est donc au nom de la classe moyenne, pour établir la domination de la classe moyenne, que l'action, l'influence, la représentation des classes supérieures seront sacrifiées !

Le Ministère se place entre l'anéantissement, la mort ou du moins la paralysie des classes supérieures, et l'inertie où il maintient les classes inférieures.

Cet état ne peut durer. Il ne peut durer, parce que, dans la société, tout intérêt qui n'a pas ses moyens de défense et de développements naturels, tend à les conquérir.

Je n'ai pas besoin d'autres développements. Mais que l'on y réfléchisse; qu'on envisage bien notre position actuelle; qu'on remarque cette tendance de l'envahissement de la classe moyenne sur les classes supérieures. C'est là, Messieurs, le véritable chemin pour nous pousser au despotisme ou à l'anarchie.

M. *Guizot* (1). Messieurs, permettez-moi de le dire, en vérité nous donnons au monde un étrange spectacle. Il faut bien que nous en ayons un peu le sentiment. Je n'en veux pour preuve que la façon dont les adversaires eux-mêmes de l'hérédité traitent la question. Ils ne contestent guère les avantages de l'hérédité, je dis la plupart; ils n'abordent pas la question directement. Ils n'examinent pas l'institution sous le rapport de son utilité, de son mérite pratique, dans ses rapports avec les besoins de notre état social. Ils la repoussent, permettez-moi de le dire, par une sorte de fin de non-recevoir, en quelque sorte par des raisons préjudicielles.

---

(1) Chambre des Députés, séance du 6 Octobre 1831.

Tantôt on nous dit : Il ne faut pas admettre l'hérédité de la Pairie, elle est contraire aux principes de notre ordre social ; c'est un privilége qui choque l'égalité. Ou bien on dit : On ne peut pas admettre l'hérédité, c'est une Aristocratie; l'Aristocratie est déçue; on ne peut pas la recréer. Ou bien encore : on ne veut pas de l'hérédité, et quand l'institution serait bonne, excellente, elle est repoussée par le vœu national.

Ainsi, on ne doit pas, on ne peut pas, on ne veut pas; voilà ce que les adversaires de l'hérédité de la Pairie opposent; ce sont toutes raisons préjudicielles qui ne sont pas prises dans le fond de la question, qui ne jugent pas l'institution en elle-même, son mérite ni son efficacité.

Cependant j'aborderai ces questions préjudicielles; je vous demande la permission de vous en dire mon avis. (Marques d'approbation).

Messieurs, je n'apporte aucun dédain pour les principes; je ne viens point opposer à l'orgueil de ce qu'on appelle la théorie, les dédains de ce qu'on appelle la pratique. L'intervention plus générale, plus active, plus efficace de l'esprit humain dans les affaires humaines, est un des grands bienfaits de la civilisation moderne. Il faut l'accueillir et l'accepter pleinement; il n'y a point d'institution qui ne soit tenue de se légitimer aux yeux de la raison; mais les principes ne sont pas toujours ce qu'on croit, et surtout ils ne sont pas si nombreux, si étroits, si exclusifs que beaucoup le supposent.

Par exemple, dans la question qui nous occupe, j'ai entendu beaucoup parler d'égalité ; on l'a invoquée comme le principe fondamental de notre organisation politique. Je crains bien qu'il n'y ait là quelque grande méprise.

Sans doute, il y a des droits universels, des droits égaux pour tous, des droits qui sont inhérents à l'humanité et dont aucune créature humaine ne peut être dépouillée sans iniquité et sans désordre. C'est l'honneur de la civilisation moderne, d'avoir dégagé ses droits de cet amas de violences et des résultats de la force sous lesquels ils avaient été longtemps enfouis, et de les avoir rendus à la lumière. C'est l'honneur de la révolution française d'avoir proclamé et mis en pratique ce résultat de la civilisation moderne.

Je n'entreprendrai pas ici l'énumération de ces droits universels, égaux pour tous; je veux dire seulement qu'à mon avis ils se résument dans ces deux ci : dans le droit de ne subir, de la part de personne, une injustice quelconque, sans être protégé contre elle par la puissance publique; et ensuite dans le droit de disposer de son existence individuelle selon sa volonté et son intérêt, en tant que cela ne nuit pas à l'existence individuelle d'un autre.

Voilà les droits personnels, universels, égaux pour tous. De là l'égalité dans l'ordre civil et dans l'ordre moral.

Mais les droits politiques seraient-ils de cette nature? Messieurs, les droits politiques, ce sont des pouvoirs sociaux; un droit politique, c'est une portion du Gouvernement; quiconque l'exerce, décide non-seulement de ce qui le regarde personnellement, mais de ce qui regarde la société ou une portion de la société. Il ne s'agit donc pas là d'existence personnelle, de liberté individuelle; il ne s'agit pas de l'humanité en général, mais de la société, de son organisation, des moyens de son existence. De là suit que les droits politiques ne sont point universels, égaux pour tous; ils sont spéciaux, limités, et je n'ai pas besoin de grandes preuves pour le démontrer. Consultez l'expérience du monde, de nombreuses classes d'individus, des femmes, des mineurs, des domestiques, la grande majorité des hommes sont partout privés des droits politiques; et non-seulement ceux-là en sont privés, mais des conditions, des garanties ont été partout et de tout temps attachées aux droits politiques comme preuve ou présomption de la capacité nécessaire pour les exercer dans l'intérêt de la société, qui est la sphère que ces droits concernent, et sur laquelle ils agissent.

Bien loin donc que l'égalité soit le principe des droits politiques, c'est l'inégalité qui est le principe, les droits politiques sont nécessairement inégaux, inégalement distribués. C'est là un fait qu'attestent et consacrent toutes les constitutions du Monde. La limite de cette inégalité peut varier à l'infini; les droits politiques s'étendent ou se resserrent selon une multitude de circonstances différentes. Mais l'inégalité demeure toujours leur principe; et quiconque parle d'égalité en matière de droits politiques, confond deux choses essentiellement distinctes et différentes, l'existence individuelle et l'existence sociale, l'ordre civil et l'ordre politique, la liberté et le Gouvernement.

En matière de liberté, il y a des droits universels, des droits égaux; en matière de gouvernement, il n'y a que des droits spéciaux, limités, inégaux. (Marques d'adhésion).

Ce n'est pas comme contraire à l'égalité que l'hérédité de la Pairie peut être repoussée, car il n'y a en cela rien que de conforme à la nature des droits politiques et à leur distribution, dans les pays les plus libres, et au milieu de la civilisation la plus avancée.

Mais une égalité héréditaire des droits politiques, des pouvoirs transmis par le seul fait de la naissance, ceci n'est-il pas contraire aux principes, n'y a-t-il pas là une véritable monstruosité?

Je demande, Messieurs, la permission de rappeler deux faits qui ont déjà été indiqués dans le cours de cette discussion, et sur lesquels je n'insisterai pas, mais qu'il me parait nécessaire d'avoir sans cesse présent à l'esprit.

Une inégalité héréditaire, des droits transmis par le seul fait de la naissance, c'est là un des fondements de la société civile; la transmission de la propriété n'est pas autre chose. Je sais bien que cette inégalité, cette transmission par droit de naissance est attaquée sur ce terrain-là. Aussi, je l'avoue, je n'en ai pas grand peur. Je crois que la propriété est bonne pour se défendre, et qu'il y a des intérêts qui n'ont rien à craindre des plus fermes conséquences de la logique.

Cependant je remarque ce fait : c'est le principe de l'inégalité héréditaire et des droits transmis par le seul fait de la naissance qui est attaqué dans l'ordre civil, qui est publiquement attaqué aujourd'hui, tellement que le principe contraire est une religion.

Je n'entends pas tirer, je le répète, de ce fait toutes

les conséquences que je pourrais en tirer; je n'entends pas assimiler complètement la société politique à la société civile; je remarque seulement qu'il y a, dans un principe qu'on regarde comme monstrueux, le fondement non-seulement nécessaire, mais légitime, moral, seul possible de la société civile.

J'entre dans l'ordre politique. Qu'est-ce que je trouve au sommet de l'ordre politique? La plus grande inégalité, l'hérédité, la transmission des plus grands droits politiques, par le seul fait de la naissance, la Royauté.

Je n'entends pas assimiler la Pairie à la Royauté ni conclure nécessairement de l'une à l'autre; je dis seulement que là encore, dans l'ordre politique, je trouve le fait de l'inégalité, la transmission des droits par le seul fait de la naissance, et qu'à moins de qualifier votre Gouvernement de monstrueux, vous n'avez pas le droit de dire que ce principe est monstrueux. Je répète que je n'entends point me prévaloir des conséquences que je pourrais tirer de là; ce que je demande aux adversaires de l'hérédité, c'est de ne pas se prévaloir d'un principe absolu, de ne pas repousser toute atteinte à ce principe comme contraire à la raison humaine.

A présent, j'aborde la question en elle-même en la dégageant de ses préliminaires.

Je dis que quant aux droits héréditaires en eux-mêmes, indépendamment des constitutions écrites, des organisations politiques, faites sciemment et de main d'homme, il y a des lois naturelles qui règlent les affaires de ce monde, il y a des principes primitifs, universels, qui gouvernent les sociétés. Les Italiens ont un proverbe qui dit: *Le Monde va de lui-même*, et bien lui en prend; car s'il n'avait pour aller que les lois que les hommes prétendent lui donner, il se détraquerait plus souvent que cela ne lui arrive et il pourrait même s'arrêter quelquefois tout-à-fait. Le Monde va de lui-même, le Monde va en vertu de certaines lois naturelles, de certains principes primitifs et universels, et grâce à Dieu, il n'est pas au pouvoir des hommes de l'empêcher d'aller.

Eh bien! Parmi ces principes, il y en a deux qui me frappent, comme les plus puissants, comme invincibles; l'hérédité et l'activité industrielle ou la personnalité. Par l'hérédité, chaque individu, chaque génération reçoit de ses prédécesseurs une certaine situation toute faite, une certaine existence déterminée; il la prend naturellement, nécessairement, par le seul fait de la naissance. Cela est vrai dans l'ordre moral comme dans l'ordre matériel. Les idées, les sentiments, les habitudes se transmettent comme les biens, comme la disposition physique, et il n'est au pouvoir d'aucun de nous de les répudier complètement.

Après cette situation toute faite, ainsi reçue de ses prédécesseurs, chaque homme, chaque génération, en vertu de sa raison et de sa liberté, par sa propre force, modifiée, change cette situation, cette existence, se fait soi-même à son tour, après avoir été faite par ses prédécesseurs. En sorte que nous sommes tous, et les générations et les individus, le résultat de deux éléments, l'un de tradition, qui est l'œuvre des temps et des personnes qui nous ont précédés; l'autre de création, qui est notre propre ouvrage. (Sensation).

C'est l'alliance de ces deux principes, de ces deux

éléments qui fait l'honneur et la supériorité du genre humain. C'est par la tradition, c'est par l'hérédité, que subsistent les familles, les peuples, l'histoire; sans tradition, sans hérédité, vous n'auriez rien de tout cela. C'est par l'activité personnelle des familles, des peuples, des individus, que les conditions de l'hérédité changent; l'activité personnelle fait la perfectibilité du genre humain. C'est ce qui le distingue de toutes les autres créatures qui couvrent la terre; supprimez l'un de ces deux éléments, vous faites tomber le genre humain au rang des animaux. (Sensation).

Eh bien! c'est de la bonne combinaison de ces deux éléments dans de justes proportions que résulte la bonne organisation des sociétés. Si le principe de l'hérédité prévaut seul, s'il y domine exclusivement, vous avez l'immobilité; c'est le régime des peuples de castes. Si c'est l'individualité qui y domine presque seule, vous avez l'isolement, point de liens avec le passé, point d'avenir, existence individuelle et isolée; c'est le régime des peuplades errantes, barbares qui couvrent depuis longtemps le sol de l'Amérique.

Je le répète : les deux principes de l'hérédité et de la personnalité sont naturels, nécessaires, légitimes; leurs combinaisons peuvent varier à l'infini; elles dépendent d'une multitude de causes.

Ainsi, dans une société naissante et fort simple, le principe de l'hérédité tient très peu de place; c'est celui de l'activité personnelle, de l'individualité qui domine. Dans une société ancienne, compliquée, le principe de l'hérédité occupe nécessairement une beaucoup plus grande place, un plus grand nombre de traditions, il y a un champ moins libre laissé à l'activité industrielle.

Ces combinaisons, je le répète, peuvent varier à l'infini ; mais les deux principes sont également légitimes, naturels ; vous ne pouvez exclure l'un ni l'autre de l'espèce humaine ; et quand leurs pas sont mal faits, il y a de grands désordres dans la société.

Je dis qu'il n'y a que l'hérédité qui puisse créer à côté du Gouvernement un certain nombre de situations permanentes, fixer, au niveau du Gouvernement, vivant habituellement dans sa sphère, connaissant ses besoins, pénétré de son esprit, ayant les mêmes intérêts généraux que lui, n'ayant pas les intérêts personnels, les passions personnelles qui animent le Gouvernement dans sa lutte contre l'élément démocratique.

Je dis qu'il n'y a que l'hérédité qui puisse donner à la Pairie ce caractère, qui puisse faire que la Pairie soutienne le pouvoir sans épouser tel ou tel ministère en particulier, sans embrasser la cause particulière de telle passion ou de tel intérêt personnel.

L'hérédité, je le répète, place la Pairie à côté du Gouvernement, au niveau du Gouvernement, et cependant la laisse étrangère et indépendante de lui. Sous ce point de vue, l'hérédité peut seule véritablement donner à la Pairie le caractère dont elle a besoin pour remplir sa mission.

On dit : « Ce que vous créez-là, c'est une Aristocra-
» tie ; il n'y en a plus, il ne peut plus y en avoir. »

Je ne rappellerai pas à la Chambre ce qu'elle a déjà entendu dans les séances précédentes ; je ne redirai pas, entre autres, ce que M. Thiers a dit à la Chambre, que les choses n'étaient pas si nouvelles qu'on le pense communément. La révolution française a fait de très-grandes choses, elle a changé l'état social. Cependant, il ne faut pas la croire si grande qu'on se la figure; elle n'a pas changé la nature des hommes, ni les conditions essentielles de toute société. Il n'est pas vrai que la révolution ait supprimé dans la vérité tous les éléments d'Aristocratie. L'échelle sociale a sans doute moins d'étendue, il y a moins de distance des degrés supérieurs aux degrés inférieurs de la société; mais la distance est encore suffisamment grande pour que l'Aristocratie puisse s'en tirer, et elle s'en tirera. Il n'est pas besoin de la créer; elle existe sous nos yeux dans toutes les conditions de la société : c'est un élément naturel de la société, la révolution ne l'a pas détruit.

Ce dont nous avons besoin, et plus besoin que jamais, c'est de trouver dans la société des hommes, qui, par situation, par le fait de leur naissance si l'on veut, se vouent et appartiennent spécialement aux affaires publiques, à la vie politique, des hommes qui en fassent habituellement, naturellement leur étude, leur état, leur profession, comme d'autres font leur état de la jurisprudence, du négoce, de l'agriculture et de toutes les carrières de la vie sociale.

Je dis que cette Aristocratie est la condition des sociétés modernes, une conséquence nécessaire de la nature de la démocratie moderne.

Il y a, Messieurs, un dernier argument dont il faut bien que je dise un mot. On dit le pays n'en veut pas (de l'hérédité); votre institution peut être très bonne, mais elle est repoussée par le vœu national. Messieurs, personne ne professe un plus grand respect que moi pour les croyances et les vœux du pays. C'est le droit des pays libres de n'avoir d'institutions que celles qu'ils acceptent et auxquelles ils croient. Mais, Messieurs, les peuples libres se trompent comme d'autres; à la vérité, ils se détrompent aussi mieux que d'autres par le fait de la liberté. J'ai dans mon pays cette confiance qu'il saura se détromper quand il s'est trompé. Je lui porte plus de respect, j'ose le dire, que ceux qui veulent s'emparer de sa volonté du moment, comme d'une volonté immobile, éternelle, d'une croyance qui ne peut pas changer; que ceux qui nous donnent cette raison comme une raison péremptoire, devant laquelle il faut que notre raison à nous s'arrête et succombe. Mais non il n'en est rien: notre raison reste libre et indépendante devant la conviction du pays; et nous avons l'avantage de croire que le pays peut se tromper. Et nous en avons sous les yeux d'assez grands exemples pour que notre confiance ne soit pas illégitime.

Rappelez-vous quelle était la force de la conviction générale, la force de ce que j'appellerai la prévention, le préjugé du pays, dans le procès des ministres de Charles X. Le préjugé général, la conviction générale était que leur condamnation à mort était nécessaire. Eh bien! j'affirme que le pays s'était trompé, et qu'aujourd'hui le pays se félicite que cela n'ait pas eu lieu; qu'il sait gré à la Chambre des Pairs du jugement qu'elle a rendu. (Marques d'adhésion). Il a changé d'avis à cet égard; grand exemple, exemple terrible des erreurs populaires et des frénésies dont on se guérit dans les pays libres ! (Nouvelle adhésion).

J'ai donc dans mon pays cette confiance que s'il était vrai, comme je le pense, que l'hérédité de la Pairie fut une institution nécessaire, utile, la France se détrompera à cet égard. (*Voix à gauche :* Non, non, jamais..... *Voix au centre :* Oui, oui!). S'il était vrai, ce que je ne crois pas, qu'il se soit trompé comme quelques personnes le prétendent.

Ce n'est pas sans raison que j'ai cette confiance. Je vous prie de remarquer au nom de quelles idées on combat aujourd'hui l'hérédité de la Pairie. J'affirme sans crainte d'être démenti, que c'est au nom des idées, des théories de 1791.

La Pairie consiste en trois éléments, en trois conditions. Par la nomination royale, elle est monarchique et fortifie le Gouvernement; par le nombre illimité de ses membres, elle s'adapte bien à la monarchie constitutionnelle et tient bien sa place dans le jeu des trois pouvoirs; par l'hérédité, elle est monarchique et libérale en même temps; elle est politique; elle donne au pays ce dont il a besoin et pour l'ordre et pour la liberté.

Si vous détruisez l'un de ces trois éléments, l'une de ces trois conditions, vous portez atteinte à la Royauté, à la machine constitutionnelle, à son jeu libre et bien entendu. Je ne veux pas dire par là que, si l'hérédité n'est pas maintenue, la France est perdue. (Mouvement). Je ne veux pas le dire, parceque j'espère davantage de mon pays. Je connais peu de folies dont son bon sens ne réussit tôt ou tard à la sauver. Mais j'affirme que, si vous maintenez l'hérédité, la France est sauvée; l'anarchie dont nous nous plaignons, trouvera son terme, le point d'arrêt que nous cherchons sera atteint, la révolution de Juillet sera terminée et consolidée à la fois. Si l'hérédité de la Pairie est abolie, je ne sais pas dans quelle carrière nous entrons. (Marques d'une vive adhésion au centre..... Sensation prolongée).

M. Kératry (1). La Pairie ne peut émaner viagèrement du Trône sans l'affaiblir. Elle a besoin d'une force qui lui soit propre. Il est de toute nécessité qu'elle existe par elle-même, qu'elle ne soit ni un satellite de la Couronne, ni une contre-épreuve de la députation. Je serais tenté de vous dire de la faire commencer par qui il vous semblera bon, pourvu que vous lui donniez le principe de perpétuité qui seul peut assurer son indépendance. A quelque parti qu'on s'attache l'essentiel est que la Pairie, dès l'instant de sa formation, échappe à l'autorité dont elle émane, soit au Trône, soit au peuple.

Que faut-il donc faire? Créer une situation dans laquelle et par laquelle les Pairs aient un intérêt direct, permanent, éternel, à conserver ce qui est établi.

Cet intérêt ne peut être un intérêt retardataire et d'opposition aux progrès du siècle, car celui qui serait animé de cet esprit, serait le premier à souffrir de la privation d'un véritable bien social; mais c'est un intérêt de fixité dans les institutions qu'il nous faut, et vous le chercheriez vainement ailleurs que dans une sorte de magistrature politique et héréditaire. En effet, si les empereurs avaient conservé la réalité du Sénat et des

---

(1) Chambre des Députés, séance du 6 Octobre 1831.

comices, Rome eut pu durer six siècles de plus, au lieu de mourir longuement d'une anarchie militaire. Elle aurait eu précisément la seule forme de gouvernement qui convienne aux nations vieilles et agitées.

Je suppose un instant que vous mettiez la Pairie en viager, comment sera-t-elle gérée? Disons-le, comme ces biens dont on ne possède que l'usufruit. La pensée de l'homme, pour être grande, pour être forte, veut de l'avenir; elle aime à plonger dans l'infini en durée. Qu'attendre d'une réunion d'individualités qui en est dépourvue?

Une obséquiosité pour le pouvoir dominant quel qu'il soit, et une bassesse prête à payer en honteux services l'hérédité que la loi ne donne pas; car, en dépit des plus belles sentences, on sera plutôt père que citoyen; ainsi chaque acte de la vie sera une pierre d'attente à laquelle viendra s'accoler en perspective un nouvel édifice de faveur.

Il est bon qu'on n'entre pas par la même porte aux deux Chambres; il est bon surtout qu'une réunion d'hommes politiques puisse dire aux ministres du Roi ainsi qu'aux orateurs du peuple: « Nous ne vous
» craignons ni les uns, ni les autres. Roi et peuple
» nous sommes tous ensemble, nous ne saurions être
» dépossédés de notre avenir; il est écrit dans la loi.
» Élevés à la première magistrature du pays, nous
» n'avons rien à gagner et nous avons tout à perdre aux
» révolutions. Chacun de nous, tradition vivante d'une
» famille, a reçu pour mission de vous arrêter dans des
» excès qui vous perdraient et nous avec vous. La

» stabilité de l'État est en nous, car son immortalité
» sera la nôtre ! »

Malgré les excellents discours des principaux orateurs de la Chambre des Députés, le vote sur la loi fut en faveur de la Pairie à Vie.

CHAPITRE XIII.

RÈGNE DE LOUIS PHILIPPE,

DU 1 DÉCEMBRE 1831 AU 24 FÉVRIER 1848.

Sommaire :

Suppression dans le code Pénal des dispositions relatives à l'usurpation des Titres de Noblesse. — Proposition de M. Parant pour l'abolition des majorats, adoptée par la Chambre des Députés. — La Chambre des Pairs rejette cette proposition. — La Chambre des Députés reproduit encore la même proposition d'abolir les majorats. — La Chambre des Pairs adopte ce projet avec des amendements. — Le projet amendé est adopté par la Chambre des Députés et converti en loi. — Texte de la loi. — L'abolition des majorats n'enlève pas l'hérédité des Titres y attachés. — Le maréchal Bugeaud et le chancelier Pasquier sont élevés à la dignité de Duc.

Au mois de décembre 1831 (1), à l'occasion de la révision des lois criminelles, l'esprit de 1790 sembla se ranimer dans le sein de la Chambre des Députés; M. Bavoux proposa soudainement la suppression de ces mots de l'article 259 du code pénal : *ou qui se sera*

---

(1) Chambre des Députés, Séance du 7 Décembre 1831.

attribué des Titres royaux, qui ne lui auraient pas été légalement conférés.

M. Bavoux ajouta : « Je trouve dans la disposition dont je demande le retranchement une superfluité, une inutilité ; vous le savez ces titres Royaux ne s'entendent que des Titres de duc, de marquis, de comte, de baron. La Charte en venant raviver les Titres anciens, en conservant les nouveaux, a occasionné une double affluence de Titres de Noblesse. Il y a donc depuis la Charte une quantité de gens qui se sont parés de Titres sans en avoir aucun, qui se pavanent avec des dénominations qui ne leur appartiennent pas. »

Les seules paroles prononcées contre l'amendement furent celles-ci ; elles sont du Rapporteur : « La Charte constitutionnelle confère au Roi le droit d'accorder des Titres. » Il est évident que ce droit serait illusoire, s'il n'y avait pas une loi contre celui qui usurpe des Titres que le Roi a seul le droit de conférer. Je demande la question préalable sur l'amendement.

Sur quoi l'amendement de M. Bavoux fut adopté. Devant la Chambre des Pairs le résultat fut le même (1).

La Chambre des Députés sur la proposition d'un de ses membres (2), adopta le 17 Janvier 1834, un projet de loi par lequel toute institution de majorats était interdite à l'avenir.

Les majorats fondés avec des biens particuliers, qu'ils fussent ou non déjà transmis, étaient abolis, à moins que les fondateurs ou les possesseurs ne se fussent

---

(1) L'adoption de cet amendement par les deux Chambres fut consacré par la loi du 28 Avril 1832.

(2) M. Parant, député de la Moselle.

mariés depuis la fondation des majorats et antérieurement à la loi, ou qu'il existât des appelés mariés aussi antérieurement à la loi.

Les substitutions étaient pareillement interdites pour l'avenir, et abolies même pour le présent, sous les exceptions qui étaient faites quant aux majorats.

Les majorats appelés de propre mouvement, formés avec les biens de l'État, conservaient tout leur effet.

La commission de la Chambre des Pairs, chargée de l'examen de ce projet, fit le 11 mars 1834, par l'organe de M. le duc de Bassano, un rapport concluant à l'adoption, avec de légers amendements qui ajoutaient aux exceptions destinées à proroger la durée des majorats et des substitutions en faveur de certains appelés.

Le résultat de la discussion fut différent de cette conclusion. La Chambre des Pairs n'adopta du projet que le premier article, prohibitif de toute institution de majorats à l'avenir. A tous les autres articles elle en substitua un seul qui déclarait que les majorats fondés avec les biens de l'État ou avec les biens de particuliers continueraient à être possédés et transmis, conformément aux actes d'investiture et aux conditions suivant lesquelles ils ont été établis.

La Chambre des Députés, persistant dans sa manière de voir, reproduisit le 17 avril 1834 un projet semblable au premier, avec quelques dispositions plus favorables pour les droits acquis.

L'examen de cette seconde résolution fut confié dans la Chambre des Pairs à la même commission qui avait été chargée du premier. Son avis, exprimé le 17 mai par le même rapporteur, ne varia point; il fut encore pour l'adoption. La clôture de la session, prononcée presque immédiatement, ne permit pas de délibérer sur ce rapport. Tout ce qui avait précédé sur ce sujet dans les deux Chambres, resta comme non avenu. Mais sur une proposition qui lui a été renouvelée, la Chambre des Députés adressa à la Chambre des Pairs un troisième projet, toujours dans les mêmes principes, et avec le même dispositif, sauf un nouvel article, qui donnait aux fondateurs des majorats non transmis la faculté d'en modifier les conditions, de manière à établir l'égalité entre les appelés, pourvu néanmoins que les appelés ne fussent point mariés, ou n'eussent point laissés d'enfants, s'ils étaient prédécédés.

M. le comte de Montlosier (1), pris la parole lors de la discussion et prononça le discours dont voici le résumé :

« Je parle contre le projet de loi de la Chambre des Députés, je parle contre le projet amendé par votre commission; je parle en même temps contre les amendements. En débutant ainsi, je m'attends à peu de faveur; cependant, si je ne mérite pas de faveur par moi-même, je la réclame pour ma qualité de Pair et aussi pour la liberté naturelle acquise à cette tribune. »

« Ma première pensée, en lisant l'intitulé de la loi, loi relative à l'abolition des majorats et des substitutions, a été de rechercher à quelle époque la loi avait été présentée à la Chambre des Députés. C'est au commencement de la session, dans un moment où l'on avait

---

(1) Chambre des Pairs (Séance du 12 Mars 1835).

en contemplation des lois sur l'organisation judiciaire, sur les attributions municipales, sur l'organisation du Conseil d'État, c'est-à-dire dans un moment où il y avait à s'occuper de plusieurs lois fécondes pour le pays, qu'on nous parle d'une loi d'abolition, d'une loi de démolition. »

« L'impression que j'éprouve est d'autant plus forte que je lis dans le rapport de la Chambre des Députés : « Il faut le reconnaitre franchement, les majorats ne » sont plus dans nos mœurs, à tel point que la dé- » fense d'en instituer pourrait bien n'avoir d'autre » inconvénient que son inutilité même. »

« Comment, Messieurs, c'est au moment même qu'on reconnaît l'inutilité de cette loi, qu'on s'empresse de la proposer ? »

« Frappé de cette impression, j'ai du naturellement rechercher les motifs particuliers qui ont pu amener la proposition d'une loi semblable. Je les ai trouvés facilement; ils sont dans cette expression : originairement créés comme annexes aux Titres de Noblesse..... Quel malheur!..... Mais, Messieurs, en ce que la Noblesse n'est pas consacrée par la Charte, est-ce qu'on n'y parle pas de la Noblesse nouvelle, comme de la Noblesse ancienne ? »

« Voyez quels progrès on a fait depuis. Ces titres de Noblesse qu'on avait énoncés dans la Charte, on les a effacés dans le code pénal, on n'a pas jugé à propos de poursuivre les usurpations de Titres. En conséquence, peu à peu tout ce qui s'appelle Noblesse est effacé; alors je comprends que les majorats soient un objet de douleur; ce sont des attaques faites aux vanités qui possèdent en faveur des vanités qui ne possèdent pas. »

« Lorsque vous aurez effacé et les titres et les rangs, et tout ce qui s'appelle Noblesse, lorsque vous aurez flétri toutes les sommités de la société, vous serez arrivés, non pas à avoir l'égalité devant la loi, mais à la liberté et à l'égalité de 93. C'est cette queue de 93 qui nous revient sans cesse, *c'est la révolution toute entière à sa proie attachée.* Elle nous poursuit, et nous poursuivra encore ; c'est sur ce point que je veux attirer votre attention. »

« Quand je parle de ce mouvement révolutionnaire, je n'entends point accuser les provocateurs de cette loi ; je me plais à reconnaître que tous sont dignes d'estime ; il y en a un surtout pour lequel je professe une affection et une estime toute particulière. Mais, Messieurs, on veut plaire, on veut la popularité, et on la cherche partout. De même qu'en Italie et en Espagne les malheureux vont mendier leur subsistance dans les asiles de la charité, de même on va mendier partout le pain de la considération, ce pain fort agréable pour les amours-propres. »

« Dans l'avant-dernier siècle, un homme de beaucoup d'esprit, dont nous avons le bonheur de posséder ici quelques rejetons, le duc de La Rochefoucauld disait : *L'hypocrisie est un hommage que le vice rend à la vertu.* S'il vivait au temps présent, il pourrait retourner son adage, trouver que la vertu a souvent l'air de rendre hommage au vice. »

« En effet, Messieurs, tel est le malheur des temps présents que la raison elle-même n'ose plus se produire en public avec quelque apparence de succès, si auparavant elle n'a fait de très-humbles révérences à la folie et au délire. »

« Nous sommes dans une situation très-grave, et qui peut s'aggraver encore. Si la Chambre des Pairs se croit une grande force, elle peut se permettre des concessions qui conviennent à la force; si par hasard elle ne se croit pas assez forte, je la préviens qu'il n'y a de refuge pour la faiblesse que dans le courage de la franchise, et qu'auprès des Français la grande force est dans la vérité. »

« Dans ces dispositions, j'aborderai franchement un soupçon qu'on a voulu faire planer sur cette Chambre. »

« On a dit, Messieurs, que si l'hérédité de la Pairie avait été maintenue en 1831, il y aurait eu des raisons plausibles à alléguer en faveur des majorats de la Pairie. Aujourd'hui, le maintien des majorats n'aurait plus de sens, ou plutôt il décélerait *de notre part des regrets et une arrière-pensée.* »

« Messieurs, je suis soumis à toutes les lois qui ont été adoptées par les trois pouvoirs, elles ont mon obéissance et mon respect; mais pour des regrets qui appartiennent à ma conscience, à mes sentiments, je les avoue; je déclare que je regrette vivement que l'on ait aboli l'hérédité de la Pairie. Quant à l'arrière-pensée, je vais la mettre en avant, je ne lui laisserai point le caractère d'arrière-pensée. Je déclare qu'il est dans mes espérances que ce qu'un temps a défait, un autre temps pourra le refaire. Le temps est un grand destructeur, mais c'est aussi un grand réparateur. (Mouvement). »

« Il me semble que les auteurs du projet se sont

tout à fait mépris en disant que les majorats ont été originairement créés comme une annexe à la Noblesse; de cette manière la Noblesse du propriétaire refléterait sur la Noblesse de la propriété, et celle-ci sur l'autre. »

« Les auteurs du projet de loi n'ont pas même connu l'institution originaire des majorats, je vais le démontrer de la manière la plus évidente. »

« Voici comment Bonaparte, qui s'entendait en monarchie, avait conçu l'institution. Le Sénatus-consulte rendu pour l'institution des majorats, porte : »

« Quand S. M. le jugera convenable, soit pour récompenser de grands services, soit pour exciter une utile émulation, soit pour concourir à l'éclat du Trône, elle pourra autoriser un chef de famille à substituer ses biens libres pour former la dotation d'un titre héréditaire que S. M. érigerait en sa faveur, reversible à son fils aîné, né ou à naître, et à ses descendants en ligne directe, de mâle en mâle, par ordre de primogéniture. »

« Vous voyez donc bien clairement qu'il n'est pas question de majorats créés comme annexe à des titres de Noblesse. Ce n'est pas un ruban qu'on a ajouté à une fleur, une futilité qui accompagne une futilité; il s'agit de l'intérêt du pays. »

« On a dit que les majorats n'étaient pas dans nos mœurs. J'ai vu une si grande quantité de mœurs dans ma vie, que véritablement je ne sais où j'en suis; je ne sais pas si les mœurs d'aujourd'hui seront celles de demain. J'ai vu les mœurs de l'ancien régime, les mœurs de 89 à 93, celles du temps du Directoire, celles du temps de Napoléon, et vous venez de voir comment les mœurs du temps de Napoléon ont établi les majorats. »

« On dit aujourd'hui jeudi, les mœurs repoussent les majorats, peut-être que vendredi ou samedi il y aura des mœurs nouvelles. Je demande donc à m'en tenis au *dictamen* de ma conscience, et non pas à des mœurs aussi changeantes et aussi mobiles. »

« La loi des majorats, telle qu'on vous la demande, nous ramène précisément aux doctrines de 93, elle ôte au père de famille cette liberté et cette domination naturelle qu'il a dans la maison. »

« Je vote contre le projet de loi de la Chambre des Députés, contre le projet de la commission, et contre les amendements. »

Après avoir entendu plusieurs orateurs pour et contre, le projet de loi fut voté avec plusieurs amendements; il fut donc renvoyé à la Chambre des Députés, qui adopta le projet ainsi amendé, puis il reçut la sanction Royale et fut converti en loi de l'État, en voici le texte :

LOI DU 12 MAI 1835.

Art. 1.er Toute institution de majorats est interdite à l'avenir.

Art. 2. Les majorats fondés jusqu'à ce jour avec des biens particuliers ne pourront s'étendre au-delà de deux degrés, l'institution non comprise.

Art. 3. Le fondateur d'un majorat pourra le révoquer en tout ou en partie, ou en modifier les conditions.

Néanmoins il ne pourra exercer cette faculté s'il existe un appelé qui ait contracté, antérieurement à la présente loi, un mariage non dissous, ou dont il soit resté des enfants. En ce cas, le majorat aura son effet restreint à deux degrés, ainsi qu'il est dit dans l'article précédent.

Art. 4. Les dotations ou portions de dotations consistant en biens soumis au droit de retour en faveur de l'État, continueront à être possédées et transmises conformément aux actes d'investiture, et sans préjudice des droits d'expectative ouverte par la loi du 5 décembre 1814.

Cette abolition des majorats n'eut aucun effet quant aux titres. Le Ministre des Finances écrivait en ce sens le 18 juin 1838 (affaire de M. le baron B......) : « En
» réponse à la lettre que vous m'avez adressée le 15 juin
» courant, j'ai l'honneur de vous informer que l'annu-
» lation que vous obtiendriez, en vertu de la loi du
» 12 mai 1835, du majorat que vous auriez fondé, et
» sur lequel aurait été assise l'hérédité du titre dont
» vous êtes revêtu, n'enlèverait pas l'hérédité à ce titre,
» qui continuerait ainsi à être transmis isolément dans
» la ligne mâle directe et légitime, comme il l'eut été
» avec le majorat auquel il était uni antérieurement. »

« Cette disposition résulte d'une décision royale ren-
» due le 4 octobre 1837. »

Le Roi crut ne pas pouvoir mieux récompenser le maréchal Bugeaud, vainqueur à la bataille d'Isly (1), qu'en le nommant duc d'Isly (2). Il conféra aussi le titre de Duc à M. le baron Pasquier, Chancelier de France, Président de la Chambre des Pairs (3).

---

(1) Cette bataille fut livrée et gagnée le 14 Août 1844.
(2) Ordonnance du 18 Septembre 1844.
(3) Ordonnance du 16 Décembre 1844.

CHAPITRE XIV.

II.ᵐᵉ RÉPUBLIQUE.

DU 28 FÉVRIER 1848 AU 2 DÉCEMBRE 1852.

SOMMAIRE :

Décret du Gouvernement provisoire qui abolit tous les Titres de Noblesse. — La constitution du 12 novembre 1848 confirme cette abolition. — Propositions de MM. de Parieu et Flocon pour l'abolition prompte des majorats. — Projet de loi pour supprimer les majorats. — Son adoption. — Après la proclamation de la nouvelle constitution du 15 janvier 1852, le Président de la République Louis-Napoléon abroge le décret qui abolissait les Titres de Noblesse.

La proclamation de la nouvelle République fut suivie du décret suivant où on retrouve les principes des séances de l'Assemblée nationale, qui rendit les arrêtés des nuits du 4 août 1789 (1) et des 19-20 juin 1790 (2).

---

(1) Voir pages 26 et 27.
(2) Voir pages 42 et 43.

RÉPUBLIQUE FRANÇAISE.

Liberté, Égalité, Fraternité.

Le Gouvernement provisoire,

Considérant :

Que l'égalité est un des trois grands principes de la République Française, qu'il doit, en conséquence, recevoir une application immédiate,

Décrète :

Tous les anciens Titres de Noblesse sont abolis; les qualifications qui s'y rattachaient sont interdites; elles ne peuvent être prises publiquement ni figurer dans un acte public quelconque.

Paris, le 29 Février 1848.

Les Membres du Gouvernement provisoire de la République Française.

. . . .

Ce décret parut formulé ainsi au *Moniteur*, le 1.er mars 1848, sans être revêtu de la signature des membres du Gouvernement provisoire. Il eut pour effet d'obliger les Nobles, à cesser de se servir de leurs équipages armoiriés, à les laisser sous leurs remises, à vendre leurs chevaux, et à congédier leurs cochers, valets de pieds, piqueurs, palefreniers, etc., ce qui contribua à faire cesser les travaux de l'industrie de la carosserie, des harnachements, et fit tomber dans la misère un grand nombre d'ouvriers et domestiques qui étaient occupés.

Lors de la discussion de la constitution de la République (1), la commission (2) proposa d'ajouter à l'article 10 un second paragraphe, conçu en ces termes :

« La constitution ne reconnaît ni titres, ni distinc-
» tions, ni classes, ni castes. »

Les représentants Flye et Chadenet proposèrent pour remplacer le texte de la commission un amendement qui contenait ces mots :

« Sont abolis à toujours tout Titre Nobiliaire, toute
» distinction de naissance, de classe ou de caste. »

M. Dupin aîné, rapporteur, déclara que la commission maintenait sa rédaction, il ajouta que les mots *ne reconnaît*, étaient tout aussi efficaces que les mots *sont abolis*.

L'amendement de M. Flye fut mis aux voix et adopté après une épreuve douteuse.

La seconde république fidèle aux principes proclamés par sa devancière, en 1790, voulut donc aussi supprimer la noblesse, les événements ultérieurs ne tardèrent pas à annuler ces tentatives éphémères; cependant, là ne se bornèrent pas les idées de suppression; l'Assemblée nationale, non contente d'avoir inscrit sur sa Constitution l'abolition de la Noblesse, voulait aussi détruire immédiatement jusqu'au vestige des majorats, dont l'extinction graduelle avait déjà été votée par la loi du 12 mai 1835 (3).

Dans la séance du 9 juin 1848, M. *de Parieu*

---

(1) La Constitution du 12 Novembre 1848.
(2) Séance du 21 Septembre 1848, de l'Assemblée nationale.
(3) Voir pages 277 et 278.

développa longuement une proposition qu'il avait déposée le 30 mai 1848, qui tendait à l'abolition complète des majorats, sauf les droits de pension des veuves et des femmes des titulaires (1).

M. *Lherbette* répondit : Je ne m'attendais pas à voir venir aujourd'hui cette proposition ; je ne la connais même que par les développements que nous avons entendus ; aussi n'ai-je pas l'intention de la discuter, je ne dirai qu'un mot :

L'auteur de la proposition a fait bon marché des principes qui ont fait adopter la loi de 1835 ; elle a envisagé la question sous deux faces, quand l'orateur ne l'envisage que sous une seule. Elle a examiné et la situation du grevé et celle de l'appelé. Elle a pensé que supprimer le majorat, c'était conférer au grevé un droit qu'il n'avait pas, celui de disponibilité, et que c'était aussi enlever à l'appelé des droits dont il est saisi du moment qu'il est né ou conçu.

Il faut aussi remarquer que si les majorats sont établis sur un principe féodal, quand ils le sont sur celui de sage prévoyance d'un père de famille contre la prodigalité de son héritier au premier degré, il est arrivé aussi qu'ayant le choix entre ces deux modes, le père de famille qui a établi un majorat, aurait établi une substitution si les majorats n'avaient pas existé, qu'alors une abolition des majorats sans modification pourrait avoir quelque chose de trop absolu et d'injuste.

Je ne m'oppose pas à la prise en considération, et si j'ai fait ces courtes observations, j'ai seulement pour

---

(1) Dans les proportions fixées par le décret du 1.er Mars 1808.

but d'empêcher que la prise en considération ne soit regardée comme une adhésion complète à une proposition qui ne pourrait, je le crois, être adoptée qu'avec de fortes modifications.

La proposition de M. de Parieu fut prise en considération, et le renvoi au comité de législation fut ordonné.

Le 17 janvier 1849, un rapport sur ce projet de loi fut présenté par *M. Valette (du Jura)*, qui concluait à l'adoption.

M. Flocon demanda la parole et observa que le rapport de M. Valette reposait sur deux propositions qui avaient été déposées, l'une par M. de Parieu, l'autre par lui, il ajouta que sa proposition était venue tardivement, la commission ayant déjà été saisie de la proposition de M. de Parieu, et que le mauvais état de sa santé ne lui permettant point d'occuper longtemps la tribune, il venait dire purement et simplement qu'il se ralliait au projet de loi tel qu'il était rédigé par la commission.

L'Assemblée décida qu'il y avait lieu à une deuxième délibération; dans sa séance du 30 avril 1849, il fut décidé qu'il y avait lieu à une troisième délibération, et enfin le 7 mai l'ensemble du projet de loi fut mis aux voix et adopté.

En voici la teneur (1) :

Loi du 11 mai 1849.

Art. 1.ᵉʳ Les majorats de biens particuliers qui

---

(1) Cette loi fut promulguée le 11 Mai 1849.

auront été transmis à deux degrés successifs, à partir du premier titulaire, sont abolis. Les biens composant ces majorats demeurent libres entre les mains de ceux qui en sont investis.

Art. 2. Pour l'avenir la transmission limitée à deux degrés, à partir du premier titulaire, n'aura lieu qu'en faveur des appelés déjà nés ou conçus lors de la promulgation de la présente loi.

S'il n'existe pas d'appelés à cette époque, ou si ceux qui existaient décèdent avant l'ouverture de leur droit, les biens des majorats deviendront immédiatement libres entre les mains du possesseur.

Art. 3. Pendant une année, à partir de la promulgation de la présente loi, lorsqu'une saisie sera pratiquée sur les biens devenus libres en vertu de l'article précédent, les juges pourront toujours, quelle que soit la nature du titre, appliquer l'article 1244 du Code civil et surseoir aux poursuites ultérieures pendant le délai qu'ils détermineront.

Art. 4. Il n'est rien innové quant au droit spécial de révocation conféré au fondateur par l'art. 3 de la loi du 12 mai 1835.

Art. 5. Dans les cas prévus par les articles 1, 2 et 4 de la présente loi, le ministre de la justice statuera sur les demandes en radiation, soit de la transcription hypothécaire, soit de l'annotation spéciale d'immobilisation des rentes sur l'État ou des actions de la Banque de France. Sur son refus, les parties intéressées pourront se pourvoir devant les tribunaux ordinaires, qui statueront définitivement.

Art. 6. Sont abrogées, relativement aux majorats de

biens particuliers, les dispositions du décret du 1.ᵣ mars 1808, art. 6, et du décret du 4 juin 1809, relatives à la retenue et à la capitalisation du dixième du revenu des rentes sur l'État ou des actions de la Banque.

Art. 7. La mutation par décès d'un majorat de biens particuliers donnera ouverture au droit de transmission de propriété en ligne directe.

La taxe d'un cinquième d'une année de revenu, établie par le décret du 4 mai 1809, est abolie pour l'avenir.

Il ne sera perçu qu'un droit de transmission d'usufruit mobilier sur la pension de la veuve.

Art. 8. La loi du 17 mai 1826 sur les substitutions est abrogée.

Art. 9. Les substitutions déjà établies sont maintenues au profit de tous les appelés nés ou conçus lors de la promulgation de la présente loi.

Lorsqu'une substitution sera recueillie par un ou plusieurs des appelés dont il vient d'être parlé, elle profitera à tous les autres appelés du même degré ou à leurs représentants, quelle que soit l'époque où leur existence aura commencé.

Après le coup d'état du 2 décembre 1851, une nouvelle Constitution fut octroyée le 15 janvier 1852, et après sa promulgation Louis-Napoléon, Président de la République, rendit le décret suivant :

République Française.

Au nom du Peuple Français.

Louis-Napoléon,

Président de la République,

Sur le Rapport du Garde des Sceaux, Ministre de la Justice,

Décrète :

Art. 1.ᵉʳ Le décret du Gouvernement Provisoire, en date du 29 février 1848, concernant les anciens titres de Noblesse est abrogé.

Art. 2. Le Garde des Sceaux, Ministre de la Justice est chargé de l'exécution du présent décret.

Fait au Palais des Tuileries, le 24 janvier 1852.

LOUIS-NAPOLÉON.

Le Garde des Sceaux, Ministre de la Justice,

ABATUCCI.

Ce décret replaça la Noblesse dans la situation où elle était avant la révolution de 1848.

CHAPITRE XV.

RÈGNE DE NAPOLÉON III,

DU 2 DÉCEMBRE 1852 AU 31 JUILLET 1858.

SOMMAIRE :

Dispositions réglant les Titres et les Rangs de la Famille de l'Empereur. — Pétition adressée au Sénat par M. Voysin de Gartempe. — Rapport de M. le Président Delangle sur cette Pétition. — Renvoi de cette Pétition au Ministre d'État et au Ministre de la Justice. — Le maréchal Pélissier élevé à la dignité de Duc de Malakoff. — Projet de loi qui affecte une dotation annuelle de 100,000 fr. au Duc de Malakoff. — Exposé des motifs de ce projet de loi. — Rapport de la commission du Corps Législatif chargée d'examiner ce projet de loi. — Adoption unanime de ce projet de loi par le Corps législatif et par le Sénat. — Texte de la loi. — Rapport du Ministre de la Justice à l'Empereur, sur le rétablissement des dispositions pénales applicables à l'usurpation des Titres de Noblesse. — Projet de loi y relatif. — Exposé des motifs. — Rapport de la commission chargée d'examiner ce projet de loi. — Adoption de la loi. — Son texte. — Circulaires administratives pour son exécution.

Le fils aîné de l'Empereur porte le titre de Prince Impérial (1).

---

(1) Article 6, du Sénatus-Consulte du 25-30 Décembre 1852.

L'Empereur a pleine autorité sur tous les membres de sa famille; il règle leurs devoirs et leurs obligations par des statuts qui ont force de loi (1).

Voici les noms des Princes et Princesses de la Famille de l'Empereur ayant rang à la Cour.

S. A. le Prince Louis-Lucien BONAPARTE.

S. A. le Prince Pierre-Napoléon BONAPARTE.

S. A. le Prince Lucien MURAT.

S. A. le Prince Joseph BONAPARTE.

S. A. le Prince Joachim MURAT.

S. A. le Prince Napoléon Charles BONAPARTE.

S. A. la Princesse BACIOCCHI.

S. A. la Princesse Lucien MURAT.

S. A. la Princesse Joachim MURAT.

S. A. la Princesse Napoléon-Charles BONAPARTE.

Les fils des frères et sœurs de l'Empereur Napoléon I.er qui ne font pas partie de la Famille Impériale, portent les titres de Prince et d'Altesse avec leur nom de famille.

A la seconde génération, les fils aînés seuls portent les titres de Prince et d'Altesse; les autres n'ont que le titre de Prince.

Les filles des Princes, parents de l'Empereur, jouissent, jusqu'à leur mariage, du titre de Princesse; mais lorsqu'elles sont mariées, elles portent le nom seul et les titres de leurs maris, à moins de décision spéciale contraire.

Les Princesses de la Famille de l'Empereur, mariées à des particuliers français ou étrangers, n'ont d'autre rang à la Cour que celui de leurs maris.

---

(1) Article 6 du Sénatus-Consulte du 7-10 Novembre 1852.

M. Voysin de Gartempe a adressé au Sénat une pétition, dans laquelle il demande qu'on rétablisse l'ancienne diposition du Code Pénal, d'après laquelle l'usurpation de Titre Nobiliaire était punie d'un emprisonnement de six mois à deux ans, il demande de plus, que nul ne puisse s'attribuer un titre nobiliaire, si préalablement il n'a formé le majorat afférant à ce titre, conformément aux ordonnances des 10 février 1824 et 21 juin 1829.

Le rapport de cette pétition fut fait au Sénat par M. le Président Delangle, au nom de la première Commission des Pétitions (1), dans la séance du 28 février 1855. Cette pétition par le nom de son auteur et surtout par son but, devait fixer et a fixé, en effet, l'attention de la commission. Elle est l'œuvre d'un ancien magistrat, homme honorable et grave, et la question qu'elle soulève touche de près à ce problème de la reconstitution du pouvoir en France.

Le plan de notre Ouvrage, ne nous laisse pas suffisamment d'espace, pour que nous donnions en entier le Rapport de M. le Président Delangle qui est très étendu, mais nous allons en citer plusieurs fragments.

« Est-il bon, utile, conforme à l'esprit d'une monar-
» chie héréditaire, que des titres soient attachés à des
» noms, transmissibles avec eux, héréditaires dans les
» familles? Ces distinctions répugnent-elles au génie et

---

(1) Cette Commission était composée de MM. Berger, Mimerel (de. Roubaix), le comte Le Marois, le général marquis de Grouchy, Larabit, S. Exc. le maréchal comte Vaillant, le comte de Casabianca, Manuel (de la Nièvre), le Président Delangle, de Thorigny.

» aux mœurs de la France? Est-il juste et politique
» de protéger ces distinctions et ces Titres contre l'usur-
» pation et contre le discrédit qu'elle doit produire à
» la longue? »

« Tels sont les points dont la pétition provoque
» l'examen. »

« La France est monarchique par le fond même de
» ses idées, de ses instincts, pour ainsi dire. Les évé-
» nements contemporains l'attestent plus hautement
» encore que son passé historique. Chaque fois, en
» effet, qu'assaillie par la tempête et secouée jusque
» dans sa base, la société française a voulu éviter les
» abimes ou s'en arracher, c'est au pouvoir d'un seul
» qu'elle s'est confiée, c'est dans les bras de la monar-
» chie qu'elle est venue se jeter. Jamais cette ten-
» dance conservatrice ne s'est révélée avec plus d'éclat
» et de puissance que dans les faits mêmes qui vien-
» nent de s'accomplir sous nos yeux, dans ces votes
» unanimes qui, au lendemain d'une révolution répu-
» blicaine, sacraient d'avance, en l'appelant au pou-
» voir, le nom qui personnifiait par excellence l'idée de
» l'autorité monarchique. »

« En même temps, et par un contraste qui tient au
» caractère de la nation, il est peu de pays au monde
» où les sentiments démocratiques exercent un empire
» plus réel. Le principe de l'égalité devant la loi n'est
» pas seulement inscrit dans les Codes, il est écrit dans
» les cœurs; il forme le fond de nos mœurs politiques
» aussi bien que de nos institutions sociales. »

« Cette inconséquence, ou, si on l'aime mieux, cette
» contradiction de nos idées et de notre caractère natio-

» nal se manifeste tout aussi visiblement en ce qui tou-
» che les Titres Nobiliaires. On en parle avec dédain,
» sinon avec mépris, et l'on en est avide. Le regret de
» n'avoir pas reçu de sa naissance le droit d'en porter
» est presque toujours le mobile des sarcasmes qu'ils
» inspirent. A part même l'illustration ancienne ou
» récente du nom qu'il accompagne, un Titre donne
» droit, chez nous, à la considération et à une sorte de
» respect; à mérite égal, il constitue une supériorité et
» une cause de préférence. Aussi l'ambition et l'intérêt
» l'usurpent-ils autant et plus que la vanité elle-même. »

« Telle est la France, incontestablement monarchique
» et démocratique tout à la fois, frondant et enviant les
» distinctions et les Titres. »

« Il ne s'agit pas de la blesser dans son amour de
» l'égalité, en ranimant la féodalité avec ses priviléges
» injustes et oppressifs; une entreprise de ce genre se-
» rait insensée et rencontrerait un invincible obstacle
» dans l'esprit de notre société moderne. Mais rien de
» semblable n'est à craindre du rétablissement d'une loi
» bannie de nos Codes depuis vingt-deux ans à peine,
» et dont l'unique résultat, comme l'unique but, serait
» d'entourer de respect des titres respectables, qu'ils
» aient été légués par le passé ou conférés par la volonté
» du Prince. Une telle loi n'offenserait ni un intérêt ni
» un préjugé; elle ferait justice de prétentions ridicules
» ou coupables, et il est permis de croire qu'elle ne ren-
» contrerait dans le sentiment public aucune résis-
» tance. »

« Quelle que fût l'ardeur des opinions en 1790, il
» ne vint à la pensée de personne d'effacer de l'histoire

» de la France tous les souvenirs qui se rattachaient à
» la féodalité et de faire subir à la Noblesse, après le
» sacrifice de ses privilèges et de ses droits, celui des
» noms qu'elle avait illustrés dans cent batailles au
» service de la Royauté, non plus que des titres qui,
» liés à ces noms, s'y étaient en quelque sorte incorporés
» et en rehaussaient l'éclat. Quand le titre de Roi était
» maintenu, quand, malgré les profondes modifications
» imprimées à l'ancienne constitution française, la
» Royauté était encore la clef de voûte de l'édifice poli-
» tique et social, il semblait impossible, sans incon-
» séquence, de supprimer les titres de duc, de marquis,
» de comte, de baron, car la Royauté les résumait en
» elle ; ils étaient comme les fleurons de sa couronne. »

« Mais la pente était glissante, et le moment était
» proche où l'Assemblée constituante, cédant à des
» entraînements irréfléchis, et dominée, à son insu
» peut-être, par des passions qu'elle ne partageait pas,
» elle allait détruire une à une les pièces encore debout
» de l'édifice monarchique et livrer la Royauté sans
» garanties et sans défense à ses implacables ennemis. »

« Ce ne fut pas sans résistance que les lois contre la
» noblesse prirent place dans la législation de 1790.
» Les esprits prévoyants, ceux qui voulaient arrêter la
» révolution sur la pente qui les conduisait aux abîmes,
» ne se trompaient pas sur leur caractère et sur leurs
» conséquences, c'était la Royauté qu'on attaquait, avant
» de la détruire, dans la personne de la Noblesse. »

Après avoir rappelé les précédents sous le Consulat, l'Empire, la Restauration, et le Gouvernement de Juillet, M. le président Delangle, observe qu'un fait général s'en dégage comme une loi et comme une vérité, et il continue ainsi :

« Les Titres sont foulés au pieds, voués au mépris
» et à la proscription, lorsque la Royauté, en butte
» à des attaques passionnées, touche elle-même à la
» proscription et à la ruine. Ils se relèvent avec la
» monarchie, comme s'ils étaient indissolublement liés
» l'un à l'autre et soumis aux mêmes vicissitudes. C'est
» l'instinct de la Royauté de les rétablir avec elle : sans
» eux l'édifice n'est pas complet; et s'il arrive un jour
» qu'elle les abandonne et cesse de réclamer pour eux
» la protection des lois, c'est que, manquant à la loi
» qui lui est propre, elle cède au courant des pas-
» sions qui la menacent elle-même, c'est qu'elle ne
» comprend plus que, lorsqu'elle aura déserté ses
» appuis naturels, elle devra être emportée sans résis-
» tance par un souffle de la tempête. »

« Ce qu'on doit conclure de là, ce n'est pas assu-
» rément qu'il faut arracher le passé à la tombe, ren-
» dre aux institutions féodales la société française, et
» reconstituer parmi nous une Aristocratie avec ses
» substitutions à l'infini et ses droits de primogéniture :
» tout cela a vécu, c'est de l'histoire; les sociétés mo-
» dernes appartiennent à d'autres principes. Mais on
» en doit tirer cet enseignement, que Noblesse et Mo-
» narchie sont corrélatives; qu'il ne peut exister de
» Noblesse sans Titres; que, sous peine d'affaiblir du
» même coup et la Noblesse et la Monarchie, il faut
» protéger ces Titres et les faire respecter; que, s'il se
» présente un moyen d'atteindre ce but, il faut s'en
» emparer. »

« La pétition offre-t-elle ce moyen? Examinons.

» L'article 259 du Code pénal a succombé, comme
» vous l'avez vu., sous ces deux objections : la pre-
» mière, que les écarts de la vanité ne doivent relever
» que de la satire, et qu'il serait étrange d'appliquer
» aux usurpateurs de Titres une sévérité que l'ancien
» régime n'a pas connue; la seconde, tirée du danger,
» des embarras au moins, que pourrait susciter à
» l'ancienne Noblesse l'obligation de représenter des
» Titres que tant de causes accumulées, le temps, le
» hasard, les révolutions, ont pu détruire. Ajoutez
» quelques phrases obligées sur la révolution de 1789,
» sur les bienfaits de l'égalité, la nécessité de la main-
» tenir, les périls inhérents à l'Aristocratie, et vous avez
» la substance entière des discussions agitées en 1832. »

« Comment de telles raisons ont-elles déterminé des
» esprits sérieux à modifier la législation existante?
» Il est difficile de le comprendre. »

« Est-ce, d'abord, qu'en supposant que la vanité
» seule inspire et détermine l'usurpation des Titres Nobi-
» liaires, il est possible dans un État bien réglé, et
» quand l'existence de la Noblesse est consacrée par la
» Constitution elle-même, est-ce qu'il est possible que
» le premier venu puisse, à son gré, s'affubler de Titres
» auxquels il n'a pas droit; que pour satisfaire à des con-
» venances prétendues de famille, de fortune, de posi-
» tion, sans autre règle que son caprice, il s'intitule ba-
» ron, comte, marquis? Est-ce que l'ordre public ne
» proteste pas contre un tel scandale? »

« Que la Noblesse apparaisse comme le prix du cou-
» rage, des services rendus à la patrie, du devoir poussé

» jusqu'au sacrifice; que l'espoir de la conquérir excite
» et soutienne l'émulation, une telle idée mérite faveur,
» elle profite à la société. Mais que les titres soient lais-
» sés en pâture à l'intrigue et à la sottise, l'intérêt public
» et l'intérêt privé s'en offensent également. C'est un mal
» d'avilir ce qui peut servir de but et de récompense à
» de généreux efforts; et l'espèce du bourgeois-gentil-
» homme n'est pas, après tout, si précieuse, qu'il faille
» s'efforcer de la perpétuer. »

« Mais n'est-il donc jamais arrivé, et n'arrive-t-il pas
» encore aujourd'hui, que de hardis aventuriers péné-
» trent sous un éclat d'emprunt dans un monde pour
» lequel ils ne sont pas nés; qu'ils se mêlent audacieu-
» sement à la population des grandes villes, s'imposent
» à une société trop facile et souvent trop crédule, et
» qu'ils y portent le désordre et la ruine? Et l'impunité
» qu'ils obtiennent, ce n'est pas, quoi qu'on en dise,
» l'indifférence des mœurs qui la leur garantit, c'est
» l'impuissance de la répression. Eh bien! à ce point
» de vue, est-ce qu'il est bon, est-ce qu'il est moral
» que la loi n'arrête pas des fraudes où la vanité a sou-
» vent moins de part que le calcul ou l'intérêt ? »

« Que personne, au reste, ne croie qu'en appelant
» sur l'usurpation des Titres une répression pénale, le
» Code de 1810 a fait une innovation. Tout le monde
» l'a répété, après M. de la Fayette, en 1832; tout le
» monde s'est trompé. Autrefois, comme en 1810, les
» Titres Nobiliaires étaient protégés par les lois. »

« Eh! qui pourrait imaginer que sous un régime où
» la Noblesse constituait un Ordre dans l'État, quand
» des immunités et des priviléges de tout genre s'atta-

» chaient à ses titres, elle fut livrée sans défense au
» danger des intrusions? Aussi, dans la législation du
» siècle de Louis XIV (il n'est pas besoin de remonter
» plus haut), une protestation éclate à chaque page,
» pour ainsi dire, contre l'assertion si facilement ac-
» cueillie que l'impunité la plus complète était accordée
» à l'usurpation. De 1635 à 1696, six édits ont été
» rendus, prescrivant la recherche des faux nobles dans
» la province de Normandie, dans celle de la Bretagne,
» après deux réformations, en 1426 et en 1555, dans
» le ressort des cours des aides, dans le royaume entier,
» imposant à quiconque se parait des titres de chevalier,
» d'écuyer, de vicomte, l'obligation de faire preuve de
» noblesse depuis l'année 1560. »

« Sous Louis XV lui-même, les perquisitions ne
» cessent pas, et ce n'est qu'aux approches de la révo-
» lution française, alors que les souffles de l'orage se
» font sentir, que le Gouvernement suspend des mesures
» dont l'utilité va disparaître. »

« La peine, il est vrai, n'était pas une peine corpo-
» relle, mais elle suffisait, la radiation du titre prévenait
» le retour du délit. »

« Faut-il maintenant se préoccuper de cette crainte,
» manifestée dans les deux Chambres en 1832, que la
» disposition de l'article 259 pouvait devenir pour la
» noblesse ancienne un danger? Le droit conféré par
» les Chartes de 1814 et de 1830 à la Noblesse ancienne
» de reprendre ses titres est à l'abri de toute atteinte.
» Personne ne le nie, personne ne songerait à ruser
» pour le diminuer ou le détruire. Non, tous ces noms
» aussi vieux que la monarchie, et dont les titres sont

» mêlés aux souvenirs les plus glorieux de nos annales,
» n'ont pas moins droit au respect et à la protection
» que les noms nouveaux illustrés par la victoire, par
» la science, par la reconnaissance du pays. »

« Si les titres sont perdus, ce que peuvent expliquer
» tant de causes ignorées ou connues, la possession
» appuyée par les actes de famille y suppléera. C'était
» la règle adoptée sous l'ancien régime; on la suivra
» sous le nouveau. Il est naturel, il est juste qu'en auto-
» risant la noblesse à reprendre ses titres, on lui rende
» la prérogative que lui conférait la loi du temps, de
» prouver par la possession la légitimité de ses préten-
» tions; et on peut-être assuré qu'aujourd'hui comme
» alors la preuve n'embarrasserait que les usurpateurs. »

« Mais que servirait-il d'insister sur ces réfutations?
» Ce n'est pas dans ces détails que gît l'intérêt de la
» question; c'est dans l'état présent des faits, dans les
» droits et les devoirs qui en sont nés, c'est dans le
» principe même du gouvernement impérial qu'il faut
» chercher une solution. »

« Quand Napoléon I.er créait des titres et instituait
» des majorats, il n'était pas dominé par cette pensée
» étroite et vulgaire que lui ont prêtée quelques his-
» toriens, d'entourer d'une sorte de décoration un trône
» que sa gloire et son éclat personnels illustraient assez
» aux yeux du monde entier. Il voulait, comme il est
» exprimé dans le préambule de l'un des décrets de
» 1806, donner au courage militaire, aux services et
» aux vertus civiles de magnifiques récompenses; il
» voulait les attacher au trône par le plus puissant des
» liens, la solidarité d'un honneur et d'une gloire pour

» ainsi dire communs, et par les majorats enchaîner
» leurs descendants aux mêmes devoirs, aux mêmes
» vertus, à la même fidélité. Il obéissait en cela à la
» loi impérieuse de la monarchie, telle qu'elle est con-
» sacrée par l'exemple de l'Europe monarchique tout
» entière. Eh bien! la monarchie Impériale abattue en
» 1815 s'est relevée de ses ruines; les institutions
» qu'elle avait créées revivent avec éclat! Pourquoi
» hésiterait-on à rétablir ce qui, dans la pensée de
» l'Empereur, en était le corollaire et la sanction,
» l'article 259 du Code pénal de 1810? Tout le
» monde reconnaissait en 1832, M. de la Fayette en
» tête, qu'appliqué aux titres impériaux l'article 259
» était logique, utile, facile en son exécution! Quel
» obstacle donc ou quel scrupule peut s'opposer à ce
» que la législation de l'Empire renaisse avec les droits
» qu'elle avait mission de défendre? Est-ce qu'en pre-
» nant le titre de Napoléon III, l'Empereur ne s'est pas
» engagé à reconstruire l'édifice en l'améliorant? »

« Qu'arrive-t-il autrement? La Noblesse ancienne est
» rétablie; la nouvelle conserve ses Titres; l'Empereur,
» supposons cela, fait des Nobles et leur confère des
» Titres à son gré. Et le premier venu sera libre de
» s'arroger cet attribut du pouvoir souverain, sans avoir
» à compter, comme on disait si agréablement en 1832,
» avec un autre juge que Molière! Qui donc ne sent
» pas qu'une telle usurpation blesse du même coup le
» souverain, dont le pouvoir est méprisé si l'usurpation
» n'est pas punie, et la Noblesse, que discréditent et
» déconsidèrent inévitablement les intrusions effrontées
» que favorise la certitude de l'impunité? Évidemment,

» s'il suffit d'un caprice de la volonté pour s'annoblir,
» c'en est fait des distinctions Nobiliaires. A part un
» petit nombre de noms historiques, il devient impos-
» sible de distinguer le faux du vrai; les Titres s'avilis-
» sent, et avec eux la monarchie, dont les prérogatives
» sont violées sans que rien puisse arrêter et punir
» l'outrage. »

« Et ce qui aggrave ce mal sous un pouvoir monar-
» chique, c'est le souvenir de la discussion de 1832.
» Il n'est pas permis d'oublier, en effet, que l'auteur de
» l'amendement et ceux qui l'ont adopté s'étaient sur-
» tout proposé d'abaisser et d'effacer ce qui restait à
» l'ancienne Aristocratie et d'annuler le droit que la
» Constitution donnait au souverain de faire des Nobles
» à volonté. »

« Qu'après avoir aboli la Noblesse, l'Assemblée con-
» stituante ait aboli les Titres, qu'elle ait même proscrit
» les noms consacrés par l'histoire et condamné ceux
» qui les avaient reçus de leurs ancêtres à les cacher,
» sous peine d'amende et de dégradation civique; qu'elle
» ait étendu sa sévérité aux huissiers, aux notaires,
» préposés de l'enregistrement.... tout cela est excessif,
» déraisonnable, absurde; mais la logique n'a point à
» s'offenser de ces violences. A ce moment, la Royauté
» n'est plus qu'un nom; la république frappe à sa porte:
» il est simple que la Noblesse et ses Titres lui soient
» offerts en holocauste. C'est l'avant-garde qui suc-
» combe. »

« De même encore, qu'un gouvernement embarrassé
» de son origine, qui s'efface et s'humilie pour se faire
» accepter, et qui, cédant aux idées d'égalité absolue

» chères à la multitude, immole à l'envie et à la vanité,
» mal déguisées sous des opinions populaires, des dis-
» tinctions et des Titres respectés par les siècles, il ne
» faut pas s'en étonner. Ce gouvernement n'est pas une
» monarchie: c'est une halte dans la route qui conduit
» à la république; c'est comme on parlait en 1832, un
» Trône entouré d'institutions républicaines. »

« Mais que sous un gouvernement fort, sûr de son
» droit, affirmant son principe et son but, plantant fiè-
» rement, aux acclamations de la nation entière, le dra-
» peau de la monarchie sur les ruines d'une république
» impossible, on délaisse des intérêts dont le maintien
» importe à la monarchie elle-même, une telle chose est
» intolérable, impolitique, impossible ! »

« Un rapprochement tiré de la loi même vient éclai-
» rer d'un nouveau jour la discussion de 1832. A côté
» des titres que l'amendement laissait sans protection,
» il y en avait un autre de même origine, inspiré par
» la même pensée, se rattachant comme eux à l'éta-
» blissement de l'Empire : la décoration de la Légion
» d'Honneur. On maintient la défense de la porter sans
» en avoir le droit. Pourquoi? sinon parce que laisser
» l'usurpation impunie, c'était exposer à l'avilissement
» un signe respecté, parce qu'on ne pouvait se dissi-
» muler que ceux-là surtout profiteraient de l'indul-
» gence de la loi qui seraient indignes de toucher à
» cet emblème glorieux.... On fait plus, on maintient
» les dispositions qui, sous les mêmes peines interdi-
» sent de porter publiquement un uniforme, un cos-
» tume, celui d'avocat, d'avoué, ou tout autre déter-
» miné par la loi.... Et les Titres de Noblesse, ces

» Titres que la Charte maintient et que le Roi seul
» peut conférer, on en permet l'usurpation! Ceci juge
» la question. Il est manifeste que l'amendement de
» 1832 est de la même famille que la proposition Lam-
» bel en 1790 : c'est une inspiration révolutionnaire,
» anti-monarchique du moins, et dont, au nom de la
» morale, de l'ordre et de l'honnêteté publics, au nom
» des institutions qui régissent la France, il faut s'em-
» presser d'effacer la trace. C'est le devoir des gouver-
» nements légitimes, et où trouver une légitimité plus
» glorieuse et plus vraie que celle qui dérive de la
» confiance et de la force? de ramener la subordina-
» tion dans les esprits, d'imposer le respect de tout
» ce qui doit être respecté, de ne rien tolérer qui
» contrarie son principe et son but. »

« La pétition a un second objet. Le pétitionnaire
» demande que nul désormais ne puisse porter un Titre
» Nobiliaire sans qu'il existe un majorat. Ce vœu repro-
» duit expressément l'article 4 du décret du 1.er mars
» 1808. »

« Cette partie de la pétition soulève des questions
» graves et difficiles. »

« L'état des fortunes en France, l'état même du sol,
» comporte-t-il l'érection de nouveaux majorats? »

« Est-ce une institution compatible avec les mœurs,
» les goûts, les intérêts actuels du pays? »

« Convient-il, après les modifications successivement
» apportées par la législation et par les actes de l'auto-
» rité supérieure au décret du 1.er mars 1808, d'en
» raviver les prescriptions et d'en exiger la stricte exé-
» cution de la Noblesse impériale? »

« Serait-il possible que, sans encourir le reproche
» de rétroactivité, on imposât à la Noblesse ancienne
» une charge qui n'a pas été la loi de son institution?
» Et si sa condition originaire ne peut être changée,
» est-il politique, est-il juste que la Noblesse impériale
» se trouve dans une situation moins favorisée? »

« Est-il utile enfin que, conformément à l'article 27
» du décret du 1.er mars, les citoyens qui se recom-
» mandent par leur famille, leur moralité, leur dévoue-
» ment à la bienveillance du Gouvernement, soient
» admis à constituer, même sans Titre, des majorats et à
» s'enchaîner par un lien étroit aux destins de l'Empire?»

« Ce sont là, nous le répétons, des questions graves
» et délicates. La Commission a pensé qu'il n'y avait
» pas d'intérêt actuel à les discuter et qu'il suffirait de
» les recommander à l'attention du Gouvernement. »

La Commission a proposé le renvoi de la pétition au Garde des Sceaux et au Ministre d'État.

Après une discussion à laquelle ont pris part S. Exc. le maréchal comte Baraguay d'Hilliers, M. le baron Dupin, S. Exc. le Président du Conseil d'État, S. Em. le cardinal Donnet, le Rapporteur et M. le marquis de Boissy, le Sénat, conformément aux conclusions de sa Commission, a prononcé le renvoi de cette pétition au Ministre d'État et au Garde des Sceaux Ministre de la Justice (1).

Le 22 juillet 1856, l'Empereur confère au maréchal Pélissier la dignité de Duc de Malakoff; peu de temps

---

(1) *Moniteur universel* du 1.er Mars 1855.

après, un projet de loi fut envoyé au Corps Législatif pour affecter à ce titre une dotation de 100,000 fr. de rente, en voici l'exposé des motifs, suivi du Rapport de la commission chargée d'examiner ce projet de loi.

Exposé des motifs d'un projet de loi accordant une dotation de 100,000 fr. de rente au maréchal Pélissier, duc de Malakoff (1).

Messieurs, l'Empereur, par un décret du 22 juillet dernier, a conféré au maréchal Pélissier le titre héréditaire de duc de Malakoff. Une note insérée dans la partie officielle du *Moniteur*, a fait connaître à la France l'éminente distinction accordée au commandant en chef de l'armée d'Orient, et, en même temps, annoncé qu'une loi serait présentée au corps législatif pour affecter au titre de duc de Malakoff une dotation de 100,000 fr. de rente. Nous réalisons aujourd'hui cette promesse solennelle, accueillie avec faveur par tous ceux que la gloire militaire et les grands services rendus à la patrie ne laissent pas insensibles.

Les services qui ont signalé la longue et brillante carrière du maréchal Pélissier sont devenus si populaires que nous n'avons pas besoin de les rappeler, et, pour ainsi dire de les peser un à un, afin d'apprécier leur valeur et la récompense qu'ils méritent. Ce n'est point ainsi, d'ailleurs, que procède une grande nation au moment de donner un témoignage de reconnaissance à l'homme qui a honoré son drapeau et fait triompher ses armes.

---

(1) Corps législatif, séance du 17 Février 1857.

Le maréchal Pélissier a eu l'insigne honneur de commander en chef notre armée d'Orient et de terminer glorieusement une grande guerre, commencée et poursuivie avec tant d'éclat.

L'histoire attachera son nom à la prise de Sébastopol; consacrant ainsi et le titre que l'Empereur lui a donné et la récompense qui doit en soutenir l'illustration. Mais elle confondra dans son admiration l'intelligente énergie du général et le courage héroïque et patient de ses soldats. La France les réunit aussi dans sa reconnaissance, elle verra comme vous dans le vote du projet de loi un hommage rendu en même temps au maréchal Pélissier et à l'armée d'Orient.

Le projet de loi déclare la dotation héréditaire comme le titre même de duc de Malakoff. Vous reconnaitrez, nous n'en doutons pas, que la transmissibilité de l'une est la conséquence nécessaire de la transmissibilité de l'autre.

Lorsque l'Empereur Napoléon I.er donnait à ses maréchaux le nom des batailles qu'ils avaient gagnées ou auxquelles ils avaient pris une part éclatante, il voulait à la fois transmettre à la postérité la mémoire de leurs grandes actions, et personnifier, pour ainsi dire, les victoires qui ont immortalisé son règne. Telle a été aussi la pensée de Napoléon III, quand il a donné au commandant en chef de l'armée de Crimée un Titre qui rappelle un grand fait militaire accompli par l'armée française. Un nom auquel est ainsi attachée une double illustration, doit conserver son éclat dans l'avenir comme dans le présent. N'éprouverait-on pas un sentiment douloureux, et ne serait-on pas offensé dans son patriotisme, en voyant s'affaiblir ou s'effacer le prestige d'un grand nom chez ceux qui doivent rester comme les souvenirs vivants d'une gloire nationale.

Une pareille récompense décernée par la loi ayant par cela même un caractère exceptionnel, accordée non-seulement à un homme, mais encore à ceux qui, de générations en générations, doivent porter son nom, est sans doute la plus grande qu'un citoyen puisse recevoir. Elle honore celui qui en est l'objet, et devient une cause d'émulation d'autant plus puissante, qu'elle répond aux sentiments les plus vifs et les plus profonds de cœur de l'homme, quelque désintéressé qu'il soit par lui-même. Elle ne blesse pas, du reste, ces grands principes d'égalité qui forment la base de notre société, car la reconnaissance nationale est ouverte également à tous ceux qui rendront, comme le maréchal Pélissier, de glorieux services à la France. Ne nous est-il pas permis d'ajouter que le maréchal Pélissier et les distinctions qu'il laissera après lui à ses descendants sont une éclatante manifestation de ces principes? Sorti des rangs du peuple, il s'est élevé de grade en grade à la plus haute dignité militaire, maréchal de France, sénateur, duc, il montre, par un grand exemple, que les dignités et les honneurs appartiennent parmi nous à ceux qui savent les mériter par leur dévouement, leur courage et leurs talents, et qui, dans ces carrières où l'on ne rencontre guère la fortune, on peut compter, quand on les a parcourues avec gloire, sur la munificence de son pays.

Nous espérons que le Corps Législatif, s'associant à la pensée généreuse qui a dicté les dispositions du projet de loi, n'hésitera pas à les adopter, et qu'il décernera, après la paix, au commandant en chef de l'armée d'Orient, une récompense nationale, avec la même unanimité qu'il a montrée toutes les fois que, pendant la guerre, le Gouvernement de l'Empereur s'est adressé à son patriotisme.

Signé à la minute : Camille Godelle, ministre d'État, rapporteur; A. de la Guérronnière, conseiller d'État; J. Gace, conseiller d'État.

Rapport fait par M. Rigaud, député au Corps législatif, au nom de la Commission (1) *chargée d'examiner le projet de loi tendant à accorder au maréchal Pélissier, duc de Malakoff, une dotation annuelle de 100,000 fr.* (2).

Messieurs, à trois reprises différentes, dans le cours de ces dernières années, l'Empereur a fait un appel à notre patriotisme, en nous demandant de lui fournir les subsides nécessaires pour soutenir la guerre qu'il avait commencée.

Notre concours ne lui a jamais fait défaut, et dans les épreuves difficiles que nous avons eues à traverser, cette union intime de la nation et de son chef n'a pas été le moindre élément de notre force.

---

(1) Cette commission était composée de M. le général Meslin, président, le vicomte Clary, secrétaire, Vernier, Latour-du-Moulin, Lélut, Rigaud, de Romeuf.

Les Conseillers d'État Commissaires du Gouvernement, chargés de soutenir la discussion du projet de loi, étaient MM. Godelle et le vicomte de la Guéronnière.

(2) Corps législatif, séance du 2 Mai 1857.

Aujourd'hui la lutte est finie. A la suite d'un des plus beaux exploits dont puisse s'honorer la valeur française, une paix glorieuse a été signée; et ce que la France a gagné à cette guerre, c'est d'avoir montré au monde sa justice, sa puissance et sa modération, résultat plus précieux que des conquêtes pour l'honneur d'un règne, et la stabilité d'un empire.

Cependant nous avons des devoirs de reconnaissance à remplir envers tous ceux qui ont concouru aux succès de nos armes, et qui, dans les pénibles labeurs de cette mémorable campagne, ont été aussi grands par leur discipline et leur résignation, qu'au jour de l'action ils ont été grands par leur courage.

Déjà, dans les contrées diverses qu'ils ont traversées à leur retour, nos populations se sont pressées sur leur passage, et les ont salués de leurs plus vives acclamations.

Déjà l'Empereur a choisi au milieu d'eux celui qui les avait commandés, et, pour les tous récompenser en lui, il lui a donné un Titre et un nom empruntés aux lieux où ils avaient combattu et destiné à perpétuer le souvenir de leur triomphe.

C'est maintenant au pays tout entier, par l'organe de ses représentants, d'apporter ses félicitations aux vainqueurs et de leur décerner une couronne.

Nous le ferons en accordant au maréchal Pélissier, duc de Malakoff, la dotation que nous est demandée pour lui et qui lui permettra de soutenir l'éclat de ses dignités et de sa gloire.

La partie du projet de loi qui déclare que la dotation sera héréditaire de mâle en mâle par ordre de primogéniture, pourrait seul vous tenir en instant en suspens. Pour l'accueillir, vous n'aurez qu'à vous pénétrer comme nous des sentiments que doit éprouver une grande nation qui a des services éminents à rémunérer, et qui tient à honneur de s'acquitter de sa dette.

Admettre une dérogation au droit commun, ce n'est ni abroger un principe, ni revenir aux institutions d'un autre âge. On ne verra pas se produire bien souvent des occasions de semblable magnificence, et il se rencontrera peu d'hommes, à qui il soit donné de commander une grande armée en face d'un ennemi formidable, de terminer par un fait d'armes glorieux et décisif une guerre lointaine, coûteuse, menaçant d'avoir une longue durée, et de s'ouvrir ainsi pour son pays l'ère à peine interrompue des douces prospérités de la paix.

Il convient aussi de le reconnaître : toutes les dispositions de la loi se tiennent entre elles, et ne sont que les conséquences naturelles de la pensée première qui l'a inspirée. Quand un Titre et une dotation sont héréditaires, et quand ils sont destinés à transmettre à la postérité un glorieux souvenir, l'hérédité de la fortune ne peut pas se séparer de celle du nom, et, jusqu'à son retour éventuel à l'État, la dotation doit être maintenue dans son intégrité sur une seule tête.

D'ailleurs, Messieurs, croyez-le bien, ces Titres de Noblesse ainsi gagnés sur les champs de bataille, et également accessibles à tous, n'ont rien qui puisse porter ombrage aux véritables instincts du pays, et chacun sait que, sous les transformations brillantes qu'ils ont reçus, les noms de nos vieux généraux ne sont pas demeurés les moins chers à la mémoire du peuple.

Ainsi rien ne s'oppose à l'adoption pure et simple de la loi. Votons-la avec cette unanimité qui a marqué toutes nos résolutions relatives à la guerre; et, au nom de la patrie reconnaissante, offrons-la comme un hommage à celui qui, renouant la chaine du temps, s'est montré le digne continuateur des grandes renommées de l'Empire.

Le 5 mars 1857, les deux articles du projet de loi furent successivement adoptés; au scrutin, l'ensemble du projet fut adopté à l'unanimité de 226 voix, et la proclamation de ce vote unanime fut accueillie avec une vive satisfaction.

Le 14 mars, le Sénat réuni sous la présidence de S. Exc. le premier Président Troplong, a entendu un rapport de M. le maréchal Magnan sur ce projet de loi, des témoignages d'adhésion ont, à plusieurs reprises, été donnés à ce rapport, et à l'unanimité de 116 votans, le Sénat a déclaré ne pas s'opposer à la promulgation de la loi; voici le texte de cette loi :

Loi du 8 mars 1857.

Art. 1.er Une dotation annuelle de cent mille francs (100,000 fr.) est accordée au maréchal Pélissier, duc de Malakoff, en récompense des services éminents qu'il a rendus à la France, comme commandant en chef de l'armée d'Orient, pendant la glorieuse et mémorable campagne de Crimée.

Elle sera transmissible à sa descendance directe légitime de mâle en mâle par ordre de primogéniture, et fera retour à l'État en cas d'extinction.

Art. 2. Cette dotation sera inscrite au grand Livre de

la dette publique, à une section spéciale, avec jouissance à partir du 8 septembre 1855.

Depuis 1814, l'existence parallèle de la Noblesse ancienne et de la nouvelle, n'a cessé, sauf une interruption passagère en 1848, de faire partie de notre droit public. Une des conséquences nécessaires d'une institution de cette nature, c'est que les Titres honorifiques qui en sont le signe apparent, et pour ainsi dire la consécration, ne puissent être portés que par ceux qui y ont droit, et que la loi atteigne et frappe tout usurpateur de Noblesse; telle a été, en effet, presque toujours en France la préoccupation du Législateur. Le vote du Sénat dont nous avons rendu compte l'atteste (1), et depuis le renvoi de la pétition de M. Voysin de Gartempe à deux Ministres, le mal déjà si étendu, paraissait s'être aggravé encore; jamais peut-être la tendance à sortir de sa condition, et à se parer des Titres auxquels on n'a pas droit, ne s'était manifestée d'une manière plus regrettable que depuis ces dernières années; et si ces usurpations de Noblesse prennent le plus souvent leur source dans une ridicule vanité, on ne peut pas s'empêcher de reconnaître qu'elles n'ont, dans bien des cas, d'autre cause que la mauvaise foi, l'intérêt et le calcul.

Il y avait donc à la fois un intérêt politique et une nécessité sociale à opposer comme une digue à ce débordement, et à aviser à rétablir certaines pénalités.

« La solution de ces questions, dit M. Abbatucci, » Garde des Sceaux (2), présente des difficultés dignes

---

(1) Voir page, 302.
(2) Rapport de S. Exc. M. le Garde des Sceaux, ministre de la justice, à l'Empereur, sur le rétablissement des dispositions pénales applicables à l'usurpation des Titres de Noblesse, (daté de Mars 1857).

» des méditations et des études des hommes d'État et
» des Jurisconsultes; elle doit être préparée tout à la fois
» pour raffermir dans le présent les relations sociales,
» dans lesquelles s'introduit de jour en jour un désordre
» plus grand, et pour rendre dans l'avenir à une
» institution inséparable du pouvoir monarchique tout
» son lustre et toute sa sincérité. »

Préoccupé de l'importance de ces considérations l'Empereur voulut que le Conseil d'État fut appelé à en délibérer le plus promptement possible et à formuler un projet de loi.

Embrassant toutes les difficultés du sujet, la Section de Législation s'est empressée de les soumettre à un examen attentif et persévérant; elle s'est arrêtée à un système qui, en même temps qu'il rétablirait une peine contre les usurpateurs de titres de noblesse, déterminerait le mode de constatation et de transmission de ces Titres, règlerait, en cette matière les devoirs des officiers de l'état-civil et étendrait l'application des dispositions de l'article 259 du Code pénal, à tout individu qui modifie sans autorisation, d'une manière quelconque, le nom qui lui attribue son acte de naissance.

Quelle que soit la sagesse et l'utilité de ces dispositions, il est permis de penser qu'elles ne présentent pas un égal caractère de simplicité, d'intérêt et d'urgence. Quelques-unes d'entre elles, celles, par exemple, qui se rattachent au mode de transmission des Titres, seraient peut-être de nature à engager des questions d'attributions constitutionnelles; d'autres, relatives aux simples modifications de noms, touchent à un ordre de faits qui est déjà réglé par la loi et par la jurisprudence (1), et qui n'a pas d'ailleurs une analogie absolue avec l'usurpation d'un Titre ou d'une distinction conférée par le Souverain.

Le Gouvernement pensa que ces divers points pouvaient demeurer réservés sans inconvénient, la solution des difficultés spéciales qu'ils soulèvent ne pouvant, suivant lui, que gagner à être préparée par l'expérience.

Ce qui pouvait de suite se réaliser sans complication et sans difficulté, ce qui répondait à la fois à l'organisation politique du pays et au bon sens public, c'était le rétablissement d'une disposition qui a existé dans nos Codes de 1810 à 1832, et qui n'aurait jamais du en être effacée; c'est une protestation légale contre cette fausse théorie qui tendait à ne voir dans la Noblesse qu'une institution frivole et surannée, dans l'usurpation d'un Titre, qu'un ridicule inoffensif. Il importe, en effet, de maintenir aux Titres qui reposent sur un droit certain le respect et l'inviolabilité que le Gouvernement doit assurer à toute propriété légitime. Dans un pays où le plus humble serviteur de l'État peut s'élever par son mérite personnel jusqu'aux plus hautes distinctions, il faut que la loi protège les Titres légalement conférés ou glorieusement acquis, tout aussi bien qu'elle protège une décoration nationale. Le jour où le décret du Gouvernement provisoire Républicain, qui avait aboli les Titres, a été abrogé (2), le législateur a ressaisi le droit d'ériger en délit, l'usurpation d'un Titre de Noblesse.

---

(1) Loi du 9 Fructidor, an II. — Cour de Cassation, Chambre civile, 13 Janvier 1813. — Cour de Cassation, Chambre des Requêtes, 29 Juin 1825. — Cour d'appel de Gand, 12 Novembre 1840.

(2) Décret du 24 Janvier 1852, voir page 286.

Quant aux preuves du délit, il appartiendrait aux tribunaux de les rechercher et de les apprécier. Une loi de cette nature ne saurait être appliquée qu'avec mesure et prudence. Sa force est moins dans le nombre des condamnations qu'elle entraîne que dans les principes qu'elle pose et dans les scrupules qu'elle éveille (1).

Dans ces circonstances, après s'être éclairé des études faites par la section de législation, le Conseil d'État délibéra et adopta (2) un projet de loi se bornant à rétablir les dispositions pénales de l'article 259 du Code pénal, en voici le texte :

« *Article unique*. — Toute personne qui aura publi-
» quement porté un costume, un uniforme ou une déco-
» ration qui ne lui appartiendrait pas, ou qui se sera
» attribué sans droit un Titre de Noblesse, sera punie
» d'un emprisonnement de six mois à deux ans et d'une
» amende de cinq cents francs à mille francs. »

« Le tribunal pourra ordonner l'insertion intégrale
» ou par extrait du jugement dans les journaux qu'il
» désignera, aux frais du condamné. »

Ce projet de loi fut porté au corps-législatif (3), nous lisons dans l'exposé des motifs les explications suivantes :

« Le rétablissement dans le Code pénal des disposi-
» tions qui punissaient l'usurpation des Titres de Nob-
» lesse est une mesure dont la sagesse et l'utilité ne
» peuvent être contestées. »

---

(1) Rapport fait à l'Empereur par S. Exc. le Garde des Sceaux, Ministre de la Justice, en Février 1858.
(2) Séance du 11 Mars 1858.
(3) Séance du 19 Mars 1858.

« Il n'est ni politique, ni moral, d'abandonner aux
» empiétements de la vanité ou aux entreprises de la
» fraude une institution à laquelle se rattachent les
» grands souvenirs de l'ancienne Monarchie, que les
» gloires de l'Empire ont entourées d'un nouvel éclat,
» et qui s'appuie tout à la fois sur le respect que com-
» mande l'ancienneté des traditions et sur l'obéissance
» qui est due aux actes les plus solennels de la législation
» contemporaine. »

« Ce serait d'ailleurs se faire illusion de croire que
» l'autorité de l'opinion et la puissance des mœurs sont
» assez fortes pour arrêter le désordre. Enhardi par
» l'impunité, il s'accroit chaque jour, et l'action de la
» justice répressive peut seule mettre un frein au nombre
» et à l'audace des usurpations. »

« Animé de cette pensée, le Gouvernement vous pro-
» pose de rendre à l'article 259 du Code pénal, sinon
» la forme, du moins le sens qu'il avait en 1810 et en
» 1816, et qu'une modification improvisée lui a ôté en
» 1832. »

Après avoir passé en revue toutes les phases de la législation en matière de qualifications Nobiliaires depuis 1789, examinant les pensées différentes qui avaient animé les législateurs lors de l'abolition des Titres de Noblesse ou des peines infligées contre leur usurpation en 1790, en 1832 et en 1848; de leur ensemble même l'orateur conclut qu'à toutes les époques les hommes d'État ont reconnu aux Titres de Noblesse une valeur politique considérable, soit qu'ils les aient proscrits, soit qu'ils les aient rétablis ou conservés, en finissant, il s'occupe de l'avenir de la loi, de sa portée et de son exécution. Il s'exprime ainsi :

« Mais cette disposition, si logique et si juste en elle-
» même, ne rencontrera-t-elle point dans l'exécution
» d'insurmontables difficultés? »

« Ceux dont le rétablissement de l'article 259 heurte
» les convictions s'attachent à cette pensée; ils la pré-
» sentent comme une objection devant laquelle doit
» échouer le projet. Envisagée de sang-froid, elle cesse
» d'être effrayante. »

« Il s'agit de délits qui ne lèsent point directement
» les intérêts privés; leur poursuite appartient exclusi-
» vement au ministère public; c'est à lui, et à lui seul,
» à sa prudence, que sera confié le soin de discerner
» les faits dans lesquels se trouveraient réunis tous les
» élémens de la criminalité. Il y a là une première
» garantie contre le danger de poursuites malveillantes
» et d'accusations irréfléchies. »

« Est-il besoin de dire que le projet n'entend point
» confier aux tribunaux de justice répressive, comme
» on a paru le craindre, le soin de procéder à une sorte
» de révision générale de tous les Titres de la Noblesse?
» Aucun esprit sensé ne peut s'arrêter à une pareille
» supposition. »

« Les règles, en cette matière, n'ont pas toujours
» été bien certaines et bien stables, le temps et l'usage
» peuvent en avoir affaibli le souvenir et l'autorité : les
» changemens survenus dans la législation en ont rendu,
» en certains cas, l'application impossible. Il ne serait
» donc ni prudent ni juste de remonter à l'origine de
» possessions plus ou mois anciennes, pour y recher-

» cher des abus et en faire retomber le châtiment sur la
» postérité de ceux qui les auraient commis. »

« Le zèle éclairé des magistrats ne se trompera point
» sur les devoirs qui naîtront pour eux de la loi, ils
» comprendront qu'il doivent poursuivre et punir les
» usurpations flagrantes sur lesquelles il n'y a ni erreur
» ni illusion possibles, dont le jour et l'heure peuvent
» être indiqués, que rien n'explique et ne justifie. »

« Cette distinction si facile à saisir n'est que l'ap-
» plication du principe que, sans intention coupable,
» il n'y a point de criminalité. En même temps qu'elle
» applanit les difficultés d'exécution, elle doit rassurer
» les consciences honnêtes et ne laisser d'inquiétude
» qu'à ceux qui ne peuvent se dissimuler le vice de
» leur possession. »

« Il ne faut pas croire cependant que le droit de
» quiconque n'aura été ni poursuivi, ni condamné,
» sera par cela même reconnu. Posséder légalement
» un Titre, et n'être pas coupable du délit d'usur-
» pation, sont des choses distinctes que ni la loi ni
» la raison ne doivent confondre. C'est par des dispo-
» sitions d'un ordre différent, étrangères à la législa-
» tion pénale, que seraient établies, au besoin, les
» règles relatives à la collation, à la transmission des
» Titres, comme moyen de les constater ou de les faire
» reconnaître. »

« Si dans le passé, de 1808 ou de 1816 à 1831,
» les poursuites ont été rares, il faut s'en féliciter, et
» il faut désirer qu'il en soit de même à l'avenir. Si les
» tribunaux ne sont pas appelés à faire un fréquent
» usage du pouvoir qui va leur être confié, ce sera une

» preuve de son efficacité; c'est parce qu'il aura pro-
» duit une salutaire intimidation et fait cesser en grande
» partie le désordre et le scandale. »

« Dans son état actuel, l'article 259 ne prononce
» que la peine de l'emprisonnement. Le projet y ajoute
» des peines pécuniaires qui souvent seront suffisantes,
» et qui même, dans beaucoup d'occasions, seront le
» châtiment le mieux approprié à la nature et aux cir-
» constances du délit. »

« Le projet donne aussi aux tribunaux la faculté
» d'ordonner l'insertion de leurs jugements dans les
» journaux qu'ils croiront devoir désigner. Cette dis-
» position permettra d'accroître la publicité des con-
» damnations; excellent moyen pour prévenir des délits
» auxquels conduit souvent une coupable vanité. »

« Nous soumettons ces considérations au Corps
» législatif, avec la confiance qu'elles le détermineront
» à adopter le projet de loi que nous avons l'honneur
» de lui présenter. »

Signé : Duvergier, conseiller d'État, rapporteur;
Conti, conseiller d'État;
Baron Sibert de Cornillon, conseiller d'État.

Le corps législatif renvoya le projet de loi à une commission composée de MM. Roques-Salvaza, Président, O'Quin, secrétaire, Faure, Riché, Legrand, du Miral et le comte de Chambrun.

M. du Miral, rapporteur, présenta un très long Rapport (1); où nous remarquons les passages suivants :

---

(1) Séance du 5 Mai 1858.

« Deux motifs, l'un moral, l'autre politique, commandent impérieusement l'adoption du projet de loi. »

« Quelle que soit la valeur ou la nature actuelle des Titres, ils constituent un droit pour les propriétaires légitimes, et, dans un état policé, tous les droits doivent être respectés; l'usurpation ne doit d'ailleurs, dans aucun cas être permise; elle est tout à la fois un désordre et un scandale; cela suffirait pour déterminer à la punir; elle est en outre une atteinte au droit qu'a le Souverain de conférer les Titres qu'on usurpe. Le port illégal d'une décoration décernée par le Prince est justement et logiquement puni; comment pourrait-il être sensé de refuser une protection semblable aux autres distinctions qu'il départit. Le droit de l'Empereur de donner des Titres a pour conséquence nécessaire le châtiment des usurpateurs. C'est méconnaître ce droit, que de lui refuser la sanction pénale sans laquelle il s'efface dans l'impuissance. »

« Non, l'hérédité des distinctions purement honorifiques ne porte aucune atteinte à l'égalité civile et politique, à l'uniformité de la législation, à l'unité nationale, à l'admissibilité de tous aux emplois publics; elles n'aggravent pas sérieusement les inégalités fatales et inévitables qui résultent de la nature et de la civilisation. »

« Notre société, nous en convenons, est démocratique en ce sens qu'aucune barrière immuable ne sépare les personnes, n'immobilise les fortunes, que toutes les classes se mélangent dans une féconde mobilité; mais cette unité complète de la nation et

» cette mobilité de ses éléments sont loin d'exclure
» les distinctions sociales, ni l'amour de ces distinctions. »

« Jamais au contraire, on peut le dire, n'a été plus
» vif et plus universel en France le désir de s'élever.
» Ce n'est pas seulement à la fortune qu'on aspire,
» c'est aussi à la considération, à l'honneur, à l'illus-
» tration, et ces avantages divers c'est moins pour
» soi-même, dans un intérêt égoïste, que pour les
» siens, pour la famille, qu'on s'efforce de les con-
» quérir. »

« C'est le caractère propre des distinctions Nobiliaires
» de s'étendre à la famille de celui qui les obtient, et
» c'est certainement une des causes de la convoitise
» éclatante, notoire, acceptée et encouragée par les
» mœurs, dont elles sont aujourd'hui l'objet. »

« Si cette situation est vraie, et nous la maintenons
» incontestable, n'est-il pas facile de comprendre que
» les distinctions Nobiliaires peuvent être, comme la
» Légion d'Honneur, dans les mains du souverain un
» attribut utile de son pouvoir, et, suivant la profonde
» pensée de Napoléon I.er, un puissant mobile d'ému-
» lation pour le bien de la patrie, une haute récom-
» pense des services, un moyen de rattacher au trône
» et à la dynastie, par une étroite solidarité dans le
» présent et dans l'avenir, des dévouements utiles et
» des influences précieuses? »

« Qu'importe maintenant, au point de vue de leur
» utilité politique ou sociale, que les Titres usités parmi
» nous rappellent des institutions féodales heureuse-
» ment disparues, et ne soient plus qu'une distinction
» nominale? Nous les repousserions s'ils possédaient la

» réalité dont on leur reproche l'absence. La survivance
» de ces dénominations a été le résultat nécessaire de
» la succession des âges, les mœurs et les habitudes
» nouvelles, en les acceptant, en ont suffisamment
» déterminé la signification et la valeur relative. Où
» est la réalité matérielle de la Légion d'Honneur? Le
» Titre qui fait partie du nom et qui se confond avec
» lui, n'est-il pas aussi réel qu'un ruban ou un cordon?
» Les distinctions honorifiques, qu'elle que soit leur
» nature, ne sont-elles pas toujours essentiellement
» conventionnelles? »

« Il faudrait donc admettre le projet, alors même
» qu'il serait réellement, comme on l'a dit, le rétablis-
» sement légal de la Noblesse en France, mais c'est là
» une erreur capitale contre laquelle nous ne saurions
» trop nous élever. »

« La Noblesse n'est pas à créer, elle existe, elle est
» vivante; nous la voyons partout, autour du Trône,
» dans l'armée, dans l'administration, mêlée à tous les
» pouvoirs publics. Qui a eu jusqu'à présent l'idée de
» s'en plaindre, et comment cela serait-il si elle était
» contraire à nos institutions? Il ne suffirait pas, si
» cette opinion était fondée, d'en permettre l'usurpa-
» tion, il faudrait la supprimer à l'exemple de la pre-
» mière et de la seconde république. »

« Que si l'on se borne à perpétuer l'anomalie en-
» fantée en 1832, ne comprend-on pas que l'on assure
» un monopole à la partie de la nation dans laquelle
» les Titres sont aujourd'hui concentrés; qu'on donne
» une prime à l'usurpation audacieuse et un encoura-
» gement à ceux qui vont à l'étranger demander à

» d'autres souverains, ou même à des prétendants, des
» distinctions que l'Empereur seul doit pouvoir *léga-*
» *lement* et *utilement* conférer? »

« Cela serait-il conforme à l'intérêt bien entendu de
» cet empire que nous voulons tous loyalement défen-
» dre? La cause démocratique aurait-elle beaucoup à
» s'en féliciter? »

« Ces considérations ont déterminé la majorité de
» votre commission à adopter le principe de la loi;
» mais elle a voulu en même temps que personne ne
» pût se méprendre sur le caractère et sur la portée
» qu'elle lui assignait. »

« Nous étions unanimes à penser que la Noblesse ne
» peut plus être aujourd'hui en France qu'une distinc-
» tion honorifique pure de tout privilége, et ne devait
» plus rappeler l'idée d'aucune différence de race ou
» de caste; pour qu'il n'y eût pas d'équivoque possible
» sur ce point, pour que notre volonté fût plus mani-
» feste, nous avons supprimé le mot *Noblesse* de la
» rédaction qui nous était présentée, et nous l'avons
» remplacé par *distinction honorifique*, qui en est à
» nos yeux la définition véritable. Cette modification
» n'a pas été contestée par le Conseil d'État. »

« L'abus des usurpations de noms Nobiliaires est
» plus fréquent encore que celui de l'usurpation des
» Titres et le prépare souvent; ce sont des faits de
» même nature, dictés par le même mobile, procu-
» rant les mêmes avantages; comme le Titre, plus que
» le titre même, la *particule* s'ajoute au nom, en
» fait partie, se communique et se transmet. Elle le
» décore dans nos mœurs presqu'à un égal degré, et

» fait croire quelquefois d'avantage à l'ancienneté de
» l'origine; son usurpation méconnait le droit du sou-
» verain, sans l'autorisation duquel les noms ne peu-
» vent être changés; elle porte atteinte aux droits
» respectables de ceux qui en ont la possession légi-
» time; frauduleuse dans son origine, elle a souvent
» pour conséquence des fraudes d'une autre nature;
» enfin, et c'est là son caractère le plus blâmable,
» l'abandon du vrai nom de la famille est un acte de
» mépris qui s'élève parfois à la hauteur d'une im-
» piété filiale, et que cette impiété seule suffirait à
» rendre coupable. »

« Nous croyons avoir suffisamment déterminé le
» caractère légal de la falsification des noms que nous
» avons voulu punir; personne ne s'y trompera; le
» délit ne subsistera qu'à la double condition que la
» particule Nobiliaire aura été frauduleusement intro-
» duite dans le nom véritable par une altération quel-
» conque, en vue d'une distinction honorifique. Est-il
» nécessaire de dire que l'adoption d'un nom de terre,
» relié par une particule au nom patronymique, qu'on
» conservera d'abord, sauf à le supprimer ensuite,
» pourra constituer l'infraction? Le meilleur commen-
» taire de la loi sur ce point sera dans nos habitudes
» sociales; il n'est point nécessaire d'être jurisconsulte
» pour se rendre un compte exact de sa portée. N'avons
» nous pas d'ailleurs eu déjà l'occasion d'expliquer la
» valeur de cette expression *distinction honorifique*,
» que nous avons employée dans la rédaction de la
» loi ? »

« La loi produira, nous n'en doutons pas, une inti-

» midation salutaire; elle n'aura pas seulement un effet
» préventif pour l'avenir, elle fera rentrer immédiate-
» ment dans le néant et dans l'ombre plus d'une pré-
» tention qui avait déjà vu le jour; elle déterminera
» dans le royaume de la vanité de nombreuses abdi-
» cations. Ne sera-ce pas la répression la plus désirable
» et la meilleure. »

Dans sa séance du 7 mai 1858, le Corps législatif discuta le projet de loi; MM. de Beauverger, Rigaud, du Miral et le général Parchappe l'appuyèrent. MM. Belmontel, Lélut et Emile Ollivier le combattirent. On passa au vote, et le scrutin donna 211 suffrages contre 23.

Le Sénat, appelé ensuite à se prononcer sur la constitutionnalité de la loi, chargea de l'examen une commission composée de MM. le marquis d'Hautpoul, président, le vice-amiral Grivel, le marquis de la Grange, Delangle, rapporteur; le comte de Ségur d'Aguesseau, secrétaire.

M. Delangle, rapporteur, après un brillant exposé de la question, se résuma en concluant que la loi était profondément morale, répondait aux meilleurs et aux plus vrais sentiments du cœur humain; qu'en réprimant les entreprises d'une vanité coupable, elle consacrait le principe de l'hérédité dans une de ses applications les plus fécondes; que, loin de violer les principes de 1789, elle les respectait.

La commission proposa donc au Sénat de déclarer qu'il ne s'opposait pas à la promulgation de la loi, et ses conclusions furent adoptées à une grande majorité, dans sa séance du 18 mai 1858.

En voici le texte tel qu'il a été amendé par le Corps législatif et promulgué :

Loi du 28 Mai 1858.

Article unique. L'art. 259 du Code pénal est modifié ainsi qu'il suit :

Art. 259. Toute personne qui aura publiquement porté un costume, un uniforme ou une décoration qui ne lui appartiendrait pas, sera punie d'un emprisonnement de six mois à deux ans.

Sera puni d'une amende de cinq cents francs à dix mille francs quiconque, sans droit et en vue de s'attribuer une distinction honorifique, aura publiquement pris un Titre, changé, altéré ou modifié le nom que lui assignent les actes de l'état-civil.

Le tribunal ordonnera la mention du jugement en marge des actes authentiques ou des actes de l'état-civil dans lesquels le Titre aura été pris indûment ou le nom altéré.

Dans tous les cas prévus par le présent article, le tribunal pourra ordonner l'insertion intégrale ou par extrait du jugement dans les journaux qu'il désignera.

Le tout aux frais du condamné.

—

Les termes de cette loi sont laconiques, mais pendant que la commission du Corps législatif élaborait son rapport, le Secrétaire-Général du Ministère de la Justice déclara au nom du Gouvernement, qu'une Circulaire Ministérielle réglerait tous les détails d'exécution de la

Loi et établirait l'impartiale uniformité de son application (1), aussi peu après sa promulgation parurent deux circulaires, l'une du Ministre de la Justice (2) adressée aux Procureurs-Généraux; l'autre du Ministre de l'Intérieur adressée aux Préfets (3), nous en donnons les textes à la fin de ce volume (aux Documents justificatifs), ainsi que le texte d'une circulaire subséquente du Ministre de la Justice (4), également adressée aux Procureurs-Généraux, pour l'interprétation de cette même loi, nous avons fait suivre ces trois circulaires de deux autres envoyées par des Procureurs Impériaux aux Maires et Officiers ministériels de leur arrondissement.

---

(1) Rapport présenté par M. du Miral dans la séance du Corps Législatif du 5 Mai 1858, au nom de la Commission de la loi contre l'usurpation des Titres de Noblesse.
(2) Le 19 Juin 1858.
(3) Le 26 Juillet 1858.
(4) Le 22 Novembre 1859.

CHAPITRE XVI.

RÈGNE DE NAPOLÉON III,

DU 31 JUILLET 1858 AU 7 MARS 1862.

Sommaire :

Conséquences de la loi du 28 mai 1858 contre l'usurpation des Titres Nobiliaires. — Nécessité d'un Conseil pour examiner les demandes en collation, confirmation et reconnaissance de Titres. — Rétablissement du Conseil du Sceau des Titres. — Ses attributions. — Liste des membres de ce Conseil. — Des Titres conférés à des Français par des Souverains étrangers. — Décret qui dispose que les Titres conférés à des Français par des Souverains étrangers ne peuvent être portés qu'avec l'autorisation de l'Empereur. — Le maréchal de Mac-Mahon est élevé à la dignité de Duc. — M. le général de division Cousin-Montauban est nommé comte de Palikao. — Projet de loi qui affecte une dotation annuelle de 50,000 fr. à M. le comte de Palikao. — Exposé des motifs. — Lettre de M. le comte de Palikao à l'Empereur. — Réponse de l'Empereur. — Le Gouvernement retire le projet de loi.

En rétablissant des dispositions pénales contre ceux qui usurpent des Titres et qui s'attribuent sans droit des qualifications honorifiques, la loi du 28 mai 1858 a rendu aux Titres légitimement acquis leur importance réelle et leurs droits au respect public. La loi doit protéger ouvertement tout ce qui représente le prix du mérite et l'honneur des familles.

La loi nouvelle devait recevoir une exécution sérieuse, le Gouvernement a voulu mettre un terme aux abus, atteindre la fraude ou le charlatanisme, ramener l'ordre dans l'état civil, rendre enfin aux distinctions publiques le caractère et le prestige qui n'appartiennent qu'à la vérité, elle n'a nullement entendu porter atteinte aux droits acquis, ni inquiéter des possessions légitimes qui ne demandent que les moyens de se faire reconnaître et régulariser.

Les questions qui se rattachent à la transmission des Titres dans les familles, à la vérification des qualifications contestées, à la confirmation ou à la reconnaissance des Titres anciens, à la collation, s'il y a lieu, de Titres nouveaux, sont nombreuses et délicates. Il importe qu'aucune garantie d'examen et de lumière ne manque à leur solution.

M. E. de Royer, Garde des Sceaux, Ministre de la Justice, proposa donc à l'Empereur dans un rapport (1) un projet de décret délibéré en Conseil d'État et portant rétablissement du Conseil du Sceau des Titres créé sous le premier Empire; il se composait sous la Présidence de l'Archi-Chancelier de l'Empire, de trois Sénateurs, de deux Conseillers d'État, d'un Procureur général, d'un Sécrétaire général et d'un Trésorier. Une ordonnance du 15 Juillet 1814 le remplaça par une commission présidée par le Garde des Sceaux, qui fut elle-même supprimée le 31 Octobre 1830.

---

(1) Rapport à l'Empereur du 8 Janvier 1859.

Une partie des attributions du conseil et de la commission se référait à l'institution des majorats et au régime des biens affectés à leur formation. Sous les stipulations de la loi du 12 mai 1835, qui a interdit les majorats pour l'avenir, ces attributions ne peuvent aujourd'hui conserver d'application qu'en ce qui concerne les questions transitoires et les majorats encore existants.

Mais les variations qu'a subies la législation relative aux Titres et aux Noms, ont créé des situations sur lesquelles les délibérations et les avis d'un Conseil spécial peuvent être utilement provoqués. Sous ce rapport, il a paru nécessaire d'étendre les attributions de l'ancien Conseil du Sceau, de les mettre en harmonie avec les lois actuelles, et de donner d'une manière générale au Garde des Sceaux le droit de soumettre à l'examen du nouveau Conseil toutes les difficultés se rattachant à cet ordre de matières.

Quel sera par exemple, en présence d'une loi qui n'autorise plus la constitution des majorats, le sort des Titres qui ne devaient devenir héréditaires qu'à la condition de la formation d'un majorat?

Quelles seront dans l'avenir les Règles à suivre pour la collation des Titres et leur transmission dans les familles?

Dans quel ordre, dans quelles limites, à quelles conditions le Titre du père assurera-t-il un Titre à son fils? Convient-il de consacrer les Règles posées par le décret du 4 Juin 1809 et par l'ordonnance du 25 Août 1817? (1).

---

(1) Voir page 178.

Pour les temps antérieurs à 1789, à défaut d'un acte régulier de collation, de reconnaissance ou d'autorisation, dont la production n'est pas toujours possible, n'y aura-t-il pas lieu d'attribuer au Conseil du Sceau la faculté d'étendre le cercle des preuves et d'admettre selon les circonstances, comme justification du droit au Titre ou au nom soumis à la vérification, une possession constatée par des actes de fonctionnaires publics ou par des documents historiques?

Une ordonnance du 31 Janvier 1819, *non insérée au Bulletin des Lois*, soumet en France, à l'autorisation spéciale du Chef de l'État, le port des Titres conférés par des Souverains Étrangers. Ces dispositions ne doivent-elles pas être rappelées et ramenées à une exécution sérieuse?

Ce sont là des questions qui demeurent réservées, mais dont la solution ne saurait être différée en présence du nouveau texte de l'article 259 du Code Pénal. En se livrant à un travail d'ensemble et à l'étude complète des faits, le Conseil du Sceau recueillerait les élémens et concourrerait à préparer les bases des décisions à rendre.

Les demandes en changement ou en addition de Nom restent soumises aux formes tracées par la loi du II germinal an XI; les autorisations de cette nature sont accordées par l'Empereur dans la forme des Règlements d'administration publique. Le Conseil du Sceau des Titres pourra toutefois être consulté sur les changements ou les additions qui auraient le caractère d'une qualification honorifique ou Nobiliaire et qui rentreraient ainsi dans l'ordre des faits qu'à voulu prévoir la nouvelle rédaction de l'article 259 du Code Pénal.

Trois Sénateurs et deux Conseillers d'État entrent comme en 1808, dans la composition du Conseil; deux membres de la Cour de Cassation sont appelés à en faire partie. Il a également paru convenable d'introduire dans le Conseil du Sceau trois maîtres des Requêtes, qui, suivant la loi de leur institution (1), auront voix délibérative dans les affaires dont ils feront le rapport et voix consultative dans les autres. Enfin des auditeurs au Conseil d'État peuvent être attachés au Conseil du Sceau.

La Caisse du Sceau ayant été supprimée en 1831 (2), les droits qui étaient versés dans cette caisse sont aujourd'hui perçus directement par le trésor public; tant que cette disposition législative ne sera pas modifiée, il n'y aura pas lieu de créer un trésorier du Sceau.

Enfin les demandes portées devant le Conseil du Sceau des Titres seront instruites par le ministère des Référendaires au Sceau.

Par suite du Rapport de Son Exc. M. E. de Royer, un décret impérial (3) fut rendu portant rétablissement du Conseil du Sceau des Titres, en voici les dispositions :

Art. 1.ᵉʳ Le Conseil du Sceau des Titres est rétabli;
Il est composé de :
Trois Sénateurs;

---

(1) Décret organique du 25 Janvier 1852, articles 12 et 17.
(2) Loi du 29 Janvier 1831, portant règlement définitif du budget de 1828.
(3) En date du 8 Janvier 1859.

Deux Conseillers d'État ;
Deux Membres de la Cour de Cassation ;
Trois Maîtres des Requêtes ;
Un Commissaire Impérial ;
Un Secrétaire ;

Des Auditeurs au Conseil d'État peuvent être attachés au Conseil du Sceau.

Art. 2. Les Membres du Conseil du Sceau sont nommés par décret impérial.

Art. 3. Le Conseil du Sceau est convoqué et présidé par notre Garde des Sceaux, Ministre de la Justice. Il est présidé, en l'absence du Garde des Sceaux, par celui de ses membres que nous aurons désigné.

Le Commissaire Impérial remplit les fonctions précédemment attribuées au procureur-général du Sceau des Titres.

Le Secrétaire tient le registre des délibérations, qui reste déposé au Ministère de la Justice.

Art. 4. Les Avis du Conseil du Sceau sont rendus à la majorité des voix. La présence de cinq membres au moins est nécessaire pour la délibération.

Les Maîtres des Requêtes ont voix délibérative dans les affaires dont le rapport leur est confié.

En cas de partage, la voix du président est prépondérante.

Art. 5. Le Conseil du Sceau a, dans tout ce qui n'est pas contraire à la législation actuelle, les attributions qui appartiennent au Conseil du Sceau, créé par le décret du 1.er mars 1808, et à la Commission du Sceau établie par l'ordonnance du 15 juillet 1814.

Art. 6. Il délibère et donne son avis :

1.º Sur les demandes en collation, confirmation et reconnaissance de Titres que nous aurons renvoyés à son examen.

2.º Sur les demandes en vérification de Titres.

3.º Sur les demandes en remise totale ou partielle des droits du Sceau, dans les cas prévus par les deux paragraphes précédents, et généralement sur toutes les questions qui lui sont soumises par notre Garde des Sceaux.

Il peut être consulté sur les demandes en changement ou addition de noms ayant pour effet d'attribuer une distinction honorifique.

Art. 7. Toute personne peut se pourvoir auprès de notre Garde des Sceaux pour provoquer la vérification de son Titre par le Conseil du Sceau.

Art. 8. Les Référendaires institués par les ordonnances du 15 juillet 1814, 11 décembre 1815 et 31 octobre 1830, sont chargés de l'instruction des demandes soumises au Conseil du Sceau.

La forme de procéder est réglée par arrêté de notre Garde des Sceaux, le Conseil du Sceau entendu.

Les règlements antérieurs sont, au surplus, maintenus en tout ce qui n'est pas contraire au présent décret.

Art. 9. Les demandes en addition ou changement de noms sont insérées au *Moniteur* et dans les journaux désignés pour l'insertion des annonces judiciaires de l'arrondissement où réside le pétitionnaire et de celui où il est né.

Il ne peut être statué sur les demandes que trois mois après la date des insertions.

Art. 10. Pendant deux ans, à partir de la promulgation du présent décret, notre Garde des Sceaux pourra, sur l'avis du Conseil du Sceau des Titres, dispenser des insertions prescrites par l'article précédent, lorsque les demandes seront fondées sur une possession ancienne ou notoire, ou consacrée par d'importants services.

Art. 11. Notre Garde des Sceaux, ministre secrétaire d'État au département de la justice, est chargé de l'exécution du présent décret.

Fait au Palais des Tuileries, le 8 janvier 1859.

Membres du Conseil du Sceau des Titres.

S. Exc. le Garde des Sceaux, **Président.**

M. le marquis de La Grange, Sénateur, *préside* le Conseil en cas d'absence ou d'empêchement du Garde des Sceaux, Ministre de la Justice.

M. le baron Boulay (de la Meurthe), Sénateur;

M. le comte de Grossolles-Flamarens, Sénateur;

M. Duvergier, Conseiller d'État;

M. Langlais, idem;

M. Bresson, Conseiller à la Cour de Cassation;

M. Chabanacy de Marnas, premier avocat-général près la Cour de Cassation;

M. Jahan, Maître des Requêtes de première classe au Conseil d'État, chargé de remplacer le *Commissaire Impérial, en cas d'empêchement.*

M. le baron de Cardon de Sandrans; Maître des Requêtes de deuxième classe au Conseil d'État;

M. Robert (Charles), idem;

M. Lascoux, Conseiller d'État, secrétaire-général du ministère de la justice, remplit les fonctions de *Commissaire Impérial*, près le Conseil du Sceau des Titres ;

En cas d'absence ou d'empêchement, il est remplacé par M. Jahan, Maître des Requêtes ;

M. Edouard de Barthélemy, Auditeur au Conseil d'État, *Secrétaire*.

Sont *Attachés* au Conseil du Sceau des Titres ;

M. Edmond Taigny, Auditeur de première classe au Conseil d'État ;

M. Mégard de Bourjolly, Auditeur de deuxième classe au Conseil d'État ;

M. le baron Mackau, idem ;

M. le vicomte des Roys, idem.

Le droit de conférer des Titres, « soit pour récom-
» penser de grands services, soit pour exciter une utile
» émulation, soit pour concourir à l'éclat du Trône (1), » est un des droits essentiels et un des priviléges de la Souveraineté.

Au terme d'une ordonnance du 31 janvier 1849, non insérée au Bulletin des lois, les titres honorifiques conférés à des Français par des Souverains étrangers, (2) ne peuvent être portés en France sans une autorisation

---

(1) Expressions empruntées à l'art. 5 du Sénatus-Consulte du 14 Août 1806.

(2) Rapport à l'Empereur sur les Titres conférés à des Français par des Souverains étrangers, par son Ex. M. E. de Royer, ministre de la Justice, le 5 Mars 1859.

du Chef de l'État. Mais les dispositions de cette ordonnance avaient besoin d'être fortifiées et complétées.

Plusieurs procès ont jeté de tristes lumières sur les abus qui se mêlent trop souvent à la recherche et à l'obtention de certaines distinctions étrangères. La loi qui punit les usurpations de Titre doit s'attacher avec une égale vigilance à éviter que des Titres obtenus à l'étranger, à des conditions et pour des causes non vérifiées, viennent se confondre avec des titres décernés par le Souverain de la France et mérités par des services rendus au pays.

Cette question a été soumise aux délibérations du Conseil du Sceau des Titres, et le résultat de cet examen (3) s'est formulé en un projet de décret qui a été présenté et approuvé par l'Empereur et dont nous donnons page 336 le texte.

Comme l'ordonnance de 1819, le nouveau décret dispose que les Titres conférés à des Français par des Souverains étrangers ne peuvent être portés en France qu'avec l'autorisation de l'Empereur; mais il pose en principe que cette autorisation qui sera précédée d'un avis du Conseil du Sceau des Titres, ne sera accordée qu'exceptionnellement et pour des causes graves. La prohibition doit demeurer la règle.

Les demandes seront l'objet d'une instruction attentive, dans le cours de laquelle le ministre des affaires étrangères devra être consulté.

Les articles 2 et 3, de l'ordonnance du 31 janvier

---

(3) Avis du Conseil du Sceau des Titres, du 26 Février 1859.

1819, n'assujétissaient les lettres patentes contenant autorisation de porter un Titre étranger qu'au tiers du droit de sceau exigé en France pour la collation du Titre correspondant. Le Conseil du Sceau des Titres n'a pas cru devoir maintenir cette inégalité. Il n'a pas pensé que l'autorisation de porter un Titre, dont l'origine étrangère disparait le plus souvent dans l'usage, doit être soumise à un droit moindre que l'investiture d'un Titre obtenu en France et décerné par l'Empereur. La règle adoptée pour les décorations étrangères, que le décret du 10 juin 1853, soumit à des droits de chancellerie plus élevés que ceux perçus pour les brevets de la Légion d'Honneur, aurait pu autoriser, par analogie, la perception d'un droit supérieur; mais il a paru que l'égalité des droits était suffisante et qu'elle répondait plus exactement à l'esprit général du décret.

L'Empereur conserve, dans tous les cas, la faculté de remettre, en tout ou en partie, les droits de sceau auxquels le décret d'autorisation est soumis.

Voici le texte de ce décret :

Art. 1.er Aucun Français ne peut porter en France un Titre conféré par un Souverain étranger, sans y avoir été autorisé par un décret impérial rendu après avis du Conseil du Sceau des Titres.

Cette autorisation n'est accordée que pour des causes graves et exceptionnelles.

Art. 2. L'impétrant est assujeti au droit de sceau

qui serait perçu en France pour la collation du même titre ou du titre correspondant.

Art. 3. L'ordonnance du 31 janvier 1819 est abrogée (1).

Art. 4. Notre Garde des Sceaux, Ministre secrétaire d'État au département de la justice, est chargé de l'exécution du présent décret.

Le 6 juin 1859, l'Empereur nomme Maréchal de France et Duc de Magenta, le général de division Maurice de Mac-Mahon, commandant le deuxième corps de l'armée d'Italie, en récompense de la prise de Magenta après des combats sanglants et glorieux.

Napoléon III voulant donner au général de division Cousin-Montauban, un témoignage de sa bienveillance pour les éminents services qu'il a rendus à la France, comme commandant en chef de l'armée de Chine, et désirant de plus consacrer par un titre spécial le souvenir de la mémorable et glorieuse campagne de Chine, lui a conféré le titre de *Comte de Palikao* (2).

---

(1) Cette ordonnance royale assujétissait les sujets Français à se pourvoir devant le Garde des Sceaux pour obtenir les Lettres-Patentes d'autorisation à porter des Titres étrangers, et fixait le droit de Sceau au tiers du droit fixé pour la concession du Titre français, correspondant à celui qui était autorisé.

(2) Décret du 22 Janvier 1862.

En même temps le Conseil d'État fut saisi d'un projet de loi ayant pour objet d'accorder au général Cousin-Montauban une dotation annuelle de 50,000 fr. de rente à titre de récompense nationale ; ce projet de loi, adopté le 15 février 1862 par le Conseil d'État, fut porté au Corps Législatif avec l'exposé des motifs suivant :

Exposé des motifs d'un projet de loi tendant à accorder une dotation annuelle de 50,000 fr. au général de division Cousin-Mantauban, comte de Palikao (1).

Messieurs, au mois de décembre 1859, une escadre quittait les ports de France, transportant une petite armée de 8,000 hommes environ vers les mers de Chine et allant demander compte au chef du Céleste Empire d'insultes et d'actes barbares commis envers nos nationaux. Tous les regards suivirent avec anxiété cette expédition vers des contrées éloignées de plus de six mille lieues de nos côtes, et où nos soldats pouvaient se trouver exposés, sur une terre inconnue, à des difficultés et à des périls dont il était impossible de mesurer l'étendue.

L'Angleterre concourrait, avec des forces peu supérieures aux nôtres, à l'exécution de cette noble et audacieuse entreprise.

La campagne débuta par la prise des forts de Ta-Kou à l'embouchure du Péi-Ho. Après ce premier fait d'ar-

---

(1) Corps législatif, séance du 19 Février 1862.

mes, les ambassadeurs de France et d'Angleterre se transportèrent immédiatement à Tien-Tsin, où ils arrêtèrent avec le commissaire impérial chinois, un projet de convention. Ce dernier, accédant en apparence à toutes les demandes des puissances alliées, se déclarait prêt à accepter leur ultimatum; les ambassadeurs se disposaient à se rendre à Pékin avec une escorte convenable, lorsque le commissaire chinois, alléguant tout-à-coup le manque de pleins pouvoirs, se refusa de signer les préliminaires qu'il venait d'accepter, et déclara aux ambassadeurs qu'il ne pouvait traiter que sur l'approbation de son souverain.

Les ambassadeurs, pour répondre à un procédé d'aussi mauvaise foi, résolurent, d'un commun accord, le 8 septembre 1860, qu'on ferait avancer les forces alliées jusqu'à Tong-Tchou, ville de 400,000 âmes, située sur la route de Pékin, à quatre lieues de cette capitale, et que là seulement on écouterait les propositions des commissaires impériaux, munis cette fois de pleins pouvoirs en règle.

Après plusieurs messages sans résultat, le prince d'Y'Tsin annonça que le gouvernement accédait à tout ce qu'on exigeait de lui, et demandait que, dès-lors, les forces alliées s'arrêtassent à six milles en avant de Tong-Tchou. Cette proposition fut agréée; mais au moment où les troupes arrivaient à Chang-Kia-Wang, sur la limite indiquée pour leur bivouac, elles se trouvèrent en face d'une force tartare de 15 à 20,000 hommes, qui, démasquant soudainement 70 pièces de canon, ouvrirent aussitôt le feu contre elles.

Malgré cette attaque aussi odieuse qu'inattendue, il

ne fallut qu'une heure aux troupes alliées pour enlever, avec des pertes peu considérables, tout ce qui était devant elles et mettre dans la plus complète déroute l'ennemi qui laissa 1500 des siens sur le champ de bataille.

Après ce succès, les forces Franco-Anglaises, laissant à leur droite Tong-Tchou, qu'elles savaient complètement abandonnée, se portèrent sur Pékin par Palikao, situé à trois lieues en avant, où s'était formé un camp considérable, défendu par une nombreuse artillerie, par le canal qui relie le Peï-Ho à Pékin, et occupé par l'élite des troupes impériales sous le commandement de San-Koli-Tsin.

Là eut lieu, le 21 septembre 1860, une lutte décisive autour du pont de Palikao, dans laquelle une poignée de Français, 2000 hommes environ, appuyés par la cavalerie Sikh-Anglaise, eut à combattre pendant cinq heures contre des forces évaluées à plus de 40,000 hommes, et remporta une victoire complète qui nous ouvrit les portes de la capitale du Céleste-Empire.

Le général de division Cousin-Montauban, déjà connu par vingt-six années de services en Afrique, où il s'était fait remarquer par sa bravoure autant que par son intelligence de la guerre, et où il avait été l'objet de dix citations à l'ordre du jour, avait eu l'insigne honneur d'être nommé le 13 novembre 1859, commandant en chef des forces de terre et de mer de l'expédition de Chine.

C'est sous ses ordres que s'étaient accomplis les faits militaires que nous venons de relater, et c'est en récompense de l'énergie et de l'habileté qu'il y avait déployées, que l'Empereur l'avait élevé successivement au grade de grand-croix de la Légion d'honneur et à la dignité de Sénateur.

Mais ces distinctions, assurément bien méritées, étaient toutes personnelles et ne caractérisaient pas suffisamment, pour le pays, l'acte mémorable qui venait de prendre place dans ses annales.

L'armée avait planté le drapeau de la France sur les murs de la capitale d'un empire immense, inaccessible jusqu'alors aux étrangers, et en ouvrant ces contrées lointaines aux nations civilisées, elle avait offert en même temps de nouvelles perspectives aux mystérieuses populations du Céleste Empire.

Il importait de consacrer historiquement ce grand résultat, tout à la fois militaire et politique, et c'est pour en perpétuer le souvenir que l'Empereur a conféré au général Cousin-Montauban, par décret du 22 janvier 1862, le titre de comte de Palikao. Un troisième jalon se trouvait ainsi posé sur cette route glorieuse où les noms de Malakoff et de Magenta se trouvaient déjà écrits en caractères ineffaçables.

Le Gouvernement a pensé en outre, qu'une récompense nationale devait être décernée par la loi au général Cousin-Montauban, afin de lui donner les moyens de porter dignement le Titre honorifique qu'il venait de recevoir.

Le grand principe d'égalité, qui forme la base de notre société, pouvait sans inconvénient subir cette nouvelle dérogation au droit commun, en présence de faits aussi exceptionnels, et en s'associant à cet acte, le corps législatif ne fera que se montrer fidèle interprète de la reconnaissance du pays.

C'est dans cette pensée que nous avons l'honneur, Messieurs, de soumettre à vos délibérations le projet de loi ci-joint.

Signé à la minute : *Le Président rapporteur,*
Général ALLARD.

Les commissaires du Gouvernement étaient : MM. le général Allard, président de section ; Petitet et Darricau, conseillers d'État.

Projet de loi ayant pour objet d'accorder une dotation annuelle de 50,000 francs au Général de division Cousin-Montauban, comte de Palikao.

Art. 1.er Une dotation annuelle de cinquante mille francs est accordée au Général de division Cousin-Montauban, comte de Palikao, en récompense des services éminents qu'il a rendus à la France, comme commandant en chef pendant la mémorable et glorieuse expédition de Chine.

Elle sera transmissible à sa descendance directe, naturelle et légitime, de mâle en mâle, par ordre de primogéniture, et fera retour à l'État en cas d'extinction.

Elle sera inaliénable et insaisissable.

Art. 2. Cette dotation sera inscrite au Grand-Livre de la dette publique, à une section spéciale, avec jouissance à partir du 25 Octobre 1860.

Ce projet de loi a été délibéré et adopté par le Conseil d'État, dans sa séance du 15 Février 1862.

Le Ministre-Président du Conseil d'État,
J. BAROCHE.

Quelques membres du corps Législatif ayant exprimé des témoignages d'improbation lors de la présentation de ce projet de loi, M. le général de division Cousin-Montauban, adressa à l'Empereur la lettre suivante :

« Paris, le 21 février 1862.

» Sire,

» Lorsque Votre Majesté a fait présenter au Corps-Législatif un projet de loi ayant pour objet de faire accorder au général commandant en chef l'expédition française en Chine une récompense nationale, elle devait croire que ce corps politique, s'associant à la pensée qui voulait rappeler un titre glorieux pour la France, accueillerait avec empressement ce projet.

» Il n'en a pas été ainsi, et, dans sa séance du 19 février courant, quelques membres ont paru protester contre les intentions de l'Empereur, et, j'ose le croire, contre celles de la nation.

» Dans ces conditions, Sire, je prends la respectueuse liberté de supplier Votre Majesté de vouloir bien faire retirer le projet de loi tendant à me faire accorder une dotation.

» Quelque médiocre que soit ma fortune, Sire, je serais profondément affligé de voir la pensée de l'Empereur et la gloire de l'armée livrées à une discussion d'un intérêt qui m'est personnel.

» Je suis, Sire, avec le plus profond respect, de Votre Majesté, le très-humble et très-dévoué sujet,

» *Le général de division, sénateur,*

» Cousin-Montauban, comte de Palikao. »

L'Empereur écrivit en réponse la lettre qui suit :

« Paris, le 22 février 1862.

» Mon cher général, la demande que vous me faites
» de retirer le projet de dotation vous est inspirée par
» un sentiment dont j'aime à vous voir animé; mais je
» ne retirerai pas ce projet. Le Corps-Législatif peut
» à son gré ne pas trouver digne d'une récompense
» exceptionnelle le chef d'une poignée d'héroïques sol-
» dats qui, à travers tant de difficultés et de dangers
» oubliés le lendemain du succès, ont été au bout du
» monde planter le drapeau de la France dans la capi-
» tale d'un empire de 200 millions d'âmes; le chef qui,
» tout en maintenant la dignité et l'indépendance de
» son commandement, a su conserver avec nos alliés
» les relations les plus utiles et les plus amicales.

» A chacun la liberté de ses appréciations. Quant
» à moi, je désire que le pays et l'armée sachent que,
» juge obligé des services politiques et militaires, j'ai
» voulu honorer par un don national une entreprise
» sans exemple. Car les grandes actions sont le plus
» facilement produites là où elles sont le mieux appré-

» ciées, et les nations dégénérées marchandent seules
» la reconnaissance publique.

» Recevez, mon cher général, l'assurance de ma
» sincère amitié.

» NAPOLÉON. »

La commission du Corps-Législatif chargée de faire un rapport sur ce projet de loi, ayant conclu à l'unanimité à son rejet, le Gouvernement retira le projet de loi (1).

---

(1) Décret du 6 mars 1862.

CONSIDÉRATIONS

SUR LA GRANDEUR

DE

LA NOBLESSE,

SA SITUATION ACTUELLE ET L'INFLUENCE MORALE
QU'ELLE EXERCE SUR LES AUTRES CLASSES DE LA SOCIÉTÉ.

SOMMAIRE :

La Noblesse en regard de l'égalité. — Y a-t-il égalité dans l'état de nature ? — Y a-t-il égalité dans l'état social ? — Opinion d'Abd-el-Kader sur cette question, les hommes sont-ils pareils ? — L'égalité n'est nulle part. — Sentiment qu'inspire la propriété territoriale. — Du morcellement des terres. — Observation des publicistes anglais sur les propriétés foncières. — Comparaison entre la propriété foncière et la propriété mobilière. — Dangers de la trop grande division et subdivision des propriétés territoriales. — Doctrine de l'égalité absolue réprouvée par Bonaparte, I.er Consul. — Effets des majorats. — Situation des puînés en présence des majorats. — Les majorats ne sont propres qu'à maintenir les fortunes étendues et non à favoriser l'accroissement des fortunes médiocres. — Quelle est la bonté relative des majorats ? — Les majorats sont contraires à la féodalité. — Les majorats ne confèrent aucuns droits ni privilèges. — Le fisc a les majorats en aversion. — La stabilité des Familles forme la stabilité de l'État. — Le morcellement des terres est l'œuvre d'un moment, l'agglomération des terres est l'œuvre des siècles. — La Noblesse Impériale doit à ses dotations et à ses majorats d'avoir été reconnue par le Gouvernement de Louis XVIII. — Statistique des majorats en 1826. —

> Les sentiments qui portent à faire des majorats ne sont point effacés.
> — Supériorité de la grande propriété. — Fragilité de l'industrie manufacturière. — La conservation des Familles importe à la conservation de l'État. — Prééminence de la propriété rurale. — Progrès des Études Généalogiques. — Des Armoriaux sont publiés dans beaucoup de Provinces. — Avantages nombreux de la stabilité des Familles. — La Noblesse considérée comme lien intermédiaire entre le Trône et le peuple. — L'Aristocratie est l'œuvre du temps et non des lois.

L'hérédité est l'histoire du genre humain, elle joint les siècles aux siècles et nous conserve la généalogie des Familles, elle est le lien qui nous rattache à nos ancêtres, elle nous révèle ce qu'ils ont été, pour nous montrer ce que nous devons être, c'est le sentiment religieux, le respect pour les parents, c'est la famille se continuant, c'est l'auréole de la vénération qui suit les enfants. Au milieu des tombeaux, seuls restes de tant de mortels, le héros n'est plus, mais il se perpétue dans ses descendants qui donnent à sa vie le sceau de l'immortalité.

En vain prétend-on que la Noblesse choque l'égalité; d'abord nous sommes obligés de déclarer qu'il n'y a point d'égalité parfaite, même dans l'état de nature. On peut même dire que la nature a craint de l'établir, et qu'elle s'est fait un principe de la rejeter. En effet, elle n'a créé ni les hommes, ni les éléments, ni aucune de ses productions animales, végétales et autres, avec un égal degré de ressemblance, de conformation, de force, ou d'avantages quelconques. Pour qu'il y eut une égalité naturelle et entière parmi les hommes, il faudrait qu'ils fussent tous nés avec la même complexion et la même stature; qu'ils fussent tous doués de la même aptitude, de la même intelligence et de la même activité dans leurs facultés physiques et dans leurs conceptions morales; qu'ils eussent le même degré de probité, de justice, de sensations, d'énergie, de courage, d'éloquence. Ils ne l'ont pas, donc rien d'égal parmi les hommes dans le sens même de la nature.

Cette différence existe encore avec une vérité aussi palpable dans les animaux, dans les plantes, dans toutes les émanations du ciel et de la terre, et nous ne pensons guère avoir besoin de plus de détails pour justifier notre assertion.

Cependant allons plus loin, prenons cent feuilles du même arbre, on n'en trouvera pas deux exactement semblables dans leurs découpures, dans leurs linéaments. Pas deux figures dans le monde qui soient parfaitement les mêmes. Tout enfin subit cette loi d'inégalité imposée par le créateur, l'égalité complète est une théorie et ne saurait être mise en pratique.

L'état social, aussi bien que l'état de nature, se refuse à l'égalité parfaite. En effet, la société étant un lien de rapports, de moyens et de sacrifices, pour que l'égalité s'y trouvât, il faudrait que tous ses membres y fissent entrer le même contingent de toute espèce, s'ils voulaient y profiter également, et ils n'y apportent ni la même aptitude, ni les mêmes services, ni la même volonté. Pourquoi? Parce qu'il y a des différences dans leurs corps, dans leurs forces, dans leur capacité, dans leurs talents; et ces différences qui entraînent celles de leurs fortunes et de leur existence civile, prouvent qu'il n'y a pas plus d'égalité dans l'état social que dans l'état de nature.

« Si l'on considère l'espèce humaine, dit Abd-el-

Kader, les hommes ne semblent-ils pas tous pareils? cependant quelle énorme différence entre eux; quelquefois il se rencontre un homme qui vaut mieux que mille autres; quelquefois mille hommes ne sauraient tenir lieu d'un seul. » (1)

Nous cherchons l'égalité, nous ne la trouvons nulle part. Entrons dans un tribunal, nous voyons des magistrats amovibles et des magistrats inamovibles. Cent conscrits du même âge partent soldats le même jour, ils vont rejoindre leurs régiments respectifs. Au bout d'un an, les uns sont grenadiers, les autres voltigeurs et le reste dans les compagnies du centre; voilà cent soldats entrés ensemble dans l'armée qui se trouvent un an après avec des soldes différentes, les grenadiers et les voltigeurs touchent chacun une solde supérieure à celle des soldats des compagnies du centre. Toutes ces inégalités ont une raison d'être, elles existent et elles doivent exister, seulement nous les signalons comme preuves de l'impossibilité de mettre en pratique la théorie de l'égalité absolue.

Madame Emile de Girardin, dans sa correspondance parisienne, dit très-spirituellement : « Il y a encore une
» Noblesse en France, quoiqu'en dise MM. les journa-
» listes, ces aristocrates du jour. La Noblesse a perdu
» tous ses priviléges, sans doute, mais elle a gardé tous
» ses préjugés; ils sont plus puissants que jamais, et

---

(1) Extrait d'une lettre de l'ex-émir Abd-el-Kader, adressée à M. Thouvenel, Ministre des Affaires Étrangères, en envoyant en France trois chevaux arabes, choisis par lui parmi les meilleures races du désert pour être présentés à l'Empereur.

» c'est votre faute. Toute croyance se fortifie par la
» persécution, l'orgueil s'engage par la lutte. Le cœur
» s'attache par la douleur; on n'abandonne jamais la
» cause pour laquelle on a longtemps souffert. Comment
» voulez-vous qu'une femme ne soit pas très-fière d'être
» comtesse ou marquise, quand elle se rappelle toutes
» ces femmes qui ont eu la tête tranchée, parcequ'elles
» étaient comtesses ou marquises? La Noblesse en
» France n'était qu'une Institution; à force de lâcheté
» et de haine, vous en avez fait une religion, vous lui
» avez donné le baptême du sang; vous aurez beau
» faire, la Noblesse ne périra pas, parce qu'elle a eu
» ses martyrs comme la liberté. »

« On prétend qu'il suffit d'avoir des gants blancs et
» un habit noir pour être l'égal de tout le monde;
» eh bien! Messieurs, mettez vos gants blancs et vos
» habits noirs, et allez-vous-en, s'il vous plait, demander
» en mariage Mlle de B... et Mlle de C..., qui sont
» deux charmantes personnes, et veuillez bien venir
» nous dire après comment vous avez été reçus de leurs
» parents (1). »

Laissez diviser la terre, s'écrie-t-on, la terre n'est ni monarchique, ni démocratique, non certes, la terre n'a de qualités propres que par sa fécondité, sa solidité et son étendue. La terre n'a en elle-même aucune nuance politique, militaire ou civile, quiconque dirait le contraire, dirait une absurdité; mais les intérêts de

---

(1) Le vicomte de Launay, Correspondance Parisienne, Lettre I, 17 Janvier 1840.

l'homme ont une grande influence sur ses sentiments et ses habitudes, la terre inspire à ceux qui la possèdent, des penchants et des opinions différents de ceux qu'inspire la possession de l'argent, des opinions moins inquiètes et moins turbulentes, plus amies de l'ordre, de la paix et des bonnes mœurs; plus analogues et plus favorables aux intérêts d'un Gouvernement qui fonde ses droits sur la durée et la conservation des fortunes faites, plus utile par conséquent à la Monarchie, qui doit évidemment s'appuyer sur les possessions territoriales, plutôt que sur la possession fugitive des choses mobiles et changeantes qui, ayant moins de solidité et de durée, ne peuvent servir de base qu'à des institutions incertaines et variables comme elles.

Nous ne parlons point d'apporter des changements à ce qui existe, laissons aller le morcellement indéfini des terres, mais à côté, en vertu de la liberté, nous soutenons le principe d'un certain nombre de grandes propriétés, car il ne faut ni trop de concentration, ni trop de subdivision, il faut être à l'abri de l'un et de l'autre excès. Personne ne pense à détruire ce qui s'est réalisé avec la révolution ou même par elle, encore moins s'agit-il de déranger ce qui s'est fait depuis qu'elle n'est plus; notre pensée s'arrête à maintenir, à sauver, à rendre stable une partie des propriétés territoriales que possède aujourd'hui les grandes Familles Nobles; or, nous croyons que le seul moyen d'arriver à ce but, c'est de combattre et de repousser à jamais les principes délétères qui ont bouleversé les fortunes immobilières, nous ne croyons pas pouvoir rien faire de plus utile pour l'honneur du présent et pour la sécurité de l'avenir.

Sous le rapport de l'économie politique, le morcellement excessif des propriétés a des inconvénients; car il en résulte que beaucoup de terrain se perd en limites improductives, en communications inutilement multipliées, et pourtant insuffisantes. Plus les propriétés sont morcelées et se croisent les unes les autres, plus aussi il s'élève des contestations ruineuses entre les possesseurs; et voilà pourquoi les procès de cette nature sont, proportionnellement à la population, incontestablement plus multipliés dans les pays de petite culture que dans les autres.

Ce n'est que dans les domaines de quelque étendue qu'on entretient des bestiaux et des troupeaux considérables. Là seulement, on peut se livrer à d'utiles essais en agriculture, exécuter les grands travaux nécessaires pour arrêter les sables de la mer, pour contenir les fleuves dans leur lit naturel. Eh! qui est-ce qui ira creuser dans un petit champ, dont la transmission héréditaire ne sera pas même assurée au-delà d'une génération, un canal d'irrigation qui, à la longue, pourra être productif, mais dont l'entreprise exigera d'énormes sacrifices? Qui s'avisera de bâtir une de ces habitations imposantes, qui perpétuent les souvenirs des ancêtres, en même temps qu'elles font la gloire des beaux-arts et la splendeur du pays?

Les publicistes anglais observent que, lorsque les propriétés foncières se partageaient chez eux par égales portions, entre tous les enfants mâles, ainsi que cela se pratique encore dans quelques cantons (1), les co-héritiers voulant jouir chacun de leur part, quelque exigue qu'elle fut, menaient presque tous une vie agreste, oisive, casanière (2); mais que, depuis l'établissement du droit de primogéniture à l'égard de tous les héritages immeubles, une utile émulation s'est emparée des esprits. Les cadets, qui ne participent plus qu'au partage des biens meubles et du numéraire, ont tourné leurs idées et leur attention vers le barreau, vers les magistratures, vers les entreprises commerciales; il les ont appliqués à la science et aux fonctions ecclésiastiques, à la diplomatie, à la colonisation, au service de terre et de mer, à toutes les branches de l'administration; et c'est à ce mémorable changement que l'Angleterre attribue l'élévation de tant de grands hommes, l'immense accroissement de ses capitaux et de sa propriété.

Mais indépendamment des causes que nous venons de développer, il y aussi quelquefois des causes accidentelles qui rendent dans un État la division des terres plus pernicieuse.

Quant l'influence appartient à la possession des terres qui a de la durée, elle s'exerce en faveur des Gouvernements dont la durée est le principe. Quand elle est donnée aux propriétés mobilières qui changent sans cesse et qui durent peu, elle s'exerce en faveur du Gouvernement dont le changement fait la force. La

---

(1) Dans le canton de Kent, par exemple, où l'on suit encore la coutume de Gravelkind, qui est l'ancienne loi Saxonne.
(2) Blackstone, Liv. II, chap. 14.

propriété foncière favorise la monarchie; la propriété mobilière incline, comme à son insu, à favoriser la démocratie. L'influence doit donc être attribuée, dans les monarchies, à la propriété foncière.

Or, s'il arrive, dans un État, qui en même temps que la propriété foncière se divise et s'affaiblit, la propriété mobilière, par un effet opposé, s'accroît chaque jour et multiplie des forces sans mesure, il est manifeste que celle-ci recueillant toute l'influence dont la première se dépouille, le principe monarchique s'altère et peut être mis en péril.

C'est donc encore un pressant motif de mettre obstacle à la division complète des terres, quand les richesses mobilières d'un pays ont obtenu de rapides développements.

Comme tout se lie et tout s'enchaîne dans l'ordre moral et dans l'ordre politique, il est démontré jusqu'à la dernière évidence que la continuité de division et de subdivision des propriétés territoriales, ne peut que devenir funeste au Gouvernement monarchique, à la conservation des familles, à l'agriculture et aux populations rurales, on finirait par ne plus trouver en France que des individus occupés à chercher péniblement leur existence dans le produit de quelques lambeaux de terre, des individus sans existence politique, sans influence locale, par conséquent indifférents à tous les événements qui ne paraîtraient pas compromettre de trop faibles intérêts, alors où la société trouverait-elle un appui contre les dangers qui pourraient menacer la monarchie? Personne ne conteste qu'un État ne peut espérer de soutien solide que dans ceux qui, par une position sociale élevée, sont intéressés à reposer toutes leurs pensées et toutes leurs espérances sur la conservation de l'ordre établi.

La doctrine de l'Égalité absolue fut reprouvée et avec raison par Napoléon, lorsqu'il était Ier Consul, malgré les ménagements qu'il montrait encore pour les idées républicaines, et quoique le système des majorats à cette époque fut loin d'être annoncé, déjà il le projetait en faisant prévaloir la proposition de l'inégalité facultative en faveur de la quotité disponible. Napoléon soutint que la trop grande division des fortunes mettait nécessairement un terme à l'existence des familles, surtout quand elle entrainait l'aliénation de la *Maison Paternelle* qui en était, pour ainsi dire, le point central (1).

Qu'entend-on, en effet, par la conservation des familles dans l'état social, sinon le maintien de ceux qui les représentent dans la position politique où leurs ancêtres ont été élevés? Une famille périt dans ce sens, lorsque aucun de ses membres ne conserve cette position; et ce sont ces pertes, ces extinctions sociales, lorsqu'elles sont fréquentes, qui causent un préjudice grave à un État, surtout à un État monarchique.

Le majorat a pour effet lors de l'ouverture de chaque succession d'ascendant, de soustraire au morcellement une partie de l'héritage, par ce moyen le patrimoine de la famille tend nécessairement à s'accroître, il peut du moins réparer de génération en génération les pertes auxquelles il aurait été exposé. Par ce moyen

---

(1) Voir le procès-verbal des discussions du Code Napoléon.

la constitution de la famille ne peut être ébranlée. Sa considération et son influence se trouvent maintenus, par la fortune, en celui que la nature appelle le premier à en porter le nom. La famille aura toujours un chef, un représentant, un appui, exerçant pour elle l'influence fondée sur la propriété, ce droit pourra se conserver dans la famille, au moins pendant un certain nombre de générations, avec les sentiments héréditaires de l'honneur et de l'indépendance.

Une objection sérieuse, c'est qu'on ne peut enrichir l'un sans appauvrir les autres, c'est que si le lot de l'aîné s'accroit par le majorat, celui des autres enfants diminue. Cela est inévitable sans doute, et lors de la discussion du Code Napoléon au Conseil d'État, on ne manqua point de faire cette observation contre la quotité disponible, qu'il s'agissait de mettre dans les mains du père de famille, on en concluait, qu'en favorisant indirectement par cette permission le rétablissement du droit d'aînesse, on pourvoyait bien à la conservation du nom de la maison, ce qui est vrai; toutefois il ne s'agit point ici de ruiner les filles et les puînés pour enrichir le premier né des mâles. Il ne s'agit point d'un droit de primogéniture absolu, et qui s'applique comme dans nos anciennes coutumes, à la totalité ou à la plus grande partie des immeubles de l'héritage paternel; les majorats n'étant constitués que sur des fortunes de premier ordre, il reste toujours une quotité plus ou moins forte pour les autres enfants.

D'ailleurs, le majorat créé doit procurer aux puînés eux-mêmes plus de considération dans le monde, plus d'appuis auprès de l'administration publique, plus d'influence et de crédit dans le commerce et l'industrie, les puinés n'ont donc pas tant à se plaindre, et pendant 40 ans (de 1808 à 1848), que les majorats ont existés, nous n'avons jamais entendu les puinés exprimer des plaintes.

Les majorats ne sont propres qu'à maintenir les fortunes qui sont déjà étendues, et non à favoriser l'accroissement progressif des fortunes médiocres qui tendent à s'élever; or nous avons en France trop peu de grandes fortunes, et il convient dans un gouvernement libre que les lois offrent toujours aux familles de toutes les classes des moyens légitimes et relatifs de croitre et de s'agrandir.

On demande quelle est la bonté relative des majorats?

C'est de fonder, au lieu de la subdivision continuelle et progressive de la propriété foncière et des intérêts individuels qu'elle enfante sans cesse, de fonder, disons-nous, des intérêts de stabilité et de famille qui puissent, dans leur agglomération, présenter assez de force pour contenir les intérêts de mobilité qui se créent chaque jour autour de nous; c'est de consolider et d'affermir l'influence salutaire des familles illustres; ce qu'il faut en résultat, ce qu'il faut voir dans des questions de cette nature, ce sont les causes générales et les effets généraux.

Beaucoup de personnes se font une idée fausse des majorats; à leurs yeux il semblerait qu'il ne s'agit de rien moins que d'envahir toute la moyenne et toute la petite propriété, et de détruire entièrement la petite culture. Il importe surtout de fixer les idées à ce sujet. Le mal actuel n'est pas qu'il y ait un grand nombre de propriétés divisées ; il faut qu'il y en ait beaucoup ; il faut qu'une infinité de Français soient attachés au sol, et par le sol à la Patrie et au Souverain ; mais le mal est qu'il n'y ait pas assez de propriétés compactes et stables, qui puissent former le lien entre toutes les autres, à partir du Trône jusqu'au dernier degré de l'échelle sociale.

Créer des majorats c'est faire un retour vers la féodalité. Quoi ! c'est par là qu'on craindrait de la voir renaître ? Cependant la féodalité n'a jamais rien eu de commun avec les majorats, et même nous ajouterons que les majorats lui sont contraires. La féodalité était le droit qu'un Seigneur avait sur une autre propriété que la sienne, et quelquefois même sur le vassal qui possédait cette propriété ; le majorat, au contraire, est l'indépendance la plus absolue de la propriété, il la rend inaltérable dans les mains de celui qui la possède et qui la peut justement regarder comme sa propriété la plus solide, et quelques soient les opinions de certaines personnes sur cette matière, nous sommes convaincus qu'un jour, et ce jour n'est peut-être pas loin, on reconnaîtra dans les majorats, pour notre ordre social un principe fécond, qui tend à donner à quelques parties de la propriété une stabilité qui importe à tous les intérêts de l'État, aux institutions les plus libres, comme à celles sur lesquelles repose l'existence du pouvoir conservateur des sociétés.

Dans toute monarchie forte et surtout dans une monarchie constitutionnelle, il est bien qu'il y ait une masse proportionnée de propriétés territoriales, presque aussi inviolables que le trône, aussi inaliénables que le domaine de la couronne. Ce sont des ouvrages avancés qui couvrent le corps de la place. Il faut sinon un patriciat, au moins un patriarchat de famille qui attache tel nom à telle terre et telle terre à tel nom; qui soit le principe et le type de la stabilité, qui empêche la famille de se disperser avec le sol, et les institutions de se disperser avec l'un et l'autre.

Napoléon 1.er créa des duchés héréditaires pour ses compagnons d'armes, des majorats de droit pour les grands fonctionnaires, des majorats sur requête pour les familles illustres, il croyait accorder assez à l'esprit d'égalité en déclarant que les biens ainsi possédés ne conféraient aucun droit ni privilége relativement aux sujets français et à leurs propriétés.

Le fisc a les majorats en aversion, parce que l'impôt de l'enregistrement fonde ses produits sur les expropriations, les saisies, les décès, les morcellements, les mutations du sol, les procès, les inscriptions d'hypothèques, enfin sur tous les événements qui, jusqu'à présent, ont passé pour des calamités. Cet impôt de l'enregistrement, sans qu'on s'en étonne, produit chaque année davantage; les esprits forts allèguent que c'est une preuve d'accroissement de prospérité, tandis que c'est une taxe prélevée sur la propriété immobilière, et le plus souvent sur les propriétés rurales et agricoles.

Cette terre que vous avez reçue de vos pères et qui se rattache à d'illustres souvenirs, ce château que vous avez bâti, cette demeure que vous prenez plaisir à embellir, ne songez-vous pas avec douleur qu'au moment de votre décès, elle échappera à votre famille pour aller porter dans des mains étrangères l'ouvrage de vos mains, le fruit de votre travail et l'objet de vos efforts. N'est-ce pas un regret pour vous de songer que tout ce qu'il y avait dans ces embellissements de tendres souvenirs s'ensevelira avec vous dans la tombe? Qu'un étranger recueillera, et souvent pour presque rien, ce qui a épuisé les économies de votre vie, et qu'il ne restera à vos enfants, en vue desquels vous faisiez tant de sacrifices, qu'une somme de deniers, succession froide et banale, dépouillée d'illusions et de souvenirs, soumise d'ailleurs à toutes les chances de l'irréflexion, des événements et du malheur? Dans un tel état de choses ne songez plus à transmettre le manoir paternel; vos vœux sont stériles, vous êtes condamné à l'oubli.

C'est la stabilité de la famille qui forme la stabilité de l'État, et rien n'est plus propre à inspirer des idées cosmopolites et à détacher du sol et du pays que ce mouvement général des propriétés qui détruit des existences faites, des réputations établies, des influences acquises par une longue possession, pour les remplacer par des existences nouvelles, auxquelles ne se lie aucune idée de protection, de bienveillance et de patronage.

Mais il y a une considération bien plus grave, et elle ne peut échapper à l'attention de l'homme sage. C'est que le capitaliste, et le propriétaire sérieux proprement dit, ne possèdent, ni dans le même esprit, ni dans les mêmes vues. L'un ne songe qu'à conserver et à améliorer, l'autre porte jusque dans la possession de la terre cet esprit de spéculation qui l'a dirigé dans toutes ses entreprises. S'il achète, c'est dans l'intention de revendre; s'il fait un placement momentané, c'est dans l'intention d'en sortir aussitôt qu'il en trouvera l'occasion favorable. Accoutumé à tirer de ses fonds un gros intérêt, le faible revenu de la terre ne peut lui convenir. Accoutumé à spéculer sur des capitaux dont la valeur est si variable et dépend de tant de circonstances, il est toujours prêt à saisir celles qui lui permettront de réaliser ses fonds avec avantage. Tout est pour le calcul, rien n'est pour la durée. Une spéculation qui s'annonce comme avantageuse, une baisse dans les fonds publics qui en élève l'intérêt, le déterminent à revendre, et la terre devient entre ses mains une caisse de dépôt où il fait reposer avec sécurité des fonds, momentanément oisifs, plutôt qu'un placement définitif et durable.

N'avons-nous pas vu cet esprit de spéculation, qui a tout soumis à ses calculs, se porter sur les grandes propriétés pour les dépécer en parcelles, sur les forêts pour les abattre, sur les châteaux pour les démolir? N'avons-nous pas vu l'opinion publique, toujours juste dans ses jugements quand ils sont l'expression d'une pensée universellement sentie, flétrir cette spéculation du nom de bande noire? Jetons les yeux sur ce qui se passe autour de nous, dans les départements surtout qui, plus rapprochés de la capitale, sont plus facilement envahis par cet esprit d'agiotage. Que nous reste-t-il bientôt de ces magnifiques monuments de l'opulence de nos pères? Les grandes propriétés, les châteaux, les fermes même, tout se dépèce par fractions. Tout se divise, et rien ne s'agglomère, parce que le morcellement est l'œuvre d'un moment, et que l'agglomération ne peut être que celle des siècles.

On a parlé de la division de la propriété comme

favorable en général, et on a cité l'aisance aujourd'hui répandue dans toutes les classes de la population, comme la conséquence de cette division.

Nous ne nions point dans certains départements cette condition plus heureuse de la population. Elle frappe tous les yeux, et nous ne sommes point disposé à la méconnaître. Mais quand on veut l'attribuer à la législation, et même aux mœurs publiques, ne se méprend-on pas sur les causes? La révolution, à l'aide, il est vrai, de grandes iniquités et de grandes injustices, a diminué le nombre des prolétaires et répandu la propriété dans les mains où elle n'existait pas. La confiscation des biens des Émigrés, la vente à vil prix de ceux des condamnés, la mise en circulation de propriétés immenses qui étaient frappées de mainmorte, le partage des communes, en voilà les véritables causes. Oublions, s'il se peut, l'origine, et ne méconnaissons pas ses avantages. Mais c'est précisément parce qu'une si grande révolution s'est opérée si brusquement, que l'attention du législateur doit être éveillée sur les conséquences. Car l'excès de la division n'est pas moins grave que celui de la concentration.

L'introduction des majorats en France, où ils étaient inconnus, si ce n'est par les Duchés-Pairies, fut une nécessité du premier Empire (1), elle fut une œuvre du puissant génie qui, en relevant la monarchie et la couronne, sentit le besoin de les charger d'institutions qui

---

(1) Il est à remarquer que dans les majorats institués sous l'Empire et sous la Restauration, presque tous le furent avec des immeubles et rarement en Rentes sur l'État et en actions de la Banque de France.

les préservaient de succomber sous les coups de la démocratie qu'il se glorifiait d'avoir détruit.

Au retour des Bourbons, la France ayant perdu les nouveaux pays conquis, la Noblesse Impériale perdit également ses Duchés, grands Fiefs et ses Principautés qui avaient été érigées sur les territoires annexés; il lui restait encore de grandes dotations et ses majorats; sans ces richesses qui soutenaient l'éclat des Titres Impériaux, la Nouvelle Noblesse eut couru grand risque de n'être point reconnu, car quoique couverte de gloire, elle eut été pauvre et pas assez puissante pour marcher parallèlement avec l'Ancienne Noblesse; c'est donc aux dotations et aux majorats que la Noblesse de l'Empire doit d'avoir été reconnue par le Gouvernement de Louis XVIII, inscrite dans la Charte de 1814 (1), et d'avoir pu ainsi traverser sans obstacle la période de 1815 à 1852.

Les dotations héréditaires accordées et les majorats institués depuis 1808, jusqu'au 26 février 1826, ne comprenaient qu'une bien petite partie du territoire de la France (2), car leur revenu total à cette même époque n'était que de 4,593,355 francs.

En dehors de la Pairie, il y avait 307 majorats

---

(1) Voir page 144.
(2) Le Gouvernement a toujours été porté et avec raison à restreindre aux familles d'une haute honorabilité l'usage des majorats. Dans l'ancienne monarchie ils n'existaient que pour les Duchés-Pairies, et pour un très-petit nombre de terres auxquelles le Roi avait accordé cette prérogative par des Lettres-Patentes vérifiées et enregistrées. (*Voir* l'Édit du mois de Mai 1711 sur les Duchés-Pairies, et Furgole, Traité des Substitutions, sect. 10, chap. 77.

institués sur les biens personnels des Nobles, soit en fonds de terre, soit autrement, savoir (1) :

165 majorats avant la restauration ;

  99 depuis la restauration, pour obtenir des Titres ;

  43 pour perpétuer des Titres précédemment obtenus.

307 majorats.

La législation actuelle ne permit point d'instituer des majorats, mais les sentiments qui portent à faire des majorats ne sont point effacés; le désir de perpétuer le nom de la famille est naturel et mérite d'être respecté et pris en considération, d'autant plus qu'il a pour objet de ranimer l'esprit de famille, de lui donner une nouvelle énergie, de recréer surtout l'amour de la propriété héréditaire et d'attacher les chefs de famille au sol, au manoir paternel, en les éloignant du séjour corrupteur des grandes villes.

La monarchie a besoin, pour se lier à tous les intérêts, de s'entourer de familles formées en quelque sorte à son image, associées à son sort, attachées au sol, conséquemment toujours intéréssées à la tranquillité intérieure du pays. La richesse mobilière est un faible rempart contre les troubles et les bouleversements; que deviendraient sans la conservation des propriétés les institutions départementales et municipales, les fonctions gratuites des membres des Conseils Généraux, des Maires, des établissements de bienfaisance, des commissions pour étudier les questions économi-

---

(1) Chambre des Pairs, séance du 16 Mars 1826.

ques et d'agriculture, les comices ruraux, les réunions pour fonder des souscriptions nombreuses, dans les temps difficiles et de crise; en un mot les institutions provinciales, qui ne peuvent être organisées d'une manière utile, qu'autant qu'il existe pour les former des familles riches, honorables, attachées à la localité et en position de consacrer leur expérience et leur temps à des fonctions gratuites.

On parle de l'Angleterre; mais quel autre pays offre donc une pareille industrie à côté de la plus grande agglomération de la propriété foncière? On cite les ressources qu'elle offre à l'activité industrielle des cadets. Mais la France est-elle donc moins féconde en ressources du même genre? et n'a-t-elle pas même cet avantage que les débouchés ouverts à son industrie lui sont propres, que les produits de ses manufactures sont consommés dans son intérieur même; tandis que l'Angleterre est forcée pour en tirer parti, de chercher des acheteurs au dehors? La France sous ce rapport, n'a donc rien à envier à l'Angleterre, et rien n'empêche qu'elle cherche, à son exemple, à introduire, mais dans de sages limites, un peu de fixeté dans les propriétés et dans les familles.

Qu'importe, dit-on, la fixité à ces fortunes qui décroissent et périssent, elles sont remplacées par d'autres fortunes qui naissent et s'augmentent sans que la société doive s'inquiéter de ce changement?

Pour les fortunes mobilières nous convenons que les pertes des uns se compensent, à un certain point, par les bénéfices des autres; mais si les fortunes mobilières se récomposent, il n'en est pas de même des propriétés.

On peut bien diviser la terre, mais il est presque impossible de la réunir lorsqu'elle a été divisée.

Sans doute à mesure que les progrès du temps auront brisé les fortunes et les existences politiques, d'autres existences politiques et d'autres fortunes se formeront avec leurs débris, et viendront occuper leur place. Les prodiges de l'industrie sont grands; qui l'ignore? Mais ne nous flattons pas qu'ils parviennent jamais à fonder autant de fortunes immobilières que nous en voyons périr par le morcellement continu des biens fonciers. L'égalité des partages de succession qui est universelle en France, a plus d'activité mille fois pour diviser et dissoudre, que l'industrie pour réunir et constituer. Beaucoup de grands propriétaires meurent; un petit nombre seulement acquiert et s'élève.

L'homme s'attache naturellement au sol qu'il a acheté ou recueilli dans la succession de ses pères. Plus son héritage est petit, et plus il tient quelquefois à le conserver. Vous le couvririez d'or que vous n'en obtiendriez pas la cession. Aussi ne voit-on nulle part de grande propriété se former des débris de celle que l'on divise, et il est vrai de dire que dans tous les pays les vastes domaines ont été formés pour la plupart à l'époque de la conquête. La petite propriété sans doute est une chose heureuse. Il est à souhaiter que la propriété moyenne se conserve, et que la grande ne se démembre pas entièrement.

Pendant le cours de la révolution, les propriétés du clergé et des anciennes corporations ont été vendues et sont passées entre les mains de 666 mille acquéreurs; 440 mille particuliers ont acheté les biens de 27,000 familles d'émigrés; ceux des communes ont fait l'objet de 110,000 ventes; enfin 100,000 hectares de bois domaniaux ont été vendus depuis la restauration (ceci se disait en 1826), c'est-à-dire qu'en résultat, par l'effet de toutes ces ventes, 1,222 mille propriétaires nouveaux ont succédé à 30 mille anciens propriétaires, sans parler des acquéreurs de 100 mille hectares de bois, et des divisions ultérieures que des successions ou de nouvelles ventes ont pu amener.

On jugera que dans cet état, ce n'est pas une concentration trop grande que nous avons à redouter; la division a produit tout l'effet qu'on pouvait en désirer. La France a sans contredit assez de petites propriétés, elle a assez de propriétés moyennes; quelques grandes propriétés de plus lui seraient nécessaires.

Le Gouvernement monarchique ne saurait en effet se passer de l'influence de la grande propriété, de ce lien nécessaire qui rattache les unes aux autres les diverses parties de l'édifice social; de cet appui indispensable du trône et des libertés publiques, que la division indéfinie des fortunes laisse dans l'isolement, la faiblesse et l'abandon.

La culture elle-même perdrait plus qu'on ne croit au morcellement du peu de grands héritages qui restent debout; le petit propriétaire cultive mieux sans doute, tire un plus grand parti de la terre qu'il travaille lui-même, mais aussi il cultive plus chèrement, et s'il compare ce que lui coûte de travail l'argent qu'il possède, avec ce qu'il coûte au grand propriétaire, on verra que la bêche coûte plus que la charrue, qu'il en est de la culture comme de toutes les industries, et que plus elle est restreinte dans son objet, moins elle est profitable.

Dans les années fécondes, le petit cultivateur, forcé de conduire au marché des denrées que sa position ne lui permet pas de conserver, concourt immédiatement à leur dépréciation. Dans les années stériles, comme il n'a aucun approvisionnement, il souffre, il contribue à l'épuisement des marchés, à la hausse des prix, et la subsistance du peuple est compromise. Cette considération est grave surtout en France, où la consommation des céréales est si étendue.

Pour une république, le morcellement indéfini est indifférent, peut-être même est-il favorable au principe de ce gouvernement; il est également sans danger pour le despotisme d'un seul; celui qui veut gouverner sans règle et sans résistance peut désirer le morcellement, parceque tous les propriétaires sont confondus dans la même nullité.

Si quelques essais heureux ont eu lieu en agriculture, on les doit aux grands propriétaires qui seuls peuvent en faire les frais. Si nos laines se sont améliorées par l'introduction des races d'Espagne, c'est encore un argument de plus pour la grande propriété, puisque la beauté des toisons tient à la vie errante des mérinos, à laquelle la circonscription trop étroite de nos domaines est déjà un obstacle.

Un autre inconvénient de la division est de retarder et même quelquefois d'empêcher les plantations qui seules pourraient réparer les pertes immenses que la France à faites en bois et en forêts; ces plantations qui exigent des avances considérables, ne deviennent productives qu'au bout d'une longue suite d'années; peu de propriétaires se résoudront à de pareils sacrifices s'il n'ont pas la certitude que leurs enfants en recueilleront le fruit.

La vente des grandes forêts, leur destruction par les acheteurs, leur division et la revente par petits lots de terres, sont la cause des inondations que nous éprouvons; il a fallu rendre une loi (1), et l'État est obligé à des dépenses nouvelles pour procéder au reboisement des montagnes comme un des moyens de combattre le fléau, et de mettre fin à des désastres publics, en appliquant le principe de l'expropriation, pour cause d'utilité publique, aux terrains dont le reboisement est jugé obligatoire pour régler ou ralentir l'écoulement des torrents.

On a évalué à 1,100,000 hectares la contenance des terrains susceptibles d'être reboisés; mais les ressources mises à la disposition de l'administration des forêts ne peuvent lui permettre de reboiser, du moins actuellement, qu'une contenance de 80,000 hectares (2).

---

(1) Loi du 28 Juillet 1860, sur le reboisement des montagnes. — Décret du 27 Avril 1861.

(2) L'altitude des terrains où les reboisements sont généralement entrepris, la mauvaise qualité de ces sols, presque toujours ruinés par les abus de la dépaissance, ne permettent à l'administration d'y introduire que dans une faible proportion les essences précieuses qui, telles que le chêne et les autres bois durs, exigent des conditions de climat et de sol que l'on n'a rencontrées que par exception dans les terrains à reboiser. Il faut d'ailleurs une ou deux générations de grands végétaux pour ramener la fertilité dans des régions depuis si longtemps dénudées; on peut juger par ces explications de l'immensité de la perte de la destruction de nos forêts et du long temps qu'il faudra, pour opérer le reboisement.

De tout ceci on peut conclure qu'il est utile à l'État qu'il existe un certain nombre de grandes propriétés qui puissent se transmettre intactes et sans morcellement.

On cite l'exemple de l'Angleterre ou par suite des lois sur les successions, les propriétés territoriales appartiennent presque toutes à un petit nombre de familles, et on a donné à entendre que la taxe des pauvres était une conséquence inévitable de cette agglomération des terres. C'est une erreur, la grande propriété ne peut pas créér des pauvres autour d'elle: les journaliers employés à la culture des terres sont sûrs d'y trouver chaque année, le même travail que les années précédentes: ce travail tend même à s'accroître par les progrès de l'industrie agricole, qui, quoiqu'on en dise, ne peut se perfectionner que dans les pays de grande culture; car le pauvre compromettrait son existence par des essais souvent stériles et toujours dispendieux. Le riche propriétaire peut seul en faire les avances et en supporter les pertes. Il y a plus: la grande culture emploie plus de bras qu'il n'en faudrait proportionnellement pour cultiver des champs d'une même étendue. Chacun sait en effet que les journaliers employés par un riche propriétaire, travaillent beaucoup moins que lorsqu'ils cultivent pour leur propre compte. N'envions point aux pauvres cette espèce de repos, mais reconnaissons que si la grande culture, loin de créér des pauvres, nourrit par le travail ceux qui se trouvent autour d'elle, la taxe des pauvres ne saurait lui être imputée.

Peut-on en dire autant de l'industrie manufacturière? Aussi peu stable que la mode qui lui a donné naissance, non-seulement cette industrie a tout à craindre du caprice du goût et de la concurrence : souvent le même manufacturier, en perfectionnant des procédés, trouve le moyen de se passer des bras qu'il avait employés d'abord. C'est surtout l'Angleterre qui est le théâtre de ces révolutions industrielles; les feuilles publiques ne nous entretiennent que d'ouvriers ameutés; la force, à la vérité, les fait rentrer dans l'ordre, mais elle ne leur rend point la moyenne de subsistance qu'ils ont perdu. Telle est l'origine véritable de la taxe des pauvres sous laquelle gémit l'Angleterre.

Voit-on, en ce pays, de semblables mouvements dans la classe employée aux travaux agricoles? Non, sans doute; parce que l'existence de cette classe est toujours assurée. Craignons donc bien plutôt la richesse manufacturière que la richesse territoriale ; ou pour être justes, reconnaissons que les intérêts de l'industrie et ceux de la grande propriété sont essentiellement liés entre eux, car l'industrie ne peut trouver ses débouchés que dans le luxe des riches propriétaires; et de leur côté, les produits du sol sont pour la plupart consommés par les villes où règne l'industrie.

Après avoir rappelé l'exemple de l'Angleterre, on a ajouté que les majorats en Espagne étaient la cause de la misère qui désole quelques parties de ce royaume. La comparaison que l'on voudrait établir à cet égard entre ces deux pays, paraît dénuée de toute justice. L'Angleterre est remplie de manufactures; l'Espagne n'en a point ou presque point : s'il y a beaucoup de pauvres dans l'une et dans l'autre, il faut donc assigner à ce résultat des causes différentes : en Angleterre tout le monde est riche, excepté les ouvriers employés dans les fabriques; en Espagne, le peuple est naturellement indolent, il ne connait pas les besoins que le luxe a inventés; et ne se donne de peine que tout juste ce qui lui en faut pour vivre au jour le jour : s'il manque de pain, il trouve d'immenses ressources dans les charités des ecclésiastiques et dans la bienfaisance des Nobles. Qu'on cesse donc d'attribuer aux majorats en Espagne la quantité de pauvres que l'on remarque dans ce pays, puisqu'on ne peut en accuser que les mœurs de la nation et la facilité avec laquelle elle peut se procurer le peu dont elle se contente. Loin d'être nuisible nulle part, la grande propriété territoriale est partout avantageuse, indispensable même, puisque c'est elle qui nourrit l'industrie et fournit aux habitants des campagnes les moyens de pourvoir honorablement à leur existence.

L'étude de l'histoire des Familles Nobles est en progrès depuis plusieurs années, l'impulsion est constatée, elle part principalement des Provinces, où l'on publie des Armoriaux et des Livres de Généalogie, qui ont le mérite d'être rédigés consciencieusement dans les localités mêmes où ont vécu les gentilshommes dont on revère la mémoire ; c'est un témoignage éclatant et tardif rendu à la Noblesse toute entière; ce témoignage précieux vient à l'appui des principes que nous venons d'exposer.

Ces volumes sont la plupart imprimés avec soin sur beau papier et souvent accompagnés de gravures de blasons et de sceaux; la nomenclature en serait trop longue, nous nous bornerons pour soutenir nos assertions à indiquer les suivants (1).

ALSACE. L'Alsace en 1789. Tableaux des divisions territoriales et des différentes Seigneuries de l'Alsace existant à l'époque de l'incorporation de cette province à la France, publiés par Frédéric Charles Heitz. Strasbourg, 1860. in-4.º

Armorial de la Généralité d'Alsace, Recueil officiel dressé par les ordres de Louis XIV et publié pour la première fois. Paris, 1861. in-8.º

ANJOU. Armorial des maires de la ville d'Angers (par M. Lambron de Liguim). 1845. in-4.º

AUVERGNE. Nobiliaire d'Auvergne, par J. B. Bouillet. Clermont-Ferrand, 1846-1853. 7 vol. in-8.º

Dictionnaire héraldique de l'Auvergne, facilitant la recherche du nom des Familles auxquelles appartiennent les écussons ou armoiries, etc., par J. B. Bouillet. Clermont-Ferrand, 1857. grand in-8.º

BEAUJOLAIS. Histoire du Beaujolais et des Sires de Beaujeu, suivie de l'Armorial de la province, par le baron de La Roche La Carelle. Lyon, 1853. 2 vol. in-8.º contenant 400 écussons.

BERRI. Histoire Généalogique de quelques familles du Berri, par le vicomte Ferdinand de Maussabrée. Bourges, 1859. in-4.º

BOURBONNAIS. Armorial du Bourbonnais, par M. le comte George de Soultrait. Moulins, 1857. in-8.º avec environ 500 blasons.

BRETAGNE. Armorial de Bretagne (avec écussons), par A. P. Guerin de La Grasserie. Rennes, 1845-1848. 2 vol. in-folio.

Nobiliaire et Armorial de Bretagne, par M. Potier de Courcy, 2.me édition. Nantes, 1862. 2 vol. in-4.º; il paraîtra un troisième volume.

---

(1) Pour des renseignements plus étendus sur les intéressantes publications relatives à la Noblesse, on peut consulter le volume intitulé : *Bibliothèque Héraldique de la France*, par M. Joannis Guigard, de la Bibliothèque Impériale, Paris, 1861, un volume in-8.º

CHAMPAGNE. Essai sur les sceaux des comtes et comtesses de Champagne, avec six planches en lithochromie, par d'Arbois de Jubainville, archiviste. 1856. in-folio.

Histoire des ducs et des comtes de Champagne, depuis le VIme siècle jusqu'en 1181—1869—1862, par d'Arbois de Jubainville, archiviste du département de l'Aube (1). 3 vol. in-8.

Armorial général de la Généralité de Châlons-sur-Marne, publié pour la première fois d'après le manuscrit original conservé à la Bibliothèque Impériale, et annoté par M. Edouard de Barthélemy. Paris, 1862. in-12.

Armorial de la ville de Châlons-sur-Marne, par M. Edouard de Barthélemy. Châlons-sur-Marne, 1856. in-12.

Études sur les Armoiries de la ville de Troyes, par J. Ray. Troyes, 1851. ln-8.

FLANDRE. Inventaire analytique des Chartes des Comtes de Flandre, autrefois déposées au château de Rupelmonde, et conservées aujourd'hui aux Archives de la Flandre-Orientale; précédé d'une Notice historique sur l'ancienne Trésorerie des Chartes de Rupelmonde, et suivi d'un Glossaire, de Notes et d'Éclaircissements, par M. le baron Jules de Saint-Genois, Professeur-Bibliothécaire de l'Université de Gand, Membre de l'Académie Royale de Belgique. Gand, 1843-1846. in-4.º, avec six planches gravées, représentant des sceaux (2).

Noblesse et Chevalerie du Comté de Flandre, d'Artois et de Picardie, publié par P. Roger. Amiens, 1843. in-8.º

La Noblesse Flamande de France, en présence de l'article 259 du Code pénal, suivi de l'origine et de l'orthographe des noms de Famille des Flamands de France, par L. de Baecker. In-12.º

Armorial de Flandre, du Hainaut, et du Cambrésis; Recueil officiel dressé en 1696 par ordre de Louis XIV, publié d'après les deux manuscrits de la Bibliothèque Impériale, par M. Borel d'Hauterive. Paris, 1856. in-8.º

---

(1) L'Académie des Inscriptions et Belles-Lettres, dans sa séance du 20 Juin 1862, a décerné à M. d'Arbois de Jubainville, pour la publication de cet ouvrage, le second prix fondé par le baron Gobert.

(2) Il serait à désirer que nos Archivistes des Provinces fissent de semblables publications de nos Chartriers; l'ouvrage de M. le baron de Saint-Genois est un modèle pour le plan, la méthode, la clarté et l'excellent choix des documents; les explications qui les accompagnent sont de véritables et précieux commentaires.

Forez. Recherches concernant principalement l'Ordre de la Noblesse sur l'Assemblée Bailliagère du Forez. Lyon, 1860. in-4.º

Guienne. Nobiliaire de Guienne et Gascogne, par M. O'Gilvy. Paris, Dumoulin, 1856-1858, 2 vol. in-4.º

Languedoc. Histoire des comtes de Toulouse, par le général Moline de Saint-Yon. Paris, 1859. 2 vol. in-8.º

Nobiliaire Toulousain contenant les Lettres-Patentes d'anoblissement, les jugements de confirmation ou de maintenue de Noblesse, etc., par Alphonse Bremond. Toulouse, 1860, in-8.º

Notes pour servir à un Nobiliaire de Montpellier, par Ch. de Tourtoulon. Montpellier, 1856. in-8.º

Armorial de la Noblesse de Languedoc, par M. Louis de la Roque. Montpellier, 1860-1861. 4 vol. in-8.º

Lorraine. Metz ancien par feu le baron d'Hannoncelles, publié par M. Tardif de Moidrey. Metz, 1856. 2 vol. in-f.º avec 600 blasons.

Lyonnais. Armorial général du Lyonnais Forez et Beaujolais, contenant 2080 blasons et environ 3000 notices héraldiques et généalogiques, par M. André Steyert. Lyon, 1860. in-4.º

Recueil de documents pour servir à l'histoire de l'ancien gouvernement de Lyon, contenant des notices chronologiques sur les Familles Nobles ou Anoblies, par L. Morel de Voleine et H. de Charpin. Lyon, 1854. in-4.º

Maine. Histoire des Seigneurs de Mayenne, par J. B. Guyard de la Fosse. — Le Mans. 1850. in-12.

Nivernais. Armorial de l'ancien Duché de Nivernais; suivi de la liste de l'Assemblée de l'Ordre de la Noblesse du Bailliage de Nivernais aux États-Généraux de 1789, par le comte George de Soultrait. Paris, 1847, in-8.º

Liste générale des Membres de l'Assemblée de l'Ordre de la Noblesse du Bailliage de Nivernais aux États-Généraux de 1789. Publiée d'après le cahier original. Paris, 1847, in-8.º

Normandie. Histoire du canton d'Athis (Orne) et de ses communes, par le comte Hector de la Ferrière-Percy. Paris, 1858, in-8º, avec 40 blasons.

Picardie. Trésor généalogique de la Picardie, ou Recueil de documents inédits sur la Noblesse de cette province, par un Gentilhomme picard (M. le marquis de Belleval). Amiens, 1859-1861, in-4.º

Poitou. Dictionnaire historique, biographique et généalogique des Familles de l'ancien Poitou, par feu Henri Filleau, publié par son petis-fils M. H. Beauchet-Filleau et M. Ch. de Chergé. Poitiers, 1840—1854. 2 vol. in-8.º Avec 10 planches d'armoiries.

Poitou. Histoire de la ville de Parthenay, de ses anciens Seigneurs, depuis les temps les plus reculés jusqu'à la révolution, ornée du portrait du maréchal de la Meilleraye et d'une carte de la Gâtine. 1858. in-8.º

Provence. Liste des gentilshommes de Provence qui ont fait leurs preuves de Noblesse, pour avoir été tenus à Aix, de 1787 à 1789, par le comte de Montgrand. Marseille, 1860. in-8.º

Rouergue. Documents historiques et généalogiques sur les Familles du Rouergue, par M. H. de Barrau. Rhodez, 1859-1860. 4 vol in-8.º

Saintonge. La Noblesse de Saintonge et d'Aunis, convoquée pour les États-Généraux de 1789. (Par M. le baron Léon de La Morinerie). Paris, 1861. in-8.º

Savoie. Familles historiques de Savoie, par Costa de Beauregard. Chambéry, 1844. in-4.º (Avec blasons.)

Touraine. Armorial des Maires de la ville de Tours. Tours, 1847. in-4.º

OUVRAGES RELATIFS A L'ENSEMBLE DES PROVINCES.

Armorial Historique de la Noblesse de France, recueilli et rédigé par un comité, publié par de Milleville, référendaire au sceau de France. Paris, 1845, in-4.º, avec un grand nombre de blasons (1).

La Noblesse de France aux Croisades, publiée par P. Roger. Paris, 1845, in-8.º

Annuaire de la Noblesse de France et des Maisons souveraines de l'Europe, publié par M. Borel d'Hauterive, Paris, 1862, in-12; il paraît chaque année depuis 1843.

Catalogue des Gentilshommes qui ont pris part aux assemblées de la Noblesse pour l'élection des Députés aux États-Généraux de 1789, publié d'après les procès-verbaux officiels, par MM. Louis de La Roque et Ed. de Barthelemy. Paris, 1861-1862, in-8.º; chaque province forme une livraison séparée; ont déjà parues :

Armagnac et Quercy.	Franche-Comté.
Beaujolais et Forez.	Languedoc.
Bourgogne.	Lyonnais.
Champagne.	Provence.
Dauphiné.	

---

(1) Ouvrage couronné par l'Institut, en 1858.

Nous encourageons de tous nos efforts ces recherches historiques et ces publications utiles qui contribuent à répandre et à conserver dans nos Provinces le souvenir des illustrations de la France et les noms des Familles révérées.

Nos lecteurs n'attendent pas de nous, que nous venions de nouveau appeler leur attention sur des principes, que nous pouvons presque dire consacrés, tant ils sont élémentaires; que nous venions répéter : que la conservation des Familles importe à la conservation de l'État; que les Familles ne se perpétuent que par l'attrait et la continuité de la propriété; qu'elles ont besoin d'un avenir, comme l'État lui-même en a besoin, et qu'il n'y a point d'avenir pour elles, là où il n'y a point de sécurité d'existence. Il est de ces vérités auxquelles la sagesse des siècles se charge de prêter tout le poids de la raison, et presque de la nécessité. Et si nous avons vu la législation de tous les peuples, sans distinction de forme de gouvernement, porter tous ses soins et toutes ses pensées vers la conservation des biens dans les Familles, établir les primogénitures, soyons moins prompts à la condamner, et forçons notre orgueil à convenir que ce n'est pas seulement de 50 ans que date la sagesse, et que l'épreuve des siècles peut bien être mise dans la balance avec les théories d'un jour.

Que de maux évités si la maison paternelle fut toujours demeurée comme un lieu de rendez-vous pour la Famille! L'industrie ne connait d'autre patrie que le lieu où elle trouve les moyens de s'exercer: elle n'a même nulle part de domicile certain, car une mine est-elle épuisée, son intérêt l'oblige d'en chercher une autre. Pensera-t-on, après cela, que ce soit dans la classe industrielle que la société doive recruter de préférence les dépositaires de sa confiance et les arbitres de ses intérêts? Ne devra-t-elle pas plutôt les choisir parmi ceux dont la vie toute entière s'est écoulée dans le même lieu, sous l'inspection de leur famille et de leurs concitoyens, et qui peuvent invoquer comme garants de leurs principes les souvenirs qu'ont laissés leurs pères? Ne balançons donc pas à assurer à la propriété rurale la prééminence qui lui est due, à la tirer des décombres accumulés autour d'elle, et qui menacent de l'ensevelir. Maintenons au poste d'honneur cette race d'hommes qui, dans un siècle où la cupidité est si avide de fortunes, borne son ambition à transmettre à ses enfants la demeure de ses pères et l'exemple de ses vertus (1).

Qu'y a-t-il de plus vital pour un Gouvernement que la stabilité des Familles et des fortunes? Qu'y a-t-il de plus vital même que cette ambition héréditaire, contre laquelle quelques esprits philosophiques ont lancé tant d'injustes anathèmes, que cette généreuse ambition, que ce noble orgueil, que cet honneur, que ce vif intérêt, que les plus belles âmes mettent à perpétuer leur nom, en le transmettant à leur postérité, avec les biens qu'il

---

(1) « Il importe à toute forme de Gouvernement, de conserver les » Familles, et l'on ne peut le faire efficacement sans veiller aussi à la » conservation de leurs immeubles. Ce sont les richesses mobilières » dont il est intéressant de favoriser la circulation. » (*Analyse de la discussion du Code Civil, tome II, page* 502, *de la première édition*).

leur a été donné d'acquérir? Eh! n'est-ce pas pour satisfaire à ce généreux besoin, qu'on a vu de tout temps les plus faibles mortels supporter les plus rudes travaux, affronter les périls les plus certains, et exposer mille fois une vie qui n'était pour eux que le moindre des biens?

Si les chefs de Famille se succèdent comme la dynastie régnante, si les fortunes des Nobles sont comme le domaine de la couronne stables et permanentes, n'est-il pas évident que l'État et le Trône se communiqueront naturellement une force, une solidité qu'on pourrait leur contester si le droit qui régit l'un, demeure périlleusement isolé, et sans application aux familles dont l'autre se compose?

Aujourd'hui, on soutient que ces principes ne sont bons que pour une Monarchie pure, où la nation est placée en dehors des pouvoirs publics; que d'autres règles sont applicables à la Monarchie constitutionnelle qui admet la nation à la connaissance et à la gestion des affaires publiques. Ici, dit-on, ni le Trône, ni le peuple n'ont besoin de Familles Aristocratiques, parce que les abus y trouvent des barrières légales, parce que le pouvoir exécutif y est limité par les votes du Sénat et du Corps-Législatif, et que la puissance législative y est partagée entre le chef de l'État et des Corps indépendants, il ne doit exister d'autre Aristocratie que les supériorités mobiles que peuvent procurer, soit les talents, soit la fortune elle-même dans ses caprices. Hors de là, toute la nation forme une vaste démocratie que l'émulation doit animer. Vouloir fixer en France, dans un certain nombre de familles une Aristocratie territoriale, ce serait établir un privilége, ce serait éteindre l'émulation parmi tous les autres Français et réduire la plus grande partie de la nation à une sorte d'ilotisme.

Voilà la principale objection dans toute sa force. Eh bien! Elle n'a pas ébranlé nos convictions, c'est précisément dans la monarchie constitutionnelle qu'il importe le plus de procurer aux Familles, dans lesquelles sont choisis les organes de l'opinion et des vœux publics, les moyens de conserver leur fortune territoriale et leur indépendance.

D'un côté, n'est-ce pas surtout dans cette forme de gouvernement où les vœux populaires sont soulevés et mis en jeu de tant de manières plus ou moins légales, que le Trône a besoin de multiplier ses auxiliaires pour se préserver des violences ou des écarts de l'opinion?

D'un autre côté, qu'y a-t-il de plus nécessaire au peuple pour l'éclairer, pour le conduire dans des temps d'orage, d'effervescence; pour défendre ses intérêts dans les assemblées législatives, dans les conseils généraux, les conseils d'arrondissement, dans les administrations municipales et de charité, que ces familles honorables qui vivent au milieu de lui, dans les Provinces, que ces Familles dont l'existence repose sur la propriété territoriale, qui, par leur aisance, leur éducation, leur expérience, sont à l'abri des piéges et des innovations dangereuses, et qui, satisfaites de leur position, ont elles-mêmes beaucoup plus à conserver qu'à conquérir?

« Tous les jours on voit éclater un système nouveau, disait M. Thiers, et il suffit d'un homme d'esprit pour le répandre et le faire adopter. Et remarquez encore que par les progrès de la presse périodique on est arrivé à communiquer à toute la France les mêmes idées en quelques jours; la France est devenue en quelque sorte un nouveau *Forum* dans lequel délibèrent trente-deux millions d'hommes. »

« Il suffit qu'à Paris, un homme d'esprit ait une idée nouvelle pour que tout le pays reçoive, au moyen de la presse, une impression dans le même sens. Certes j'admire ce résultat comme un immense progrès; j'admire qu'une impression partie du centre, arrive à la circonférence. Mais il importe de se garder des impressions du jour, et lorsqu'on voit celles du lendemain différer tellement de celles de la veille, il ne faut pas les subir aveuglément et en faire dépendre le sort de l'État, c'est de cela qu'il nous faut préserver (1). »

La monarchie a besoin pour se lier à tous les intérêts de s'entourer de Familles formées en quelque sorte à son image, associées à son sort, attachées au sol, afin d'avoir des intérêts similaires de la plus grande force; mais, dira-t-on, est-ce que les trois grands corps de l'État: le Sénat, le Corps-Législatif, le Conseil d'État, ne suffisent point pour être intermédiaires entre le Trône et le peuple; non! ces trois grands corps existaient sous le premier Empire, et Napoléon I.er ne les trouva pas suffisants, car il créa une Noblesse. Les membres de ces trois grands corps, à cause de leurs travaux et des exigences de leurs fonctions, sont obligés de résider la plus grande partie de l'année à Paris,

---

(1) Discours de M. Thiers, Chambre des Députés, séance du 3 Octobre 1831.

ils ont donc trop peu de rapports avec les habitants des provinces, pour connaître entièrement leurs besoins, et pour y exercer une influence marquée et satisfaisante.

Quoi donc! est-ce que les trois grands Corps de l'État, n'ont pas besoin de quelques bases, de quelques soutiens extérieurs? lorsque la main du temps qui toujours détruit vient éclaircir leurs rangs, ne faut-il qu'il y ait des illustrations éprouvées, pour combler les vides, pour remplacer les illustrations défuntes?

Puisque, il est vrai que dans toute société de grandes influences sont nécessaires pour harmoniser les pouvoirs publics avec l'esprit et les besoins de la nation, ces grandes influences semblent encore plus indispensables en France où les élections se font par le suffrage universel; là où les votes sont exprimés par une multitude souvent aveugle et facile à séduire, il y a urgence de contrepoids, qui soient des organes fidèles, éclairés de l'opinion, non de celle qui naît d'impressions passagères, mais de cette opinion libre, sage et forte qui est l'expression des vœux et des besoins du pays.

Il faut au gouvernement monarchique des appuis qui soient comme lui uniformes et invariables, le soutien d'une dynastie repose sur le soutien des Familles qui maintiennent leur origine intacte et se perpétuent. Où les trouver ces auxiliaires dont aucun gouvernement ne peut se passer? Sans doute, c'est, nous l'avouons, un grand avantage pour un État, lorsque la forme et l'esprit des grandes assemblées délibérantes sont analogues à ceux du pouvoir exécutif représenté par le

Souverain, et que les organes du Gouvernement n'en choquent point la constitution. Mais au-delà de ces trois pouvoirs est encore la Nation toute entière, et les nations ont aussi leur forme et leur génie, qui arrêtent ou favorisent l'action du gouvernement.

Le système gouvernemental serait donc imparfait et sa durée non complètement assurée, si on négligeait d'établir entre le Gouvernement et le peuple des influences salutaires et conservatrices entièrement en dehors du corps des fonctionnaires publics, qu'on désigne généralement sous la dénomination de monde officiel, ou de classe officielle.

Ainsi, entre la classe officielle, la classe de la bourgeoisie, la classe agricole et la classe ouvrière, il y a une classe d'élite, indépendante, qui ne relève pas du Gouvernement, qui peut être son plus ferme appui, et servir de corrélation entre le trône et le peuple; cette classe, c'est la Noblesse inséparable de toute monarchie, et comme l'a dit Montesquieu : *point de Noblesse, point de Monarchie; point de Monarchie, point de Noblesse.*

Puisque la continuité est à la fois le principe et le but du gouvernement monarchique, il est évident qu'on ne peut rien fonder dans ce gouvernement sur l'homme isolé, dont l'existence physique est trop courte et dont l'existence morale l'est encore plus. Pour que les choses qu'on y introduit soient stables et conformes à sa nature, il faut qu'elles soient fondées sur une succession d'hommes toujours animés des mêmes sentiments et dirigés par des intérêts d'une même sorte.

Or, qui l'offrira cette succession nécessaire que rien

ne doit interrompre? qui l'offrira? La Famille, la Famille seule, qui réunit par des traditions, des affections, des habitudes communes, tous ses membres contemporains et toutes les générations qui doivent la continuer après eux.

L'individu dans les monarchies, c'est la Famille, l'homme collectif, l'homme qui se succède et se perpétue, l'homme fidèle, dont l'opinion ne change point. Dans la démocratie, au contraire, dont le principe est la liberté illimitée, ce n'est que l'homme, l'homme isolé, l'homme d'un jour, l'homme sans liaison et sans rapport avec le passé et l'avenir; l'homme qui n'a le temps de rien fonder pour soi dans un état où rien ne doit l'être parce que le pouvoir lui-même ne l'est point.

C'est donc un devoir, dans la monarchie, de travailler à constituer la Famille : c'est un acte de sagesse et de prévoyance de l'appliquer à faire naître et à entretenir l'esprit de Famille, si favorable à l'ordre public, aux affections naturelles, aux sentiments généreux, aux mœurs honnêtes; l'esprit de Famille féconde l'honneur, et lui donne à la fois plus d'étendue et de garantie, par l'heureuse solidarité qu'il impose et qu'il établit.

Or, comment fonder la famille? par quels moyens atteindre ce but vers lequel la nécessité même nous entraîne? par les mœurs, dira-t-on? non! car c'est au contraire de la Famille que viennent les mœurs. Vous fonderez la Famille en prévenant le morcellement des propriétés, en favorisant la conservation du patrimoine, en prolongeant la possession de la terre, la seule chose qui puisse avoir parmi nous de la fixité et de la durée.

Vous pensez à l'organisation d'une Aristocratie, nous dira-t-on, mais l'Aristocratie est l'œuvre du temps et non des lois, et les générations passées la lèguent aux générations à venir. Les générations passées l'ont formée, et aux yeux du législateur, les générations à venir ne diffèrent point des générations passées. Tout pour les États est à la fois passé et présent, car l'existence d'un État se compte par siècles, et la pensée du législateur doit savoir percer dans l'avenir en tenant compte des traditions. Nous faisons des vœux pour consolider la société, pour que tout ne soit pas instable et mobile, nous trouvons dans la stabilité de la propriété foncière un contrepoids aux crises industrielles et financières dont les catastrophes ébranlent l'édifice social.

La conservation des terres, outre qu'elle inspire des idées d'ordre, de modération et de prévoyance, maintient la Famille dans le rang qu'elle occupe et fournit sans cesse à l'État des gardiens et des soutiens, que leurs intérêts personnels excitent sans cesse à la défense des intérêts généraux. Elle amène cet ordre de choses, si conforme à la nature du gouvernement monarchique, ainsi peut se développer le système dont le premier anneau est la Noblesse et dont le dernier vient aboutir à la chaumière du pauvre qui est assurée de trouver des protecteurs, et dans les temps de calamités une assistance efficace par les Familles grandes et puissantes; d'ailleurs la conservation des Familles grandes et puissantes n'importe pas moins à la sûreté du Trône qu'aux libertés publiques, parce que toutes deux y trouvent une sauvegarde, l'une contre les tentatives immodérées de la démocratie, les autres contre les envahissements du pouvoir.

Ah! revenons à cette admiration salutaire qui est le principe des grandes actions, environnons la jeunesse des exemples de courage, de persévérance, de gloire, que nous ont transmis nos pères. Qu'elle craigne de dégénérer à l'aspect de nos ancêtres, exaltons les âmes pour les élever. Ce n'est point en montrant froidement aux hommes le niveau de l'égalité, c'est en les passionnant pour tout ce qui est beau, tout ce qui est grand, tout ce qui est sublime, que l'on assurera la prospérité et le bonheur du peuple.

Il y a des choses qu'on ne voit que quand elles ne sont plus, et le silence des tombeaux de nos aïeux révèle souvent plus de vérités que les discours étudiés des vivants; c'est la mort qui place les hommes à leur vrai point de perspective, et nos souvenirs se révèlent dans les familles des noms illustres. Qui a donné à toutes ces familles ce privilége d'existence et de durée? Qui leur a donné les moyens de traverser les siècles et les révolutions? si ce n'est des coutumes souvent plus puissantes que les lois, appropriées à la conservation des Familles, qui les ont empêchés de s'ensevelir dans le néant, où vient se fondre tout ce qui doit supporter l'épreuve du temps; si ce n'est des institutions et des principes pour lutter contre le temps, opposant leur durée à sa durée, se fortifiant avec lui et opposant à sa force d'inertie, une force toujours active, et un principe de vie à un élément de destruction.

Les populations ont pour la Noblesse un respect dont elles ne peuvent se défendre ; autour d'un gentilhomme dont l'origine date d'un champ de bataille, on croit voir cette longue suite d'aïeux qui se sont rendus célèbres, dont souvent plusieurs ont péri en servant la patrie. Une sorte d'émotion s'empare de l'âme, dans un seul homme on révère tous ses ancêtres ; il paraît environné de leur gloire et l'obéissance qu'on lui rend coûte moins à l'amour-propre ; aussi le peuple est-il souvent mieux contenu, mieux dirigé par des Nobles, qu'il ne le serait par des plébéïens ses égaux.

Loin de nous toute idée capable d'étouffer l'émulation ; la Noblesse peut dans maintes circonstances, être préférée pour les fonctions importantes, mais jamais exclusivement ; aucune carrière ne doit être fermée au plébéïen, surtout au plébéïen recommandable, il faut qu'avec du mérite il puisse sans obstacles parvenir aux emplois ordinaires et qu'avec de l'énergie et des talents éclatants, il puisse monter jusqu'aux charges les plus élevées ; l'exemple de Pélissier sorti des rangs du peuple, parvenu au grade de maréchal, au Sénat et à la dignité de duc de Malakoff, en est un témoignage irrécusable.

Il n'est pas toujours nécessaire d'être revêtu de fonctions officielles pour contribuer au bien public et exercer un grand ascendant sur les populations ; l'influence incontestable des Nobles est due à leur respect pour la religion, à la considération qui les environne, au prestige du Nom, aux sentiments élevés qui les dirigent dans la vie politique, cette influence résiste aux ravages des temps parce qu'elle est fondée sur des bases de moralité, consolidées par l'honneur et la générosité qui sont les principes de leurs ancêtres et de leur caractère.

DOCUMENTS

JUSTIFICATIFS.

Histoire de la Noblesse, page 391.

DOCUMENT N.º I,

CORRESPONDANT A LA PAGE 97.

Composition des seize Cohortes de la légion d'honneur sous le I.er Empire, en 1813.

Première Cohorte.

Chef-lieu : Fontainebleau.

Le prince de Neuchâtel et de Wagram, vice-connétable, chef.
Lefeuvre, chancelier, député au corps législatif.
Le comte Esteve, Trésorier.
Cette cohorte comprenait les départements de l'Aube, Marne, Oise, Seine-et-Marne, Seine-et-Oise.

Deuxième Cohorte.

Chef-lieu : l'abbaye de Saint-Vaast d'Arras.

Le duc de Trévise, maréchal de l'empire, commandant l'artillerie de la garde Impériale, chef.
M. . . . . , Chancelier.
M. . . . . , Trésorier.
Cette cohorte comprenait les départements de l'Aisne, Ardennes, Jemmape, Nord, Pas-de-Calais, Somme.

Troisième Cohorte.

Chef-lieu : l'abbaye de Saint-Pierre de Gand.

Le duc d'Istrie, Maréchal de l'Empire, commandant la cavalerie de la garde Impériale, chef.
Le baron Beytz, premier Président de la cour Impériale de Bruxelles, chancelier.
Dellafaille, député au corps législatif, Trésorier.
Cette cohorte comprenait les départements : Bouches de l'Escaut, bouches de la Meuse, bouches du Rhin, bouches de l'Yssel, Dyle, Ems occidental, Escaut, Frise, Lys, Deux-Nèthes, Ourte, Sambre et Meuse, Yssel supérieur, Zuyderzée.

Quatrième Cohorte.

Chef-lieu : le château de Brulh.

Le duc de Dalmatie, Maréchal de l'Empire, commandant les chasseurs à pied de la garde Impériale, chef.
Le comte Salm-Dyck, Chancelier.
Le comte Rigal, sénateur, Trésorier.
Cette cohorte comprenait les départements : de l'Elbe, bouches du Weser, Ems oriental, Ems supérieur, Forêts, Lippe, Meuse inférieure, Mont-Tonnerre, Rhin-et-Moselle, Roër, Sarre.

Cinquième Cohorte.

Chef-lieu : le château de Saverne.

Le duc de Dantzick, Maréchal de l'Empire, Chef.
Engelmann, Conseiller de préfecture du département du Bas-Rhin, Chancelier.
Le chevalier Rossée, Député au Corps législatif, Trésorier.
Cette cohorte comprenait les départements de : Haute-Marne, Meurthe, Meuse, Moselle, Bas-Rhin, Haut-Rhin, Vosges.

Sixième Cohorte.

Chef-lieu : le Palais dit des États de Dijon.

Le prince d'Eckmühl, duc d'Auerstaedt, Maréchal de l'Empire, Commandant des grenadiers à pied de la garde Impériale.
Le comte de Lejeas, Sénateur, Chancelier.
M. . . . . , Trésorier.
Cette cohorte comprenait les départements de : Côte d'Or, Doubs, Jura, Léman, Nièvre, Haute-Saône, Saône-et-Loire, Simplon, Yonne.

Septième Cohorte.

Chef-lieu : l'ancien archevêché de Vienne.

Le prince de la Moskowa, duc d'Elchingen, Maréchal de l'Empire, Chef.
Le général Barral, Chancelier.

Plantain, Maire de Valence, Trésorier.

Cette cohorte comprenait les départements de : Ain, Allier, Isère, Loire, Haute-Loire, Mont-Blanc, Puy-de-Dôme, Rhône.

Huitième Cohorte.

Chef-lieu : l'ancien archevêché d'Aix.

M. . . . . , Chef.
Le baron de Pluvinal, Chancelier.
Le baron de Saint-Joseph, Maire de Marseille, Trésorier.
Cette cohorte comprenait les départements de : Basses-Alpes, Hautes-Alpes, Alpes-Maritimes, Bouches-du-Rhône, Corse, Drôme, Var, Vaucluse.

Neuvième Cohorte.

Chef-lieu : l'ancien évêché de Beziers.

M. . . . . , Chef.
Le baron Carion-Nisas, Adjudant-Commandant, Chancelier.
Pascal-Rouyer, Général de Brigade, Trésorier.
Cette cohorte comprenait les départements de : Ardèche, Aveyron, Cantal, Gard, Hérault, Lozère, Tarn.

Dixième Cohorte.

Chef-lieu : l'hôtel de Malte de Toulouse.

Le Duc Decrès, Ministre de la Marine, Chef.
M. . . . . , Chancelier.
Le baron Desazars, premier Président de la Cour Impériale de Toulouse, Trésorier.
Cette cohorte comprenait les départements de : Ariége, Aude, Haute-Garonne, Gers, Basses-Pyrenées, Hautes-Pyrenées, Pyrenées-Orientales, Tarn et Garonne.

Onzième Cohorte.

Chef-lieu : l'ancien évêché d'Agen.

Le Duc de Conegliano, Maréchal de l'Empire, Chef.

Le Baron Lacuée, premier Président de la Cour Impériale d'Agen, Chancelier.

Sevin (Xav.), ancien chevalier de Malte, Trésorier.

Cette cohorte comprenait les départements de : Corrèze, Dordogne, Lot-et-Garonne, Gironde, Landes, Lot.

Douxième Cohorte.

Chef-lieu : l'abbaye de Saint-Maixent.

M. . . . . , Chef.
Le baron Pitter-Deurbroucg, Chancelier.
Le baron Aimé, Trésorier.

Cette cohorte comprenait les départements de : Charente, Charente-inférieure, Loire-inférieure, Deux-Sèvres, Vendée, Vienne.

Treizième Cohorte.

Chef-lieu : le château de Craon.

M. . . . . , Chef.
Malherbe, Président de la Cour Impériale de Rennes, Chancelier.

Lorin, Conseiller de Préfecture du département d'Ille-et-Vilaine, Trésorier.

Cette cohorte comprenait les départements de : Côtes-du-Nord, Finistère, Ille-et-Vilaine, Maine et Loire, Mayenne, Morbihan.

Quatorzième Cohorte.

Chef-lieu : l'abbaye du Bec.

Le Prince d'Essling, Duc de Rivoli, Maréchal de l'Empire, Chef.

Savary, ex-député au Corps législatif, Chancelier.

Le baron Lezurier de la Martelle, Maire de Rouen, Trésorier.

Cette cohorte comprenait les départements de : Calvados, Eure, Eure-et-Loir, Manche, Orne, Seine-inférieure.

JUSTIFICATIFS. 397

Quinzième Cohorte.

Chef-lieu : le château de Chambort.

Le Duc de Castiglione, Maréchal de l'Empire, Chef.
Le Comte de Tascher, Sénateur, Chancelier.
De Fontenay, ex-député au Corps législatif, Trésorier.

Cette cohorte comprenait les départements de : Cher, Creuse, Indre, Indre-et-Loire, Loir-et-Cher, Loiret, Sarthe, Haute-Vienne.

Seizième Cohorte.

Chef-lieu : le château de la Vénerie.

M. . . . . , Chef.
M. . . . . , Chancelier.
M. . . . . , Trésorier.

Cette cohorte comprenait les départements de : Apennins, Arno, Doire, Gênes, Marengo, Méditerranée, Montenotte, Ombone, Pô, Rome, Sesin, Stura, Taro, Trasimène.

DOCUMENT N.° II,

CORRESPONDANT A LA PAGE 98.

Liste des Sénateurs nommés aux Sénatoreries, en l'année 1813, avec les chef-lieux de leurs résidences.

Sénateurs.	Chef-lieux.
Le comte de Lamartillière.	à Agen.
Le duc d'Otrante	à Aix.
Le comte de Casabianca.	à Ajaccio.
Le comte de Beauharnais	à Amiens.
Le comte Lemercier	à Angers.
Le comte d'Aboville	à Besançon.
Le maréchal Perignon.	à Bordeaux.
Le comte de Semonville.	à Bourges.
Le comte François de Neufchâteau	à Bruxelles.
Le comte Rœderer.	à Caen.
Le duc de Valmy	à Colmar.
Le comte de Lespinasse	à Dijon.
Le comte Jacqueminot.	à Douai.
Le comte Ferino	à Florence.
Le comte de Saint-Vallier	à Gênes.
Le comte Abrial.	à Grenoble.
	à Hambourg.
	à La Haye.
Le comte de Peluse	à Liége.
Le comte de Beurnonville	à Limoges.
Le comte de Fresnelles	à Lyon.
Le comte Chasset	à Metz.
Le comte Berthollet.	à Montpellier.
Le comte Vimar.	à Nancy.
Le comte Roger-Ducos	à Orléans.
Le comte de Lacépède.	à Paris.
Le comte de Sainte-Suzanne.	à Paris.
Le comte de Vaubois	à Poitiers.
Le comte Cornudet.	à Rennes.

Le comte Garrau de Coulon.	à Riom.
Le comte d'Hédouville.	à Rome.
Le comte Rampon	à Rouen.
Le comte Démeunier	à Toulouse.
Le comte Garnier	à Trèves.
Le comte d'Harville	à Turin.

DOCUMENT N.º III,

CORRESPONDANT A LA PAGE 400.

Liste des Titulaires des Grandes Dignités de l'Empire, en 1813.

Le Roi des Espagnes, (Joseph-Napoléon), Grand-Électeur.
Le Roi Louis-Napoléon, Connétable.
Le Duc de Parme, Prince Archi-Chancelier de l'Empire.
Le Duc de Plaisance, Prince, Archi-Trésorier, Gouverneur-général des Départements de la Hollande.
Le Vice-Roi d'Italie, (Eugène-Napoléon), Archi-Chancelier d'État.
Le Roi des Deux-Siciles, (Joachim-Napoléon), Grand-Amiral.
Le Prince Borghèse, Gouverneur-général des Départements au-delà des Alpes.
Le Prince de Neuchâtel et de Wagram, Vice-Connétable.
Le Prince de Bénévent, Vice-Grand-Électeur.

DOCUMENT N.º IV,

CORRESPONDANT A LA PAGE 105.

Liste des Grands Officiers de l'Empire, en 1813.

MARÉCHAUX DE L'EMPIRE.

Le Duc de Conégliano.
Jourdan.
Le Prince d'Essling, Duc de Rivoli.
Le Duc de Castiglione.
Le Duc de Dalmatie.
Brune.
Le Duc de Trévise.
Le Prince de la Moskowa, Duc d'Elchingen.
Le Prince d'Eckmülh, Duc d'Auerstaedt.
Le Duc d'Istrie.
Le Duc de Bellune.
Le Duc de Reggio.
Le Duc de Tarente.
Le Duc d'Albufera.
Le Comte de Gouvion-Saint-Cyr.

SÉNATEURS AYANT LE TITRE DE MARÉCHAUX DE L'EMPIRE.

Le Duc de Valmy.
Le Duc de Dantzick.
Le Comte Pérignon.
Le Comte Serrurier.

INSPECTEURS ET COLONELS-GÉNÉRAUX.

Le Duc d'Abrantès, Colonel-général des Hussards.
Le Duc Decrès, Ministre de la Marine, Inspecteur-Général des Côtes de la Méditerranée.
Le Comte Ganteaume, Inspecteur-Général des Côtes de l'Océan.
Le Comte Dejean, premier Inspecteur-Général du Génie.
Le Comte de Grouchy, Colonel-Général des Chasseurs à Cheval.

Le Comte Belliard, Colonel-Général des Cuirassiers.
Le Comte de Nansouty, Colonel-Général des Dragons.
Le Comte Sorbier, premier Inspecteur-Général de l'Artillerie.
Le Comte Emeriau, Vice-amiral, Inspecteur-général des Côtes de mer de Ligurie.
Le Comte Ver Huell, vice-amiral, Inspecteur-Général des Côtes de la mer du Nord.

Grands-Officiers Civils de la Couronne.

Le Cardinal Fesch, Grand-Aumônier.
Le Duc de Frioul, Grand-Maréchal du Palais.
Le Comte de Montesquiou-Fezensac, Grand-Chambellan.
Le Duc de Vicence, Grand-Écuyer.
Le Prince de Neuchâtel et de Wagram, Vice-Connétable, Grand Veneur.
Le Comte de Ségur, Grand-Maître des Cérémonies.

Nota. — Le Grand-Chancelier et le Grand-Trésorier de la Légion-d'Honneur, avaient le rang et jouissaient dans toutes les circonstances des distinctions et des honneurs, tant civils que militaires, des Grands-Officiers de l'Empire.

DOCUMENT N.° V,

CORRESPONDANT A LA PAGE 140.

État Chronologique des Lettres-Patentes portant institution de plusieurs Duchés Grands-Fiefs, pour récompenser de grands services civils et militaires, et constitution de majorats formés avec les propres biens des titulaires, depuis le 15 mars 1806 jusqu'au 11 avril 1814.

15 MARS 1806. — L'Empereur transfère au Prince *Joseph Murat* les droits, titres et prérogatives des Duchés de Clèves et de Berg, en toute souveraineté, tels qu'ils lui ont été cédés par leurs majestés les Rois de Prusse et de Bavière.

30 MARS 1806. — L'Empereur dispose en faveur de la Princesse *Pauline*, sa sœur, de la Principauté de Gastalla, pour en jouir en toute propriété et souveraineté, sous le titre de Princesse et Duchesse de Guastalla.
Il entend que le Prince Borghèse, son époux, porte le titre de Prince et Duc de Guastalla, et que cette Principauté soit transmise par ordre de primogéniture, à la descendance masculine légitime et naturelle de sa sœur Pauline.

30 MARS 1806. — L'Empereur transfère au maréchal *Berthier*, Grand-Veneur et Ministre de la Guerre, la Principauté de Neufchâtel, avec le titre de Prince et Duc de Neufchâtel, telle qu'elle lui a été cédée par Sa Majesté le Roi de Prusse.

5 JUIN 1806. — L'Empereur transfère au Grand-Chambellan, Ministre des Relations extérieures, la Principauté de Bénévent, pour la posséder en toute propriété et souveraineté, et comme fief immédiat de la Couronne de France. La lettre-patente autorise l'impétrant à prendre la qualité de Prince et Duc de Bénévent.

5 JUIN 1806. — L'Empereur transfère au maréchal *Berna-*

dotte la Principauté de Ponte-Corvo, avec le titre de Prince et Duc de Ponte-Corvo, pour la posséder en toute propriété et souveraineté, et comme fief immédiat de la Couronne de France.

28 Mai 1807. — L'Empereur, voulant reconnaître les services éminents rendus par le maréchal et sénateur *Lefebvre*, et auxquels il a ajouté un nouvel éclat par la prise de Dantzick, pour consacrer par un titre spécial le souvenir de cette circonstance mémorable et glorieuse, il lui confère le titre de Duc de Dantzick, avec une dotation en domaines situés dans l'intérieur des États Français.

Il entend que le Duché de Dantzick soit possédé par le maréchal et sénateur Lefebvre, et transmis à ses enfants mâles légitimes et naturels, par ordre de primogéniture, pour en jouir en toute propriété, aux mêmes charges et conditions et avec les droits, titres honorifiques et prérogatives attachés aux duchés par les constitutions de l'Empire.

Il ordonne qu'aussitôt que la dotation définitive du duché de Dantzick aura été revêtue de son approbation, l'état détaillé des biens dont elle se trouvera composée, soit, en exécution des ordres donnés à cet effet, par le ministre de la justice, inscrit au greffe de la Cour Impériale dans le ressort de laquelle l'habitation principale du duché sera située.

10 Septembre 1808. — Lettres-patentes qui confèrent au sieur *Antoine-Ignace Anthoine*, maire de Marseille, officier de la Légion-d'Honneur, Trésorier de la huitième Cohorte, le titre de baron de l'Empire, et l'autorise à former un majorat des biens suivants :

1.º Un Domaine rural avec un grand corps de bâtiment et ses dépendances situé au quartier S.ᵗ-Joseph, arrondissement et commune de Marseille.

2.º Une maison servant d'auberge, deux moulins à farine et prairies en dépendants, de la contenance d'environ trois carterées; le tout situé quartier Saint-Joseph, même arrondissement et commune, lesquels biens sont déclarés produire annuellement un revenu net de 7,000 francs.

En conséquence, le titre de baron de l'empire est conféré au sieur Anthoine, sous la dénomination de Baron de Saint-Joseph, lequel titre est attaché à toujours aux biens ci-dessus énoncés, érigeant lesdits biens en majorat en faveur dudit sieur Anthoine, pour ledit majorat passer après lui, avec le même titre à sa descendance légitime, naturelle ou adoptive, de mâle en mâle, par ordre de primogéniture (1).

21 Décembre 1808. — Lettres-Patentes, portant collation du titre de Comte à M. *Alphonse-Claude-Charles-Bernardin Perregaux*, Auditeur au Conseil d'État, et érection de majorat dont la dotation consiste en une inscription au Grand-Livre de la Dette Publique, cinq pour cent de 10,000 fr. de Rente.

28 Janvier 1809. — Lettres-Patentes, portant collation du titre de Comte à M. *Antoine-René-Charles-Mathurin Laforest*, ambassadeur de France auprès de sa Majesté Catholique, et érection de majorat dont la dotation consiste en une inscription au Grand-Livre de la Dette Publique, cinq pour cent de 10,000 fr. de Rente.

28 Janvier 1809. — Lettres-Patentes portant collation du titre de Baron à M. *Marie-Joseph-Auguste-Emmanuel-Dieudonné Lascases*, et érection de majorat dont la dotation consiste en trois inscriptions au grand Livre de la Dette Publique cinq pour cent, montant ensemble à cinq mille francs de Rente.

28 Janvier 1809. — Lettres-Patentes portant collation du titre de Baron à M. *Antoine-Jean-Mathieu Séguier*, maître des Requêtes, premier Président de la Cour Impériale de Paris, et érection de majorat dont la dotation consiste en onze

---

(1) *Nous sommes entrés dans tous ces détails minutieux pour montrer que sous le premier empire on avait adopté les traditions du gouvernement monarchique d'avant 1789, en conférant avec le titre de baron le nom de Saint-Joseph, qui est le nom d'un domaine rural qui faisait partie des biens immeubles affectés au majorat.*

inscriptions au Grand Livre de la Dette cinq pour cent, montant ensemble à 5000 fr. de Rente.

28 Janvier 1809. — Lettres-Patentes portant collation du titre de Baron à M. *Nicolas-Félix Desportes*, préfet du Département du Haut-Rhin, et érection de majorat dont la dotation consiste en une inscription au Grand Livre de la Dette Publique cinq pour cent, montant à 10,000 fr. de Rente.

2 Février 1809. — Lettres-Patentes portant collation du titre de Comte à M. *Gabriel-Thomas-Marie Darjuzon*, grand-officier de la couronne de Hollande, et érection de majorat dont la dotation consiste :

1.º En trois pièces de bois taillis, appelées Fronville-les-Buissons et l'Estrées, contenant deux cent trente-cinq hectares environ, commune de Dreux, département d'Eure-et-Loir.

2.º En plusieurs pièces de prés et terres, contenant trois hectares environ, situés au même lieu;

3.º En un moulin à deux roues sur la rivière d'Avre, avec cour, jardin, bâtiments d'exploitation, pressoir, vingt-cinq hectares environ de terres et prés, commune de Muzy, canton de Nonancourt, département de l'Eure;

4.º En deux hectares soixante-dix-neuf ares environ de prés, à la suite de ceux ci-dessus désignés, dans une pièce des Bourbiers, en comprenant Lanoé, Coignet et l'îlot voisin, même commune;

5.º Et en trois hectares quarante-neuf ares environ de prés, à la suite des précédents, faisant partie de la pièce appelée le pré d'Aunay, entre les ruisseaux des Fontaines et de la Papéterie :

Le tout produisant un revenu annuel de 10,000 fr.

10 Février 1809. — Lettres-Patentes portant collation du titre de baron à M. *Daniel Roger*, président du canton de Gonesse, et érection de majorat en une ferme dite du Colombier avec les bâtiments, cour, jardin, et deux cents hectares de terre labourable en dépendants, situés à Coubert, canton de Brie-sur-Hières, arrondissement de Mehun, département de Seine-et-Marne, produisant un revenu annuel de 8,400 francs.

24 Février 1809. — Lettres-Patentes, portant Collation du Titre de Comte à M. *Joseph-François-Marie-Antoinette Ignace-Hubert Salm-Dyck*, député au Corps législatif, et érection de majorat dont la dotation consiste dans les objets ci-après détaillés :

1.º Le château de Dyck, avec parcs, jardins, vergers, étangs et dépendances, contenant environ huit hectares ;

2.º La ferme de ce château, contenant environ trente-trois hectares soixante-six ares ;

3.º Celle de Gasthof, contenant environ vingt-cinq hectares quarante-un ares ;

4.º Celle de Busch-Hof, contenant environ trente-trois hectares soixante-six ares ; le tout commune de Bedburg-Dyck, arrondissement de Cologne, département de la Roër ;

5.º La ferme de Saint-Nicolas, contenant environ cent vingt hectares soixante-neuf ares ; commune de Bedburg-Dyck et de Glehn, arrondissement de Crevelt, même département ;

6.º Et la ferme de Weinhauff, contenant environ trente-trois hectares trente-trois ares, commune de Bedburg-Dyck ;

Tous ces biens produisant un revenu annuel, non compris le château et ses dépendances, de 10,744 francs 63 centimes.

25 Mars 1809. — Lettres-Patentes, portant collation du Titre de Baron à M. *Emmanuel-Jean-Baptiste Freteau*, Substitut du Procureur Impérial près le Tribunal civil du département de la Seine, et érection de majorat dont la dotation est le domaine de Penil, bâtiments, parc, terres, contenant trente-trois hectares soixante-quatre ares cinquante-six centiares ; une maison, sise au même lieu à Vaux-le-Penil, et plusieurs pièces de terres et prés, situées terroir du faubourg Saint-Liesne de Melun et de Montegly, vallée des Trois-Moulins et de la Barbe-Bleue, contenant un hectare trente-cinq ares environ, et des bois taillis sur les mêmes terroirs et sur

ceux de la Chartrette et Sivry, contenant environ cent vingt-sept hectares soixante-six ares : le tout arrondissement de Melun, département de Seine-et-Marne, et produisant un revenu net de 5,325 francs.

1 AVRIL 1809. — LETTRES-PATENTES portant collation du titre de Baron à M. *André-Jean-Simon Nougarède de Fayet*, membre et questeur du Corps législatif, et érection de majorat dont la dotation est le domaine de Brusque et celui de Fayet, avec les bâtiments, jardins, vergers, terres, prairies, bois de haute-futaie, en dépendants, contenant le premier quatre-vingt-dix hectares, le second deux cent seize hectares, tous deux situés canton de Camarès, arrondissement de Saint-Affrique, département de l'Aveyron; le tout produisant un revenu annuel de 9,200 francs.

28 MAI 1809. — LETTRES-PATENTES portant collation du titre de Comte à M. *Erasme-Gaspard de Contades*, président du conseil général et membre du collège électoral du département de Maine-et-Loire, et érection de majorat dont la dotation consiste dans les objets ci-après détaillés :

1.º Le château de Montgeoffroi, ses jardins, vergers, parc, vignes et dépendances, allées, nappe d'eau et bassin, le pré Boussard;

2.º Les métairies de Conglaud, de la Singerye et ses bois, de la Minottière, des grandes et petites Macheserrières, de la Planche et ses bois taillis, et de Montevroult, avec les maisons, terres labourables, vignes, prés et pâtures, dépendants de ces métairies :

Le tout situé commune de Mazé, canton de Beaufort, arrondissement de Beaugé, département de Maine-et-Loire, et produisant un revenu de 12,475 francs.

28 MAI 1809. — LETTRES-PATENTES portant collation du titre de Comte à M. *Adrien Godard Daucour de Plancy*, préfet du département de la Nièvre, et érection de majorat, dont la dotation consiste dans les objets ci-après détaillés :

1.º Le château de Plancy, situé commune du même nom, près Troyes, département de l'Aube, une maison dite Bailly, située dans l'avant-cour, les cours, jardins, verger et quinconce, et dépendances du château, contenant environ quatre hectares soixante-huit ares soixante centiares;

2.º Un corps de bâtiment, avec un moulin à deux roues sur la rivière l'Aube, une maison et ses dépendances pour le logement du meunier, séparée du moulin;

3.º Cinquante-trois hectares quatre-vingt-huit ares quatre-vingt-dix centiares de prés, dans le parc de Plancy.

4.º Et quatorze hectares cinq ares quatre-vingt centiares de bois taillis, au même lieu.

Le tout produisant un revenu de 10,400 francs.

28 Mai 1809. — Lettres-Patentes portant transmissibilité du titre de Comte dont est revêtu M. *Louis-Nicolas Lemercier*, Sénateur, en faveur de M. *Augustin-Louis Lemercier* son fils aîné, et érection de majorat, dont la dotation consiste dans les objets ci-après détaillés:

1.º Le château dit Cheviez, ses bâtiments, parcs, jardins, étangs, terres, prés et bois;

2.º Les fermes et métairies de la basse-cour, l'étrangère, la baronie, du moulin et du bâteau, leurs bâtiments, terres, prés et bois, le tout situé commune des Sept-Forges;

3.º Le moulin de Boulay et le moulin à fouler, avec leurs terres, prés et bois, situés commune de Bretignoles; les fermes et métairies dites Fresnaye, Beauvais et la Barbotière;

4.º Le moulin du Gué, ses bâtiments, terres, prés et bois, situés commune de Laurey;

5.º Et les fermes ou métairies de la Brisolière et de la basse cour, les bâtiments, terres, prés et bois en dépendants, situés commune de Lucey; tous ces biens sis canton de Juvigny, arrondissement de Domfront, département de l'Orne.

28 Mai 1809. — Lettres-Patentes portant collation du titre de Baron à M. *Jacques-Pierre Prothade d'Astorg*, prési-

dent du canton de Méreville, et érection de majorat, dont la dotation consiste dans les objets ci-après détaillés :

1.º Les fermes d'Ezerville et Guierville contiguës, avec bâtiments et jardin, et soixante-trois hectares soixante-dix-neuf ares quatre-vingt centiares de terres labourables, situés à Ezerville-Lavenant, commune de Roinvilliers, canton de Méreville, arrondissement d'Étampes, département de Seine-et-Oise;

2.º Une maison, bâtiments, cour et petit jardin, et douze ares soixante-treize centiares de terre audit Ezerville;

3.º Deux hectares quatre ares quinze centiares de bois taillis aux terroirs de Blandy, Mespints et communes adjacentes;

4.º Une petite ferme et bâtiments à Ezerville;

5.º Cinquante-un hectares trois ares quatre-vingt-quatre centiares de terres labourables, en plusieurs pièces, à Ezerville-Lavenant;

6.º La ferme de Marolles, avec ses bâtiments;

7.º Et quarante-trois hectares de terres labourables, en dépendants;

Le tout rapportant 6000 francs de revenu.

28 Mai 1809. — Lettres-Patentes portant collation du titre de baron à M. *Jean-Louis Girod*, chevalier, Maître des Comptes, et érection de majorat dont la dotation consiste en un corps de domaine dit *chez-Berthel*, un autre dit *chez-le-Comte*, leurs bâtiments, prés, champs et bois, situés commune de Cessy, territoire d'Echenevex, un mas de montagne dit *en la Grande-Gouille*, vallée de Mijoux, commune de Gex, avec bâtiments, prés, champs, pâturages et bois, et le pré Féty au territoire de Gex, le tout département du Léman ;

Le tout produisant 5060 francs de rente.

28 Mai 1809. — Lettres-Patentes portant collation du titre de Baron à M. *Bernard-Charles-Louis-Victor Lostanges-Beduer*, et érection de majorat dont la dotation consiste dans les objets ci-après détaillés :

Le domaine de *Fraust*, avec ses terres, prés et friches, une pièce de terre appelée *la Plane*, y attenant, et château de Beduer, maison, avant-cour, jardin et verger y joignant;

Le tout produisant un revenu de 5350 francs.

28 MAI 1809. — LETTRES-PATENTES portant collation du titre de Baron à M. *Charles-Gustave Monguyon-Hardouin*, Chambellan de Sa Majesté l'Empereur et Roi, et érection de majorat dont la dotation consiste en une Inscription au Grand-Livre de la Dette Publique cinq pour cent, faite au nom de l'impétrant, de 5000 francs de rente.

18 JUIN 1809. — LETTRES-PATENTES portant collation du titre de Comte à M. *Alexandre-Louis-Réné-Toussaint Galard-Béarn*, Chef de Cohorte de la garde nationale d'élite du département de la Somme, et érection de majorat dont la dotation consiste en une grande maison, avec cour, jardin et dépendances, sise à Paris, rue de la Ville-l'Evêque, faubourg S.ᵗ-Honoré, n.º 33, produisant annuellement 10,800 francs net de rente.

18 JUIN 1809. — LETTRES-PATENTES portant collation du titre de baron à M. *Frédéric-Christophe d'Houdetot*, Auditeur au Conseil d'État, Préfet du Département de l'Escaut, et érection de majorat dont la dotation consiste dans les biens suivants :

1.º La terre de Saint-Clair, sise commune de Basseneville, arrondissement de Pont-l'Evêque, département du Calvados, produisant 3050 francs net de rente.

2.º Et une inscription au Grand-Livre de la Dette Publique cinq pour cent de 3000 francs de rente.

18 JUIN 1809. — LETTRES-PATENTES portant collation du titre de Baron à M. *Guillaume Thabaud*, l'un des administrateurs de la loterie impériale, et érection du majorat, dont la dotation consiste en une inscription au grand-livre de la Dette Publique, cinq pour cent, de 6000 francs de rente.

18 JUIN 1809. — LETTRES-PATENTES portant collation du titre de Baron à M. *Pierre-Charles Bonnefoy*, maire du Char-

mel, arrondissement de Château-Thierry, département de l'Aisne, et érection de majorat, dont la dotation consiste dans les immeubles suivants :

1.º Le château du Charmel et ses jardins avec clos, contenant six hectares soixante-sept ares;

2.º La ferme de ce château, ses bâtiments avec cent cinquante-quatre hectares douze ares de terres labourables;

3.º Trois pièces de terre, dites *Prés d'Igny*, dépendant de la ferme de la Fosse, situées au même lieu de Charmel, et contenant trente hectares vingt ares;

4.º La ferme du village de Charmel, près l'église, avec ses bâtiments, cours, jardins, terres, vignes et prés, contenant soixante-dix-sept hectares;

5.º Et le moulin d'Argentol avec ses bâtiments, jardins, terres, prés et bois, enclavés dans la terre de Charmel;

Le tout produisant 7440 francs de revenu annuel.

18 Juin 1809. — Lettres-Patentes portant collation du titre de Baron à M. *Jean-Victor Tesnier de Brémesnil*, député au Corps législatif, et érection de majorat, dont la dotation consiste dans les biens ci-après :

1.º Les terres et ferme de Bremesnil, situées commune de Plomb et de Chavoy, canton d'Avranches, département de la Manche;

2.º La ferme de la Cour,

3.º Celle de Lorinière,

4.º Celle du Gros-Chêne,

avec leurs dépendances, situées commune de Macey, canton de Pontorson, arrondissement d'Avranches;

Le tout produisant 5700 francs de revenu annuel.

18 Juin 1809. — Lettres-Patentes portant collation du titre de Baron à M. *Louis-Marie-Antoine Destouf Milet-Mureau*, général de division, préfet du département de la Corrèze, et érection de majorat, dont la dotation consiste en une inscription au Grand-Livre de la Dette Publique, cinq pour cent, de 5000 francs de rente.

5 Août 1809. — Lettres-Patentes portant collation du titre de Baron à M. *Joseph-Marie-Ferdinand dal Pozzo*, maître des Requêtes, premier Président de la Cour Impériale de Gênes, et érection de majorat, dont la dotation consiste en une maison sise à Turin, rue du Lycée n.° 3, produisant annuellement 5500 francs revenu net.

5 Août 1809. — Lettres-Patentes portant collation du titre de Baron à M. *Auguste-Antoine-Joseph Prouveur*, chevalier de Pont, préfet du département de l'Indre, et érection de majorat, dont la dotation consiste dans les biens ci-après :
1.° Le domaine de Grouard, avec ses bâtiments d'habitation et exploitation, contenant environ soixante ares quatre-vingt-douze centiares, et deux cent vingt-cinq hectares vingt-un ares environ, en six parties, de jardin, prés, terres labourables et bois taillis, le tout situé commune de Villegougis ;
2.° Et le domaine de Malaise et la locature de Fraisne, avec leurs bâtiments d'habitation et exploitation, contenant trente-trois ares quatre-vingt-quatorze centiares, et cent soixante hectares vingt-cinq ares environ, en huit parties, de jardin, chenevières, prés, terres, vignes et bois taillis, le tout situé commune de Vineuil ; ces deux communes arrondissement de Châteauroux, département de l'Indre.
Lesdits biens produisant 5445 francs de revenu annuel.

5 Avril 1809. — Lettres-Patentes portant collation du titre de Comte à M. *Antoine-Léon-Pierre Saint-Simon Courtomer*, chambellan de Sa Majesté l'Impératrice et Reine, officier de la Légion d'honneur, et érection de majorat, dont la dotation consiste dans les immeubles suivants :
Un grand corps de bâtiment avec jardins et bois, des granges et écuries, contenant environ dix hectares, tenant du levant à la rivière de Surgent, du midi au chemin de Courtomer ; la ferme de la basse-cour y attenant, sa maison manable et d'exploitation ; vingt hectares de pré et trente hectares de terre, tenant au chemin de Courtomer, à celui de Séez et autres, et à la petite rivière venant des Buttes ; la ferme

de la Mothe, avec la maison du fermier, granges; trente-six hectares de terre, trente-huit hectares de pré, tenant au chemin de Planches à Courtomer, de l'église de Ferrières et de Séez et autres terres de la ferme des Angles, et l'herbage de la Chienne, contenant trente hectares; le pré du Pont, dit le *Grand-Pré*, contenant quatre hectares, joignant le pré sous le parterre attenant à la ferme précédente : le tout faisant partie de la ferme de Courtomer, sise au bourg de ce nom, arrondissement d'Alençon, département de l'Orne.

Lesdits biens produisant un revenu annuel de 10,600 fr.

5 Aout 1809. — LETTRES-PATENTES accordées à M. *Jean-Louis-Simon Rollet*, ancien évêque de Montpellier, portant transmission de son titre de baron en faveur de M. *Jean-Baptiste-Nicolas Lemercier*, son neveu, avec érection de majorat, dont la dotation consiste dans la terre de Seurre, sise canton de Burit, arrondissement de Saintes, département de la Charente-Inférieure, et produisant un revenu annuel de 5050 fr.

15 Aout 1809. — L'Empereur confère au sieur *Claude-Ambroise Regnier*, grand-juge, Ministre de la Justice, comte de l'empire, le titre de *Duc de Massa di Carrara;* voulant que le Titre et les Biens qui y sont attachés, soient transmissibles à sa descendance directe, légitime, naturelle ou adoptive, de mâle en mâle, par ordre de primogéniture (1).

15 Aout 1809.—L'Empereur confère au sieur *Jean-Baptiste Nompère de Champagny*, comte de l'Empire, Ministre des relations extérieures, le titre de *Duc de Cadore*, voulant que ce Titre et les Biens qui y sont attachés, soient transmissibles à sa descendance directe, légitime, naturelle ou adoptive, de mâle en mâle, par ordre de primogéniture.

15 Aout 1809. — L'Empereur confère au sieur *Martin-*

---

(1) Voir pages 133 et suivantes.

Michel-Charles Gaudin, comte de l'Empire, Ministre des Finances, le titre de *Duc de Gaëte*, voulant que ce Titre et les Biens qui y sont attachés, soient transmissibles à sa descendance directe, légitime, naturelle ou adoptive, de mâle en mâle, par ordre de primogéniture.

15 Aout 1809. — L'Empereur confère au sieur *Joseph Fouché*, Sénateur, titulaire de la Sénatorerie d'Aix, comte de l'Empire, Ministre de la Police générale, le titre de *Duc d'Otrante*, voulant que ce Titre et les Biens qui y sont attachés, soient transmissibles à sa descendance directe, légitime, naturelle ou adoptive, de mâle en mâle, par ordre de primogéniture.

15 Aout 1809. — L'Empereur confère au sieur *Hugues-Bernard Maret*, comte de l'Empire, Ministre Secrétaire d'État, le titre de *Duc de Bassano*, voulant que ce Titre et les Biens qui y sont attachés, soient transmissibles à sa descendance directe, légitime, naturelle ou adoptive, de mâle en mâle, par ordre de primogéniture.

15 Aout 1809. — L'Empereur confère au sieur *Henri-Jacques-Guillaume Clarke*, Comte d'Hunebourg, Ministre de la guerre, général de division, le titre de *Duc de Feltre*, voulant que ce Titre et les Biens qui y sont attachés, soient transmissibles à sa descendance directe, légitime, naturelle ou adoptive, de mâle en mâle, par ordre de primogéniture.

20 Aout 1809. — Lettres-Patentes portant collation du titre de Baron à M. *Pierre-Jean Deurbroucq*, chancelier de la douzième Cohorte, et érection de majorat, dont la dotation consiste :

1.º Dans le château de Jarzé, sis commune de Baugé, département de Maine-et-Loire, avec ses bâtimens, jardins et dépendances ;

2.º Dans la métairie de la Ménagerie, et ses bâtimens, jardins, terres, bois taillis et vignes, ces deux immeubles situés dans le parc de Jarzé ;

3.° Et en dix-huit hectares de pré, situés hors de ce parc, à l'entrée du bourg.

Le tout produisant net annuellement 50,200 francs.

20 Août 1809. — Lettres-Patentes portant collation du titre de Baron à M. *Eugène Jobard Dumesnil*, sous-préfet à Autun, et érection de majorat, dont la dotation consiste dans les biens ci-après désignés :

Dans la commune de Brasey, arrondissement de Beaune, département de la Côte-d'Or, cinquante-cinq hectares quarante-trois ares environ, et dans la commune de Montot, même arrondissement, deux hectares quatre-vingt-trois ares de terres en prés.

Le tout produisant annuellement 5134 francs net.

28 Août 1809. — Lettres-Patentes portant collation du titre de Comte à M. *Louis-Marie-Joseph de Brigode*, chambellan de Sa Majesté l'Empereur et Roi, maire de la ville de Lille, et érection de majorat, dont la dotation consiste dans les biens ci-après :

Quatorze hectares quatrevingt-dix ares, en douze pièces, dans les communes d'Avelin et Séclin; vingt-trois hectares quatrevingt-dix-neuf ares environ dans celles de Léers, Néchin, Lys et Toufflers, en vingt-trois pièces; vingt-sept hectares quatrevingt-douze ares environ en trente-une pièces, sur les communes de Néchin, Toufflers, Léers, Templeuve et Dossemez; environ vingt hectares trente-un ares, en dix-neuf pièces, sur les communes de Ronchin, Lesquin et Wazemmes; dix-neuf hectares cinquante-six centiares environ, en trente-sept pièces, dans celles de Santes et Wavrin; et quarante-huit hectares quatrevingt-quatorze ares environ en vingt-trois pièces, sur celle de Warneton : tous ces biens en terres à labour pour la très-grande partie ; le surplus en maisons d'habitation et d'exploitation, granges et jardins, situées dans les arrondissements de Lille, du Nord, de Tournay, département de Jemappe; et d'Ypres, département de la Lys;

Et produisant annuellement 10,615 francs net.

29 Septembre 1809. — Lettres-Patentes portant collation du titre de Comte à M. *Mathieu-Louis Molé*, Conseiller d'État, et érection de majorat, dont la dotation consiste dans les Biens ci-après :

Le château de Champlâtreux, ses bâtiments, cours et parc, une maison, place et jardin attenant, une pièce de terre le long des murs du parc; une maison avec vacherie, écuries, cour et jardin; une autre dite *l'ancien Auditoire*, avec cour et jardin, soixante-treize hectares environ de bois en une pièce; le tout situé à Champlâtreux et terroirs environnants, canton de Luzarches; une carrière à plâtre à l'entrée du bois d'Epinay, et dix-huit ares soixante-deux centiares de terre au lieu dit *le Préau*, canton d'Ecouen.

Lesdits biens produisant un revenu annuel de 10,212 fr.

27 Septembre 1809. — Lettres-Patentes portant collation du titre de Comte à M. *Philippe-Fiacre-Ghislain Vischer-de-Celles*, maître des Requêtes, Préfet du département de la Loire-Inférieure, et érection de majorat, dont la dotation consiste dans les biens ci-après désignés :

Le château et la ferme de Schiplacken avec les bâtiments en dépendants, et cent vingt hectares de bois en futaie et taillis environnants, situés commune de Hever, trois hectares de bois au même lieu et à Boort-Meerbeck; le tout arrondissement de Louvain, département de la Dyle; les fermes de Traulez et de Louve en dépendants, comprenant quatre-vingt-huit hectares dix-huit ares sept centiares, répandus sur les territoires de Celles, Pollet, Obay et Traulez, arrondissement de Charleroy, département de Jemmappe; une maison avec grange et écuries, plusieurs pièces de terres, prés et bois, situés sur les territoires de Bergh, Elewyt et Wierde, arrondissement de Bruxelles, aussi département de la Dyle, et comprenant vingt-neuf hectares quarante-cinq ares cinquante-trois centiares;

Lesdits biens produisant un revenu annuel de 10,183 francs.

29 Septembre 1809. — Lettres-Patentes portant collation

du titre de Comte à M. *Jean-Antoine-Claude-Adrien Demun*, chambellan de Sa Majesté l'Empereur et Roi, et érection de majorat dont la dotation consiste dans les biens suivants :

Le château de Lumigny, les fermes de la Basse-Cour, de la Grande-Maison, et de la Ville-du-Bois, et les bâtiments, granges, jardins, terres, prés et dépendants; le tout comprenant environ trois cent quatre-vingts hectares, et faisant partie du domaine de Lumigny; la ferme de Champlet, ses bâtiments et soixante-trois hectares de terre, situés commune de Lumigny, arrondissement de Coulommiers, département de Seine-et-Marne.

Lesdits biens produisant un revenu annuel de 12,262 francs 76 centimes.

29 SEPTEMBRE 1809. — LETTRES-PATENTES portant collation du titre de Baron à M. *Pierre Charles Martin Chassiron*, maître des Requêtes, et érection du majorat dont la dotation consiste dans le domaine de l'Angle-Suiré, et les métairies de la Corbière et de la Pampinerie, le tout composant un seul tènement de terres et prairies, contenant environ deux cent trente-cinq hectares, situés communes de Nuaillé et Saint-Jean-de-Liversay, arrondissement de la Rochelle, département de la Charente Inférieure.

Les dits biens produisant un revenu annuel de 5,000 francs.

29 SEPTEMBRE 1809. — LETTRES-PATENTES portant collation du titre de Baron à M. *Louis Henri Janzé*, et érection de majorat dont la dotation consiste dans les biens ci-après désignés :

Le château de Blain, le parc et la prairie, un moulin à eau, un autre à vent; le grand moulin de Galais, l'étang de Saint-Roch, la forêt de la Groulaye, et le bois de Beaumont; le tout comprenant cinq cent trente-neuf hectares cinquante ares, et composant la terre de Blain, située sur les communes de Blain, Plesse-Fusnay et Vigneux, arrondissement de Savenay, département de la Loire Inférieure.

Tous ces biens produisant 8,100 francs de revenu annuel.

29 Septembre 1809. — Lettres-Patentes portant collation du titre de Baron à M. *Barthelemi-François Rolland-de-Chambaudoin*, préfet du département de l'Eure, et érection de majorat dont la dotation consiste dans la ferme de Fromonvilliers, avec ses bâtiments, cours et jardin, granges, écuries, vacherie et bergeries, cinq hectares de bois taillis et deux cents hectares de terre en cent quarante-cinq parties; le tout situé au hameau de Fromonvilliers, commune d'Autrui, canton d'Outarville, arrondissement de Pithiviers, département du Loiret.

Le tout produisant 5,000 francs de revenu annuel.

29 Septembre 1809. — Lettres-Patentes portant collation du titre de Baron à M. *Jean Mulet*, maire de Sorges, arrondissement de Périgueux, érection de majorat dont la dotation consiste en une maison, cour, jardin, prés contenant environ huit hectares; trois domaines attenant l'un nommé *de Jaubertie*, contenant trente-six hectares; l'autre *la Potardie*, de quarante hectares; et le troisième *de Perat*, aussi de quarante hectares, avec les bâtiments de ces domaines; le tout situé dans l'arrondissement de Périgueux, département de la Dordogne.

Le tout produisant 6000 francs de revenu annuel.

29 Septembre 1809. — Lettres-Patentes portant collation du titre de Baron à M. *Raimond-Aimeri-Philippe-Joseph Montesquiou Fezensac*, chevalier, capitaine au vingt-huitième régiment d'infanterie de ligne, et érection de majorat, dont la dotation consiste en une inscription au Grand-Livre de la Dette Publique, cinq pour cent, au nom de l'impétrant et de son épouse, de 5,000 francs de rente.

12 Novembre 1809. — Lettres-Patentes portant collation du titre de Comte à M. *Joseph-Constant-Fidèle Duval*, maire de la ville de Mons (sous la dénomination particulière de *Comte de Beaulieu*), et établissement de majorat, dont la dotation consiste en bâtiments, moulin à farine, tannerie, vingt-

six hectares soixante-treize ares dix centiares de prairies, deux hectares quarante-huit ares soixante-six centiares de jardin et prairies, dix-sept hectares vingt-sept ares onze centiares en bois et étangs; le tout situé dans l'enclos de la ci-devant abbaye de Cambron, canton de Lens, département de Jemmape; et quatrevingt-six hectares soixante-quinze ares soixante centiares de terres labourables, en vingt-une pièces répandues sur le territoire de la commune de Cambron.

Tous ces biens produisant un revenu net annuel de 12,094 francs 9 centimes.

12 Novembre 1809. — Lettres-Patentes portant collation du titre de Baron à M. *Charles-Emmanuel Micoud-d'Umons*, préfet du département de l'Ourte, et établissement de majorat, dont la dotation consiste dans le domaine des Buteaux, faisant partie de la terre de Harry, situé sur les bords de la Loire, commune d'Héry, canton de Sancergue, arrondissement de Sancerre, département du Cher, composé de logement de fermier, et de cent vingt-quatre hectares quatre-vingt-onze ares soixante-quinze centiares, tant en terres qu'en prés.

Le tout produisant un revenu annuel de 5,800 francs.

9 Décembre 1809. — Lettres-Patentes portant collation du titre de Baron à M. *Gabriel-Joseph de Froment-Castille*, membre du Collège électoral du Département du Gard, et établissement de Majorat dont la dotation consiste dans le domaine de Castille et celui d'Argilliers, situés commune d'Argilliers, canton de Remoulins, arrondissement d'Uzès, département du Gard; et dans une maison avec son parc, située à Uzès, faisant l'ancienne résidence de l'Évêque.

Le tout produisant un revenu de 7,000 francs.

19 Décembre 1809. — Lettres-Patentes portant collation du titre de Comte sous la dénomination de *Comte de Montforton*, à M. *Auguste-Jean Germain*, chambellan de Sa Majesté, et établissement de majorat dont la dotation consiste en une inscription au Grand-Livre de la Dette Publique, cinq pour

cent, au nom de l'impétrant de la somme de 10,000 francs de rente.

19 Décembre 1809. — Lettre-Patente portant collation du titre de Baron à M. *Jean-Baptiste-Maximilien Villot-de-Fréville*, maître des requêtes, et établissement de majorat dont la dotation consiste en une inscription sur le Grand-Livre de la Dette Publique, cinq pour cent, au nom de l'impétrant, de la somme de 5,000 francs de rente.

19 Décembre 1809. — Lettres-Patentes, portant collation du titre de Baron à M. *Jean-Baptiste-Marie Roslin-d'Ivri*, membre du Conseil de l'arrondissement d'Etampes, département de Seine-et-Oise, et établissement de majorat dont la dotation consiste en une inscription sur le Grand-Livre de la Dette Publique, cinq pour cent, au nom de l'impétrant, de la somme de 10,000 francs de rente.

9 Janvier 1810. — Lettre-Patente portant collation du titre de Baron à M. *Christophe-Olimpe Nervo*, membre du Collège Électoral du Département de la Somme, président du Canton de Nesle, et établissement du majorat dont la dotation consiste :

1.º Dans le domaine d'Etampes, sis en la commune de ce nom, canton de Château-Thierry, département de l'Aisne, composé d'un château avec ses bâtiments, parc, parterre, verger et canal, entouré de fossés et de haies vives et contenant huit hectares trente-neuf ares environ; plus, de quinze hectares trente ares soixante centiares de bois taillis et haute futaie, attenant au parc; d'une ferme séparée du château par la rue, avec ses bâtiments, cour, jardin, clos et accints et de soixante-douze hectares quatre-vingt ares quarante-trois centiares de terres labourables, le tout entouré de haies vives et arbres en futaie, et quinze ares trente centiares de vignes au terroir d'Etampes, et d'une maison au-dessus de l'avant-cour, avec six ares soixante-deux centiares de vignes au même terroir, lieu dit Blutret.

2.º En deux inscriptions au Grand-Livre de la Dette Publique, cinq pour cent, l'une de 400 francs de rente, l'autre de 1400 francs de rente, toutes deux au nom de l'impétrant.

Le tout produisant un revenu de 5,274 francs de rente.

9 Janvier 1840. — Lettres-Patentes portant collation du titre de Baron à M. *Charles-François-Guillaume de Chanaleilles,* membre du conseil général du département de l'Ardèche, et établissement de majorat, dont la dotation consiste en une inscription au Grand-Livre de la Dette Publique, cinq pour cent, au nom de l'impétrant, de 10,000 francs de rente.

31 Janvier 1840. — Lettres-Patentes portant collation du titre de Baron à M. *Jean-Simon Champy,* administrateur des Poudres et Salpêtres, et établissement de majorat, dont la dotation consiste :

1.º Dans le domaine de Ravelet, avec ses bâtiments, contenant environ cinquante-cinq hectares et demi de terres labourables, et environ onze hectares vingt-quatre ares de prés ;

2.º Dans celui de Jolibois, avec ses maisons de maître et de fermier, contenant environ deux hectares et demi de terres, quarante ares de prés et un clos d'environ deux hectares vingt-neuf centiares ;

3.º Dans celui de Nief, avec ses bâtiments, contenant environ huit hectares quarante ares de terres, un hectare trente ares de prés, et un hectare vingt-six ares en clos ;

4.º Dans celui de Concloix, contenant environ deux hectares soixante-douze centiares de terres et prés ;

5.º Et dans vingt-quatre hectares quatrevingt-six ares environ de terres, prés et chenevières ; le tout répandu sur les finages de Maconge, Meilly, Rouvres, Vendenesse, canton de Pouilly, en Auxois, arrondissement de Beaune, département de la Côte d'Or ;

Lesquels biens produisent un revenu de 5,180 fr. 66 centimes.

31 Janvier 1840. — Lettres-Patentes accordées à M. *Jacques de Maleville,* Sénateur, Comte de l'Empire, portant établissement de majorat auquel est attaché le titre de Baron de l'Empire, et dont la dotation consiste :

1.° Dans les métairies des Bories, de Caudon, de la Bourgeoisie, de Grèzes ou d'Entonin, avec leurs maisons de maître, jardins, terres labourables, vignes, prés, chenevières, contenant ensemble quarante-six hectares; plus six hectares et demi de prés, situés dans la commune de Domme, depuis le port de Caudon jusque vis-à-vis les Bories; le moulin de Caudon, et deux hectares de terres labourables, vignes et prés; le tout situé sur la rive gauche de la Dordogne, près du port et de l'ancienne église de Caudon;

2.° Dans la forêt de Drouille, contenant cent-huit hectares, dont une partie dans la commune de Domme et le surplus dans celle de Gaulejac contigue; toutes deux arrondissement de Sarlat, département de la Dordogne.

Ces biens produisent 6,450 francs de revenu annuel.

14 Février 1810. — Lettres-Patentes portant collation du titre de Baron à M. *Jean-Baptiste-Gabriel Pavée-de-Vandeuvre*, membre du Conseil d'arrondissement de Bar-sur-Aube et établissement du majorat dont la dotation consiste :

1.° Dans le château de Vandeuvre, situé à Vandeuvre, département de l'Aube, avec ses bâtiments, jardins, parc, le tout clos de murs, fossés et haies vives;

2.° Dans le pré Capitaine, clos de fossés;

3.° Dans le moulin Coret, situé sur la rivière de Barse, près le jardin du château, avec ses bâtiments et jardin, tenant du levant au chemin du Beurré, du midi aux représentants veuve Didier, du couchant à Thebezart, du nord à la ruelle des Tanneries.

4.° Et environ vingt-deux hectares huit ares de terres et vignes, et une carrière repandus dans les contrées de Bourgelet, Forêts, l'Epoisse, Dest Entonnoirs et près le Parc; toutes finage dudit Vandeuvre.

Tous lesquels biens produisent un revenu annuel de 5,095 fr. 83 centimes.

9 Mars 1810. — Lettres-Patentes portant collation du titre de Comte à M. *Christophe Chabrol-Crousol*, maître des

Requêtes, et établissement de majorat, dont la dotation consiste dans la terre du Hallot, sise commune de Civière, arrondissement des Andelys, département de l'Eure, composée d'un château avec ses dépendances, d'un parc contenant trente hectares, clos de murs, et d'un corps de ferme avec ses bâtiments et deux cents hectares de terres et prés, les bois exceptés.

Le tout ne formant qu'un seul tenant, produisant un revenu annuel de 11,340 francs.

9 Mars 1810. — Lettres-Patentes portant collation du titre de comte à M. *Alexandre-François-Louis Girardin*, membre du Corps législatif, et établissement de majorat, dont la dotation consiste dans la ferme de la Rigauderie, avec les bâtiments en dépendants, cour, jardin et potager, tenant des deux côtés aux héritiers de la Comté, d'un bout à l'impétrant, d'autre à la rue qui conduit à la grande route; la maison du moulin d'Annebey, ses bâtiments, cour, jardin, potager, des deux côtés et d'un bout à l'impétrant, d'autre à la rue des Sauniers; sept pièces en herbages, contenant vingt-six hectares vingt-cinq ares environ, appelées *la grande pièce de la Rigauderie*, la première des Coutures, le jardin Huvey, la butte de Boscobey, deux pièces de la grande prairie et autres; quinze pièces de prés, contenant trente-six hectares quatrevingt-douze ares environ, appelées: *deuxième, troisième, quatrième et cinquième des Hugrets*, petite prairie du Boscq, Cailly, du moulin d'Annebey, le grand-Huguet-de-la-Rivière, les deux parties du premier Huguet, le petit Bequet, les Annettes, le grand pré à jonc; onze pièces de terre en labour, contenant vingt-un hectares vingt-neuf ares environ, appelées *troisième* et *quatrième* du *Boscq* ou *Boscobey*; les Landes, la Perrugue, le grand jardin, les seconde et troisième des Coutures; le tout composant la plus grande partie du domaine de Coulombières, situé commune de ce nom, canton de Trevières, arrondissement de Bayeux, département du Calvados.

Lesdits biens produisent un revenu annuel de 10,065 francs.

9 Mars 1810. — Lettres-Patentes portant collation du

titre de Comte à M. *Anaclet-Henri de Cardevac-d'Havrincourt*, membre du Collège électoral du département du Pas-de-Calais, et établissement de majorat dont la dotation consiste dans les dix premières coupes et la moitié de la onzième coupe du bois d'Havrincourt, non compris le petit bois de Fumy, comprenant une superficie de deux cent douze hectares environ, situés sur le territoire d'Havrincourt, arrondissement d'Arras, département du Pas-de-Calais, tenant du levant au grand pont de bois, à l'impétrant, à Hocquet; du midi à la vallée séparant le bois de Fumy et au territoire de Trescaut, du couchant à l'autre moitié de la onzième coupe, et du nord aux hauts bois, aux plaines dites le *Quesnoy* et *Lesoreux* et au grand ravin.

Lesquelles coupes produisent net 11,000 francs de revenu annuel.

9 Mars 1810. — Lettres-Patentes portant collation du titre de Baron à M. *Maximilien Guislain de Louverval*, chef de Cohorte de la garde nationale du département du Pas-de-Calais, maire de Villers-au-Flos, et établissement de majorat dont la dotation consiste en six pièces de terre à labour, situées sur le territoire de Villers-au-Flos, arrondissement d'Arras, appelées *le champ de neuf au moulin*, celui des vingt-quatre, les dix-huit au moulin, les douze, les treize, et le Pré *Charles Fatien*.

Contenant ensemble quarante-huit hectares soixante-huit ares treize centiares et produisant net 5445 francs.

9 Mars 1810. — Lettres-Patentes portant collation du titre de Baron à M. *Achille Charles Stanislas Emile le Tonnellier-de-Breteuil*, auditeur au Conseil d'État, et établissement de majorat, dont la dotation consiste :

1.º En sept inscriptions au Grand-Livre de la Dette Publique, cinq pour cent, au nom de l'impétrant, montant ensemble à 3310 francs de rente.

2.º Et en trente-quatre actions de la Banque de France, produisant annuellement 2040 francs.

9 Mars 1810. — Lettres-Patentes portant collation du titre de Baron à M. *Jean-Baptiste François Moreau d'Ulibon*, Président du canton (sud) de Melun, et établissement de majorat, dont la dotation consiste en neuf inscriptions sur le Grand-Livre de la Dette Publique, cinq pour cent, faites au nom de l'impétrant, montant ensemble à 5000 fr. de rente.

25 Mars 1810. — Lettres-Patentes acordées à M. *Jean-Antoine Chaptal*, Sénateur, Comte de l'Empire, portant établissement d'un majorat auquel est attaché le titre de *Comte* et dont la dotation consiste dans le domaine de Chanteloup, composé d'un château, maisons de ferme, quarante hectares d'enclos, deux-cent trente hectares de terres, avec les allées, parquet, pépinière et prés, contenant environ vingt hectares, une pièce d'eau de cinq hectares et jardins attenants; le tout situé commune de Saint-Denis, Amboise et Nazelles, département d'Indre et Loire, arrondissement de Tours.

Et produisant 11,665 francs de revenu annuel.

25 Mars 1810. — Lettres-Patentes portant collation du titre de Comte à M. *François-Joseph-Charles-Marie de Mercy-Argenteau*, chambellan de Sa Majesté l'Empereur et Roi, et établissement de majorat dont la dotation consiste dans les biens ci-après désignés : dans l'arrondissement de Montmédi, département de la Meuse, le moulin de Haucourt; quatorze hectares quatre-vingt dix ares environ de terres et prés, situés commune de Haudlancourt et Haucourt; quatorze hectares quatre-vingt-dix ares environ de terres et prés, commune de Boutigny, dans l'arrondissement de Briey, département de la Moselle; trois métairies avec leurs maisons, granges, écuries, jardins; trois maisons et dépendances; environ quatre-cent-dix-neuf hectares de terres et prés, le tout répandu sur les communes d'Avillers, Dompry, Bertramey, Landres, Bonvillers, Pienne, Murville, Prentih, Mercy-le-Haut, Boudrezy; une ferme dite Martin-Fontaine, avec cent trente-deux hectares, cinquante-six ares environ de terres et prés, situés à Zoppecourt et Mercy-le-Bas; le petit étang; un moulin à eau, ses bâtiments, jardins, chenevières, prés et terres, un étang au-dessus, situés commune de Landres; l'étang Ory, sis commune de Xivry-le-Franc, et vingt hectares un are vingt-cinq centiares de terres et prés au même lieu : dans l'arrondissement de Thionville, même département, une maison, jardin et dépendances; un hectare soixante-huit ares de terres et prés, commune de Moyeuvre-la-Petite; et quatre hectares vingt-huit ares onze centiares de terres et prés, commune de Rosselange.

Tous ces biens produisant 12,847 francs de revenu annuel.

25 Mars 1810. — Lettres-Patentes portant collation du titre de Comte à M. *Jean Gaspard Louis Cassagnes-Beaufort de Miramon*, chambellan de Sa Majesté l'Empereur et Roi, avec établissement de majorat, dont la dotation consiste dans les biens ci-après énoncés :

Le château de Saint-Angeaux, avec ses cour, basse-cour, jardin, allées, terrain et paccages, d'environ six hectares; le domaine des Fonteilles, et quatrevingt-neuf hectares trente-quatre ares environ de terres et prés; celui de Tremouillères, et soixante-onze hectares quatrevingt-quatre ares environ de terres et prés, plus soixante-dix hectares en herbages, à prendre dans la montagne de la Jalleine; celui de Reignac, et soixante-trois hectares cinquante-huit ares environ de terres et prés, plus quatrevingt hectares en herbages, formant la montagne dite *Champ de Reignac*; le bois de derrière le château, celui de la Coste et celui de la Queille, haute futaie; les bois de la Guizie ou la Fontaigne, du Dime, du Fontenay, la Charlotte ou Chasseniolle, taillis; et ceux des Cavarache, des côtes d'Arlandes et de Compies, haute futaie; tous ces bois comprenant cent quarante-deux hectares : lesdits biens faisant une grande partie de la terre de Saint-Angeaux, sise commune de Riom-lès-Montagnes, arrondissement de Mauriac, département du Cantal.

Et produisant un revenu de 13,436 francs.

25 Mars 1810. — Lettres-Patentes portant collation du

titre de Baron à M. *Jean Claude Chovet-de-la Chance*, membre du Corps législatif, et établissement de majorat, dont la dotation consiste dans les biens ci-après énoncés :

Un château, cour, jardin, étangs, prés, parc, contenant seize hectares un quart, situés à Chevrières, canton de Chazelles, arrondissement de Montbrison, département de la Loire; le domaine de Bessy, ses bâtiments, cour, prés, terres sises sur les territoires de la Soutières, Verdillon, du Plat, du Seignal, et contenant cinquante-six hectares, situés commune de Chazelles; le pré Châlons de deux hectares et demi, un autre attenant de deux hectares, commune de Chevrières; un tenement de bois taillis, même commune, territoire de Montyasson, contenant trente-huit hectares; le domaine de Serres, ses bâtiments, cour, jardin, prés, terres et pasquiers, situés sur les territoires de Serres, la Nouzière, le Plaignot, le Vert et Grand-Champ, commune de Saint-Médard, canton de Chazelles, contenant soixante-sept hectares; le bois taillis de Charpenay, contenant huit hectares un tiers; celui du Vert contenant douze hectares, situé commune de Saint-Médard; le pré Breuil, situé commune de Chazelles, contenant environ un hectare, et le bois taillis de Messilieux, contenant quatre-vingt-deux hectares, situé commune d'Avezieux, canton de Chazelles.

Tous lesquels biens produisent un revenu annuel de 10,450 francs.

25 Mars 1810. — Lettres-Patentes portant collation du titre de Baron à M. *Jacques Marguerite Pilotte-de-la-Barollière*, général de division en retraite, avec établissement de majorat dans le domaine du petit Mas-d'Argence, situé commune de Fourques, arrondissement de Nîmes, département du Gard, contenant cent dix hectares vingt-six ares de terres, soixante-un hectares soixante-trois ares en herbages, dix-neuf hectares de vignes, et ses bâtiments, cours, jardins clos de haies vives et fossés; plus une écluse dite *Martelière*, ou prise d'eau dans le Rhône, avec ses canaux et ses bassins.

Le tout produisant 8300 francs de revenu annuel.

25 Mars 1810. — Lettres-Patentes portant collation du titre de Baron à M. *Jean-Baptiste Martin de la Bastide*, avec établissement de majorat dont la dotation consiste :

Dans un hôtel, cour et dépendances, situé à Limoges, rue Croix-Neuve n.° 298; la terre de la Bastide avec ses châteaux, orangerie, cours, granges, bâtiments, terrasses, parterres, jardins, canal, vergers, prairie, parc, bois taillis et de haute futaie, cent hectares de semis et de châtaigneraie; un autre domaine audit lieu de la Bastide; quatre autres situés au Puypouchet, au village d'Engrezas et au village d'Uzurat, avec leurs bâtiments, granges, jardins, chenevières, prés, paccages et terres; une prairie et un domaine appelés *la Brugère;* et le moulin de la Tour, avec ses dépendances : tous ces biens contigus et situés dans la commune de Limoges, département de la Haute-Vienne.

Produisant un revenu annuel de 16,185 francs.

25 Mars 1810. — Lettres-Patentes portant collation du titre de Baron à M. *Jean-Antoine-Pierre Mevolhon*, membre du Collége électoral du département des Basses-Alpes, avec établissement de majorat dont la dotation consiste en une inscription au Grand-Livre de la Dette Publique, cinq pour cent, faite au nom de l'impétrant de la somme de 5,000 francs de rente.

14 Avril 1810. — Lettres-Patentes portant collation du titre de Baron à M. *Pierre-Lézin-Urbain Boreau de la Bénardière*, maire d'Angers, avec établissement de majorat dont la dotation consiste :

1.° Dans le château de Martigné, ses bâtiments, cour, jardin et verger, contenant cent dix-huit ares; plus quatorze hectares quarante-trois ares environ de terres labourables, seize hectares de bois taillis; la métairie de la Toucheblanche, bâtiments en dépendants, et trente-cinq hectares quarante-neuf ares de terres, prés etc.; le tout sis à Martigné.

2.° Cent dix-neuf ares de terres à Bellair, commune de Chavaignes.

3.° Deux cent trente-sept ares de prés à la Lougeais, commune de Tigné.

4.° Le château et la closerie des Noyers, leurs avenues, bâtiments, cours, jardins, parterres, bois-futaie, vergers, granges, et soixante-quinze hectares cinquante-six ares de terres, vignes, prés et pâtis.

5.° Une closerie, à Machelle, commune de Faveraye, contenant quatre hectares soixante-un ares de terres dites *les Mirettes*, et cinq hectares soixante-sept ares de terres et vignes.

6.° Plus vingt ares de bois taillis.

Tous ces biens composant la terre de Martigné, située communes de Martigné, Briand, Tigné, et Chevannes, et celle des Noyers à Menard, située communes de Martigné, Briand, Thouarcé et Faveraye; canton de Doué, Thouarcé et Vihiers, arrondissement de Saumur, département de Maine et Loire.

Le tout produisant un revenu annuel de 8,000 francs.

14 Avril 1810. — Lettres-Patentes portant collation du titre de Baron à M. *Antoine Mellet-de Bonas*, commandant en chef de la garde d'honneur du département du Gers, avec établissement de majorat, dont la dotation consiste dans le château de Bonas et ses bâtiments et dépendances, contenant environ huit hectares; la métairie du château, celles de Lombriga, de Péninoy, de Peyrecare, de Gallin et de Montus, avec les soles, pâtis, jardins, champs, vignes, prairies et bois en dépendants, comprenant deux cent soixante-dix-sept hectares; le vignoble de Bernard Louhaut, de vingt hectares; des prairies dites à Pradible et dépendances, contenant environ trente-cinq hectares; un bois de vingt-huit hectares, et un moulin sur la rivière de Baize, avec terres et prairies d'environ neuf hectares; le tout situé commune de Bonas, canton de Valonce, arrondissement de Condom, département du Gers.

Et produisant 16,410 francs de rente annuelle.

14 Avril 1810. — Lettres-Patentes portant collation du titre de Baron à M. *Louis François Merlin d'Estreux*, chef de la quatorzième légion des gardes nationales du département du Rhône, avec établissement de majorat, dont la dotation consiste dans les biens ci-après désignés, situés canton de Bouchain, arrondissement de Douai, département du Nord, savoir :

1.º Le bien du Vivier, terroir de Denain, composé de vingt-un hectares dix-huit ares trente-neuf centiares de terres en sept pièces;

2.º La terre du Blocus, terroir de Bouchain, contenant trente-six hectares dix-sept ares soixante centiares en prairies;

3.º La terre de Maingoval, terroir de Denain, consistant en maison de ferme, granges et bâtiments, et trente-neuf hectares soixante-treize ares environ, en vingt-trois pièces;

4.º La terre de Warmont, terroir de Mastaing, contenant trente-deux hectares dix ares soixante-deux centiares en quatre pièces;

5.º Et dix pièces de terres, comprenant quinze hectares trente-un ares quatre-vingt centiares, terroir de Bouchain; plus quatre inscriptions au Grand-Livre de la Dette Publique, cinq pour cent, faisant ensemble 1400 francs de rente.

Le tout produisant 10,109 francs de revenu annuel.

14 Avril 1810. — Lettres-Patentes portant collation du titre de Baron à M. *Louis Marie Duhamel*, maire de Coutances, département de la Manche, avec établissement de majorat, dont la dotation consiste dans la ferme et terres du manoir de Coutances, situés en cette ville, composée de deux maisons sur la rue de Soulle, cours, pressoirs, pièce d'eau, avenue, huit hectares d'herbages en sept pièces, formant le haut pays; sept ares de prairies en cinq pièces, faisant le bas pays : le tout environné par la rivière de Soulle; les moulins de Soulle; situés au village de Saint-Pierre de Coutances; une prairie, maison et dépendances, d'un hectare environ; une usine et dépendances, fermées de murs, trois vergers en herbages, de deux hectares, et la chapelle de la Roquette ou du manoir de Coutances; son enclos, une petite maison, jardins, verger, et une pièce de terre.

Tous lesquels biens produisent un revenu de 6,000 francs.

14 Avril 1810. — Lettres-Patentes portant collation du titre de Baron à M. *Edmond Joachim Guerard*, membre du Collége électoral du département de l'Aube, avec établissement de majorat, dont la dotation consiste en dix inscriptions au Grand-Livre de la Dette Publique, cinq pour cent, produisant ensemble 5,004 fr. de rente.

26 Avril 1810. — Lettres-Patentes portant collation du titre de Baron à M. *Nicolas David Amand Constant Mauduit-de Sémerville*, membre du Collége électoral du département de l'Eure, avec établissement de majorat, dont la dotation consiste dans le domaine de Sémerville, situé commune de ce nom, et par extension sur celles de Sainte-Colombe et Saint-Melain, arrondissement d'Evreux, département de l'Eure, composé du château, de jardins, vergers et masures, comprenant cinq hectares trente-cinq ares, d'un corps de ferme de quatrevingt-dix hectares soixante-dix-sept ares de terres, de neuf hectares soixante-sept ares en bois taillis et de cinq hectares sept ares en bruyères, patures et plantations.

Le tout produisant 5,058 fr. 98 centimes de revenu annuel.

26 Avril 1810. — Lettres-Patentes portant collation du titre de Baron à M. *François-Cyprien-Antoine Lieudé-de-Sepmanville*, Président de canton à Evreux, avec établissement de majorat dont la dotation consiste dans la ferme dite *Dufay*, située commune de Bois-Hubert, canton nord d'Evreux, département de l'Eure, composée de bâtiments d'exploitation, de cent vingt-deux hectares soixante-dix-sept ares environ, en cour, terres, clos et pâtures, de onze hectares seize ares neuf centiares de bois.

Le tout contigu, et produisant un revenu annuel net de 5,000 francs de rente.

3 Mai 1810. — Lettres-Patentes portant collation du titre de Comte à M. *Alexandre-Emmanuel-Louis de Bauffremont-Listenois*, membre du conseil-général du département de la Haute-Saône, avec établissement de majorat dont la dotation consiste dans la forêt dite *Lavaivre*, contenant quatre-cent soixante-neuf hectares, faisant partie du domaine de Scey, situé à Scey-sur-Saône, arrondissement de Vesoul, département de la Haute-Saône.

Cette forêt produisant 12,000 francs de revenu annuel.

3 MAI 1810. — LETTRES-PATENTES portant collation du titre de Baron à M. *Joseph-Xavier Delfau-de-Pontalba*, adjudant-commandant en retraite, avec établissement de majorat dont la dotation consiste dans les biens ci-après désignés, situés au village de Mont-l'Evêque, près Senlis, département de l'Oise, savoir : un château avec ses cours, terrasses, prairies, cinquante-trois hectares quatorze ares environ de marais et prés, et huit hectares vingt-huit ares environ de prés en quatorze pièces; une petite ferme et ses bâtiments, cour, jardin, sis au bout du village, et contenant trente-un ares environ; six hectares quatre-vingt-deux ares à côté de l'avenue des tilleuls; un moulin sur la rivière de Nonette, avec ses bâtiments, cours et jardins, cinq hectares un are de terres en six pièces; et soixante-quatre ares de prés, près la fontaine de Saint-Urbain; le pré Maucreux, contenant trois hectares trente-six ares cinquante-deux centiares.

Le tout produisant 8,273 francs de revenu annuel, non compris le château et les bâtiments, cours, terrasses, parterres et terres en dépendantes.

3 MAI 1810. — LETTRES-PATENTES portant collation du titre de baron à M. *Marie-Anne-Jean-Alexandre Paschal-Dubreuil*, général de brigade, avec établissement de majorat dont la dotation consiste dans le domaine de Preisse, situé commune d'Ouveilhan, arrondissement de Narbonne, département de l'Aude, composé d'un château, bâtiments, dépendances, parc, jardin, vergers, bois, vignes, prés et terres, contenant quatre-vingt-quatre hectares trente ares environ, et produisant 10,000 francs de revenu annuel.

17 MAI 1810. — LETTRES-PATENTES portant collation du titre de Comte à M. *Anne-Charles-François de Montmorency*, avec

établissement de majorat, dont la dotation consiste dans les forêts de Gournay, Bray et Forges, situées dans le département de la Seine-Inférieure, contenant ensemble deux mille trois cent six hectares quatre-vingt-onze ares quatre-vingt-treize centiares, et produisant environ 80,000 francs de revenu annuel.

17 Mai 1810. — Lettres-Patentes portant collation du titre de Comte à M. *Anne-Charles-Louis de Montmorency*, avec établissement de majorat, dont la dotation consiste en mille cinq cent quatre-vingt-six hectares vingt-un ares soixante-dix-neuf centiares de bois, situés dans le département de l'Yonne, savoir: mille deux cent vingt-huit hectares quatre-vingt-treize ares trente-six centiares, sous l'inspection d'Auxerre, connu sous le nom de *Triages*, trois cent trente-sept hectares sept ares, appelé *bois de Vary de l'Auny*, sous l'inspection d'Avallon; et vingt hectares vingt-un ares quarante-trois centiares, composant le bois de Bouilly, situé commune du même nom :

Le tout produisant environ 49,800 francs de revenu annuel. L'usufruit de ce bois réservé à dame *Anne-Françoise-Charlotte de Montmorency*, mère de l'impétrant, veuve d'Anne Léon de Montmorency.

17 Mai 1810. — Lettres-Patentes portant collation du titre de Comte à M. *Anne-Victurnien-Réné Roger de Rochechouart-de-Mortemart*, avec établissement de majorat dont la dotation consiste:

1.º Dans la forêt de l'Orient-Brienne, sise département de l'Aube, contenant mille deux cent hectares;

2.º Dans celle de Montmorency, divisée en deux cantons, connus sous le nom de *Soulaines* et de *Lentille*, situés même département, contenant mille deux cent quarante hectares.

3.º Et dans le bois de Puelmoutier, situé dans le département de la Haute-Marne, contenant quatre cent trois hectares.

Le tout comprenant deux mille huit cent quarante-cinq hectares, et produisant environ 94,400 francs de revenu annuel. L'usufruit de ces bois réservé à dame Éléonore Anne Pulcherie de Montmorency, mère de l'impétrant, épouse de Victor Louis Victurnien de Rochechouart-de Mortemart.

17 Mai 1810. — Lettres-Patentes portant collation du titre de Baron à M. *Salomon Louis Roger*, maire de Villeron, département de Seine-et-Oise, avec établissement de majorat dont la dotation consiste dans le domaine de Guitry, contenant deux cent douze hectares soixante-onze ares de terres labourables, avec les bâtiments en dépendant : le tout formant un seul tenant, situé communes de Guitry et des Forêts, canton d'Ecos, arrondissement des Andelys, département de l'Eure.

Et produisant annuellement 13,000 francs de rente.

4 Juin 1810. — Lettres-Patentes portant collation du titre de Comte à M. *Eustache Nicolas Muiron*, Président du canton de Sceaux, avec établissement de majorat, dont la dotation consiste dans le domaine de Charleux, situé terroir de Thivencelles, canton de Condé, arrondissement de Douai, département du Nord, contenant trente-cinq hectares de prairies, et produisant annuellement 5,200 francs.

4 Juin 1810. — Lettres-Patentes portant collation du titre de Baron à M. *Thomas Charles Gaston Boissel de Monville*, maire de la commune de Monville, département de la Seine Inférieure, avec établissement de majorat, dont la dotation consiste dans la halle couverte, sise au milieu de la place publique de Monville, maison, jardin et dépendances, contenant environ huit hectares; onze petites fermes, vingt-une petites maisons, un moulin à papier, deux à blé; les fermes de Soudres, Montréal et Plantevose, environ soixante-douze hectares de terre, prés et herbages, le tout situé canton de Clères et contigu; le moulin de Gourchy, sis à Enseaumeville; deux fermes et environ vingt hectares de prés et herbages; la ferme de Flandres, sise au pied de Monteauvère, huit hectares de terres et prés; deux prés dépendants des fermes de Bois-le-Vicomte, situés à Cardouville, et contenant quatre hectares;

un autre, d'un hectare environ, dépendant de la ferme de la maison de ville, et la côte d'Eslettes, contenant environ quarante-cinq hectares ;

Le tout situé arrondissement de Rouen et produisant un revenu annuel de 24,750 francs.

11 Juin 1810. — Lettres-Patentes portant collation du titre de comte à M. *Charles-Louis-David Lepeletier d'Aunay*, membre du Collége électoral du département de la Nièvre, et établissement de majorat, dont la dotation consiste dans le château d'Aunay, l'étang du Basfort, le pré des Brosses, celui des Grandes-Brosses, la maison du fermier, la terre du Cloiseau et du Dessertis, les métairies du Colombier, de la Motte-Chamisy et de la Boue-Chamisy, le château et la métairie de Brouin ; les domaines de Savenay, d'Egreuilles, de Champ-Charmont, de la Baye ; les étangs de Sauvigny et d'Egreuilles ; six cent quarante-huit hectares de jardins, terres labourables et prés dépendants desdits biens, et une halle sise à Aunay.

Le tout produisant un revenu annuel de 10,350 francs, et dépendant de la terre d'Aunay, située audit lieu d'Aunay, arrondissement de Château-Chinon, département de la Nièvre.

11 Juin 1810. — Lettres-Patentes portant collation du titre de Comte à M. *Alexis-Paul-Michel Tannegui-Leveneur*, général de division en retraite, membre du Corps législatif, avec établissement de majorat, dont la dotation consiste dans le château de Carouge et ses jardins, prés, bois, enclos ; la ferme de la Bouvardière et terres adjacentes ; la prairie joignant le château, les bois étant dans son enceinte, les champs de foire et les halles sis à Carouge ; les prés du chapitre, maisons et jardins, une maison à Carouge, le bois taillis du parc de Saint-Martin-des-Landes ; la ferme des Champs-Orieux ; le tout dans la commune de Saint-Martin-des-Landes, commune de Carouge ; la terre et ferme de la Chaine, sise commune de Saint-Martin ; le bois taillis de la Tonnellière, situé communes de Carouge et de Schachain ; celui de Monthard (en Saint-

Martin-des-Landes et Saint-Martin-de-l'Aiguillon; celui de Boulay en Carouge; celui de Clairet de Schachain et de Clairet de Monthard; ceux des Micauderies, de Crochet, de la censive du bois Blanchat, de l'Aubenière, de Sainte-Marie, de la Forge, de l'Ayet, situés à Carouge, Saint-Martin-l'Aiguillon, Sainte-Marie-Larobert; tous ces bois comprenant neuf cent cinquante hectares; le tout situé dans l'arrondissement d'Alençon, département de l'Orne; plus la forêt de Monage, la futaie du Buisson-au-Loup y comprise, contenant environ mille hectares; deux maisons de garde, une halle et une maison dans le bourg; ces biens sis commune de Lignère, canton de Couptrain, arrondissement de la Mayenne, département de la Mayenne.

Tous lesdits biens produisant un revenu annuel de 13,470 francs.

11 Juin 1840. — Lettres Patentes, portant collation du titre de Baron à M. *François-Jérôme Lédéan*, membre du collége électoral du département du Finistère, avec établissement de majorat dont la dotation consiste dans les biens ci-après énoncés, situés dans le même département, savoir :

1.º Arrondissement de Quimper, la terre de Bourdonnel, et les métairies réunies de Bourdonnel et de Keroualic, avec vingt-cinq hectares de terres, prairies et bois sis commune d'Ergue-Armel, la métairie de Pennot, avec maison de fermier et bâtiments d'exploitation, trois hectares, vingt-cinq ares de terres et prairies; la prairie de Saint-Julien, de cent quatre-vingts ares; la métairie de Pen-Arpavé, sise commune de Quimper, contenant sept hectares de terres et prairies, avec maison de fermier et bâtiments d'exploitation; la prairie de Loc-Maria, de cent vingt-cinq ares, sise au même lieu; et celle de Creach-Heuzen, située commune de Kerfuertun, contenant cinq hectares;

2.º Arrondissement de Morlaix, les cinq métairies contiguës du Vieux-Moulin, de Kermerin, du Castel, du Rest-Glas-Land et de Pen-Arquinquis, sises commune de Pleiber-Christ, canton de Saint-Thegonec, contenant cent vingt-six hectares en terres et prairies, et garnies de bois de haute-futaie.

Tous ces biens produisant un revenu annuel de 6,400 francs.

11 Juin 1810. — Lettres-Patentes portant collation du titre de Baron à M. *Louis-Julien de Roujoux*, chevalier, préfet du département de Saône et Loire, avec établissement de majorat, dont la dotation consiste dans le domaine de la Tour-de-l'Ange, situé commune de Charnay et ès environ, arrondissement de Macon, susdit département, composé de maisons de maitre et d'habitations, jardins, vergers, pressoirs, terres, vignes et bois;

Le tout comprenant trente hectares, et produisant un revenu annuel de 5,500 francs.

11 Juin 1810. — Lettres-Patentes portant collation du titre de Baron à M. *Philippe-Louis-Edmond-Sébastien Lovera de Maria*, maire de la ville de Coni, département de la Stura, avec établissement de majorat dont la dotation consiste en deux cassines sises sur le territoire de Coni, Oltre-Gezzo, dénommées *le Tetto de Saint-Maurice* dit *Vegliasco*, composées de bâtiments, jardins, entourés de murs, et de cinquante-neuf hectares environ de terres labourables, prés et vignes.

Le tout produisant net 5,200 francs de revenu.

23 Juin 1810. — Lettres-Patentes portant collation du titre de Baron à M. *Jean-Abraham Poupart de Neuflize*, maire de Sédan, avec établissement de majorat dont la dotation consiste dans les biens ci-après énoncés, situés dans l'arrondissement de Rethel, département des Ardennes, savoir : le château de Neuflize avec ses cours, clos et jardin, canal et parc, contenant seize hectares cinquante-neuf ares; la grosse ferme, ses bâtiments, cour, jardins, étangs, et cent trente-un hectares dix ares de terres et prés; un moulin à eau dans la cour du château, ses bâtiments, et six hectares quatre-vingt-deux ares de terres et prés; soixante-six hectares trente-un ares en bois et garennes, et seize garennes éparses, contenant quatre hectares quatre ares, sur les terroirs de Neuflize,

Annuelles et Mesnil; la ferme de la Cure et Saint-Denis, sise à Neuflize et soixante-treize hectares soixante ares de terres et prés; la ferme de la Gentillerie et le Mesnil, et deux cent neuf hectares de terres, situés terroirs de Saint-Remi-le-Petit, le Mesnil et l'Epinois; un moulin à eau, dit *de la Coulisse*, sur la rivière de Retourne, avec bâtiments, jardin, et huit hectares quatre-vingts ares de terres et prés sis à Neuflize; et le bois de la Cervelle, terroir de Tagnon, contenant vingt-deux hectares trente-six ares.

Tous ces biens produisant 5,700 francs annuellement.

3 Aout 1810. — Lettres-Patentes portant collation du titre de Baron à M. *Pierre-George de Meulanaere*, chevalier, député au corps législatif, et établissement de majorat dont la dotation consiste dans le château de Meulanaere, ses parcs et dépendances; vingt-deux pièces de terre et une en potager, contiguës; une maison et son terrain, le tout de quatorze hectares quatre-vingt-huit ares quatre-vingt-dix centiares; trois pièces de bois en futaie de deux cent trente-cinq ares soixante-dix centiares; trois parties de bois de cent une are quatre-vingt-seize centiares; huit hectares soixante-douze ares de terre et bois; une maison et son terrain appelés *Verscher-Stuck;* une ferme et ses dépendances, le tout faisant un seul tenant, situé commune de Séeverghem, arrondissement de Gand, département de l'Escaut, tenant d'un bout à la chaussée, d'un côté à l'impétrant et à la rue de Champ, d'autre bout au chemin du Ponton, au nommé *Vanhasper*, à un ruisseau et un sentier, et d'autre côté au nommé d'*Houdt*, à une rue et aux nommés *Vermeirs* et *Thieupont*.

Lesquels biens produisent un revenu annuel de 6,560 fr.

2 Septembre 1810. — Lettres-Patentes portant collation du titre de Baron à M. *Pierre-Marie Muguet de Varange*, Régent de la Banque de France, et établissement de majorat dont la dotation consiste en deux cents actions de la Banque de France, appartenant à l'impétrant.

Les dites actions produisant 10,000 francs de revenu annuel.

27 Septembre 1810. — Lettres-Patentes portant collation du titre de Baron à M. *Bonaventure-François Gautier de Charnacé*, juge-suppléant au Tribunal de première instance du département de la Seine, et établissement de majorat dont la dotation consiste en deux inscriptions au Grand-Livre de la Dette Publique de France cinq pour cent, au nom de l'impétrant, produisant ensemble 10,000 francs de revenu annuel.

6 Octobre 1810. — Lettres-Patentes portant collation du titre de Baron à M. *Pierre Caila*, membre du Conseil-Général de la ville de Bordeaux, et établissement d'un majorat dont la dotation consiste dans le domaine de Fadin, situé commune de Rions, le domaine de Loste et la métairie de Janicon en dépendante, situés commune de Cardan, avec leurs bâtiments, terres, prairies et dépendances, contenant ensemble quatre-vingt-six hectares vingt-un ares soixante six centiares.

Le tout canton de Cadillac, arrondissement de Bordeaux, département de la Gironde, produisant 6400 francs net de rente.

6 Octobre 1810. — Lettres-Patentes, portant collation du titre de Baron à M. *Ambroise-Louis Lavenant*, chevalier de Toukerb, lieutenant-colonel en retraite, et établissement de majorat, dont la dotation consiste dans 5,000 francs de rente à prendre dans une inscription de plus forte somme, faite au nom de l'impétrant, sur le grand-Livre de la Dette Publique de France cinq pour cent, immobilisée jusqu'à concurrence desdits 5,000 francs de rente.

6 Octobre 1810. — Lettres-Patentes, portant collation du titre de Baron à M. *Antoine-Louis Rouillé d'Orfeul*, propriétaire et établissement de majorat, dont la dotation consiste en une inscription au Grand-Livre de la Dette Publique de France, cinq pour cent, inscrite au nom de l'impétrant, de la somme de 5,000 francs de rente.

22 Octobre 1810. — Lettres-Patentes portant collation du titre de Baron à M. *Jacques-Florent Robillard*, censeur de la Banque de France, avec établissement de majorat, dont la dotation consiste dans les biens ci-après désignés :

Situés dans l'arrondissement de Mantes, département de Seine-et-Oise, savoir : un château et son parc clos de murs, contenant cinquante-neuf hectares, sis au terroir de Magnanville; la ferme de ce nom, y attenant, avec ses bâtiments, jardin et dépendances, contenant quatre cent quarante ares, et la maison du Tournebride audit lieu, avec ses dépendances, bornées par ledit parc, et par la rue de Magnanville; deux pavillons et leur cour, situés à Soindre; la grande ferme du lieu, attenant, ses bâtiments d'exploitation, jardin et dépendances, contenant trois hectares; cent soixante-quatorze hectares environ de terres sur le terroir de Soindres et sur celui de Favrieux, et un jardin potager, clos de murs, d'environ neuf hectares; la ferme de Fontenay, ses bâtiments et jardin clos de murs, et cent cinq hectares de pâtures, terres et bois en soixante-seize pièces, sis sur les terroirs de Fontenay, Mauvoisin, Jouy, Perdrauville et Favrieux; les deux moulins de Bourgogne sur le Maulru de la rivière de Vaucouleurs, et leur enclos; vingt-huit hectares de terres et prés en trente-six pièces, y attenant, situés sur les territoires d'Aufreville et de Mantes-la-Ville; trois grands pressoirs contigus, sis à Buchelay, rue des Pressoirs; trente-huit hectares de terres en labour, friches, avenues, chemins, répandus en cinquante-cinq parties sur tous les territoires susmentionnés, et cent neuf hectares de bois taillis, en quarante pièces disposées en coupes réglées, sur lesdits terroirs, et notamment les bois appelés *des Terriers*, *des Brosses*, *des Bellames*, *de Suavet*, *de Château-Poissy*, *de Mesnil-Aubourg*, *d'Arches-sur-Soindres*, *du Coudray*, *d'Isson*, *du Château-Fondu*, *de la Petite*, *des Lubins*, *de la Boullaye*, avec les garennes fermées et non fermées sur Vert.

Tous ces biens produisant un revenu de 30,000 francs.

22 Octobre 1810. — Lettres-Patentes portant collation du titre de Baron à M. *Nicolas-Graillet de Beine*, maire de Chaumont, département de la Haute-Marne, avec établissement

de majorat, dont la dotation consiste, savoir : dans le domaine de Buxières-les-Villiers, situé commune de ce nom, avec ses dépendances, le tout enclos de murs, et cinq hectares cinquante ares ; plus quatrevingt-dix hectares de terres labourables en deux cent dix-neuf pièces, sises finage dudit lieu, Saisons de Vers-Bricon, du Grand-Champ, du Méchant-Champ ; soixante ares cinquante-trois centiares de chenevières en quatre pièces, sur la commune de Buxières-lès-Villiers ; dix-neuf hectares de prés au même lieu, en trente-trois pièces ; cinq hectares onze ares de vignes, en huit parties, et quarante hectares de bois taillis en deux portions, au Grand et au Petit Voivre, finage de Buxières, et un moulin à vent, avec cent soixante-seize ares de terres et chenevières, au finage de Montsaon, y attenant.

Le tout dans l'arrondissement de Chaumont et produisant 6,000 francs de revenu annuel.

30 Octobre 1810. — Lettres-Patentes portant collation du titre de Baron à M. *Alexandre-Dominique le Painturier de Guillerville*, président du canton de Bolbec, département de la Seine-Inférieure, avec établissement de majorat, dont la dotation consiste en une grande ferme, située commune de Guillerville, arrondissement du Hâvre, maisons, bâtiments d'exploitation, et soixante-dix-neuf hectares trente-neuf ares vingt-cinq centiares de terres labourables en dépendant.

Le tout produisant annuellement 6,000 fr. de revenu net.

30 Octobre 1810. — Lettres-Patentes portant collation du titre de Baron à M. *Jacques-Antoine de Révéroni Saint-Cyr*, lieutenant-colonel attaché à l'état-major-général, avec établissement de majorat, dont la dotation consiste :

1.° Dans le domaine de Huleux, situé commune de Néry, canton de Crespy, arrondissement de Senlis, département de l'Oise, composé de corps de ferme avec jardin fermé de murs, cent quarante-trois hectares cinquante-neuf ares de terres labourables sur la montagne, et quatre cent dix ares de bois taillis, le tout faisant un seul tenant.

2.° Et en deux maisons réunies, situées à Paris, rue Rochechouart n.° 8.

Le tout produisant 10,100 francs net de revenu annuel.

2 Novembre 1810. — Lettres-Patentes portant collation du titre de Baron à M. *Joseph-Ignace-Mathieu de Mauvières*, maire de la commune de Saint-Forget, canton de Chevreuse, avec établissement de majorat, dont la dotation consiste dans les biens ci-après désignés, faisant partie de la terre de Mauvières, située susdit canton, arrondissement de Versailles, et consistant dans le château de Mauvières; la chapelle, les autres bâtiments, prés, bois, pièces d'eau en dépendants, et composant le parc, contenant environ onze hectares et demi; les avenues, un moulin à tan et dépendances; vingt hectares quatre-vingt-seize ares quarante-deux centiares en terres et prés, savoir : le clos des Sablons, les prés Méridon, de l'Ile et le pré carré, la pièce du Belveder, plantée de bois en partie, le pré neuf; sept hectares cinquante-cinq ares, de prés nommés *des Eaux le Gril de Mauvières*, et quatre ilots dans la prairie de la Chardonnette; trois parties de bois d'environ huit hectares, et ceux appelés les *Trois Cheminées;* la côte de Saint-Forget; le Nouillon de Sablons, comprenant trois hectares quatre-vingt ares environ.

Tous ces biens produisant 5,380 fr. de revenu annuel.

2 Novembre 1810. — Lettres-Patentes portant collation du titre de Baron à M. *César-Louis Baulny*, maire de Villeroy, arrondissement de Meaux, département de Seine et Marne, avec établissement de majorat, dont la dotation consiste dans la ferme de Choisy-le-Temple, sise commune de Charny, canton de Clayes, arrondissement de Meaux, avec ses bâtiments, jardin et autres dépendances, contenant deux hectares quarante-deux ares soixante-dix centiares; plus cent soixante-douze hectares sept ares de terres et pâtures.

Le tout faisant un seul tenant, et produisant 20,803 francs 23 centimes de revenu annuel.

21 Novembre 1810. — Lettres-Patentes accordées à M. *Dominique-Clément de Ris*, comte de Mauny, préteur du Sénat, portant établissement de majorat de ce titre de Comte sur les métairies de Varenne, du petit Mauny, les biens appelés *la Herpinière* et *la Bodinière*, avec leurs dépendances, et sur cent deux hectares vingt-deux ares environ de bois taillis, prés et vignes, situés communes d'Azay, Athée, Mont-Louis et lieux circonvoisins; le tout faisant la plus grande partie du domaine de Beauvais-sur-Cher, sis canton de Bléré, arrondissement de Tours, département d'Indre-et-Loire.

Lesdits biens produisant 10,825 francs de revenu.

21 Novembre 1810. — Lettres-Patentes, portant collation du titre de Baron à M. *Gilles-Toussaint Hocquart*, et établissement de majorat, dont la dotation consiste dans une inscription sur le Grand-Livre de la Dette Publique, cinq pour cent, de la somme de 5,000 francs de rente, portée au nom de l'impétrant et immobilisée.

15 Décembre 1810. — Lettres-Patentes accordées à M. *Jacques François Bégouen*, Comte de l'Empire, conseiller d'État à vie, portant institution d'un majorat attaché à son titre de Comte, et dont la dotation consiste dans la maison dite l'*Abbaye de Valasse*, avec ses bâtiments, avenue, terres et bois; les fermes de la Basse-Cour, du Maréchal, de Saint-Marcel, des moulins de Saint-Marcel, du Val-Horrible, et leurs bâtiments, cours, granges, jardins, ainsi que les bois, terres et prairies qui en dépendent, et la Fontaine-Murée avec ses jardins et étang; le tout comprenant environ cent quatre-vingt-douze hectares, situés commune des manoirs du Valasse, et par extension sur celle de Saint-Denis-de-Lillebonne, arrondissement du Hâvre, département de la Seine-Inférieure, et produisant 10,400 francs net de revenu.

16 Décembre 1810. — Lettres-patentes portant collation du titre de Baron de l'Empire, sous la dénomination particulière de *Baron de Trémont*, à M. *Louis-Philippe-Joseph Gérard*

de Vienney, auditeur au Conseil d'État, avec institution de majorat, dont la dotation consiste dans le domaine à Rosey, situé commune de ce nom, consistant en un château, avec bâtiments, jardins, prés et vignes, enclos de murs; cent dix-sept pièces de terre au même lieu, répandues sur les Pyesdevers Baigne, devers Mailly, devers Noidans, et le clos du ci-devant château, composé de vignes : le tout situé dans la commune de Scey-sur-Saône, arrondissement de Vesoul, département de la Saône, et produisant 2,300 francs de revenu; plus huit inscriptions au Grand-Livre de la Dette Publique, faites au nom de l'impétrant faisant ensemble 2740 francs de rente.

16 Décembre 1810. — Lettres-Patentes portant collation du titre de Baron, avec institution de majorat, en faveur de M. *Jean Lesparda*, aîné, président du canton de Montereau, département de Seine-et-Marne; duquel majorat la dotation consiste dans quatre-vingt-dix-neuf hectares de terres et trois cent douze ares de prés, en cent dix pièces, situées commune de Saint-Germain-Laval, Laval-Saint-Germain, Marolles et Courcelles; cinquante-sept hectares trente ares de bois, entourés de fossés, au territoire de Laval; des bâtiments servant à l'exploitation d'une manufacture de faïence, le jardin de la glacière en dépendant, et deux cent vingt-six ares de vignes en clos, situés à Courbeton, commune de Saint-Germain-Laval.

Le tout canton de Montereau, arrondissement de Fontainebleau, département de Seine-et-Marne, produisant 5,470 francs de revenu.

16 Décembre 1810. — Lettres-Patentes portant collation du titre de Baron, sous la dénomination particulière de *Baron de Troncenord*, à M. *François-Jean Chaubry de la Roche*, maire de Congy, avec institution de majorat dont la dotation consiste dans le ci-devant château de Congy, avec ses bâtiments, cour, jardins, parc et une tuilerie, contenant huit hectares quatre-vingt-un ares environ; la forêt de Troncet, contenant cent soixante-treize hectares trente ares; les bois des Loups, des Forts, de la Barbe, de Berlin et de Mennerault, contenant en-

semble quatre-vingt-six hectares trente-six ares ; les prairies des Grands-Prés et de Chennevry, ensemble de cinquante-un hectares soixante-deux ares quarante centiares, et les étangs contigus, dits *Neuf*, des *Loups* et de la *Barbe*, contenant environ trente-cinq hectares ; le tout dépendant de la terre de Congy, située commune de ce nom, arrondissement d'Epernay, département de la Marne, et produisant 10,640 francs de revenu net annuel.

16 Décembre 1810. — Lettres-Patentes portant collation du titre de Baron à M. *Louis-Joseph Poissonnier de Prulay*, membre du collége électoral du département de l'Orne, avec établissement de majorat, dont la dotation consiste dans la terre de Souvelles, située commune de Coulonges, arrondissement d'Alençon, département de l'Orne, consistant dans l'herbage des Grands-Charbonnets, le pré du Petit-Charbonnet, l'herbage des Onches, la prairie des Orjus et un petit pré, les herbages du Plant et de Souvelles, le pré de la Personnière et le parc en herbage, nommé *la Fiance*.

Le tout contenant trente-un hectares, et produisant 7,920 francs de revenu annuel.

16 Décembre 1810. — Lettres-Patentes portant collation du titre de Baron à M. *François Martin*, président du collége électoral de l'arrondissement de Gray, département de la Haute-Saône, avec établissement de majorat, dont la dotation consiste en un domaine situé à Dampierre-sur-Salon, et sur les territoires contigus de Delain, Montot et Denevre, arrondissement de Gray, composé de soixante-douze hectares dix-huit ares de terre labourable, huit hectares quatorze ares de pré à Dampierre ; vingt-huit hectares trente-un ares de terres à Delain, et cinquante-trois ares de pré ; trente-sept hectares quinze ares de terre et trois cent dix ares de pré à Montot ; quatorze hectares cinquante ares de terre et cent quatrevingt-quinze ares de pré à Denevre.

Le tout produisant un revenu net annuel de 5,300 francs.

16 Décembre 1810. — Lettres-Patentes portant collation du titre de Baron à M. *François Louis de Harff*, président du conseil général du département de la Roër, avec établissement de majorat, dont la dotation consiste :

1.º Dans le château de Dreyborn, avec ses bâtiments, jardins et allées, cinq étangs y attenant, et droit de chauffage y attaché, *Feuerbrand*, à prendre dans le Feuerbrand, *Grevet-Stein*; les prés nommés *Pesch*, *Haq*, *Barenbroich*, *Schufbach*, *Huttelbach*, *Elstersief*; huit étangs, deux autres, nommés *Hans* et *Berscheider-Weyer*, le tout contenant quarante-un hectares onze ares; six champs, appelés *Hagenfeld*, *Huresfeld*, *Clafeld*, *Thumfeld*, *Windmulh* et *Gorrisbaum*, ensemble de cinquante-huit hectares soixante-cinq ares; quatre moulins à farine, situés à Dreyborn, Oleff, Gemund, Austois; les prés nommés *Bolard*, *Los-Anel* et *Hargarten*, sis à Manel; un autre nommé *Kruganel*, sis à Heimbach; un dernier pré sis à Gemund, ensemble vingt-cinq hectares environ; deux champs à Gemund, appelés *Streitanel* et *Forêt*; un autre à Manel, nommé *Maulen-Fuhr*, ensemble de douze hectares soixante-six ares; la forêt dite *Zimmermanns-Bush*, de vingt hectares en haute futaie; les bois taillis de Herrenhau, Goldsteinbusch, Tullenbusch et Solzmar, et un autre situé contre la forêt et bois précédents, à Manel, tous ensemble de quatrevingt-dix hectares; lesquels biens, situés dans l'arrondissement d'Aix-la-Chapelle, département de la Roër, sont d'un revenu annuel de 8,293 francs.

2.º Et d'une maison sise à Cologne, même département, rue Saint-Jean n.º 2747, appelée *Zum-Harffer-Hoff*, produisant 1,200 francs par an.

16 Décembre 1810. — Lettres-Patentes portant collation du titre de Baron à M. *Jean-François-Laurent-Amédée Marbotin de Conteneuil*, membre du collége électoral et du conseil général du département de la Gironde, avec établissement de majorat dont la dotation consiste dans le château de Conteneuil avec ses bâtiments, cour, jardins, usine, bois taillis et de haute futaie, situés commune de Cozes et d'Arces,

contenant environ treize hectares soixante-quatorze ares; les vignes de Riogeau, contenant environ onze hectares vingt ares; neuf pièces de vignes dans le tènement de Conteneuil, ensemble de trois huit ares environ; le pré de la Jarrerie, sis à Arces, de quatre-vingt-neuf ares; la grande métairie de Conteneuil, sise commune de Cozes et d'Arces, composée de maison et dépendances, et de quinze pièces de terre, le tout comprenant environ trente-huit hectares; et la métairie des Morineaux, sise mêmes communes, composée de maisons, de chenevière et de quinze pièces de terre et pré, ensemble quarante-deux ares environ.

Lesdits biens faisant partie de la terre de Conteneuil, sise arrondissement de Saintes, département de la Charente-Inférieure, et produisant 5,000 francs de revenu net annuel.

16 Décembre 1810. — Lettres-Patentes portant collation du titre de Baron à M. *Joseph-Etienne Timoléon-d'Hargenvillier*, maire de la commune de Cucq-Toulza, département du Tarn, avec établissement de majorat, dont la dotation consiste dans le domaine de Montauguier, situé dans ladite commune de Cucq-Toulza, composé de l'ancien château, avec bâtiments, cour, jardins et enclos; trente-neuf hectares quarante-deux ares de terres labourables, cent trente-un ares de pré, deux cent dix-huit ares de vignes, quatre hectares trente-huit ares de bois taillis dans les tènements de l'Albarède, de la Motte et Laroque, quatre-vingt-sept ares de pâtis avec logement, grange et écurie; une portion de la métairie, dite *en Bautte*, située entre le domaine et le grand chemin de Castres, d'environ huit hectares de terre et pré.

Le tout dans l'arrondissement de Lavaur, susdit département, produisant 5000 francs de revenu annuel.

23 Décembre 1810. — Lettres-Patentes portant collation du titre de Baron à M. *Claude-Éléonor Leconte Desgraviers*, Maire de Jossigny, arrondissement de Meaux, département de Seine-et-Marne, avec établissement de majorat, dont la dotation consiste dans le manoir de Jossigny, canton de Lagny, avec

ses cours, basse-cour, parc, enclos de murs, contenant cinq hectares soixante-sept ares, et ses deux avenues ; une ferme avec ses bâtiments d'exploitation, clos, pièce d'eau et jardin ; le clos de Maulin ; deux prés situés à la *Grande-None* ; pièce du Poirier rouge ; une petite pièce au même lieu ; celles dites : les *Pitames*, les *Brettes*, le *Demi-Muid*, avec une mare ; le Champ Fleuri en deux parties, et le Coulvreux, contenant trente-six hectares soixante-dix ares ; et le bois Ripeault, entouré de fossés, contenant sept hectares neuf ares trente-quatre centiares.

Le tout faisant partie du domaine de Jossigny, et produisant 5617 francs 50 centimes de revenu annuel.

23 Décembre 1810. — Lettres Patentes portant collation du titre de Baron à M. *Marie-Frédéric-Louis-Melchior Chartier de Coussy*, avec établissement de majorat, dont la dotation consiste dans les biens ci-après désignés :

1.º Le domaine de la Trumpaudière avec ses dépendances, et une pièce de terre entourant le château, contenant trente-huit hectares huit ares environ ; la pièce du Grand-Gué, le Pré-Clos, le Petit-Pré près le pont, contenant environ douze hectares et demi ; une chenevière ; les prés Sec et de Saint-Marc, les Bousin et Pré-Villemont, de sept cent quatre-vingt-dix ares ; deux cent quarante-quatre ares de vignes ; le lieu de la Navelière, des maisons, jardins, chenevières et bois, d'environ vingt-deux hectares ; les bois Charlot, Bernardé de soixante-quatre hectares ; et neuf pièces de terre et pré, brandes et chaumes, contenant ensemble environ vingt-cinq hectares.

2.º Le domaine de la Vervolière, ses bâtiments et dépendances, et une pièce de terre contenant six hectares cinquante-six ares, la garenne et cinq pièces de terre et pré, d'environ trente-neuf hectares et demi ; la métairie de la grange, ses bâtiments, garenne et six pièces de terre et pré, contenant ensemble trente-neuf hectares environ ; les grands moulins, leurs bâtiments, étang et jardin, et trois pièces de terre et pré, ensemble de cent soixante-dix ares ; les bois taillis des Meules, ceux de la Bigoterie et de Naudin, et les bois Rond et des Montrées, en haute futaie, d'environ cent trente-un hectares quarante ares.

Le tout composant la terre de Coussay, située dans les communes de Leigné et de Coussay-lez-Bois, canton de Pleumartin, arrondissement de Châtellerault, département de la Vienne ; produisant annuellement 6,172 francs 16 centimes.

23 Décembre 1810. — Lettres-Patentes portant collation du titre de Baron à M. *Anne-Marie-Louis de Vouguy de Baquestant*, maire de Boulay-Thierry, avec établissement de majorat sur la ferme de Coignières, composée de bâtiments, jardin, clos et bois d'environ six hectares ; d'une pièce de terre contenant deux cent cinquante-cinq hectares et demi, et de quarante-cinq pièces de terre, contenant ensemble deux cent six hectares environ.

Le tout situé commune de Coignières, canton de Montfort-Lamaury, arrondissement de Versailles, département de Seine-et-Oise, et produisant 5,000 francs de rente annuelle.

4 Janvier 1811. — Lettres-Patentes portant collation du titre de Baron à M. *Jean-Marie Salaun de Kertanguy*, maire de la commune de Mespaul, arrondissement de Morlaix, département du Finistère, avec établissement de majorat, dont la dotation consiste dans les biens ci-après énoncés :

Le manoir de Kertanguy, les métairies du Croissant, de Saint Anastase, de Penhoas, du Ternan-le-Barbu, de Kerhuel, de Coatudavel, de Croscovec, de Coatudréas, de Kerlavan, leurs bâtiments d'exploitation, jardins, terres et prés, une maison d'habitation et ses dépendances, le tout situé en ladite commune de Mespaul ; la métairie de Keranguen, située commune de Plouenan ; celle du Hallez, sise commune de Plougoulin, leurs bâtiments, terres et prés ; toutes deux sises dans le même arrondissement de Morlaix, et les bois situés sur ces immeubles, qui comprennent ensemble cent soixante-dix hectares, et produisent 8,079 francs de revenu annuel.

19 Janvier 1811. — Lettres-Patentes portant collation du titre de baron à M. *Henri-Emile-Charles-Louis-Michel Raoux-Raousset-Boulbon*, propriétaire à Avignon, département de

Vaucluse, avec établissement de majorat sur une maison à Avignon, rue Calade, île 135, n.º 7, et sur le domaine des Molières, contenant le Mas, sise terroir de Boulbon de quarante-sept hectares, et deux hectares et demie sur le terroir de Tarascon, section des Molières; vingt-deux hectares soixante-dix-sept ares de terres, terroir de Mezoargues, section des Jaisses en deux pièces.

Le tout canton de Château-Renard, département des Bouches-du-Rhône, produisant 7,487 francs de revenu net annuel.

19 JANVIER 1811. — LETTRES-PATENTES portant collation du titre de Baron à M. *Alphonse Droullin de Menilglaise*, membre du Conseil municipal de Montreuil près Paris, avec établissement de majorat, dont la dotation consiste dans le château de Montreau, avec ses bâtiments, cours, petit parc, terres, prés, pièces d'eau, contenant dix-neuf hectares soixante-onze ares, clos de murs; l'avenue, et une pièce de terre y attenant, d'environ trente-quatre hectares.

Le tout commune dudit Montreuil, et produisant 5,000 francs de revenu annuel.

19 JANVIER 1811. — LETTRES-PATENTES portant collation du titre de Baron à M. *Pierre-Marie Maurille de Villebois*, membre du Conseil municipal d'Angers, avec établissement de majorat, dont la dotation consiste dans la terre de Gislière, située commune de Saint-Quentin, canton de Montrevault, arrondissement de Beaupréau, département de Maine-et-Loire, composée des métairies de la Gislière, de la Malinière, de la Bouteillerie, de la Poissonnière, de la Galtière, de la Maison-Neuve, et de la Closerie du Fourneau, et leurs dépendances, terres et prés, le tout contigu, contenant environ cent vingt-neuf hectares; plus la métairie du Gaugé, sise commune du Pin, aussi arrondissement de Beaupréau, avec ses bâtiments, terres et prés en dépendants, contenant dix hectares dix-neuf ares.

Tous ces biens produisant 5,100 francs de revenu net annuel.

29 Janvier 1811. — Lettres-Patentes portant collation du titre de Baron à M. *Philippe-Claude Arthuys*, membre du collége électoral du département de l'Indre, avec établissement de majorat, dont la dotation consiste dans la terre de Charnisay, sise commune de ce nom, arrondissement de Loches, département d'Indre et Loire, composée de château, bâtiments, trente hectares quarante-quatre ares de terres, jardins, prés, pacages et vignes, y compris une maison de vigneron, une borderie et des étangs, et de quarante-trois hectares cinquante-un ares de bois taillis et futaie; plus, des domaines de Bourg, de Jaugette, de la Point-Raudière et de la Bombinière, et des moulins de Roenceau et de la Croix, avec les bâtiments, jardins, terres, prés et vignes dépendants de ces domaines et comprenant deux cent dix-neuf hectares soixante-douze ares environ.

Le tout produisant 8,394 francs 90 centimes de revenu annuel.

13 Février 1811. — Lettres-Patentes portant collation du titre de Baron à M. *Louis-Charles Touchain de la Lustière*, colonel directeur du génie, avec établissement de majorat, dont la dotation consiste dans le principal manoir, la chapelle, les bâtiments du domaine de Lamecourt, ses jardins, clos, avenues et pièces d'eau, la maison de ferme et ses bâtiments, clos, jardins, terres et prés, le tout comprenant cent cinq hectares; plus trente-huit hectares de bois.

Lesquels objets font partie dudit domaine, sont situés commune de Rubecourt, arrondissement de Sedan, département des Ardennes, et produisent 5,000 fr. de revenu annuel.

23 Février 1811. — Lettres-Patentes portant collation du titre de Baron à M. *Jacques-Marie-Chapelain du Brosseron*, membre du collége électoral du département de l'Oise, avec établissement de majorat, dont la dotation consiste dans le château, le parc et le moulin de Sorel, avec les avenues, bâtiments et terres en dépendants, contenant soixante-treize hectares soixante-trois ares environ, situés audit lieu de

Sorel, arrondissement de Compiègne, département de l'Oise, et sur le terroir d'Orvillé, lieux dits la *Cour-Verte*, la *Sole de la Cense*, le *Champ du Bout*, le *Pré-Bertaut*; plus les bois de l'Epinette, de Mareuil, de Rouance, les grands et petits bois de Mortemer, et celui de Mézières.

Contenant ensemble cent soixante-onze hectares, le tout produisant un revenu net annuel de 10,855 francs 95 centimes.

13 Mars 1811. — Lettres-Patentes portant collation du titre de Baron de l'Empire à M. *Guillaume-Gilbert Bonnevie de Pogniat*, maire d'Aubiat, canton d'Aigueperse, arrondissement de Riom, département du Puy-de-Dôme, avec établissement de majorat, dont la dotation consiste dans le château d'Aubiat, ses jardins, vignes et verger, entourés de murs; la maison du régisseur, au quartier de la Bagoule; une grange, la grange neuve, contenant quarante-cinq ares quatrevingt centiares, entourée de haies vives; le moulin de Lavort et ses dépendances, contenant trois cent soixante-un ares environ; le pré de Lavort, de soixante ares; huit pièces de terre, contenant douze hectares cinquante-neuf ares, sises aux Lites, au Poirier de la Chaux, à Laschamps, aux petites Varennes, aux Chambons, au Marais, au Piorat, le pré Maudon, de trente-huit ares; six pièces de vignes, sises terroirs de Laschamps, du champ Chabannes, des Egulions, de la Charme, de Randau, contenant trois cent soixante-six ares; le domaine de Chazal, ses bâtiments et dépendances, entourés de murs, et huit pièces de terre de pré, contenant douze hectares quatre-vingt-onze ares, situés terroirs de Biconnet, sous les Hauts, du Pontet, de l'Étang, de la Borie, des grandes Varennes et de la Perouze.

Le tout situé en ladite commune d'Aubiat, et produisant, non-compris le château, 5,703 francs de revenu annuel.

13 Mars 1811. — Lettres-Patentes, portant collation du titre de Baron à M. *Jacques-François-Anne-Michel de Kerhorre*, maire de Saint-Pol-de-Léon, arrondissement de Morlaix, département du Finistère, avec établissement de majorat, dont la

dotation consiste dans le manoir de Kerrom, avec ses bâtiments, jardins, vergers, terres et bois, contenant treize hectares cinquante-cinq ares soixante-dix-neuf centiares ; la grande métairie de Kerrom, contenant neuf hectares soixante-dix-sept ares ; la petite métairie de Kerrom, de trois cent dix-neuf ares onze centiares ; celle de Kervenny, de huit hectares vingt-quatre ares ; le lieu et métairie de la Chaise et quatre cent cinquante-huit ares quarante-quatre centiares de terre ; les deux Champs de Saint-Laurent, contenant cent quatre ares soixante-huit centiares, et le champ de Budou, de cinquante-deux ares huit centiares.

Le tout situé en ladite commune de Saint-Pol-de-Léon et produisant 5,124 francs 63 centimes de revenu annuel.

17 Mars 1811. — Lettres-Patentes portant collation du titre de Baron de l'empire à M. *Henri-Guillaume-Louis de Cotzhausen*, président du collége électoral de l'arrondissement de Clèves, avec établissement de majorat, dont la dotation consiste dans la terre de Wedau, sise au ban de la mairie de Brachelen, canton de Linnich, arrondissement d'Aix-la-Chapelle, département de la Roër, contenant quarante-huit hectares soixante-onze ares treize centiares, et consistant en maison d'exploitation, jardins, prairies, prés et pâturages, produisant 5,500 francs de revenu annuel.

17 Mars 1811. — Lettres-Patentes portant collation du titre de Baron à M. *Clément de Lustrac*, membre du collége électoral du département des Landes, avec établissement de majorat, dont la dotation consiste dans les biens ci-après énoncés, situés commune de Lias, canton de Casaubon, arrondissement de Condom, département du Gers, savoir : le domaine de Lias, avec ses bâtiments, jardins, verger, champs, vivier, étang et prairie, formant un seul tenant ; la petite vigne de Nogué, le Pàtus, la prairie de Latapy et les bois y enclavés ; deux moulins à eau et leurs prairies, l'un appelé Despas ; la métairie de Roumat, ses champs, prés, vignes et bois, le petit champ du moulin, celui de Merlaga, l'enclos vignoble de Boursignes, des bois et deux landes dans

l'enclos d'Englebouc; la métairie de Badie et ses vignobles; le champ de la Coume et les bois; les prairies, vignes, landes et bois de Pesserre et Coumour; la lande de Saraille; la métairie du Hillot, ses champs, prés, vignes, bois et landes; celles du Bian, avec l'étang et les dépendances; les bois de Hourcet et de Serbit, et toutes les landes au Cros :

Le tout contigu, contenant cent huit hectares cinquante-quatre ares, produisant 5,250 francs de revenu annuel.

17 Mars 1811. — Lettres-Patentes portant collation du titre de Baron à M. *Antoine-Joseph-Gilbert-Nicolas Deschamps de la Vareinne*, maire de Sauvagny, arrondissement de Montluçon, département de l'Allier, avec établissement de majorat, dont la dotation consiste :

1.º Dans le château de Vareinne, ses bâtiments et les terres, prairies, pacages et étang qui l'entourent; les domaines de la Porte, de la Forge, de Jeux, de Laspière et sa tuilerie, et de la Barillère; la locaterie de Camelinière et son annexe; le tout contigu, comprenant trois cent quatrevingt hectares, dont quarante hectares en prés, et exception faite comme non affectés au majorat, quoique enclavés dans les biens sus-désignés, du taillis de la Forge de quatre hectares, de deux hectares dans la Rouesse du grand-pré, de quatre hectares dans le pâtural de Laspière, de cinq hectares dans son taillis, d'un hectare dans la Rouesse au grand pâtural des taillis, d'un hectare dans celle du pâtural de Camelinière, et des bois de haute futaie croissant sur ces biens exceptés.

2.º Dans les prés de Lindron et de Bois-Merle, contenant trois-cent vingt-cinq ares;

3.º Et dans les bois de la Suave, les terres en dépendantes et le pâturage des taillis, d'environ cinquante ares, et une maison à Montluçon, sise rue et vis-à-vis la fontaine de Notre-Dame.

Le tout produisant 5,650 francs de revenu annuel.

17 Mars 1811. — Lettres-Patentes portant collation du titre de Baron à M. *Jacques Barthez,* sous la dénomination

particulière de *Baron de Montfort*, propriétaire demeurant à Narbonne, département de l'Aude, avec établissement de majorat, dont la dotation consiste dans le domaine de Montfort, ses maisons, bâtiments, jardin et terres labourables, contenant douze hectares cinquante-sept ares quarante-cinq centiares; l'étang du cercle dont une partie est en culture, contenant cent vingt-quatre hectares soixante-quatre ares; les domaines de Pastouret et de Treilles, avec leurs bâtiments, terres et vignes, contenant quatre-vingt-deux hectares quatre-vingt ares, situés aux tènements de Veyret et de Villa-de-Fargues, et le domaine de Jonquières avec ses dépendances, contenant sept cent vingt hectares soixante-dix-huit ares.

Le tout situé dans le territoire de Narbonne et produisant 15,000 francs de revenu annuel.

10 Avril 1811. — Lettres-Patentes portant collation du titre de Baron à M. *Louis-Pierre Agis de Saint-Denis*, président du canton de Beaumesnil, arrondissement de Bernai, département de l'Eure, avec établissement de majorat, dont la dotation consiste, dans le château de Moulin-Chapelle, avec ses parterres, canaux, jardin, prairie, pré, avenues, cour, avant-cour, basse-cour, le tout de 6 hectares; les herbages du Trèflé, de 14 hectares; le pré de Loignon, le pré aux Veaux, de 9 hectares; le grand-moulin, les prés de l'Ilot et de la Fresnaye, situés commune d'Ajon, le petit-moulin, le pré des Platreaux, situé commune de la Houssaye, d'environ 8 hectares, et les bois et sapaie du mail ou maisle de 6 hectares : le tout faisant partie de la terre de Moulin-Chapelle, situé audit canton de Beaumesnil, et produisant 5,700 francs de revenu annuel.

13 Avril 1811. — Lettres-Patentes portant collation du titre de Comte à M. *Louis-Désiré de Montholon-Semonville*, chambellan de l'Impératrice Joséphine, avec établissement de majorat, dont la dotation consiste dans les biens ci-après désignés :

1.º Le château de Grandpré, ses cours et bâtiments, ceux

du ci-devant grenier à sel étant en face; les parterre, parc, jardins, vigne et terrain; le tout entouré de murs et de haies vives, contenant 15 arpens 19 perches métriques; l'île formée sur la rivière d'Aire sous le château, contenant 72 arpens 70 perches métriques; la ferme de Barbançon avec 57 arpens 17 perches métriques de terre sur le terroir de Grandpré, et plusieurs pièces sur celui de Chevières, lieux dits *la Fosse-Cailloux* et *le Pré-Clerc*, contenant 40 arpens 79 perches métriques; le Pré-Clerc de 111 perches métriques, sis près du village de Chevières; deux prés, lieu dit *sous le bois d'Aigrement;* des terres et pâtures répandues sur le terroir des Islettes, des Saussois, de la Culée-Levannier, au champ Plomart; les prés-Dallois sous la Noue-le-Cocq, et des pâtures : le tout comprenant 30 arpens métriques; la ferme de Belle-Joyeuse, terroir de Grandpré, ses bâtiments et jardins, de 46 perches métriques; plusieurs pièces de terre au fond de Beauté, au haut de Martin-Vaux, de 92 arpens 87 perches métriques; le pré de la Fontaine-des-Dames; des terres, prés et pâtures, contenant 13 arpens 5 perches métriques, à la Fontaine-aux-Bœufs, à la Pré à la Ferme-des-Loges, au Pré-Rolet, au Gros-Faux; la Tuilerie au bout du parc et une pièce contenant 7 arpens 29 perches métriques; les moulins de Grandpré et des usines y jointes, sur un canal de la rivière d'Aire, au lieu dit *la Pécherie*, et trois autres usines ; le tout de 3 arpens 55 perches métriques; une oseraie environnée de la rivière, de 74 perches métriques; les prés de Talma, sur le ruisseau, et aux terroirs de Grandpré et de Termes, avec une pièce de terre, comprenant 7 arpens 68 perches; plus 8 arpens 50 perches métriques de terres incultes dépendant de la ferme de Barbançon : le tout dépendant de la terre de Grandpré, sise canton de ce nom, département des Ardennes;

2.º La ferme de la Brière, sise terroir de Doucon, canton de Dun, arrondissement de Montmédi, département de la Meuse; la ferme de Villée devant Dun, plusieurs pièces de terres et prés dépendant de ces fermes, répandues sur les terroirs de Granette, Loiselette, la Quahourdière, Chaufour, le Fondlis, la Gravalle, Charminaux, Different-les-Vieilles-

Roies, la Rouyère, etc., et à la Couture de Partoisselle, à celle du chemin de Jupille; le tout comprenant 100 arpens 92 perches métriques; la ferme du Grand-Clery et ses dépendances environnées de murs; 19 perches 38 mètres de chenevières; 15 arpens 55 perches 36 mètres de terres en la Couture de la Machière; 12 arpens 21 perches 25 mètres en celle de Babiémont; 24 arpens 78 perches 44 mètres en celle de Betenivaux; 9 arpens 28 perches 30 mètres de prés au Puisez, au haut de Noue, au Bout-Bas, au Petit-Pré, aux grand et petit Lonois, au-dessous de la Maison et à la Haute-Rive; le moulin du Grand-Cléry, ses fouleries, cours d'eau et 64 perches 62 mètres de prés en dépendants :

Tous ces biens produisant un revenu annuel de plus de 19,000 francs.

13 Avril 1811. — Lettres-Patentes portant collation du titre de Baron à M. *Antoine-Etienne-Lazare Barthelemi de Saizieu*, membre du collége électoral du département des Bouches-du-Rhône, avec établissement de majorat, dont la dotation consiste dans la terre de Jarjayes, sise commune de ce nom, canton de Noyers, arrondissement de Sisteron, département des Basses-Alpes, composée des domaines dits le *Manoir* ou le château, le *Fan*, le *Saule Sainte-Pierre*, le *Roustagnon*, la *Serre de Marie*, la *Pellegrine* et *Courboules*; d'un moulin à farine sur le Jabron, d'un moulin à huile, de trois îles appelées de *Terre-Neuve*, du *Moulin* et *Pelissière*; d'une vigne et d'une grande forêt appelée de *la Montagne de Lure*, contenant 2,702 hectars; et dans une maison et ses dépendances, affectées au siège du majorat, située à Aix, rue Orbitelle; le tout produisant un revenu annuel de 6,200. fr.

13 Avril 1811. — Lettres-Patentes, portant collation du titre de Baron à M. *Augustin-Jean-Baptiste-Louis-Marie Chazelles-Lunac*, membre du collége électoral du département du Gard, avec établissement de majorat, dont la dotation consiste dans les biens ci-après énoncés, faisant partie du domaine de Luc, situé sur le territoire de Nîmes, département

du Gard, savoir : le château, ses cours, jardins, potager ; un moulin à huile; le champs plantier, de 6 hectares 76 ares ; une vigne olivette de 13 ares 29 centiares, la vigne de Castelbalem; la grande olivette, la terre de Laize, le petit clos, 17 hectares attenant au jardin du château, la terre Longue, le clos de l'Ile-Bois, six clos, plusieurs pièces de terre, tenant au chemin de la Carrière et de Rodilhian; un clos ensuite, les Clausades, la terre de la Fontaine; celle de l'allée de Mûriers, celle des Sept-Salmées, la prairie et le logement du fermier.

Tous ces objets contigus, bornés au nord par le chemin de Nimes à Avignon, contenant 87 hectares 38 ares, et produisant 9,000 francs de revenu net annuel.

13 Avril 1811. — Lettres-Patentes portant collation du titre de Baron à M. *Noël-Urbain-André*, sous la dénomination particulière de *Baron de la Fresnaye*, avec établissement de majorat, dont la dotation consiste dans le domaine de Fresnaye, contenant 74 hectares de terres, prés et bois, situés dans la ville de Falaise, dans sa banlieue et dans son arrondissement, département du Calvados.

Ledit domaine produisant 6,014 francs de revenu annuel.

26 Avril 1811. — Lettres-Patentes portant collation du titre de Baron à M. *Antoine Lemaire Darion*, chevalier de l'Empire, membre du Corps législatif, conseiller en la Cour Impériale d'Amiens, avec établissement de majorat, dont la dotation consiste dans un château et ses cours, jardin et dépendances, entourés de murs, situés à Nivillers; une ferme à côté, avec ses bâtiments d'exploitation et jardin; les terres en dépendantes; le tout comprenant 102 hectares 14 ares 35 centiares; plus 7 hectares 66 ares en luzerne et jeunes bois, situés aux larris et marais de Nivillers, entourés de fossés; un bois à Vellennes, de 40 hectares 85 ares 73 centiares : tous ces biens situés dans l'arrondissement de Beauvais, département de l'Oise; une maison et ses dépendances sise en cette dernière ville, place Saint-Michel n.º 1993.

Lesquels immeubles produisant un revenu annuel de 5,300 francs.

2 Mai 1811. — Lettres-Patentes portant collation du titre de Baron à M. *Jean-Jacques Lenormant-Flaghac*, président du canton de Saint-Amand Tallende, arrondissement de Clermont-Ferrand, département du Puy-de-Dôme, avec établissement de majorat, dont la dotation consiste :

1.º Dans un corps de biens situé audit canton de Saint-Amand, composé du château et du domaine de Marent, avec ses bâtiments, cours, jardins, pièce d'eau, prés, bois taillis, vignes; de la garenne du château, avec ses champs et bois taillis, prés et pacages; d'une partie du champ des Jolets : le tout comprenant 129 hectares;

2.º Dans 20 hectares 8 ares composés de plusieurs pièces de vignes aux terrains de Ponzadoux, Montouet, Suzaut, Lametoyère, Chalangeat, et d'un tenant en saulées et terres à la Foine, au Grand-Marent, au Champ des Ribes, situé commune de Saint-Saturnin;

3.º Plus dans une maison située à Saint-Amand, dans la rue qui va de la place des Aizes à la grande place.

Tous lesquels biens produisant un revenu annuel de 6,000 fr.

9 Mai 1811. — Lettres-Patentes portant collation du titre de Baron à M. *Anne-Claude Rousseau de Chamoy*, membre du collége électoral du département de l'Aube, avec établissement de majorat, dont la dotation consiste en 256 hectares 62 ares 64 centiares de bois situés en la forêt de Voivres, commune de Chamoy, canton d'Ervy, arrondissement de Troyes, département de l'Aube, et produisant 18,000 francs de revenu annuel.

9 Mai 1811. — Lettres-Patentes portant collation du titre de Baron à M. *Paul-Bernard Brohon*, maire de Bréhal, département de la Manche, avec établissement de majorat, dont la dotation consiste dans le domaine du Mesnil, composé d'un corps de ferme avec maison de maître et de fermier, jardins, étangs, terres labourables, prairies, prés, herbages; trois

moulins à blé, un à huile, leurs usines et maisons d'habitation, situés sur la rivière de Vanlée : le tout comprenant 48 hectares 40 ares ; plus 160 ares formant la pièce de la Croutte, situés en ladite commune de Bréhal, et, par extension, sur celles de Chanteloup et Coudeville.

Le tout sis dans l'arrondissement de Coutances, susdit département, et produisant 5,200 fr. net de revenu annuel.

16 Mai 1811. — Lettres-Patentes portant collation du titre de Baron à M. *Simon-François Gay-de-Vernon*, chevalier de l'Empire, colonel du génie, commandant en second de l'École Polytechnique, avec établissement de majorat, dont la dotation consiste dans le village de Vernon, situé commune de Moissanes, canton de Saint-Léonard, arrondissement de Limoges, département de la Haute-Vienne, produisant 6,200 francs de revenu net annuel.

16 Mai 1811. — Lettres-Patentes portant collation du titre de Baron à M. *Jean-Louis-Joseph Leroy de Livet*, membre du conseil-général et du collége électoral du département de l'Eure, avec établissement de majorat, dont la dotation consiste dans la terre du Theil, sise commune d'Epaigne, canton de Corneilles, arrondissement de Pont-Audemer, département de l'Eure, contenant 90 hectares 41 ares environ, produisant 5,500 francs net de revenu annuel.

16 Mai 1811. — Lettres-Patentes portant collation du titre de Baron sous la dénomination particulière de *Baron d'Angles*, à M. *Claude Durud*, membre du collége électoral du département de la Marne, avec établissement de majorat, dont la dotation consiste dans les biens ci-après énoncés, situés dans l'arrondissement d'Epernay, département de la Marne, savoir : le domaine de Lanoue-Lasergent, commune de l'Echelle-le-Franc, ses bâtiments, 36 hectares 96 ares de terres et prés en dix pièces, et 4 hectares 42 ares 25 centiares de bois taillis ; la ferme des Chauffours, sise commune de Carrobert, ses bâtiments ; 76 hectares environ en terres et

bois, sis à Carrobert et à Janvilliers, et 68 hectares environ de terres, prés et bois taillis répandus sur les terroirs de Bordet, la rue Verte, les Brullis, la Boulangère, Corrobert, l'Evry; la Croix-Saint-Barthélemy, le Bois-Narart, la Charbonnerie et Lafonte.

Le tout produisant 5,041 francs de revenu annuel.

16 Mai 1811. — Lettres-Patentes portant collation du titre de Baron à M. le chevalier *François-Vincent Guyot de Chenizot*, membre du collége électoral du département de la Marne, avec établissement de majorat, dont la dotation consiste en dix inscriptions cinq pour cent consolidés, au nom de l'impétrant au Grand-Livre de la Dette publique, faisant ensemble 10,000 francs de rentes immobilisées.

25 Mai 1811. — Lettres-Patentes portant collation du titre de baron à M. *François-Victor Lesperut*, gouverneur de la principauté de Neuchâtel, avec établissement de majorat sur trois fermes sises à Bienville, faisant partie du domaine d'Eurvillé, contenant ensemble 27 hectares 56 ares de terres labourables, et 165 ares 80 centiares de prés et vignes; un corps de ferme situé à Narcy, contenant 27 hectares et demi de terre et pré; une partie du bois Sottier, sise au même lieu, dite le *Bois Clément* de 8 hectares 85 ares; et les bois de Rougemont, du Javot du Breuil, situés commune de Chevillon, de la Harôtrou, finage de Chatourupt, et Lehaut dit Lohans;

Ensemble de 153 hectares 39 ares : le tout situé dans l'arrondissement de Wassy, département de la Haute-Marne, et produisant 5,028 francs 97 centimes de revenu annuel.

3 Juin 1811. — Lettres-Patentes portant collation du titre de Baron à M. *Louis-Joseph Duhamel*, maître des Cérémonies de la Cour, avec établissement de majorat sur le domaine de Barie, situé commune de ce nom, arrondissement de Bazas, département de la Gironde, consistant en bâtiments, terres, prairies, oseraies, et ambarèdes, contenant 27 hectares 27 ares, et produisant 5,000 francs de revenu annuel.

3 Juin 1811. — Lettres-Patentes portant collation du titre de Baron à M. *Daniel-Jean-Charles Bourrée de Corberon*, maire de la commune de Troissereux, arrondissement de Beauvais, département de l'Oise, avec établissement de majorat, dont la dotation consiste dans une partie de la terre de Troissereux, contenant le château et ses bâtiments, cour, jardins, orangerie, pièces d'eau, avenues, étang, aunaie, terres labourables; le tout comprenant 30 hectares 9 ares 64 centiares, le logement de fermier, des granges, écuries, pressoirs, et 173 hectares de terres, prés et oseraie; plus un moulin à blé sur la rivière de Therain, et 67 hectares environ de bois, appelés d'*en Haut*, de la Quesnoye, le Mont-à-Cailloux et la Couture, vers Beauvais; le tout produisant 12,252 francs 50 centimes de revenu annuel.

13 Juin 1811. — Lettres-Patentes portant collation du titre de Baron à M. *Jean-Louis-Bonaventure Kenny*, maire de la ville de Dunkerque, département du Nord, avec établissement de majorat, dont la dotation consiste :

1.º Dans une maison sise à Dunkerque, rue du Moulin, section B, n.º 89; une maison de campagne avec jardin, bosquet et dépendances, d'environ 176 ares, situés à Spicker, arrondissement de Dunkerque, le long du canal qui conduit à Bourbourg; et une ferme, ses dépendances et 150 hectares de pâturages et terres, situés à Spicker; le tout produisant 5,062 francs 87 centimes de revenu.

2.º Et dans une inscription cinq pour cent consolidés, appartenant à l'impétrant, sur le Grand Livre de la Dette Publique de France, de 160 francs de rente immobilisée.

13 Juin 1811. — Lettres-Patentes portant collation du titre de Baron sous la dénomination de *Baron de Chartrouse*, au Sieur *Guillaume-Michel-Jérôme-Meiffren Laugier*, maire de Chartrettes, arrondissement de Melun, département de Seine et Marne, avec établissement de majorat, dont la dotation consiste dans le domaine de Chartrouse, situé dans l'île de Camargues, commune d'Arles, arrondissement de Tarascon, département des Bouches du Rhône, et contenant 214 hectares 86 ares 37 centiares de terres, herbages et bois, situés au quartier de Fumemorte : le tout produisant 7,800 francs de revenu annuel.

13 Juin 1811. — Lettres-Patentes portant collation du titre de Baron à M. *Maurice-Jean-Jacques Descorbiac*, président du canton Est de la ville de Montauban, avec établissement de majorat, dont la dotation consiste dans le château de Lustrac, ses cours, jardin, moulin à blé, de cinq meules, sur la rivière du Lot, une maison, jardin, chenevière, garenne, tuilerie ; les domaines de Ferrié, Foncor et Patras, des prés, vignes et terres ; le tout contigu, situé section de Ladignac, contenant environ 98 hectares ; plus 3 hectares 4 ares 75 centiares de terres au même lieu, dites *as Prats des Goutats;* le tout dépendant de la terre de Lustrac, sise commune de Penne, arrondissement de Villeneuve, département de Lot et Garonne : les dits biens produisant 5,000 francs de revenu annuel.

13 Juin 1811. — Lettres-Patentes portant collation du titre de Baron à M. *François Passama-Labusquière*, juge au tribunal civil de Lombez, avec établissement de majorat sur une maison de campagne appelée *Labusquière* et dépendances, situées commune de Montadet, Mourlens, Espaon et Lombès, contenant 525 ares de terres et prés, 50 hectares de bois, 20 hectares de vignes ; la métairie d'Autichan, contenant 40 hectares 60 ares de terres et prés ; 3 hectares de bois et 150 ares de vignes : celle de Fond-de-Dèze, dans laquelle est une forge, de la Tuilerie, de la Bourdette, d'Aignas, contenant ensemble 149 hectares de terres, 26 hectares de prés, et 4 hectares 31 ares de vignes ; un moulin sur le ruisseau de Lespienne ; 3 hectares 2 ares de prairie tenant au canal de ce moulin ; un moulin à vent ; le tout sis en ladite commune de Montadet, arrondissement de Lombez, departement du Gers et produisant 5,000 francs de revenu annuel.

20 Juin 1811. — Lettres-Patentes portant collation du

titre de Baron à M. *Anne-Joachim-François de Melun*, auditeur au Conseil d'État, avec établissement de majorat, dont la dotation consiste :

1.° Dans la terre de Brumetz, située arrondissement de Château-Thierry, avec ses cours, jardin et enclos, contenant 3 hectares 32 ares environ ; 3 garennes de 5 hectares 62 ares, la ferme du château et ses dépendances ; 11 hectares de terres sur le terroir de Chezi-en-Auxois, 70 hectares de terres venant du midi au chemin de Gandelu, de l'ouest au bois de la Fortelle, et 10 hectares 24 ares situés en la prairie de Brumetz, tenant au pont de pierre, à la rivière de Clignon, à la prairie de Cerfroid et à la Noue ; le tout produisant 3,400 francs de revenu.

2.° Et en deux inscriptions cinq pour cent, portées au nom de l'impétrant sur le Grand Livre de la Dette Publique, faisant ensemble 1,647 francs de rente.

13 Juillet 1811. — Lettres-Patentes portant collation du titre de Baron sous la dénomination de Baron *de la Chevrelière*, à M. *Jacques-Réné-Marie Aymé*, premier chambellan de S. M. le Roi des Deux-Siciles, avec établissement de majorat, dont la dotation consiste dans les biens ci-après désignés, situés dans l'arrondissement de Melle, département des Deux-Sèvres, savoir : le château de la Chevrelière, ses jardins, bois, avenues, pâtis et terres compris dans le parc, contenant 63 arpents métriques ; cinq pièces de terres en dépendentes, contenant 31 arpens 72 perches métriques ; les bois de la Jounière, la grande vallée des Perinets, les Pierrières, la fosse au Loup, Baget, Brillac, Roger et Reclos de 41 arpents métriques ; le bois de Javarzay, de 34 arpents et demi environ ; quatre pièces de bois taillis aux touches de Chailler, à Saint-Vincent et commune de Soupt, de 55 arpents 14 perches ; la métairie de Tout-Sauzé, commune de Gournay ; la grande métairie de Bataillé et la petite ; celles de la Greneterie, de Chaignepain, à Saint-Vincent-de-la-Châtre, et de Bois-Roger, avec les maisons, jardins, terres et bois dépendants de ces métairies, composant 252 arpents métriques environ.

Le tout produisant 10,342 francs 25 centimes de revenu net annuel.

13 Juillet 1811. — Lettres-Patentes portant collation du titre de Baron à M. *Pierre-François Colliquet*, colonel d'infanterie, avec établissement de majorat, dont la dotation consiste dans les bois appelés le Fays de Rosne, situés sur le terroir de Rosne, canton de Vavincourt, arrondissement de Bar-sur-Ornain, département de la Meuse, contenant en taillis et en futaie environ 112 hectares et produisant 5,800 francs de revenu.

25 Juillet 1811. — Lettres-Patentes portant collation du titre de Baron, sous la dénomination de Baron de *l'Anglade*, à M. *Guillaume-Jean Favard*, chevalier, membre de la légion d'honneur, avec établissement de majorat, dont la dotation consiste dans la maison de l'Anglade, ses cours, bâtiments, jardins, terres d'environ 20 hectares, la terre de Pasturaud, près le pont de Meilhaud, de 22 hectares et demi, une saussaie et terre au terroir de la Monge, de 2 hectares; la grande terre de Penthieux de 7 hectares; celle dite la *Trélite* de 2 hectares et demi; trois pièces de terres et vignes au même lieu de Penthieux, contenant 5 hectares trois quarts; et 8 hectares de vignes au terroir de Neirol, dans les appartenances de Saint-Cirgues.

Le tout situé dans l'arrondissement d'Issoire, département du Puy-de-Dôme, et produisant 5,000 fr. de revenu net annuel.

24 Aout 1811. — Lettres-Patentes portant collation du titre de Baron à M. *Edmond-Charles-Guillaume Cardon*, auditeur au Conseil d'État, sous-préfet à Arras, avec la dénomination particulière de Baron *de Montigny*, et établissement de majorat sur quatre fermes et leurs bâtiments d'exploitation, terres, prés et dépendances, le tout contenant 161 hectares 43 ares environ, situé commune de Waton, arrondissement de Furnes, département de la Lys; et sur trois autres fermes, et leurs bâtiments, herbagers, terres et prés, dont deux

situées à Steenworde, contenant 34 hectares 2 ares un quart, et une à Cassel, d'environ 3 hectares; toutes dans l'arrondissement d'Hazebrouck, département du Nord; lesquels biens produisent un revenu net annuel de 5,570 francs 38 centimes.

30 Août 1811. — LETTRES-PATENTES portant collation du titre de Comte à M. *Antoine-Jean-François-Marie-Ignace-Louis Brignole-Sale*, maître des requêtes, avec établissement de majorat sur les biens ci-après désignés, situés sur le territoire et dans l'arrondissement de Novi, département de Gênes, savoir : un domaine de 27 hectares 52 ares environ, composé de maisons, champ, pré, vignoble et châtaigneraie, dénommés, *Collina, Collinetta, Viacava* et *Codevico*; le champ et pré de Codevico, une vigne nommée la *Pellavicina*, de 39 ares treize centiares; les bois taillis de *Massola* contenant 77 ares; un domaine en maisons, champ, pré, vignoble, châtaigneraie, dénommés *Merella, Tovara, Chioso, Gragnolato, Gorra, Dragonara, Sant'Ambrogio* et *Morella*, contenant 45 hectares et demi environ; le champ de San-Rocco, les champs et pré Borghetto, et Rio-Cervino, un autre champ de San-Rocco avec maison, les champs et bois taillis de l'Arpesella, contenant 13 hectares 46 ares environ; et deux maisons, l'une hors des portes de la ville de Novi, et l'autre, quartier du Zerbo, n.º 119.

Tous lesquels biens produisent un revenu annuel de 10,000 francs net.

23 Octobre 1811. — LETTRES-PATENTES portant institution en faveur de M. le Sénateur *Laurent Lafaurie de Monbadon*, Gouverneur du Palais impérial de Bordeaux, de majorat de son titre de Comte de l'Empire, dont la dotation consiste dans la terre de Monbadon, située commune de Saint-Martin de Bouens, canton de Lussac, arrondissement de Libourne, département de la Gironde, composée du château et de ses cours, chapelle, bâtiments, jardins, chai, bois, contenant 3 hectares; de six fermes, de 35 hectares de vignes, 120 hectares de terres labourables, 30 hectares de prairies, 25 ares de pelouse, et 13 hectares de bois taillis.

Le tout d'un seul tenant et produisant 11,875 francs de revenu net annuel.

23 Octobre 1811. — Lettres-Patentes accordées à M. *Pierre-Jean-Alexander Tascher*, Sénateur, comte de l'Empire, chancelier de la 15.me cohorte de la légion d'honneur, portant institution d'un majorat, auquel est attaché le titre de Baron, et dont la dotation consiste dans le domaine de Pouvray, situé commune de ce nom, arrondissement de Mortagne, département de l'Orne, composé :

1.º Du château avec ses cour, basse-cour, bâtiments et jardin, contenant 2 hectares; plus 34 hectares en terres, prés, bois taillis et futaie;

2.º Des métairies du Portail, des Bretonnières, de la cour de Pouvray, de la Bruyère, de la Brosse et du Buisson, avec leurs bâtiments, cours et jardins, comprenant ensemble 122 hectares 55 ares environ de terres, prés, pâtures et bois taillis;

3.º Et du moulin de Pouvray avec ses bâtiments, cour et jardin, de 365 ares.

Le tout produisant 5,056 fr. de revenu annuel.

23 Octobre 1811. — Lettres-Patentes portant collation du titre de Baron à M. *François-Joseph Beyts*, premier président de la Cour Impériale de Bruxelles, département de la Dyle, avec institution de majorat, dont la dotation consiste dans une ferme avec maison et grange, et 89 hectares et demi environ en terres labourables et pâturages, situés commune de Nieuwmunster et Wenduyne, arrondissement de Bruges, département de la Lys, et produisant 5,124 francs de revenu net annuel.

19 Janvier 1812. — Lettres-Patentes portant collation du titre de Baron sous la dénomination particulière de Baron d'Estang, à M. *Jean de Bastard*, maire de Mont-Saint-Père, département de l'Aisne, avec établissement de majorat, dont la dotation consiste dans un hôtel, situé à Paris, rue du

Grand-Chantier, n.º 5, septième arrondissement, avec les cours et jardin en dépendants, et dans un domaine situé commune de Damazan et Monheurt, canton de Damazan, arrondissement de Nérac, département de Lot et Garonne, composé de deux fermes, l'une appelée *las Bouères*, contenant 34 hectares et demi environ de terres labourables, 3 hectares 65 ares de prés, et 5 hectares 90 ares en vignes; et l'autre appelée *le Turguet*, contenant 24 hectares environ de terres labourables, et 236 ares et demi de prés; plus les bâtiments d'exploitation étant sur lesdites fermes.

Le tout produisant un revenu annuel d'environ 10,000 fr.

20 Février 1812. — Lettres-Patentes portant collation du titre de Comte à M. *Augustin-Marie-Paul-Pétronille Timoléon de Cossé-Brissac*, baron de l'Empire, préfet du département de Marengo, avec établissement de majorat dont la propriété consiste dans les deux châteaux de Brissac, leurs cours, basse-cour, le parc en dépendant, d'environ 70 hectares, le champ de Foire, les pépinières, la nouvelle allée des prairies, le pré, les pièces de terre et pré, et les bâtiments de la Poterie, situés tant à gauche des allées du bois d'Hys et de la Poterie, qu'entre l'allée Maréchale et le canal de l'étang: le tout contenant 42 hectares 78 ares; le parc Martineau, de 52 hectares 76 ares, partie en futaie, et entouré de mur; la forêt de Brissac et la haie de Vauchrétien, de 659 hectares et demi, situées sur les terroirs de Quincé, Allançon, Faye et Vauchrétien; la forêt de Marchais de 725 hectares 42 ares, avec la maison des gardes, située à Faye; et les terrains de droite et de gauche de la grande-allée, partant de la forêt de Brissac à celle des Marchais, à travers les landes Barbechats; sur 50 mètres de largeur de chaque côté.

Le tout situé dans l'arrondissement de Saumur; département de Maine et Loire, et produisant 40,000 francs de revenu annuel.

20 Février 1812. — Lettres-Patentes qui autorisent *Jean-Philippe Garran-de-Coulon*, Sénateur, membre de l'in-

stitut impérial, à établir le majorat de son titre de Comte de l'Empire, sur le domaine de Champ-Margon, composé de château, cours, jardin, pâtis, des prés dits *la Salle, du Bois, des deux Planches, du Fresne, de Vuzé, de la Cougnasse, de la Jaille* et *des Champs de l'Aubier*, de la grande et de la petite Croix, de la grande Touche, de Grépault, et de quelques vignes; le tout contigu et contenant 21 hectares; la métairie du Quaireux-de-Cerzeau, composée de bâtiments d'exploitation, cours, jardin, contenant environ 16 hectares; celles du Plessis-Pichier, d'environ 51 hectares; de la Pernière, de 46 hectares et demi; de Chavant, de 40 hectares; la borderie de la chapelle des Bonifets, de 8 hectares et demi; toutes composées de terres labourables, prés, bois; le moulin de Plessis-Pichier; l'étang de la Godinière : ces divers objets situés commune d'Augé, canton de Saint-Maixent, arrondissement de Niort; et le domaine de Froid-Fond, composé de bâtiments d'exploitation, garenne, champs, prés et pâtis, contenant 46 hectares, situés commune de Verruye, arrondissement de Parthenay, tous lesquels biens, sis dans le département des deux Sèvres, produisant un revenu net annuel de 10,116 fr.

20 Mars 1812. — Lettres-Patentes accordées à M. *Antoine-Philippe Merlin*, Comte de l'Empire, Conseiller d'État, procureur-général près la Cour de Cassation, par lesquelles S. M. l'Empereur et Roi a érigé le majorat auquel est attaché ledit titre de Comte sur un hôtel avec ses bâtiments, cour, jardin et dépendances, appartenant audit sieur Comte *Merlin*, et situé à Paris, rue Grenelle-St-Germain n.° 99, et sur quatre actions de 500 francs chacune, à lui accordées sur le canal du Midi. Le tout produisant 8,000 francs net de revenu annuel.

2 Avril 1812. — Lettres-Patentes portant collation du titre de Baron sous la dénomination de Baron *de Tournoëlle*, à M. *Guillaume-Michel Chabrol de Tournoëlle*, maire de Riom, département du Puy-de-Dôme, avec institution de majorat, dont la dotation consiste dans le château du Marais, ses

bâtiments, cour, jardin, verger, la terre du Grand-Parc, de la Corvée du Noyer, le Petit-Parc en pré, le Grand-Pré, le pré d'en haut du Moulin, les prés Chauds, la Corvée sous la Vigne et la Vigne, ne faisant qu'un seul tènement; plus, les prés des Moutons, de la Métairie, la terre du Bichet, le champ Marré, la Maline-Terre; les bâtiments et jardins du domaine Jasier; le champ devant, les champs des Vignettes, des Ligneux, l'hâte de la Riolle et de Saint-Franchy; la terre Larguette, l'hâte des Saules, les bâtiments, cour et jardin du domaine de Jeannot, une chenevière, les ouches Morand et Callou; les terres de l'ouche Nechi, des Pachers; le pâtural Lachez; ceux appelés *Chardonnet, Marat,* des ouches d'en bas, du buisson Jasier; les prés des Oucherottes, Perce-Loup, Prampon, Petain, du buisson de Presle, Bonhomme, des Pachers et des Vareilles; le pâtural de la Barre et celui de la Cacharderie.

Le tout contenant 152 hectares 58 ares, situés commune de Lurcy-le-Bourg, arrondissement de Cosne, département de la Nièvre, et produisant 10,000 francs de revenu net annuel.

2 Avril 1812. — Lettres-Patentes portant collation du titre de Baron à M. *Alexandre-Louis de Clermont-Tonnerre,* propriétaire, avec institution de majorat, dont la dotation consiste en 55 hectares 20 ares de bois, faisant partie du grand bois, dépendant de la terre de Fleury, situé canton de Conty, arrondissement d'Amiens, département de la Somme.

Ces 55 hectares 20 ares produisant annuellement 5,000 fr. de revenu.

17 Avril 1812. — Lettres-Patentes accordées à M. *Jacques-Wulfrand d'Alton,* receveur-général du département de Rhin et Moselle, par lesquelles S. M. l'Empereur et Roi a érigé un majorat, par complément de celui auquel est attaché le titre de *Comte* dont est revêtu M. le Sénateur *Shée,* beau-père dudit sieur *d'Alton,* deux inscriptions, cinq pour cent consolidés, appartenant à ce dernier, sur le Grand-Livre de la Dette publique, immobilisées, et faisant ensemble 6,500 fr. de rente.

1 Mai 1812. — Lettres-Patentes accordées à M. *Guillaume Thabaud*, Baron de Surins, administrateur de la loterie impériale, par lesquelles S. M. l'Empereur et Roi a érigé pour le majorat auquel est attaché ledit titre de Baron, et par remplacement de l'inscription cinq pour cent consolidés qui en faisait la précédente dotation, le domaine de Surins, situé commune de Niherne, arrondissement de Châteauroux, département de l'Indre, composé de château et de ses dépendances, du jardin appelé le *Plant des Arbres*, contenant 178 ares; de la tuilerie avec ses bâtiments, d'environ 251 ares; des trois locatures d'en haut, leurs bâtiments, cours et jardins, contenant 50 ares; de 160 ares environ de terres labourables, en seize parties, situées aux champs de la Tuilerie, Champs-Clercs et à Lallemagne, aux Vergnes, aux moulins de Malaise, à la Touche-Doignon, au domaine de la Goguèterie, à l'Ouche, aux Colombiers, à la Grande-Pièce et dépendantes de sept autres locatures; plus, des bâtiments, cours, jardins de ces locatures, de Malaise, et de la Goguetière; de 44 hectares 21 ares de prés, en vingt parties sises aux Fontaines, au pré à la Chaux, aux Iles et Ilons, aux prés Dufresne, de la Pêcherie, Luma et Pré renfermé, à la prairie de Surins, à la Fleuranderie, la Goguèterie, aux Communaux, à Malaise, à l'île du Four, aux Grandes-Iles et aux quatre arpens de Malaise, à la prairie de Parcay, aux écluses du moulin de Niherne, aux communaux de ce nom, en la prairie de Veaux; de 2 hectares 45 ares 80 centiares de vignes, dont trois portions aux Fontaines et une aux Charpeaux, et de 50 ares et demi de bois au lieu dit *Lallemagne*.

Le tout produisant un revenu net annuel de 7,368 francs.

5 Août 1811. — Lettres-Patentes portant collation du titre de Baron à M. le chevalier *Dominique Vivant-Denon*, membre de l'institut, avec établissement de majorat, dont la dotation consiste :

1.º Dans les biens à lui concédés par Sa Majesté en Westphalie, compris au procès-verbal de lotissement numéroté 434, produisant un revenu de 4,001 francs 95 centimes.

2.º Dans une inscription de Rente cinq pour cent immobilisée, de 1000 francs de rente.

1.ᵉʳ JANVIER 1813. — LETTRES-PATENTES portant collation du titre de Comte à M. *Claude-Henri-Gabriel de Mornay de Montchevreuil*, ancien officier-général, avec institution de majorat, dont la dotation consiste dans le château de Montchevreuil et ses bâtiments, son parc entouré de murs et de haies vives avec fossés, contenant en jardins, bois et terres, 183 hectares 75 ares, et la ferme de Montchevreuil avec ses bâtiments, sise près le château, commune de Fresneaux, canton de Méru, et 117 hectares en terres, prés et bois, tenant au parc et l'entourant, bornés par les territoires de Peuilly, Fresneaux, Marcheroux et Mesnil; le tout arrondissement de Beauvais, département de l'Oise; lesdits biens produisant un revenu annuel de 10,253 francs net.

13 MARS 1813. — LETTRES-PATENTES portant établissement de majorat, accordées à M. *Jean-Jacques-Ignace Jacqueminot*, titulaire de la Sénatorerie de Douai, comte de l'Empire, sous la dénomination de *Comte de Ham*, duquel majorat la dotation consiste :

1.º Dans le bois de Ham, situé sur le terroir de Longwé, arrondissement de Vouziers, département des Ardennes, contenant 255 hectares 66 ares 92 centiares, produisant 6,000 francs net de revenu.

2.º Et en deux inscriptions cinq pour cent, portées au nom de l'impétrant sur le Grand-Livre de la Dette publique immobilisées, ensemble de 4,000 francs de rente.

25 MARS 1813. — LETTRES-PATENTES portant collation du titre de Baron à M. *Philippe-Antoine-Joseph Depret*, membre du collége électoral du département des Deux-Nèthes, avec établissement de majorat, dont la dotation consiste en sept inscriptions cinq pour cent, immobilisées, ensemble de 5,000 francs de rente.

25 Mars 1813. — Lettres-Patentes qui autorisent M. *Guillaume Mallet*, Régent de la Banque de France, à établir le majorat de son titre de Baron, sur un corps de ferme appelé de *Chalmassy*, à lui appartenant, situé sur les communes de Tremblai et Villepinte, canton de Gonesse, arrondissement de Pontoise, département de Seine et Oise, composé de 199 pièces de terres labourables, contenant ensemble 97 hectares 90 ares environ, répandues sur les terroirs de Tremblay, Mitry, du Ménil et de Mauregard, les cantons du Puits-aux-Chiens, de Nourel, Genevrier, Entre-deux-Voies, Chaligot, la Garenne, du Luat, de Mousseaux, la Barre, Presles, Soucy, du Chêne-à-la-Targe, du Petit-Marais, du Nid-de-Pie, du Fond-de-bon-Angle, de la Remise-du-Bâteau, du Fossé-des-Ruisseaux, d'entre les Prés-Saint-Denis, et du Chemin-Saint-Père, de Valchion près la Faucille, d'entre les chemins de Gonesse, des Tresles et des Postes, du Fond-de-Roissy, de la Remise-du-Moulin-de-l'Orne et au-dessus dudit moulin, du Nefflier, d'au-delà du Chemin-Verd, de la Femme-en-Fuye, de la Croix-Chanon et de Bernon, et aux lieux dits le Nouret, les Marlières, vers la grande pièce du château de Tremblay et au-dessus, derrière le clos de la Queue, le Prunier-aux-Prêtres, la Marre-du-Coq, les Hautes-Bornes, Baignecul sur là ci-devant Garenne, Chemin-du-Loup-et-des-Vaches, la Portière, derrière les Omiens, sur la rivière des prés de Saint-Denis, au-dessus et près dudit lieu, sur le chemin des Ormeaux, à la Barre, à gauche de ce lieu, près le pré Fourgon, la remise Grouen, le Cercelot et à sa gauche, sur le chemin de Vaussien, vis-à-vis le bois des Hautes-Bornes, la Noue-à-Saulnier, l'Arbre-de-la-Cheronne, au-dessus de Grande-Épine vers la Couture-Horton, près des limites d'Aunay, la Targe près la remise du Petit-Marais, la Sente d'Amour, entre ce lieu et la grande pièce de la Fosse-Cogery, la Fosse-aux-Bœufs, le chemin de Tresles et alentour, la Couture de Villepinte, le pont de Priaux, la fontaine aux Grefflers, le lavoir sur rivière, au-dessus de la grande pièce du château et alentour, le chemin de Gonesse, la Faucille, le Hâtimont et environs, le Val sous les Bruyères, sur la Sente des Morlières, vers les Bruyères, près la Faucille, attenant le jardin du moulin de l'Orme et au-dessus, le Vol, au chemin des Postes, pavé des Morlières et proche dudit lieu, près le Neflier sur la voirie des Voyeux, les petites Vignes, avenue des Voyeux, chemins des Platriers et de Mauregard, le Trochet; vers l'Epinette et au fond, près la Petite Solle sur les Voyeux, en deçà du haut de l'Epinette, au-dessus et en deçà du chemin des Plâtriers, le Sureau, près le Petit-Noyer, Bomy, sur le chemin de Dammartin, Salivart en Fosse, et près de la Motte-de-Comte et du chemin d'Epiais.

Tous lesquels biens produisent un revenu annuel de 7,605 fr.

25 Mars 1843. — Lettres-Patentes portant autorisation à M. le chevalier *d'Haubersart* (*Alexandre-Joseph-Séraphin*), membre du corps législatif, premier président de la cour Impériale de Douai, département du Nord, de fonder le majorat de son titre de Baron de l'Empire:

Premièrement, sur sa maison avec jardin et dépendances, sise à Douai, rue d'Esquerchin n.º 432;

Secondement, sur 203 are 80 centiares de terres et prairies situées à Nomain; onze pièces de terres en labour, sises au même lieu, contenant neuf hectares vingt-sept ares quinze centiares; 127 ares 26 centiares au même lieu, aussi en terres; treize pièces en labour au même lieu, contenant 36 ares 36 centiares; et 27 ares 27 centiares en prairies; quatre pièces en labour situées commune de Lambres, contenant quatre hectares 72 ares 12 centiares; le tout arrondissement de Douai;

Troisièmement, et sur dix pièces de terres et prairies, appelées *le Marché de Sames*, situées communes de Virgina et Istre, savoir: huit à la campagne de la Rivière, de 40 hectares 54 ares, et deux sises à la campagne de Courcelles, contenant six hectares 30 ares; en dix pièces situées dans l'arrondissement de Nivelles, département de la Dyle.

Tous ces biens produisant un revenu net annuel de 5,043 fr.

25 Mars 1843. — Lettres-Patentes autorisant M. *Pierre-Thomas Rambaud*, procureur-général près la Cour Impériale séant à Lyon, d'établir le majorat de son titre de Baron,

avec la dénomination particulière de *Baron de la Sablière*, sur un hôtel situé à Lyon, rue Saint-Dominique, n.º 70; mais non compris les constructions et les communications qu'il a fait établir dans la partie occidentale, pour sa convenance personnelle, ledit hôtel produisant 8,500 francs net de revenu.

8 Avril 1813. — Lettres-Patentes accordées à M. le chevalier *Louis-Alexandre Himbert de Flégny*, baron de l'Empire, préfet du département des Vosges, portant érection de majorat de son titre de Baron, dont la dotation consiste dans les domaine et ferme de Moras, situés commune de Jouarre, canton de la Ferté-sous-Jouarre, arrondissement de Méaux, département de Seine et Marne, composés :

1.º D'un corps de ferme et petite basse-cour, dite de *Moras*, avec bâtiments, granges et dépendances, 131 hectares 58 ares environ de terres labourables, 10 hectares 60 ares de prés, et 162 ares environ de bois, le tout sur les communes de Jouarre, Saint-Cyr et Saacy;

2.º De treize pièces de pré sur le terroir de Saint-Cyr, contenant 137 ares 70 centiares;

3.º Et de 5 hectares 74 ares de terres et prés attenant le clos de la ferme, sur le terroir de Jouarre.

Tous ces biens produisant un revenu net de 5,350 francs 12 centimes, et sis dans les arrondissements des bureaux de la conservation des hypothèques de Méaux et Coulommiers.

8 Avril 1813. — Lettres-Patentes accordées à M. le chevalier *Denys des Périchons*, membre et Questeur du corps législatif, baron de l'Empire, portant établissement de majorat de son titre de baron sur les biens ci-après désignés, situés dans l'arrondissement de Montbrison, département de la Loire, commune de Poncins et de Montverdun; savoir : le château des Périchons et ses dépendances, avec ses cours, jardins, vergers et bois, de quinze hectares, un pré de réserve de 3 hectares 40 ares, 8 hectares de terres, deux moulins à blé et leurs bâtiments, terres et prés; le domaine de la Bruyère avec

ses dépendances, d'environ 30 ares et 44 hectares de terres, prés et pâquiers; et ceux de la Pina et de Vendemont réunis, avec leurs dépendances d'environ 25 ares et 56 hectares de terres, prés et pâquiers.

Tous lesdits biens composant le domaine des Périchons, et produisant 5,400 francs de revenu annuel.

8 Avril 1813. — Lettres-Patentes portant collation à M. *Nicolas Ardoino*, maire de Diano-Marine, président du collége électoral de l'arrondissement de Port-Maurice, etc., du titre de Baron de l'Empire, avec établissement de majorat, dont la dotation consiste dans une inscription à lui appartenant sur le Grand-Livre de la Dette publique, immobilisée, et de la somme de 5,000 francs de rente.

16 Mai 1813. — Lettres-Patentes accordées à M. *Joseph-Charles-André Darbaud-Jouques*, baron de l'Empire, préfet du département des Hautes-Pyrénées, et portant établissement de majorat de son titre de Baron sur une maison à lui appartenant, sise à Aix, département des Bouches de Rhône, sur le Cours, île 44, n.° 16, affectée comme siége dudit majorat, et sur les biens ci-après désignés formant sa dotation, situés au lieu de Jouques, canton de Peyrolles, arrondissement d'Aix, savoir: le domaine du château, sis au centre du village, la prairie du grand pré, canal entre deux, des jardins potagers avec des pâtures, bassins et fontaines; et une allée de platanes et de peupliers; le bois taillis du Deffens, de 13 hectares 65 ares; et le domaine de Saint-Bache, composé de bâtiments, terres labourables et incultes, bois taillis, prairie, vignes et vergers, d'environ 1,390 hectares.

Le tout produisant un revenu net annuel de 8,100 francs.

16 Mai 1813. — Lettres-Patentes accordées à M. *Armand-Louis Delapierre de Fremeur*, membre du collége électoral de l'arrondissement de Meaux, portant en sa faveur collation du titre de Baron de l'Empire, avec établissement de majorat:

1.° Sur les biens ci-après désignés, à lui appartenant,

situés commune de Pluneret, canton d'Auray, arrondissement de Lorient, département du Morbihan, savoir : le château de Kermadio, avec ses bâtiments, cour, jardin, pré et verger, de 104 ares 44 centiares, et 11 hectares 32 ares 26 centiares de bois en dépendants ; le pourpris de Kermadio, contenant environ 11 hectares 35 ares de terres, prés et pâtures ; la métairie de la Porte, d'environ 23 hectares 41 ares en bâtiments, terres, prés et pâtures ; celle de la Basse-Cour, contenant 24 hectares 73 ares en même nature de biens ; et les sept domaines nommés, 1.er Kerléau, 2.e Kerléau, 3.e bourg de Pluneret, 4.e bourg de Pluneret, Keroussin, 1.er Fetan-Allan et 2.e Fetan-Allan, contenant ensemble 97 hectares 32 ares environ ; tous lesquels biens produisent 3,000 francs de revenu.

2.º Et sur cinq inscriptions cinq pour cent, ensemble de 3000 francs de rente, immobilisées et appartenant audit sieur de Fremeur.

19 Juin 1813. — Lettres-Patentes accordées à M. *Emmanuel-Marie-Louis de Noailles*, Comte de l'Empire, ancien ambassadeur de France à Vienne, membre du collége électoral du département d'Eure et Loir, et portant établissement de majorat de son titre de Comte, savoir : quant au siége, sur le château de Maintenon, avec ses bâtiments, jardins, pépinières, avenues, prairies, bois, canaux, glacières, tenant à son enclos ; son parc traversé par les rivières d'Eure et de Voise ; une friche hors du parc, à la droite du château, plantée en noyers ; un bois en bouleaux, et un terrain où sont des carrières et un four à chaux ; quelques pépinières à la gauche dudit château, bornées par lesdites rivières, par la ferme de la Folie, le pont Rouge et les digues de Guignonville ; le tout de la valeur de cinquante mille francs en capital ; et quant à la dotation, sur les biens suivants, savoir : les moulins de Maintenon, situés sur la rivière d'Eure, avec leurs bâtiments, et vingt-deux hectares cinquante ares environ, comprenant huit pièces de terre et sept de prés ; la ferme de la Folie, ses bâtiments et jardins, d'environ

155 ares; plus, 57 pièces de terres en dépendantes, sises aux terroirs de Maintenon, Saint-Piat, Chartainviller, Grogneul et Changé; quatre pièces de pré et trois en pâture, le tout d'environ 227 hectares, y compris deux pièces en aulnaies; les moulins neufs de Maintenon sur la rivière de Voise, et leurs bâtiments, grange, cour et jardin, deux digues à droite et à gauche du canal de cette rivière, vers le pont de Saint-Mamert; 7 hectares 35 ares environ de terres en huit parties, et cinq hectares 62 ares en pré, pâtures et aulnaies; la ferme du parc, ses bâtiments, cour, jardin, d'environ un hectare; 97 pièces de terres à la Couture, à Maingournois, au bois des Fourches, au Hancher, à la Vallée, à Houx et autres lieux, contenant 65 hectares environ, trois pièces en pré et pâture, plantées en ormes, saules et peupliers, d'environ 5 hectares 73 ares; 8 hectares de friches en pâture, sur les côtés de ladite ferme, plantés en noyers, et situés près des bois; la garenne de la Folie du parc, de 14 hectares 75 ares; le canal et les digues de Bourrée à droite et à gauche, et les affranchis de ce canal, sur les terroirs de Villiers et Pierre.

Tous lesquels biens appartiennent à M. le comte de Noailles, sont situés à Maintenon, arrondissement de Chartres, département d'Eure et Loir, et produisent, non compris ceux du siège précédemment énoncés, 15,367 francs de revenu net.

19 Juin 1813. — Lettres-Patentes accordées à M. le baron *Adelaïde-Blaise-François le Liévre de la Grange*, général de division, portant en sa faveur collation du titre de Comte de l'Empire, avec établissement de majorat, auquel ce titre est attaché; la dotation duquel majorat consiste (outre une dotation en Westphalie et une autre en Hanovre, produisant ensemble 8,000 francs de revenu), en trois inscriptions cinq pour cent appartenant audit sieur comte de la Grange, immobilisées, et faisant ensemble 2,000 francs de rente.

19 Juin 1813. — Lettres-Patentes accordées à M. *Joseph-*

Pierre Vialetes de Mortarieu, Baron de l'Empire, chevalier, membre du corps législatif, portant établissement de son titre de baron sur un hôtel à lui appartenant, sis à Montauban, département de Tarn et Garonne, rue de la Serre n.° 3 ; plus, sur le domaine de Lasfonds, situé dans les communes de Negrepelisse et d'Albias, composé de bâtiments et ferme et de 40 hectares de terres, vigne et pairie ; sur la terre de la Lande et une grande pièce située sur les bords de l'Aveyron ; ces deux objets d'environ 31 hectares ; et sur deux hectares de prairie à Saint-Martin.

Le tout dans l'arrondissement de Montauban, produisant 5,200 francs de revenu net annuel.

19 Juin 1813. — Lettres-Patentes accordées à M. *François-Ursin-Durand de Pisieux*, membre du collège électoral du département d'Eure-et-Loire, portant en sa faveur collation du titre de Baron de l'Empire, avec établissement de majorat de ce titre sur deux inscriptions cinq pour cent à lui appartenant, immobilisées, et faisant ensemble 5,000 fr. de rente.

19 Juin 1813. — Lettres-Patentes accordées à M. *Jacques-Joseph Boussairolles*, président en la cour impériale de Montpellier, portant en sa faveur collation du titre de Baron de l'Empire, avec établissement de majorat de ce titre sur le domaine de la Mogeire, situé commune de Montpellier département de l'Hérault, composé d'un château et dépendances ; de 59 hectares 67 ares de champs et vignes, et de 29 hectares de prairies en la commune de Lattes ; et sur le bois de la Mourre, situé commune de Mauguio, de 40 hectares 14 ares.

Le tout arrondissement de Montpellier, et produisant 5,900 francs de revenu net annuel.

4 Juin 1813. — Lettres-Patentes accordées à M. *Thomas-Marie-Catherine de Masclary*, membre du collège électoral du département de l'Hérault, portant en sa faveur collation du titre de Baron de l'Empire, avec établissement de majorat de ce titre sur une maison, bâtiments et dépendances, contenant

6 arpens métriques et 140 arpens 20 perches 69 mètres de terres, vignes, olivettes, parc, pré, pâturages, landes et fermes, situés commune de Jacou; une maison et dépendances, et des terres, vignes, pâturages, landes et devois, contenant 32 arpens 40 perches 36 mètres, situés commune de Teyran; 202 arpens 29 perches de biens de même nature, 115 perches 19 mètres de pré, et des bâtiments sur une superficie de 5 perches, situés commune de Clapiers; et 85 arpens 40 perches en bâtiments et biens de même nature que les précédents; plus 7 arpens 20 perches d'olivettes, situés commune de Castelnau.

Le tout arrondissement de Montpellier, département de l'Hérault, et produisant 10,700 francs de revenu annuel.

19 Juin 1813. — Lettres-Patentes accordées à M. *Louis-Joseph Ithier de Champos*, membre du collége électoral de Valence, département de la Drôme, portant en se faveur collation du titre de Baron, et établissement de majorat de ce titre sur deux hectares 23 ares 3 centiares faisant partie d'une pièce de vigne appelée *Rocoule*, sise à Tain, même arrondissement; cette portion produisant 5,000 fr. de rente.

19 Juin 1813. — Lettres-Patentes accordées à M. *François Maublanc de Chiseuil*, maire de Digoin, département de Saône et Loire, portant en sa faveur collation du titre de Baron de l'Empire, et établissement de majorat de ce titre, savoir :

Quant au siège, sur le château de Chiseuil, ses bâtiments, cours et jardins, de 54 perches, 21 mètres, situés commune de Digoin.

Et quant à la dotation, sur les biens ci-après désignés :

Un jardin clos de murs, un autre tenant au château, clos en charmille, deux vergers, la vigne du château, l'étang, le pré, les avenues, le pré de la Basse-Cour, et une maison de vigneron; le tout d'environ 13 arpents 50 perches métriques; 162 perches 2 mètres de terre, et un pré fermé de fossés et haies vives, contenant 6 arpents 79 perches 54 mètres ; le bois de Chiseuil, de 175 arpents 81 perches 42 mètres ; la terre du champ Ramé, celle des Granges, de la Réserve, de la Croix, du champ de Bos, des Forges, des Chiens, des Bruyères, du grand champ Virot, du Garde, du domaine des Rois, de la Gouine, de la Fontaine; et dix-sept autres pièces de terre, contenant ensemble environ 115 arpents métriques; l'étang Morin, de 39 perches 34 mètres; 12 pièces de prés, ensemble de 46 arpents et demi; le pâquier des Vernes, le pâturage du Buisson-Brochat, et quatre autres, ces six pièces d'environ 8 arpents métriques; trois vergers contenant un arpent 40 perches 70 mètres; cinq pièces de vigne, ensemble de trois arpents 70 perches; la maison du domaine dite du Château; celle du domaine Virot; celle du domaine des Bois; cinq autres petites maisons; les cours, jardins, granges, étables en dépendants; et enfin un buisson de 97 perches environ.

Tous lesquels biens sont situés commune de Digoin, arrondissement de Charolles, et produisent, y compris le siège 6,714 francs de revenu net annuel.

19 Juin 1813. — Lettres-Patentes accordées à M. *François-Timoléon de Chassepot de Pissy*, membre du collège électoral du département de la Somme, portant en sa faveur collation du titre de Baron de l'Empire, avec établissement de majorat de ce titre sur un domaine et corps de ferme et manoirs, situés à Villers-Sire-Simon, arrondissement de Saint-Pol, département du Pas-de-Calais, composé de logement de fermier, grange, écurie, jardin, le tout enclos, et de 120 hectares un quart de terres labourables, et produisant 6,000 fr. de revenu net annuel.

19 Juin 1813. — Lettres-Patentes accordées à M. *Charles-Philippe Bajot de Conantre*, membre du collège électoral du département de Seine-et-Marne, portant en sa faveur collation du titre de Baron de l'Empire, avec établissement de majorat de ce titre sur les biens ci-après désignés, faisant partie du domaine de Villevaudé, situé commune de ce nom, canton de Claye, arrondissement de Meaux, et consistant dans le château

de Villevaudé, avec ses bâtiments, cour, jardins, canal et parc, planté en bois, vignes et terres, le tout entouré de murs, haies vives et fossés; 90 ares plantés en quinconce et semis en luzerne; dix pièces aux lieux dits la Marre-Marette, du bois de Gratuel, le fonds du Chapitre, au Chêne brûlé, à la petite Montagne, aux pendants de l'Hermitage, aux Favrieux, terroir d'Annet; 5 hectares 30 ares de pâtis à la Garenne, y compris un étang, une fontaine et un lavoir entourés de murs; le bois Gratuel, en taillis, de 32 hectares, celui des Favrieux, aussi en taillis de 12 hectares et demi environ, et le bois planté, sis à Montjay, de 312 ares environ.

Le tout produisant 10,343 francs de revenu annuel.

19 Juin 1813. — Lettres-Patentes accordées à M. *Etienne-Guillaume Picot-Bazus*, général de division en retraite, portant en sa faveur collation du titre de Baron de l'Empire, avec établissement de majorat de ce titre sur vingt pièces de terres à labour, sises au village de Warlain, canton de Marchiennes, contenant environ treize hectares 86 ares; les prés nommés Hazard, Antoinette, les Neuf-Coupes, ler Tourbiers, ceux de la Place-Barrée, la basse Place et la place Draon, ensemble de 15 hectares 38 ares environ; deux hectares 54 ares environ de prairies en deux pièces; et la ferme de Haute-Taille, composée de bâtiments, grange, vergers, jardin et maison de campagne avec écuries et dépendances, comprenant environ trois hectares; plus de treize hectares 72 ares environ de terres en seize portions; le tout sis au village de Tilloy, canton dudit Marchiennes.

Tous lesquels biens sont situés dans l'arrondissement de Douai, département du Nord, et produisent 5,475 francs de revenu net annuel.

19 Juin 1813. — Lettres-Patentes accordées à M. *Jean-Luc-Guillaume Demons de Dunes*, commandant de la garde nationale de Soussans, membre du collége électoral du département de la Gironde, portant en sa faveur collation du titre de Baron de l'Empire, sous la dénomination particulière de

Baron *de la Tour de Mons* avec établissement de majorat de ce titre sur le domaine de la Tour de Mons, située commune de Soussans, autrefois Médoc, arrondissement de Bordeaux, composé d'un ancien château avec ses avenues, jardins, vergers, et de terres labourables, saussaies, oseraies et bois taillis ; le tout d'environ 83 hectares ; et sur la prairie de la Sense, sise sur le chenal de la Meyre, bordant la Gironde, contenant 17 hectares, et renfermée de bois et fossés.

Tous lesquels biens produisent 6,000 francs de revenu.

19 Juin 1813. — Lettres-Patentes accordées à M. *Joseph de Casamajor d'Oneix*, propriétaire, portant en sa faveur collation du titre de Baron de l'Empire, avec établissement de majorat de ce titre sur les biens suivants, savoir : la terre d'Oneix, sise commune d'Abitein, arrondissement d'Orthez, composée de maison, cour, grange, écurie, colombier, terrain, terres labourables, prairies, comprenant environ 8 hectares, et de 27 hectares de bois; plus, de 50 hectares de terres fougères et haut taillis de hêtres, fermés de fossés ; la terre de Bideren, aussi dans l'arrondissement d'Orthez, composée du vieux château avec ses cours, bâtiments et jardins d'environ 10 hectares, et de 8 hectares 35 ares de prairies et vignobles; plus, de douze hectares 58 ares en peupliers, saules, chênes, hêtres et fougères; la terre d'Eslayon, dépendante de la commune de Lescar, arrondissement de Pau, composée de bâtiments, cours, jardins, bosquets et avenues ; un moulin, une boulangerie, deux écuries et 37 hectares de terres et prairies; les champs de Sens et d'Escader, de 74 ares; une châtaigneraie et fougerée, de 190 ares; deux touyas, l'un à Lescar, de quatre hectares, et l'autre à Bourgabé, de 4 hectares 71 ares : tous lesquels biens sont situés dans le département des Basses-Pyrénées, et produisent 6,040 francs de revenu annuel.

19 Juin 1813. — Lettres-Patentes accordées à M. *Denys Durossier de Magnieux-de Vertpré*, propriétaire portant en sa faveur collation du titre de Baron de l'Empire, sous la déno-

mination particulière de Baron de Beauvoir, avec établissement du majorat de ce titre sous les biens ci-après désignés, situés commune de Saint-Germain et Viry, arrondissement de Nevers, département de la Nièvre, et faisant partie de la terre de Beauvoir, savoir : le château de ce nom avec ses chapelles, cour, avant-cour, jardin, parterre et verger ; la ferme de Beauvoir, ses bâtimens, basse-cour, jardin, le tout de cinq hectares ; le domaine de la Cour, ses bâtimens, cour, jardin, chenevières, et prés, et des terres labourables et pâtis, appelés le pré du Moulin, pâturail des Veaux, les Longés, les champs de la Vigne et le Désert, le tout de 53 hectares et demi ; et le domaine de Beaurepaire, ses bâtimens, granges, cours, jardins, chenevières, et ses prés et terres, appelés champs de la Vigne, Haut-Pré, Bouffard, Champ-Fier, Ouche-Milhaud, Ouche-des-Barres, les Crayes, la Garenne, Champ-de-Lait, les Trompées, l'Ane, les Chaseaux, le Pâturail-Neuf, les Forêts, les Angles, le Pâturail des Veaux et le pré des Cloux ; le tout de 86 hectares.

Lesquels immeubles produisent 5,800 francs de revenu annuel.

19 Juin 1813. — Lettres-Patentes accordées à M. *Gabriel-Louis Terrasson-de Senevas*, propriétaire, portant en sa faveur collation du titre de Baron de l'empire, avec établissement de majorat de ce titre, sur 97 hectares 36 ares environ de terres labourables, en onze pièces, et 11 hectares 46 ares environ de bois; le tout produisant 5,594 francs de revenu net annuel, et faisant partie de la ferme de la Fosse-Thibault, sise terroir de Plinval, canton de Saint-Just, arrondissement de Clermont, département de l'Oise.

19 Juin 1813. — Lettres-Patentes accordées à M. *Antoine-Alexis-Joseph Lesergeant-de Monnecove*, membre du collége électoral du département du Pas-de-Calais, portant en sa faveur collation du titre de Baron de l'Empire, avec établissement de majorat de ce titre, sur une maison située à Saint-Omer, rue du Caltre, n.º 3; et sur les biens ci-après désignés, situés à

Fruges, arrondissement de Montreuil-sur-Mer, savoir : 7 hectares 29 ares 6 centiares de terres en deux portions; dont une en manoir; 8 hectares 60 ares en quatre portions, dont deux en labour et deux en manoir; 14 hectares, 51 ares un quart de prés en trois pièces, dont une en flotis; et 36 hectares 34 ares de bois taillis en cinq pièces, nommés bois de Fruges et Dagette.

Tous lesquels biens situés dans le département du Pas-du-Calais, produisent 5,086 francs de revenu net.

3 Juillet 1813. — Lettres-Patentes accordées à M. *Pierre-Gaëtan Galli*, Comte de l'empire, sous la dénomination particulière de Comte *de la Loggia*, et portant établissement du majorat de ce titre, sur les biens ci-après énoncés, situés dans l'arrondissement de la ville de Turin, département du Pô, savoir : 16 hectares environ en bâtiments, jardins, champs et prés sur le territoire de Carignon, quartiers de la Loggia, Carpenette et Moulinetta; 81 hectares 95 ares en maisons, bâtiments, jardins, champs, prés, bois, pâturages, graviers et chemins, sur le territoire de Moncailler, aux quartiers et régions de Revignano, Chisola, Tetti, Conia et Capella, la Loggia, y compris un étang au quartier Tetti d'Ajassa, plus trois hectares 72 ares 11 centiares au territoire de Vinovo.

Tous ces biens produisent 10,000 francs 61 centimes de revenu.

3 Juillet 1813. — Lettres-Patentes accordées à M. *Maurice-Gabriel-Joseph Riquet-de Caraman*, membre du corps législatif, portant en sa faveur collation du titre de Baron de l'Empire, et établissement de majorat de ce titre, sur deux savonneries, sises à Marseilles, département des Bouches-du-Rhône, l'une dite la *Neuve*, située rue Sainte, n.º 70, l'autre dite le *Puits*, située rue Rigord, n.º 5, produisant ensemble, non-compris les ustensiles et autres accessoires, ni la valeur industrielle, 17,324 francs net.

3 Juillet 1813. — Lettres-Patentes accordées à M. *Thomas-*

Jean-Baptiste Borea-d'Olmo, maire de San-Remo, département des Alpes Maritimes, et portant en sa faveur collation du titre de Baron, avec établissement de majorat de ce titre, sur une grande maison appelée le palais Boréa, sise à San-Remo, un jardin y attenant, planté en vignes et citronniers, une portion du jardin de la Cerva, d'environ 5 ares de superficie, et d'un autre jardin voisin avec terrasse, entouré de murs, cette dernière portion de 14 ares environ : le tout produisant 5,025 francs de revenu.

3 JUILLET 1813. — LETTRES-PATENTES accordées à M. *Alexandre-Louis-Gabriel de Gomer*, membre de la légion-d'honneur, portant en sa faveur collation du titre de Baron de l'Empire, avec établissement de majorat de ce titre :

1.º Sur le domaine d'Hinneville, situé commune de Revelles, composé de ferme, bâtiments, granges, jardin et plant, entouré de haies vives, et de dix-huit pièces de terres, sises au chemin de Fluy, aux Mezerolles, au chemin de Fresnoy, au canton du Moulin, au chemin de Revelles, à l'est et à l'ouest de la Chaussée, au Touffeau du chemin d'Amiens, à la vallée de Gournay et au fond des Hayettes ; le tout de 58 hectares 88 ares, y compris le bois dit *le Bosquet,* 126 ares.

2.º Et sur le domaine de Quevanvillers ; composé de seize pièces, situées au lieu dit les Hentes, le Haut Moyencourt, le Touffeau du Roi, la croix rouge, derrière la Chaussée, sous le Grand-Moulin, au Grand-Moulin, à Piremcamps, la Terrière, le Gaugré, au canton de Lamotte, le Petit-Moulin, au chemin de Fresnoy, et Pissenlit ; le tout de 77 hectares 92 ares.

Tous lesquels biens situés dans l'arrondissement d'Amiens, produisent 5,095 francs 89 centimes.

3 JUILLET 1813. — LETTRES-PATENTES accordées à M. *Léon de Perthuis,* Président du canton de Toucy, portant en sa faveur collation du titre de Baron de l'Empire, avec fondation de majorat de ce titre, sur les biens ci-après désignés, composant la terre de Moulins-Pont-Marquis, située commune

de Moulins-sur-Ouaine, canton de Toucy, arrondissement d'Auxerre, département de l'Yonne, savoir : six hectares 50 ares, comprenant le château, les cours, parterre, jardins, parc et avenues; le corps de ferme de 13 ares; 60 hectares 13 ares de terre; environ 35 hectares en prés et pâtures et 19 hectares 33 ares en bois taillis.

Le tout produisant 5,162 francs de revenu annuel.

14 Aout 1813. — LETTRES-PATENTES, portant collation du titre de Comte de l'Empire à M. *Louis-Marie de Mesgrigny*, membre du conseil d'arrondissement de la ville de Troyes, avec établissement de majorat sur la ferme de la Creuse, sise commune de Moussey, même arrondissement, département de l'Aube, composée de maison, granges, remises, écuries, verger, jardin d'environ 84 ares; de 112 hectares 70 ares de terres labourables, et de 11 hectares 81 ares de prés.

Le tout produisant 12,000 francs de revenu annuel.

14 Aout 1813. — LETTRES-PATENTES portant collation du titre de Baron de l'Empire à M. *Robert-François Demorell*, membre du collége électoral du département du Calvados, avec établissement de majorat sur les biens ci-après désignés, situés dans l'arrondissement de Falaise, même département, savoir : en la commune d'Ussy, le lieu nommé Duplessis, avec ses bâtiments, cours, jardins, prairies, herbages, terres labourables et plant, en cinq parties, nommées le Petit-Parc, le Parc, la pièce de dessus le Parc, l'Ormelée et les Jardins; la pièce dite le Planêtre, celles de la Cavelière, des Entes et du Pastouret; les Neuf-Acres, les Fresnayes, les Champs-Foureux, la Pierre, les Rangs, le dessous des Rangs, l'Étang de Gorée, le Chenot, la carrière à Marion et deux autres pièces; le tout en labour, plans et prés, contenant 75 hectares 85 ares; et sur la commune de Tournebut, le lieu dit la Rumasse, avec ses bâtiments, jardin, pré, herbages, terres et plant; la pièce des Pendans et une autre, le Champ-Bonnevienne, la Couture, le Long-Champ et deux autres pièces; le tout en labour, plants et prés, contenant 40 hectares 87 ares 60 centiares.

Tous lesquels biens produisent 6,050 francs de revenu net.

14 Août 1813. — Lettres-Patentes portant collation du titre de Baron à M. *Amable-Pierre-Hippolyte-Joseph Desmaures de Malartic*, maire de Tostes, département de la Seine-Inférieure, avec établissement de majorat, savoir : pour le siège, sur le château de Montricoux, situé à l'entrée de la ville de ce nom, arrondissement de Montauban, département de Tarn et Garonne, produisant 600 francs de revenu.

Et pour la dotation :

1.º Sur un enclos contigu audit château, contenant quatre hectares en bois, terres et prairies; le terroir du Pré-Bas, deux pièces de terres, sur l'une desquelles est la maison du Port; la vigne de la Lande; le tout de huit hectares environ, et produisant 1,430 francs; et 290 hectares 43 ares de bois taillis aux triages des Bartas, des Garouillas, des Cartons, des Planettes et des Herets, avec deux pièces de terres y enclavées; le tout produisant 2,700 francs de revenu.

2.º Et sur une inscription, cinq pour cent, de la somme de 1,000 francs de rente, appartenant à madame *de Malartic*, portée au Grand-Livre de la Dette publique et immobilisée.

14 Août 1813. — Lettres-Patentes portant collation du titre de Baron à M. *Philibert-François-Jean-Baptiste-Joseph Van der Haeghen-Mussain*, Président du Conseil-Général du département de l'Escaut, avec établissement de majorat :

1.º Sur la terre de Mussain, située en la commune de Saintes, arrondissement de Nivelles, département de la Dyle, contenant le château avec ses jardins, étangs et bosquets, et 107 hectares 3 ares environ en 41 pièces de terres, prés, bois et closures; plus 30 hectares 45 ares environ en neuf pièces de même nature, situées par extension sur la commune de Felluy, arrondissement de Charleroi, département de Jemmape;

2.º Et sur une maison à porte-cochère, située à Gand, rue dite Quai au Bois, lettre N, n.º 458.

Tous ces biens produisant annuellement 10,576 francs 10 centimes.

11 Septembre 1813. — Lettres-Patentes portant collation du titre de Baron à M. *Albert-Joseph Rouvoy*, chef de la première légion des gardes nationales du département du Nord, avec institution de majorat, dont la dotation consiste dans les biens ci-après désignés, situés à Fournes, canton de la Bassée, arrondissement de Lille, savoir : un grand château avec son parc et ses cours et avenues, de 5 hectares et 5 hectares de pâtures, 10 hectares de bois taillis, une sablière de 2 hectares, une blanchisserie d'environ 141 ares et 29 hectares 25 ares en terres labourables, jardins, vergers et pâtures, le tout contigu; plus une chapelle sépulchrale, avec caveau, érigée sur 12 centiares de terrain, dans le cimetière de Fournes.

Lesdites terres et bois produisant 5,447 francs 80 centimes de revenu annuel.

2 Octobre 1813. — Lettres-Patentes accordées à M. *André-Paul Saint-Rousset*, Baron de Vauxonne, premier adjoint en la mairie de la ville de Lyon, portant établissement de majorat de son titre de Baron sur les biens suivants, savoir : deux corps de biens, l'un situé sur la place du Bourg de Vaux, arrondissement de Villefranche, département du Rhône, composé d'un château avec jardins, bâtiments, clos en vignes; l'autre sis au-dessous de la terrasse dudit clos, avec bâtiments, jardin et fontaine, jachères, prés et vignes, contenant 155 ares; le domaine de Grange-Blanche, situé en partie sur la commune de Vaux, en partie sur celle d'Arbuissonas, composé de bâtiments, terres, prés et vignes, et comprenant environ 32 hectares; le pré de la Cochère, une petite terre au-dessus de 11 hectares 70 ares; deux clos de vignes, l'un appelé de la Bourdissone, ensemble de 7 hectares 35 ares; le bois du Pillon de 6 hectares 20 ares; celui de Saint-Cyr, de 6 hectares; une pièce de terre et trois prés, dits le Pré Neuf, du Magnocet et du Moulin, ensemble d'environ 5 hectares; et la futaie de Combe-Ramey, en châtaigniers, d'environ 50 ares.

Tous ces immeubles produisant 6,500 francs net de rente annuelle.

2 Octobre 1813. — Lettres-Patentes qui accordent à M. *Pierre-Mathias-Joseph Wartelle*, maire de la ville d'Arras, le titre de Baron de l'Empire, sous la dénomination particulière de Baron d'Herlincourt, avec établissement de majorat sur les biens ci-après désignés, savoir : pour le siège, un château, avec ses bâtiments, fossés, jardins, prés, vergers, d'environ quatre arpents métriques, environ onze arpents métriques de bois y attenant, situés à Eterpignies, canton de Vitry; et pour la dotation 21 arpents et demi, aussi métriques, de terres en deux parties, sis à Thilloy-lès-Mofflaines; et 21 pièces de terres, sises à Rivière et Wailly, cantons de Beaumetz-lès-Loges et d'Arras, contenant environ 57 arpents 76 perches métriques, situées aux trois Fétus, à l'Ergage, la Cavée de Fermont en Levauchelle, au-dessus du chemin d'Héricourt, au Grand-Champ, à la fosse du Diable, au champ Lanson et à la Galletoire; le tout arrondissement d'Arras, département du Pas-de-Calais, et produisant y compris le siège 8,300 francs net de revenu annuel.

25 Novembre 1813. — Lettres-Patentes portant collation du titre de Comte à M. *Anne-Claude de la Bonninière de Beaumont*, membre de la légion-d'honneur, avec établissement de majorat, dont la dotation consiste dans une portion de la terre de Beaumont-la-Ronce, située commune de ce nom, arrondissement de Tours, département d'Indre et Loire; cette portion composée de château avec ses cours, terrasse, potager, canal, demi-lune d'eau vive, écurie, basse-cour; de la maison appelée de Grigny; de jardins hauts, de l'allée de la cantinière, du parc; des prés au-dessus et au-dessous du bourg de Beaumont; du clos des Grandes-Vignes; des bâtiments, jardins, vignes, et cave du Faire-valoir, et de ses terres et pâtures; des fermes de la Barre, de la Cantinière, de la Gapière des Châtelliers, de Beauvais de la Dausserie, de la Hollandière et de la Ronce, avec les bois, vignes,

prés et étangs en dépendants; et de la Tuilerie, avec ses caves, sises à l'entrée du bourg.

Le tout comprenant 583 hectares environ et produisant 12,400 francs de revenu annuel.

21 Février 1814. — Lettres-Patentes portant collation du titre de Baron en faveur de M. *Louis-Aspais Amiot*, membre du collége électoral du département de Seine-et-Marne, avec établissement de majorat, dont la dotation consiste en 167 actions de la Banque de France, représentant un revenu de 8,351 francs, appartenant à l'impétrant et immobilisées.

21 Février 1814. — Lettres-Patentes portant collation du titre de Baron en faveur de M. *Philippe-Christophe Hallez*, propriétaire dans le département du Bas-Rhin, avec établissement de majorat, dont la dotation consiste en trois inscriptions, cinq pour cent, portées au nom de l'impétrant sur le Grand-Livre de la Dette publique, immobilisées, et faisant ensemble 6,000 fr. de rente.

26 Février 1814. — Lettres-Patentes portant collation du titre de Baron en faveur de M. *Béatrix-Charles-Magdelon de Fayolles de Mellet*, maire et membre du collége électoral de l'arrondissement de Neuvic, département de la Dordogne, avec établissement de majorat, dont la dotation consiste en treize inscriptions de rente, cinq pour cent, portées au nom de l'impétrant sur le Grand-Livre de la Dette publique, immobilisées, et faisant ensemble 5,016 francs de rente.

26 Février 1814. — Lettres-Patentes portant collation du titre de Baron en faveur de M. *Charles Regnaud*, ancien colonel, demeurant à Paris, avec établissement de majorat, dont la dotation consiste en seize inscriptions, cinq pour cent, portées au nom de l'impétrant sur le Grand-Livre de la Dette publique, immobilisées, et faisant ensemble 5,013 fr. de rente.

DOCUMENT N.º VI,

CORRESPONDANT A LA PAGE 160.

Loi du 5 Décembre 1814, sur la remise des biens non vendus des Émigrés.

LOUIS, PAR LA GRACE DE DIEU, ROI DE FRANCE ET DE NAVARRE.

A tous ceux qui ces présentes verront, salut :

Par notre ordonnance du 21 août 1814, nous avons rendu à l'état civil une classe recommandable de nos sujets, longtemps victimes de l'inscription sur les Listes d'Émigrés. En leur rendant cette première justice, nous avons annoncé notre intention de présenter aux deux Chambres une loi sur la remise des biens non vendus. Dans les dispositions de cette loi, nous avons considéré le devoir que nous imposait l'intérêt de nos peuples, de concilier un acte de justice avec le respect dû à des droits acquis par des tiers, en vertu des lois existantes; avec l'engagement que nous avons solennellement contracté, et que nous réitérons, de maintenir les ventes des domaines nationaux; enfin, avec la situation de nos finances, patrimoine commun de la nombreuse famille dont nous sommes le père, et sur lequel nous devons veiller avec une sollicitude toute paternelle.

A ces causes nous avons proposé, les Chambres ont adopté, nous avons ordonné et ordonnons ce qui suit :

Art. 1.ᵉʳ Sont maintenus et sortiront leur plein et entier effet, soit envers l'État, soit envers les tiers, tous jugements et décisions rendus, tous actes passés, tous droits acquis avant la publication de la charte constitutionnelle, qui seraient fondés sur des lois ou des actes du Gouvernement relatifs à l'Émigration.

Art. 2. Tous les biens immeubles séquestrés ou confisqués pour cause d'Émigration, ainsi que ceux advenus à l'État par suite de partage de successions, ou par successions, qui n'ont pas été vendus et font actuellement partie du domaine de l'État, seront rendus en nature à ceux qui en étaient propriétaires, ou à leurs héritiers ou ayant-cause. Les biens qui auraient été cédés à la caisse d'amortissement, et dont elle est actuellement en possession, seront rendus lorsqu'il aura été pourvu à leur remplacement.

Art. 3. Il n'y aura lieu à aucune remise des fruits perçus ; néanmoins les sommes de décomptes faits ou à faire, et les termes échus et non payés ainsi que les termes à échoir du prix des ventes de Biens nationaux provenant d'Émigrés, seront perçus par la caisse du Domaine, qui en fera la remise aux anciens propriétaires desdits biens, à leurs héritiers ou ayant cause.

Art. 4. Seront remis, ainsi qu'il est dit art. 2, les biens qui, ayant été déjà vendus ou cédés, se trouveront cependant actuellement réunis au domaine, soit par l'effet de la déchéance définitivement prononcée contre les acquéreurs, soit par toute autre voie qu'à titre onéreux.

Art. 5. Dans le cas seulement de l'article précédent, les anciens propriétaires, leurs héritiers, ou ayant-cause, seraient tenus de verser dans la caisse du domaine, pour être remis à l'acquéreur déchu, les à-comptes qu'il aurait payés. La liquidation de ces à-comptes sera faite administrativement au domaine même, suivant les règles accoutumées.

Art. 6. Les biens que l'État a reçus en échange des biens d'émigrés, et qui se trouvent encore en sa possession seront rendus sous les réserves et exceptions énoncées dans la présente loi, aux anciens propriétaires de biens échangés, à leurs héritiers ou ayant-cause.

Art. 7. Sont exceptés de la remise les biens affectés à un service public pendant le temps qu'il sera jugé nécessaire de leur laisser cette destination ; mais l'indemnité due à raison de la jouissance de ces biens sera réglée dans le Budget de 1816.

Art. 8. Sont encore exceptés les biens dont, par des lois ou des actes d'administration, il a été définitivement disposé en faveur des hospices, maisons de charité et autres établissements de bienfaisance, en remplacement de leurs biens aliénés, ou donnés en paiement des sommes dues par l'État ; mais lorsque, par l'effet de mesures législatives, ces établissements auront reçu un accroissement de dotation égal à la valeur des biens qui n'ont été que provisoirement affectés, il y aura lieu à remise de ces derniers biens en faveur des anciens propriétaires, leurs héritiers ou ayant-cause.

Dans le cas où les biens donnés, soit en remplacement, soit en paiement, excèderaient la valeur des biens aliénés, et le montant des sommes dues à ces établissements, l'excédant sera remis à qui de droit.

Art. 9. Seront remis, aux termes de l'article 2, les rentes purement foncières, les rentes constituées, et les titres de créances dues par des particuliers et dont la régie serait actuellement en possession.

Art. 10. Les actions représentant la valeur des canaux de navigation seront également rendues, savoir: celles qui sont affectées aux dépenses de la légion d'honneur, à l'époque seulement où, par suite des dispositions de l'ordonnance du 19 juillet 1814, les actions cesseront d'être employées aux mêmes dépenses; celles qui sont actuellement entre les mains du Gouvernement, aussitôt que la demande en sera faite par ceux qui y auront droit, et celles dont le Gouvernement aurait disposé, soit que la délivrance en ait été faite, soit qu'elle ne l'ait pas été, lorsqu'elles rentreront dans ses mains par l'effet du droit de retour stipulé dans les actes d'aliénation.

Art. 11. Pour obtenir la remise ordonnée par la présente loi, les anciens propriétaires, leurs héritiers ou ayant-cause, se pourvoiront par-devant les préfets des départements où les biens sont situés.

Art. 12. Les préfets, après avoir pris l'avis des directeurs des domaines, des conservateurs des forêts, et s'être assurés des qualités et droits des réclamants, transmettront les pièces justificatives avec leur avis motivé au Secrétaire d'État des finances.

Art. 13. Le Secrétaire d'État enverra toutes les demandes à la commission chargée de prononcer sur les remises.

Art. 14. Il sera sursis jusqu'au 1.er janvier 1846, à toutes actions de la part des créanciers des Émigrés, sur les biens remis par la présente loi; lesdits créanciers pourront néanmoins faire tous les actes conservatoires de leurs créances.

DOCUMENT N.º VII,

CORRESPONDANT A LA PAGE 325.

Circulaires administratives, relatives à l'application de la Loi du 28 mai 1858, contre l'usurpation des Titres Nobiliaires.

§ 1. Circulaire de Son Exc. le Garde des Sceaux, Ministre de la Justice, aux Procureurs généraux des Cours Impériales.

Paris, le 19 juin 1858.

Monsieur le procureur général,

La loi du 28 mai 1858, qui modifie l'article 259 du Code pénal, vient d'être promulguée (*Bulletin des Lois*, n.º 607).

Cette loi rétablit, en la complétant, une disposition qui a existée dans nos codes, de 1810 à 1832, et qui n'aurait jamais dû en être effacée. Elle a le double but de réprimer les entreprises et les usurpations d'une vanité coupable et de maintenir, aux titres légalement conférés ou glorieusement acquis, le respect et l'inviolabilité que le gouvernement de l'Empereur s'honore d'assurer à toute propriété légitime. Elle est enfin destinée à protéger l'intégrité de l'état civil, et à mettre un terme à la modification arbitraire et illicite des noms de famille.

Vous avez déjà compris qu'en présence des faits qu'une trop longue tolérance a laissés se produire, la loi nouvelle doit être appliquée avec autant de prudence que de fermeté. Sa force est moins aujourd'hui dans le nombre des condamnations qu'elle pourra entraîner, que dans les principes qu'elle pose et dans les scrupules qu'elle est occupée à ranimer.

J'aurai plus tard, en m'éclairant de l'expérience des faits, à vous retracer d'une manière générale les règles qui devront vous diriger.

Je dois, quant à présent, me borner à vous inviter à ne laisser intenter dans votre ressort aucune poursuite relative à des faits prévus par l'art. 259 du Code pénal, sans avoir provoqué et reçu mes instructions spéciales. »

Je pourrai ainsi régulariser l'exécution de la loi sur tout le territoire de l'Empire et vous aider à maintenir, dans tous les cas, aux poursuites qui seraient nécessaires, le caractère protecteur et le but élevé qu'elles devront toujours avoir.

Il faut également s'attacher, dès à présent, à prévenir les abus que la loi du 28 mai dernier a voulu atteindre.

Vous voudrez bien prendre, et prescrire à vos substituts, les mesures nécessaires pour que les cours, les tribunaux, les officiers de l'état-civil, les notaires et généralement tous les officiers publics n'attribuent désormais aux parties, dans les arrêts, les jugements et les actes authentiques ou officiels, que les titres et les noms qu'elles justifieront être en droit de porter.

Je vous prie, Monsieur le procureur-général, de m'accuser réception de cette circulaire et de me tenir au courant de tous les faits qui vous paraîtront intéresser l'exécution de la loi nouvelle. Je compte en cette circonstance, comme toujours, sur l'exactitude et la sagesse de votre concours.

Recevez, Monsieur le procureur-général, l'assurance de ma considération très-distinguée.

Le Garde des Sceaux, Ministre de la Justice,
Signé : E. DE ROYER.

§ 2. **Circulaire de Son Exc. M. le Ministre de l'Intérieur aux Préfets.**

Paris, le 26 juillet 1858.

Monsieur le préfet,

Dans une circulaire adressée le 19 juin dernier à MM. les procureurs-généraux sur l'exécution de la loi du 28 mai 1858, son Exc. le Garde des Sceaux recommande de prescrire les mesures nécessaires pour que les cours, les tribunaux, les officiers de l'état civil, les notaires et généralement les officiers publics n'attribuent désormais aux parties, dans les arrêts, les jugements et les actes authentiques ou officiels, que les titres et noms qu'elles justifient être en droit de porter.

Des précautions analogues seraient utilement appliquées à la délivrance des passe-ports. C'est surtout sur ces sortes de pièces que les individus qui ont des intentions mal fondées à une distinction honorifique se font inscrire avec des noms et des qualités qui ne leur appartiennent pas, et ces passe-ports, considérés comme titres officiels par les personnes aux yeux desquelles ils sont produits, peuvent faciliter des abus de confiance et favoriser les fraudes que la loi du 28 mai dernier a eu en vue de réprimer.

Il convient donc que les fonctionnaires chargés de la délivrance des passe-ports apportent une attention particulière pour l'inscription sur ces pièces de particules, de titres nobiliaires. Non-seulement ils doivent réclamer à cet égard l'attestation formelle de deux témoins dont la présence est nécessaire dans le cas prévu par l'article 1.er de la loi du 17 ventôse an IV (9 mars 1796), mais encore ils peuvent, et malgré cette attestation, s'il subsiste quelque doute sérieux dans leur esprit, faire procéder à une vérification des actes de l'état civil ou réclamer la production d'extraits de ces mêmes actes.

Les précautions rappelées ci-dessus doivent, d'ailleurs, être appliquées avec prudence et discernement. Elles manqueraient leur but si elles servaient de prétexte à des recherches inutiles ou à des actes vexatoires d'inquisition.

Je vous prie, Monsieur le préfet, d'adresser aux officiers de l'état civil dans votre département des instructions conformes aux prescriptions de la présente circulaire.

Recevez, etc.

Le Ministre de l'Intérieur,
Signé : DELANGLE.

§ 3. Circulaire de Son Exc. M. le Garde des Sceaux, Ministre de la Justice, aux Procureurs-Généraux.

22 Novembre 1859.

Monsieur le Procureur-Général,

Le nouvel article 259 du Code pénal attache le caractère de délit au changement, à l'altération, à la modification du nom inscrit dans les actes de l'état civil. La conséquence de cette disposition, c'est que pour se soustraire aux peines qu'elle édicte, tous ceux qui portent ou des noms ou des titres que ne leur attribuent pas les actes de l'état civil, doivent obtenir de l'autorité compétente la faculté de les conserver.

Mais quelle est cette autorité? Deux cas peuvent se présenter.

1.º Il se peut que des erreurs, des omissions, des irrégularités aient eu lieu dans la rédaction des actes de l'état civil, ou encore que les circonstances politiques ne permettant pas au père de donner à ses enfants son nom tout entier, il en ait rétracté des qualifications ou particules que condamnait la législation existante, et que plus tard, encouragés par l'appaisement des passions, par le retour des idées un instant proscrites, par les tendances des lois nouvelles, les enfants aient de leur chef, et sans s'assujetir aux formalités légales, repris ce qu'ils considéraient comme leur propriété, le nom de leurs aïeux.

2.º Il se peut aussi que l'altération des noms consignés en l'acte de naissance n'ait eu pour cause que la vanité, l'intérêt, un calcul coupable; quelle n'ait d'autre explication que le désir de substituer à un état-civil régulier, une situation mensongère, et de conférer à l'auteur de la fraude une apparence Nobiliaire.

Dans le premier cas, la connaissance du fait est dévolue aux tribunaux ordinaires. La loi leur confère expressément la mission de rechercher, de constater ce qu'était avant la naissance du réclamant, l'état légal de sa famille, de le reconstituer, de le lui rendre intact. Ils ne créent pas de droit à son profit; en cette manière, comme en toute autre, ils déclarent le droit existant; ils proclament que si ce droit antérieur à la naissance de l'enfant a été compromis par des circonstances étrangères à celui-ci, il n'en peut porter la responsabilité, et qu'en demandant que son état-civil soit régularisé, il ne fait que revendiquer sa chose.

Dans le second cas, la compétence n'est pas moins certaine: il s'agit de changement et d'addition de noms, c'est au Gouvernement qu'il faut s'adresser; les usurpations de titres ou formules affectant une prétention à la Noblesse, ressortissant à la Commission du Sceau. La sagesse de ces règles est évidente. Qui peut admettre que dans un État bien ordonné, un citoyen change de nom, ajoute à celui qu'il porte ou s'attribue des titres sans en avoir reçu l'autorisation de l'administration supérieure.

Cependant, cette distinction si simple, entre la compétence des tribunaux ordinaires et celle de l'administration, a été méconnue. Des individus qui ont augmenté leur nom patronymique d'une appellation d'emprunt, ou qui, pour dissimuler leur roture originelle, ont imaginé de séparer de l'ensemble d'un nom jusqu'alors écrit d'un seul mot la particule qui le précédait, désespérant de tromper la vigilance du Conseil d'État ou de la Commission du Sceau, accoutumés à déjouer ces supercheries, ont eu recours aux tribunaux; ils ont demandé que leur acte de naissance fut rectifié, et des juges surpris, accueillant cette réclamation, ont ordonné que tout ce bagage de contrebande figurerait à l'avenir dans l'acte de l'état-civil.

On ne peut faire une plus fausse application des lois sur la matière. Une procédure à fin de rectification d'un acte de naissance, ne peut avoir d'autre fondement que l'état civil officiel de la famille dont le réclamant est issu. Tout se réduit à comparer son acte de naissance avec celui de ses auteurs, et s'il s'y rencontre des différences qu'explique le malheur des temps ou la négligence de l'officier de l'état civil à les faire disparaître, il n'est besoin de rien de plus pour maintenir l'individualité des familles.

Mais quand il est reconnu que l'acte de naissance du réclamant contient tout ce qu'il devait contenir, que sa filiation est régulièrement et sincèrement établie, qu'il n'y a eu ni altération, ni erreur, ni omission ; quand la question est de savoir si le réclamant a pu s'arroger des distinctions que ne lui conférait pas son origine, quelques raisons qu'il allègue pour justifier sa conduite, quelque possession qu'il invoque, ce ne peut être une action rectificative. Le sens grammatical du mot y répugne autant que la raison de droit. Rectifier, c'est redresser ce qui est défectueux, réparer ce qui n'est pas régulier, remettre, en un mot, les choses dans l'état où elles auraient dû être si l'on y eut apporté plus de soin. Or, ce n'est pas la régularité de l'acte qui est contestée, le réclamant ne s'en plaint point. Ce qu'il soutient, c'est que, de son fait personnel, postérieur conséquemment à sa naissance, est né un droit qu'il entend conserver ; c'est qu'il a acquis ou le nom qu'il a ajouté au sien, ou le titre dont il s'est affublé, ou la particule qu'il considère comme un titre de Noblesse. Or, évidemment, ce n'est plus une rectification, mais une modification de son état civil régulièrement établi qu'il poursuit, et, dès lors, la connaissance du litige ne peut appartenir qu'à l'administration chargée de prévenir toute confusion dans les familles et dans la société.

Vous comprenez, Monsieur le Procureur-Général, combien il importe de ne pas laisser se former une jurisprudence dont l'effet inévitable serait de paralyser l'action de la loi. Ne souffrez pas que, par des procédures obscurément suivies, et qui, selon les lieux et les personnes, pourraient rencontrer un trop facile accueil, les compétences soient déplacées. Que vos substituts reçoivent l'ordre formel de surveiller toute instance paraissant avoir pour objet une rectification d'acte de l'état civil, et qu'ils s'assurent, d'après les distinctions ci-dessus exprimées, si ce n'est pas une enseigne trompeuse et le moyen d'éluder la loi. Le ministère public est, dans les questions de rectification, le contradicteur naturel des parties qui réclament. C'est une mission qu'il doit remplir avec autant de fermeté que de vigilance.

Le Gouvernement n'entend pas que l'exécution de l'article

259 du code pénal, porte le trouble dans les familles; mais il ne veut pas davantage, que des ruses de procédure en détruisent l'effet.

Je vous prie de me tenir au courant de toutes les affaires de ce genre qui se présenteront, et de me faire connaître celles qui ont déjà reçu solution, afin que j'avise aux moyens de venger la loi des atteintes qu'elle a pu recevoir.

Le Garde des Sceaux Ministre de la Justice,
Signé : DELANGLE.

§ 4. Circulaire de M. le Procureur Impérial de Sarlat (Dordogne).

Monsieur,

La loi du 28 mai 1858, qui a pour but de protéger l'intégrité de l'état-civil et de mettre un terme à la modification arbitraire et illicite des noms de famille, vient d'être promulguée.

Cette loi nous impose le devoir de n'attribuer désormais aux parties dans les jugements, actes authentiques ou officiels, que les titres et les noms qu'elles justifieront être en droit de porter.

C'est surtout auprès de MM. les maires, officiers de l'état-civil, que j'insiste pour les engager à redoubler de zèle et d'attention. En vérifiant les registres de naissances, le parquet a pu remarquer qu'on attribuait quelquefois à l'enfant un nom de famille qui n'appartenait pas au père. Un pareil abus doit cesser en présence de la loi nouvelle.

Si cette loi n'a pas imposé à l'officier public l'obligation de se faire représenter l'acte de naissance du père pour inscrire celui de l'enfant, il est certainement dans son esprit de vouloir que les parties soient interpellées, afin qu'elles déclarent si le nom patronymique qu'elles indiquent est bien celui que leur donne l'état-civil.

Recevez, etc.

Le Procureur Impérial,
Signé : J. REGLADE.

§ 5. Extrait de la Circulaire du Procureur Impérial près le Tribunal de 1.re Instance d'Epinal (Vosges).

Le Procureur Impérial près le Tribunal de 1.re instance d'Epinal (Vosges) adresse une circulaire aux Maires de son arrondissement, dans le but de leur rappeler que la loi du 28 mai 1858 imposait aux Officiers de l'état civil de nouveaux devoirs et que, avant d'admettre dans les actes qu'ils dressent les Titres Nobiliaires indiqués par les parties ou les témoins, ils doivent s'assurer par la présentation des pièces qu'ils ne facilitent point un délit.

« Mais la constatation de ces titres, dit M. le Procureur
» Impérial, peut souvent présenter des difficultés sérieuses.

» Ainsi, dans l'ancien droit, jusqu'à la loi du 4 août 1789,
» la condamnation, à certaines peines, l'exercice de certaines
» professions, la possession de certains offices entraînaient la
» perte de la Noblesse, et les effets de la dégradation ou de
» la dérogeance s'étendaient aux enfants nés postérieurement,
» et non à ceux dont la naissance était antérieure. Dans cer-
» tains cas la Noblesse était personnelle et les titres conférés
» par le Souverain à un de ses sujets, n'étaient pas transmis-
» sibles aux descendants de celui-ci.

» Il en est de même pour la Noblesse Impériale. Certains
» titres étaient viagers; les autres n'étaient transmissibles,
» aux termes du décret du 1.er mars 1808, qu'autant que
» l'institué avait justifié d'un certain revenu et établi un ma-
» jorat, en accomplissant des formalités déterminées. Ces
» mêmes formalités étaient imposées, à peine de déchéance,
» à ses successeurs (art. 37 et 38 du même décret). Enfin ceux
» mêmes auxquels une ordonnance spéciale déclarait le titre
» transmissible, étaient astreints aux mêmes obligations (Cass.
» rej. 22 avril 1846, affaire Terray).

» Delà bien des questions peuvent naître qui sont de nature
» a arrêter les officiers de l'état civil.

» La solution de ces questions appartient à la commission
» du Sceau. Je dois veiller à ce qu'elles ne soient point tran-
» chées par les Officiers de l'État civil, qui pourraient, en

» acceptant trop aisément les explications des parties, insérer
» dans leurs actes des qualifications contraires à la loi.

» En conséquence, Monsieur le Maire, vous voudrez bien,
» toutes les fois qu'un doute sera possible sur la légitimité
» d'un Titre réclamé par une partie ou un témoin, me con-
» sulter avant de le mentionner dans un acte de l'état civil, et
» me communiquer les documents et pièces qui pourraient être
» produits à l'appui de la prétention élevée. »

D'autres Procureurs-Impériaux envoyèrent aux Maires et aux Officiers Ministériels de leur arrondissement des circulaires analogues, pour faciliter l'exécution de la loi du 28 Mai 1858, et en faire apprécier l'utilité et l'importance.

§ 6. Observation sur les abus de la Particule.

Les personnes qui n'ont pas la particule et qui y tiennent sont ingénieuses à éluder la loi sur les titres de noblesse.

On a constaté en effet, que des individus, après s'être fait délivrer, soit par les maires, soit par les greffiers compétents, des extraits réguliers, en ont altéré le texte en y ajoutant frauduleusement un nom, un titre, une particule. Puis ils ont déposé ces pièces ainsi falsifiées chez des notaires qui, sur leur demande, leur ont délivré des expéditions entachées de toutes les falsifications imaginées par les déposants.

Ensuite, les mêmes individus ont fait usage de ces copies, régulières en apparence, au lieu de produire aux magistrats et aux officiers publics des extraits tirés des registres eux-mêmes.

Pour éviter ces fraudes, S. Exc. le garde des sceaux a invité, par l'intermédiaire des procureurs Impériaux, les maires à se refuser de procéder, soit à un mariage, soit à tout autre acte de leur ministère, si ce n'est sur l'expédition d'actes de l'état-civil transcrits d'après les registres originaux.

Fin.

PREMIÈRE TABLE

PAR ORDRE DE MATIÈRES, DIVISÉE EN CHAPITRES.

Pages

Préface 5

Chapitre I.er

Règne de Louis XVI, du 5 Mai 1789 au 19 Juin 1790.

Sommaire : — Liste des Membres du Corps de la Noblesse qui ont assisté aux États-Généraux, convoqués le 5 mai 1789. — Discussion entre le Clergé et la Noblesse d'une part, et le Tiers-État d'autre part, sur la manière de voter et de compter les suffrages. — Désordres dans les provinces aux cris de : Guerre aux Châteaux, Paix aux Chaumières. — Arrêté de la nuit du 4 août 1789, sur l'abolition des droits Seigneuriaux. — Le Roi hésite à donner sa sanction à cet arrêté. — Lettre du Roi à l'Archevêque d'Arles. — Réponse du Roi à l'Assemblée nationale exprimant les motifs de son refus de sanctionner l'arrêté du 4 août. — L'Assemblée nationale décide que le Président se rendrait auprès du Roi, pour demander la promulgation de cet arrêté. — Le Roi le sanctionne le 21 septembre 1789. — Continuation du pillage et de la destruction des Châteaux Seigneuriaux. — Séance de l'Assemblée nationale du 19 juin 1790, où est voté le décret de suppression de la Noblesse héréditaire. 9

Chapitre II.

Règne de Louis XVI, du 19 Juin 1790 au 22 Septembre 1792.

Sommaire : — Difficultés graves pour exécuter le décret d'abolition de la Noblesse. — Pamphlet de Dulaure sur les ci-devant Nobles. — Les Nobles commencent à émigrer — Projet de décret contre les Émigrés. — Discours de Mirabeau qui fait ajourner le Décret. — Plus tard le décret est voté. — Les Ordres de Chevalerie sont supprimés. — Nouvelle loi qui augmente les formalités pour s'absenter du Royaume. — Liberté accordée par la constitution à tout citoyen de circuler dans le Royaume et d'en sortir à volonté. — Pénalités sévères contre tout citoyen qui insérerait dans un acte ou dans une quittance des qualifications Nobiliaires. — Nouveau décret contre les Émigrans. — Rigueurs exercées contre les Nobles absens et les Nobles restés en France. — On

Pages

brûle les papiers appartenants aux Ordres de Chevalerie et les Titres Généalogiques conservés dans les dépôts publics. — Les parents des Émigrés sont consignés comme des ôtages. — Les biens des Émigrés sont confisqués et acquis à la nation. — On confisque les biens des Familles qui sont allé prendre les Eaux hors de France pour le rétablissement de leur santé. — Coup d'œil sur les mesures révolutionnaires employées pour prendre les biens des Nobles Émigrés et de leurs parents restés en France .   44

Chapitre III.

Convention Nationale, du 23 Septembre 1792 au 26 Octobre 1795.

SOMMAIRE : — L'Émigration de la Noblesse fut-elle une faute? — Les Émigrés sont bannis à perpétuité. — Visites domiciliaires. — Désarmement des Nobles. — Démolition des châteaux. — Confiscation des jardins, enclos, maisons qui portaient des Armoiries. — Décret de la convention qui ordonne de faire retourner les plaques de cheminées qui portaient des signes héraldiques. — Défense à tous officiers publics d'insérer dans leurs actes des qualifications Nobiliaires. — Projet de supprimer les Armoiries empreintes sur tous les volumes de la Bibliothèque nationale. — Jugements exécutoires dans les 24 heures, sans appel. — Les Émigrés sont frappés de mort civile. — Une récompense de un dixième est accordée à celui qui fera connaître des biens d'émigrés non-déclarés   64

Chapitre IV.

Directoire, du 4 Novembre 1795 au 11 Novembre 1799.

SOMMAIRE. — Les prévenus d'Émigration sont expulsés à dix lieues de Paris. — A tout citoyen qui dénoncera des Émigrés il sera alloué une récompense de 100 fr. par Émigré. — Les Nobles sont privés des droits de citoyen Français et assimilés à des étrangers. — Une loi prescrit de prendre des ôtages parmi les parents Nobles des Émigrés. — Continuation des visites domiciliaires.   74

Chapitre V.

Consulat, du 11 Novembre 1799 au 18 Mai 1804.

SOMMAIRE. — La loi sur les ôtages est rapportée. — Bonaparte délivre les Nobles Émigrés naufragés à Calais. — Les biens des Émigrés sont déclarés irrévocablement acquis au profit de la République. — Avis du Conseil d'État relatif aux droits publics et à l'admissibilité des Émigrés aux fonctions publiques. — Avis du Conseil d'État sur la manière de procéder contre les Émigrés rentrés. — La dénomination de *Madame* remplace celle de *citoyenne*. — Nouveau décret fixant le mode d'application des lois relatives à l'Émigration. — Liste de la commission de trente membres chargés de l'examen des réclamants inscrits sur la Liste des Émigrés. — La Liste générale des Émigrés s'élevait à 145,000. — Bonaparte 1.er consul envoie au Sénat un projet d'acte d'amnistie concernant les Émigrés. — Ce projet d'amnistie est converti en Sénatus-Consulte. — La Liste des Émigrés ne devra point excéder 1000 individus. — Bonaparte crée un Ordre de Chevalerie, la Légion-d'Honneur. — Création des Sénatoreries.   77

Chapitre VI.

Règne de Napoléon I.er, du 18 Mai 1804 au 1.er Mars 1808.

Sommaire : — Création des Grands Dignitaires et des Grands Officiers de l'Empire. — Rétablissement des Titres d'Altesse, de Monseigneur et d'Excellence. — Nomination des Grands Officiers du Palais. — Opinion de l'Empereur sur les costumes et l'étiquette. — Érection de 31 duchés grands Fiefs et de 8 Principautés. — Sénatus-Consulte autorisant la formation de Titres héréditaires avec des biens libres. — Message de l'Empereur au Sénat pour enregistrer les Lettres-Patentes de création du Titre de duc de Dantzick 99

Chapitre VII.

Règne de Napoléon I.er, du 1.er Mars 1808 au 11 Avril 1814.

Sommaire : — L'Archi-Chancelier de l'Empire (Cambacérès) porte au Sénat les deux Statuts sur la création et transmission de la Noblesse Impériale. — Adresse du Sénat à l'Empereur en réponse à cette communication. — Titres conférés aux Grand Dignitaires. — Titres conférés aux hauts-Fonctionnaires. — Lettres-Patentes des Chevaliers de l'Empire. — Institution des majorats. — Formation des majorats. — Condition des biens des majorats. — Siège des majorats. — Les magistrats sont autorisés à désigner les parties dans les jugements et les audiences avec leurs Titres Nobiliaires. — Conseil du Sceau des Titres. — Majorat sur demande. — Liste des membres du Conseil du Sceau des Titres. — Les habitants des départements réunis à la France qui étaient en possession de Titres Féodaux, sont autorisés à se pourvoir de nouveau Titres de Noblesse de l'Empire Français. — Libellé d'une Lettre-Patente qui confère le titre de Duc avec dotation héréditaire. — De la forme des Armoiries de la Noblesse Impériale. — Formule du Serment prêté par ceux qui étaient investis d'un Titre de Noblesse. — Défense de prendre des qualifications Nobiliaires que l'Empereur n'avaient pas accordées. — Situation de l'ancienne Noblesse. 114

Chapitre VIII.

Règne de Louis XVIII, du 11 Avril 1814 au 20 Mars 1815.

Sommaire : — Louis XVIII, par la Charte, consacre les Titres de l'Ancienne Noblesse et de la Nouvelle Noblesse. — Liste des membres de la Chambre des Pairs. — Le Conseil du Sceau des Titres est remplacé par une Commission du Sceau. — Création des Référendaires au Sceau. — Ordonnance conférant des Lettres d'Anoblissement. — Les Listes d'Émigrés encore subsistantes sont abolies, et ceux qui y étaient inscrits sont autorisés à exercer leurs droits politiques et leurs droits civils. — Présentation et adoption du projet de loi sur la remise des biens non-vendus des Émigrés. — Proposition faite à la Chambre des Pairs par le maréchal duc de Tarente, pour accorder des indemnités aux Émigrés dont les biens avaient été vendus 144

Chapitre IX.

Cent jours, du 20 Mars 1815 au 28 Juin 1815.

Sommaire : — Deux Décrets de l'Empereur, datés de Lyon, concernant les Nobles Émigrés. — Nouveaux Titres de Comte et de Baron conférés. — Chambre des Pairs héréditaires. — Rétablissement du Conseil du Sceau des Titres 169

Chapitre X.

Règne de Louis XVIII, du 28 Juin 1815 au 16 Septembre 1824.

Sommaire : — La dignité de Pair est déclarée héréditaire. — Chaque Lettre-Patente de Pair porte collation d'un Titre de Noblesse. — Chaque Pair doit instituer un majorat qui devient la dotation héréditaire de son Titre. — Dans les cérémonies la préséance est accordée aux Pairs. — Modèle de Lettres-Patentes d'un Pair. — Rangs observés parmi les Pairs ecclésiastiques. — Ordonnance soumettant l'hérédité des Titres à la constitution de majorats 174

Chapitre XI.

Règne de Charles X, du 16 Septembre 1824 au 9 Août 1830.

Sommaire: — Loi sur les substitutions. — Ordonnance concernant les délais accordés pour retirer de la Chancellerie les Lettres-Patentes portant concession de Titres de Noblesse. — Discours de M. de Martignac en présentant le projet de loi de l'Indemnité des Émigrés. — Discussion de ce projet de loi. — Adoption du projet de loi. — Modifications sur les majorats en dehors de la Pairie pour les Titres de marquis et de vicomte. . 185

Chapitre XII.

Règne de Louis-Philippe, du 9 Août 1830 au 1.er Décembre 1831.

Sommaire: — La charte quoique amendée conserve les mêmes dispositions relativement à la Noblesse. — Ordonnance qui prescrit les Titres que doivent porter les Princes et Princesses de la maison Royale. — La Commission du Sceau est supprimée, ses attributions forment une division nouvelle au ministère de la Justice. — Projet de loi qui supprime l'hérédité de la Pairie. — Discussion de ce projet de loi. — Opinion de M. Chalret-Durieu. - - Opinion de M. Thiers. — Opinion de M. Royer-Collard. — Opinion de M. Berryer. — Opinion de M. Guizot. — Opinion de M. Kératry. — L'hérédité de la Pairie est abolie. 234

Chapitre XIII.

Règne de Louis-Philippe, du 1.er Décembre 1831 au 24 Février 1848.

Sommaire: — Suppression dans le code Pénal des dispositions relatives à l'usurpation des Titres de Noblesse. — Proposition de M. Parant pour l'abolition des majorats, adoptée par la Chambre des Députés. — La Chambre des Pairs rejette cette proposition. — La Chambre des Députés reproduit encore la même proposition d'abolir les majorats. — La Chambre des Pairs adopte ce projet avec des amendements. — Le projet amendé est adopté par la Chambre des Députés et converti en loi. — Texte de la loi. — L'abolition des majorats n'enlève pas l'hérédité des Titres y attachés. — Le maréchal Bugeaud et le chancelier Pasquier sont élevés à la dignité de Duc. 269

Chapitre XIV.

II.ᵐᵉ République, du 28 Février 1848 au 2 Décembre 1852.

Sommaire : — Décret du Gouvernement provisoire qui abolit tous les Titres de Noblesse. — La constitution du 12 novembre 1848 confirme cette abolition. — Propositions de MM. de Parieu et Flocon pour l'abolition prompte des majorats. — Projet de loi pour supprimer les majorats. — Son adoption. — Après la proclamation de la nouvelle constitution du 15 janvier 1852, le Président de la République Louis-Napoléon abroge le décret qui abolissait les Titres de Noblesse 279

Chapitre XV.

Règne de Napoléon III, du 2 Décembre 1852 au 31 Juillet 1858.

Sommaire : — Dispositions réglant les Titres et les Rangs de la Famille de l'Empereur. — Pétition adressée au Sénat par M. Voysin de Gartempe. — Rapport de M. le Président Delangle sur cette Pétition. — Renvoi de cette Pétition au Ministre d'État et au Ministre de la Justice. — Le maréchal Pélissier est élevé à la dignité de Duc de Malakoff. — Projet de loi qui affecte une dotation annuelle de 100,000 fr. au Duc de Malakoff. — Exposé des motifs de ce projet de loi. — Rapport de la commission du Corps Législatif chargée d'examiner ce projet de loi. — Adoption unanime de ce projet de loi par le Corps législatif et par le Sénat. — Texte de la loi. — Rapport du Ministre de la Justice à l'Empereur, sur le rétablissement des dispositions pénales applicables à l'usurpation des Titres de Noblesse. — Projet de loi y relatif. — Exposé des motifs. — Rapport de la commission chargée d'examiner ce projet de loi. — Adoption de la loi. — Son texte. — Circulaires administratives pour son exécution 287

Chapitre XVI.

Règne de Napoléon III, du 31 Juillet 1858 au 7 Mars 1862.

Sommaire : — Conséquences de la loi du 28 mai 1858 contre l'usurpation des Titres Nobiliaires. — Nécessité d'un Conseil pour examiner les demandes en collation, confirmation et reconnaissance de Titres. — Rétablissement du Conseil du Sceau des Titres. — Ses attributions. — Liste des membres de ce Conseil. — Des Titres conférés à des Français par des Souverains étrangers. — Décret qui dispose que les Titres conférés à des Français par des Souverains étrangers ne peuvent être portés qu'avec l'autorisation de l'Empereur. — Le maréchal de Mac-Mahon est élevé à la dignité de Duc. — M. le général de division Cousin-Montauban est nommé comte de Palikao. — Projet de loi qui affecte une dotation annuelle de 50,000 fr. à M. le comte de Palikao. — Exposé des motifs. — Lettre de M. le comte de Palikao à l'Empereur. — Réponse de l'Empereur. — Le Gouvernement retire le projet de loi 326

CONSIDÉRATIONS sur la Grandeur de la Noblesse, sa Situation actuelle et l'Influence Morale qu'elle exerce sur les autres Classes de la Société.

Sommaire : — La Noblesse en regard de l'égalité. — Y a-t-il égalité dans l'état de nature? — Y a-t-il égalité dans l'état social? — Opinion d'Abd-el-Kader sur cette question, les hommes sont-ils pareils? — L'égalité n'est nulle part. — Sentiment qu'inspire la propriété territoriale. — Du morcellement des terres. — Observation des publicistes anglais sur les propriétés foncières. — Comparaison entre la propriété foncière et la propriété mobilière. — Dangers de la trop grande division et subdivision des propriétés territoriales. — Doctrine de l'égalité absolue réprouvée par Bonaparte, I.er Consul. — Effets des majorats. — Situation des puînés en présence des majorats. — Les majorats ne sont propres qu'à maintenir les fortunes étendues et non à favoriser l'accroissement des fortunes médiocres. — Quelle est la bonté relative des majorats? — Les majorats sont contraires à la féodalité. — Les majorats ne confèrent aucuns droits ni priviléges. — Le fisc a les majorats en aversion. — La stabilité des Familles forme la stabilité de l'État. — Le morcellement des terres est l'œuvre d'un moment, l'agglomération des terres est l'œuvre des siècles. — La Noblesse Impériale doit à ses dotations et à ses majorats d'avoir été reconnue par le Gouvernement de Louis XVIII. — Statistique des majorats en 1826. — Les sentiments qui portent à faire des majorats ne sont point effacés. — Supériorité de la grande propriété. — Fragilité de l'industrie manufacturière. — La conservation des Familles importe à la conservation de l'État. — Prééminence de la propriété rurale. — Progrès des Études Généalogiques. — Des Armoriaux sont publiés dans beaucoup de Provinces. — Avantages nombreux de la stabilité des Familles. — La Noblesse considérée comme lien intermédiaire entre le Trône et le peuple.— L'Aristocratie est l'œuvre du temps et non des lois. 347

PREMIÈRE TABLE

DOCUMENTS JUSTIFICATIFS.

Pages

Document N.° I, correspondant à la page 97. — Composition des Seize Cohortes de la Légion-d'Honneur, sous le I.ᵉʳ Empire, en 1813. 393

Document N.° II, correspondant à la page 98. — Liste des Sénateurs nommés aux Sénatoreries, en l'année 1813, avec les chef-lieux de leurs résidences . . . 398

Document N.° III, correspondant à la page 100. — Liste des titulaires des Grandes Dignités de l'Empire, en 1813. 400

Document N.° IV, correspondant à la page 105. — Liste des Grands-Officiers de l'Empire, en 1813 . . 401

Document N.° V, correspondant à la page 140. — État chronologique des Lettres-Patentes portant institution de plusieurs Duchés, Grands-Fiefs, pour récompenser de grands services civils et militaires, et constitution de majorats, formés avec les propres biens des titulaires 403

Document N.° VI, correspondant à la page 160. — Loi du 5 Décembre 1814, sur la remise des Biens non-vendus des Émigrés. 493

Document N.° VII, correspondant à la page 325. — Circulaires administratives relatives à l'application de la loi du 28 Mai 1858, contre l'usurpation des Titres Nobiliaires 496

Circulaire du Garde des Sceaux, du 19 Juin 1858 496
Circulaire du Ministre de l'Intérieur, du 26 Juillet 1858. . . . 497
Circulaire du Garde des Sceaux, du 22 Novembre 1859. . . . 499
Autres Circulaires 502

FIN DE LA 1.ʳᵉ TABLE PAR ORDRE DE MATIÈRES.

DEUXIÈME TABLE

ALPHABÉTIQUE ET RAISONNÉE DES MATIÈRES ET DES NOMS CITÉS DANS CE VOLUME.

Les nombres exprimés en chiffres indiquent les pages.

A.

ABOVILLE (comte d'), 147.
ABRIAL (comte), 147.
ACTIONS de la Banque de France, sont admises dans la formation d'un majorat, 125, 126.
AGIER, député, 215.
AGOULT (le comte d'), député aux États-Généraux, 11.
AGUESSEAU (comte d'), Pair, 147.
AIGALLIERS (Brueys baron d'), député aux États-Généraux, 11.
AIGUILLON (duc d'), député aux États-Généraux, 11.
ALBUFÉRA (duc d'), 147.
ALLARDE (baron d'), député aux États-Généraux, 11.
ALTESSE, ce titre est défendu, 43.
ALTESSE SÉRÉNISSIME (titre d'), 122.
ALTON (comte d'), 471.
AMBLY (marquis d'), député aux États-Généraux, 11.
AMIOT (baron), 492.
ANDELAU de HOMBOURG (baron d'), député aux États-Généraux, 11.
ANGLADE (baron de l'), 466.
ANGLADES (baron d'), 461.
ANGOSSE (marquis d'), député aux États-Généraux, 11.
ANTRAIGUES (comte d'), député aux États-Généraux, 11.

AOUST (marquis d'), député aux États-Généraux, 11.
APCHIER (marquis d'), député aux États-Généraux, 11.
ARBOIS DE JUBAINVILLE (d'), auteur de plusieurs ouvrages, 375.
ARCHI-CHANCELIER de l'Empire, 100
— Il était assisté du Conseil du Sceau pour l'examen des demandes relatives aux titres et aux majorats, 129.
ARCHI-CHANCELIER D'ÉTAT, 100, 102.
ARCHI-TRÉSORIER, 100, 102.
ARCY (comte d'), député aux États-Généraux, 11.
ARDOINO (baron), 477.
ARGENTEUIL (marquis d'), député aux États-Généraux, 11.
ARISTOCRATIE (l'), est l'œuvre du temps et non des lois, 386.
ARMOIRIES, défense d'en avoir, 42.
— Leur transmission, 129. — Forme de celles de la Noblesse Impériale, 135. — La Noblesse Impériale ne pouvait avoir d'autres armoiries que celles énoncées dans les Lettres-Patentes, 141. — Nouvelle concession d'armoiries, 152.
— Des Armoriaux sont publiés dans beaucoup de provinces, 373 et suivantes.
ARTHUYS (baron), 452.

ARTOIS (comte d'), 144. — *Voyez* : CHARLES X.

ASSEMBLÉE NATIONALE, les députés du Tiers-État la constitue, 25. — Supprime la Féodalité, 26. — Décide que son président se retirerait auprès du Roi pour demander la promulgation des arrêtés du 4 août, 32. — Ajourne le projet de loi contre les émigrations, 48. — Plus tard décréta une loi contre les Émigrés, 53. — Supprime les Ordres de Chevalerie, 54. — Défend d'insérer dans les actes des qualifications Nobiliaires, 55.

ASTORG (baron d'), 409.

AUMONT (duc d'), Pair, 146.

AURILLAC (baron d'), député aux États-Généraux, 11.

AVARAY (marquis d'), député aux États-Généraux, 11.

AVESSENS (marquis d'), député aux États-Généraux, 11.

B.

BADENS (marquis du Pach de), député aux États-Généraux, 11.

BAECKER (L. de), 375.

BALLIDARD (de), député aux États-Généraux, 11.

BAQUESTANT (baron de Vouguy de), 450.

BARDANÇON (vicomte de), député aux États-Généraux, 11.

BARBÉ DE MARBOIS (comte de), 148.

BARBOTAN (le comte de), député aux États-Généraux, 11.

BARON (titre de), 123, 124. — Leurs armoiries sous l'Empire, 136.

BARBAU (H. de), Auteur d'un ouvrage généalogique, 377.

BARTHELÉMY (comte), Pair, 147.

BARTHÉLEMY (Edouard de), Secrétaire du Conseil du Sceau des Titres, 334. — Auteur de plusieurs ouvrages sur la Noblesse, 375, 377.

BARVILLE (de), député aux États-Généraux, 11.

BASSANO (duc de), 271, 415.

BASTERRÈCHE, député, 218.

BASTIDE (baron de La), 429.

BATZ (le comte de), député aux États-Généraux, 11.

BAUFFREMONT-LISTENOIS (comte de), 432.

BAULNY (baron de), 443.

BAVOUX, député, propose à la Chambre de supprimer dans le code pénal, les dispositions relatives à l'usurpation des Titres de Noblesse, 269. — Son amendement est adopté, 270.

BEAUCHAMP (marquis de), député aux États-Généraux, 12.

BEAUCHET-FILLEAU, Auteur d'un ouvrage généalogique, 376.

BEAUDRAP (de), député aux États-Généraux, 12.

BEAUHARNAIS (comte de), Pair, 148.

BEAUHARNOIS (vicomte de), député aux États-Généraux, 12.

BEAUMONT (comte de), Pair, 148.

BEAUMONT (comte de la Bonninière de), 491.

BEAUMONT (duc de), Pair, 147.

BEDOCH, membre de la Chambre des Députés, 157.

BÉGOUEN (comte), 444.

BEINE (baron de), 441.

ALPHABÉTIQUE

BELBOEUF (de), député aux États-Généraux, 12.

BELLART, membre du Conseil général de la Seine, reçoit de Louis XVIII des Lettres de Noblesse, 153.

BELLEVAL (marquis de), Auteur d'un Livre sur la Noblesse, 376.

BÉNARDIÈRE (baron de La), 429.

BENGY DE PUY-VALLÉE, député aux États-Généraux, 12.

BERNADOTTE (maréchal), nommé prince et duc de Ponte Corvo, 403, 404.

BERRYER, député, son discours pour l'hérédité de la Pairie, 249.

BERTHIER (maréchal), 403.

BERTHOLLET (comte de), 148.

BEURNONVILLE (comte de), 148.

BEYTS (baron), 468.

BIENCOURT (marquis de), député aux États-Généraux, 12.

BIRON (duc de), député aux États-Généraux, 12.

BLACONS (marquis de), député aux États-Généraux, 12.

BOISSE (chevalier de), député aux États-Généraux, 12.

BOISSY D'ANGLAS (comte), 148.

BONAPARTE, voyez NAPOLÉON I.er

BONNAY (marquis de), député aux États-Généraux, 12. — Son opinion sur la sanction des arrêtés du 4 août, 31.

BONNEFOY (baron), 411.

BONNEVILLE (comte de), député aux États-Généraux, 12.

BONVOULOIR (Tachard de), député aux États-Généraux, 12.

BOREL D'HAUTERIVE, auteur de plusieurs ouvrages sur la Noblesse, 375, 377.

BORGHÈSE (Prince), 403.

BOUFFLERS (chevalier de), député aux États-Généraux, 12.

BOUILLEZ (J.-B.), auteur d'un Nobiliaire d'Auvergne, 374.

BOULAY (DE LA MEURTHE), le baron, membre du Conseil du Sceau des Titres, 333.

BOURBAN (marquis de), député aux États-Généraux, 12.

BOURDONNAYE (de LA), député, 220.

BOURNAZEL (comte de), député aux États-Généraux, 12.

BOUSMARD, député aux États-Généraux, 12.

BOUSSAIROLLES (baron), 480.

BOUTHILIER (marquis de), député aux États-Généraux, 12.

BOUVILLE (de), député aux États-Généraux, 12.

BREMOND (Alphonse), Auteur d'un Nobiliaire, 376.

BRESSON, membre du Conseil du Sceau des Titres, 333.

BRETEUIL (de), baron, 425.

BRIGNOLE-SALE (comte), 467.

BRIGODE (comte de), 416.

BRIOIS DE BEAUMETZ, député aux États-Généraux, 12.

BRISSAC (duc de), Pair, 146.

BROGLIE (duc de), Pair, 147.

BROGLIE (Prince Victor de), député aux États-Généraux, 12.

BROHON (baron), 460.

BROSSERON (baron du), 452.

BROVES DE RAFELIS (vicomte de), député aux États-Généraux, 12.

BUGEAUD (le maréchal), est élevé à la dignité de Duc d'Isly, 278.

BUREAU DE PUZY, député aux États-Généraux, 12.

BURIGNOT DE VARRENNES, député aux États-Généraux, 13.
BURLE (de), député aux États-Généraux, 13.
BUTTAFOCO (de), député aux États-Généraux, 13.

C.

CADORE (duc de), 147, 414.
CAILA (baron), 440.
CAIRON (marquis de), député aux États-Généraux, 13.
CAMBACÉRÈS, lettre que lui adresse l'Empereur, 106. — Il porte au Sénat les deux Statuts sur la création et la transmission de la Noblesse Impériale, 114.
CAMUS, veut qu'on réponde aux objections du Roi, 30.
CANCLAUX (comte de), 148.
CARDON DE SANDRANS (le baron de), membre du Conseil du Sceau des Titres, 333.
CARNOT (général), est nommé comte, 171.
CASABIANCA (comte de), Pair, 148.
CASAMAJOR D'ONEIX (baron de), 484.
CASTELLANE (comte), député aux États-Généraux, 13.
CASTIGLIONE (duc de), 147.
CASTRIES (duc de), 13, 147.
CAUSANS (marquis de), député aux États-Généraux, 13.
CAYLUS (duc de), député aux États-Généraux, 13.
CAZALÈS (de), député aux États-Généraux, 13.
CENT-JOURS, 170 à 173.
CERNON (baron de), député aux États-Généraux, 13.

CHABANACY DE MARNAS, membre du Conseil du Sceau des Titres, 333.
CHABROL, député aux États-Généraux, 13.
CHABROL-CROUSOL (comte), 423.
CHABROL DE TOURNOËLLE (baron de), 470.
CHALAIS (Prince de), Pair, 147.
CHALÉON (baron de), député aux États-Généraux, 13.
CHALON (chevalier de), député aux États-Généraux, 13.
CHALRET-DURIEU, député, son discours pour l'hérédité de la Pairie, 228.
CHAMBAUDOIN (baron Rolland de), 419.
CHAMBRAY (marquis de), député aux États-Généraux, 13.
CHAMBRE DES PAIRS, en 1814 est composée de 154 Nobles, 146. — Elle était alors la véritable représentation de la Noblesse, 151. — La dignité de Pair est déclarée héréditaire, 175. — Chaque Lettre-Patente de Pair porte collation d'un Titre de Noblesse, 175. — Réception d'un Pair, 175, 176, 177. — Serment qu'il prête, 177. — Dans les cérémonies, la préséance est accordée aux Pairs, 180. — Rang des Pairs Ecclésiastiques, 181. — Modèle de Lettres-Patentes d'un Pair, 181 à 183. — Projet de loi qui supprime l'hérédité de la Pairie, 226 à 228. — Discussion de ce projet de loi, 228 à 268. — L'hérédité de la Pairie est abolie, 268. — La Chambre des Pairs rejette une proposition adoptée par la Chambre des Députés, ten-

dant à interdire à l'avenir toute institution de majorats, 271. — La même proposition est reproduite une seconde fois, la clôture de la session ne permet point de délibérer sur le rapport qui en fut fait, 272. — La Chambre des Députés adresse à la Chambre des Pairs un troisième projet qui fut adopté, 277. — Texte de cette loi, qui interdit toute institution de majorats à l'avenir, 277 et 278.

CHAMOY (baron de), 460.

CHAMPAGNY (de Nompair de), député aux États-Généraux, 13.

CHAMPOS (baron de), 480.

CHAMPY (baron), 422.

CHANALEILLES (baron de), 422.

CHAPELIER, sa motion à l'Assemblée nationale, 30.

CHAPTAL (comte), 426.

CHARLES X, son règne, 185 à 223.

CHARNACÉ (baron de), 440.

CHARTE de 1814, consacre les droits de la Noblesse Ancienne et de la Noblesse Nouvelle, 145.

CHARTE de 1830, l'ancien article 71 de la Charte de 1814, relatif à la Noblesse, devient l'article 62 de la Nouvelle Charte, 224, 225. — Modification proposée pour supprimer l'hérédité de la Pairie et la conférer à vie, 227, 228.

CHARTROUSE (baron de), 463.

CHASSELOUP-LAUBAT (comte de), 148.

CHASSET, adopte la motion de Goupil, 31.

CHASSEPOT DE PISSY (baron de), 482.

CHASSIRON (baron), 418.

CHASTENAY DE LANTY (comte de), 13.

CHATEAUX, soixante-douze sont brûlés, 25. — Beaucoup sont détruits, 32.

CHATEAUX-FORTS, la Convention ordonne qu'ils soient démolis, 68.

CHATELET (duc du), député aux États-Généraux, 13.

CHAZELLES-LUNAC (baron), 458.

CHENIZOT (baron de), 462.

CHERGÉ (Charles de), auteur d'un ouvrage généalogique, 376.

CHEVALIER (Titre de) sous l'Empire, 124. — Leurs Armoiries, 136. — Modifications sous la Restauration, 155.

CHEVRELIÈRE (baron de La), 465.

CHEVREUSE (duc de), Pair, 146.

CHISEUIL (baron de), 481.

CHOISEUL D'AILLECOURT (comte de), député aux États-Généraux, 13.

CHOISEUL (duc de), Pair, 146.

CHOISEUL-PRASLIN (duc de), député aux États-Généraux, 13.

CHOLET (comte), Pair, 148.

CHOVET DE LA CHANCE (baron), 428.

CI-DEVANT, dénomination employée pour désigner les Nobles, 143.

CLAIREMONT (d'Esclaibe, comte de), député aux États-Généraux, 13.

CLAPIERS (de), député aux États-Généraux, 13.

CLARPIN (H. de), auteur d'un ouvrage sur la Noblesse, 376.

CLEMENT DE RIS (comte), Pair, 148.

CLERMONT-GALLERANDE (marquis de), 150.

CLERMONT-LODÈVE (marquis de), député aux États-Généraux, 14.

CLERMONT-MONT-SAINT-JEAN (marquis de), député aux États-Généraux, 14.

Clermont-Tonnerre (baron de), 471.
Clermont-Tonnerre (comte de), député aux États-Généraux, 14.
Clermont-Tonnerre (duc de), Pair, 146.
Coiffier (baron de), député aux États-Généraux, 14.
Coigny (duc de), 14, 146.
Colaud (comte), Pair, 148.
Colchen (comte), Pair, 148.
Colliquet (baron), 466.
Comaserra (de), député aux États-Généraux, 14.
Commission des Émigrés, 84.
Commission du Sceau, sa création, ses attributions, 151. — Elle est supprimée, 225, 226.
Comte (titre de), 123 — Leurs armoiries sous l'Empire, 135, 136.
Conantre (baron de), 482.
Conégliano (duc de), 147.
Connétable, 100, 103.
Conseil du Sceau des Titres, ses attributions, 129. — Liste de ses membres en 1813, 131. — En 1814 il est remplacé par la Commission du Sceau, 151. — Rétablissement du Conseil du Sceau des Titres, 330. — Ses attributions, 331. — Liste des membres de ce Conseil, 333, 334.
Contades (comte de), 408.
Conteneuil (baron de), 447.
Convention (la), ordonne le désarmement des Nobles, 68. — Ordonne la démolition des Chateaux-Forts, 68. — Ordonne que les maisons, jardins, etc., qui porteraient des armoiries, seront confisqués, 68. — Ordonne que les plaques de cheminées qui ont des signes de blason, soient retournées, 69.

Corberon (baron de), 463.
Cornet (comte), Pair, 148.
Cornudet (comte), Pair, 148.
Cossé-Brissac (comte de), 469.
Costa de Beauregard, Auteur d'un Livre sur les Familles de Savoie, 377.
Cotzhausen (baron de), 454.
Courcy (de), voyez Potier.
Courtomer (comte), 413.
Cousin-Montauban (général), est nommé comte de Palikao, 337. — Projet de loi tendant à lui accorder une dotation annuelle de 50,000 fr., 338. — Exposé des motifs, 338 à 342. — Texte du projet de loi, 342. — Sa lettre à l'Empereur, 343. — Réponse de l'Empereur, 344. — Le projet de loi de dotation est retiré, 345.
Coussy (baron de), 449.
Cramayel, introducteur des ambassadeurs, 107.
Crécy (comte de), député aux États-Généraux, 14.
Crillon (comte de), député aux États-Généraux, 14.
Crillon (marquis de), député aux États-Généraux, 14.
Croix (comte de), 14, 148.
Croy (duc de), Pair, 146.
Croy-d'Havré (duc de), Pair, 147.
Crussol (bailly de), député aux États-Généraux, 14, nommé Pair, 150.
Crussol (baron de), député aux États-Généraux, 14.
Crussol d'Amboise (marquis de), député aux États-Généraux, 14.
Culant (comte de), député aux États-Généraux, 14.

ALPHABÉTIQUE.

Curial (comte), 150.
Custine (comte de), député aux États-Généraux, 14.
Cypierre (marquis de), député aux États-Généraux, 14.

D.

D'Aguesseau de Fresnes, député aux États-Généraux, 14.
Dal Pozzo (baron), 413.
Damas (comte Charles de), Pair, 150.
D'André, député aux États-Généraux, 14.
Darbaud-Jouques (baron), 477.
Darion (baron), 459.
Darjuzon (comte), 406.
Dauphin, titre rejeté par l'Assemblée nationale, 54.
Davoust (comte), Pair, 148.
Dejean (comte), Pair, 148.
Delangle, relativement à une pétition, il fait au Sénat un rapport important, concernant les Titres Nobiliaires, 289 à 302. — Il est rapporteur de la Commission sur le projet de loi contre les usurpations nobiliaires, 323. — Nommé Garde des Sceaux, il adresse une circulaire aux procureurs-généraux sur le nouvel article 259 du Code pénal, 499 à 502.
Delley-d'Agier (comte de), Pair, 148.
Denbarrère (comte), Pair, 148.
Demons-de-Dunes (baron), 483.
Dimont (comte), Pair, 148.
Démorell (baron), 488.
Demun (comte), 418.
Denon (baron Vivant), 472.
Depère (comte), Pair, 148.

Depius, grand Sénéchal, député aux États-Généraux, 14.
Depret (baron), 473.
Deschamps, député aux États-Généraux, 14.
Descorbiac (baron), 484.
Desgraviers (baron), 448.
Desportes (baron), 408.
Dessoles (comte), 150.
Destutt de Tracy (comte), voyez Tracy.
Deureboucq (baron), 415.
Dieuzie (comte de), député aux États-Généraux, 15.
Digoine du Palais (marquis), député aux États-Généraux, 15.
Dionis Dusejour, député aux États-Généraux, 15.
Division du Sceau, au ministère de la Justice, remplace la Commission du Sceau, 226.
Dortan (comte de), député aux États-Généraux, 15.
Doudeauville (duc de), Pair, 147.
Douzon (Dubuisson comte de), député aux États-Généraux, 15.
Dubreuil (baron Paschal), 433.
Duc, en 1814, la prééminence est rendue à la dignité ducale, 150.
Duc de l'Empire, 122. — Libellé de Lettres-Patentes qui confère ce Titre, 133. — Leurs armoiries, 135.
Duchés Grands-Fiefs de l'Empire, 108, 109, 110.
Duhamel (baron L. J.), 462.
Duhamel (baron L. M.), 431.
Dulaure, publie un pamphlet contre les Nobles, 45.
Dupont (comte), Pair, 148.

DUPORT, député aux États-Généraux, 15.
DUPUY (comte), Pair, 148.
DURAS (duc de), Pair, 146.
DUROC (général), nommé Grand-Officier du Palais, 107.
DUVAL (comte), 419.
DUVAL D'ESPRÉMENIL, député aux États-Généraux, 15.
DUVERGIER, membre du Conseil du Sceau des Titres, 333.

E.

ÉGALITÉ, la Noblesse en regard de l'égalité, 348. — Y a-t-il égalité dans l'état de nature? 348. — Y a-t-il égalité dans l'état social? 349. — Opinion d'Abd-el-Kader sur cette question : les hommes sont-ils pareils? 349, 350. — L'égalité n'est nulle part, 350. — Doctrine de l'égalité absolue reprouvée par Bonaparte 1.er consul, 356.
EGMONT-PIGNATELLI (comte d'), député aux États-Généraux, 15.
ELBEUF (duc d'), Pair, 146.
ÉMIGRÉS, leurs biens son confisqués, 60. — Ils sont bannis à perpétuité, 66. — Ils subissent des visites domiciliaires, 66. — S'ils rentrent en France, ils sont condamnés à mort et exécutés dans les 24 heures, 71. — Le séquestre est apposé sur les biens de leurs pères et mères, 72. — Une récompense de 100 francs est accordée à celui qui arrêtera un Émigré, 73, 75. — Leurs biens sont irrévocablement acquis au profit de la république, 79. — Sous le Consulat nouveau mode d'application des lois à eux relatives, 82. — Commission de 30 membres chargés de l'examen des réclamations des individus inscrits sur la liste des Émigrés, 83. — La liste des Émigrés est imprimée, 85. — Beaucoup sont rayés de la liste générale, 88. — Projet d'amnistie concernant les Émigrés, 88. — Conditions de l'amnistie, 92. — L'amnistie est l'objet d'un Sénatus-Consulte, 96. — Ceux qui étaient encore dans l'exil rentrent en France, 144. — Les Listes d'Émigrés encore existantes en 1814, sont abolies, 154. — Ils sont autorisés à exercer leurs droits politiques et leurs droits civils, 154, 155. — Loi qui leur accorde la remise des biens non-vendus, 159, 160. — Texte de cette loi, 494. — Le maréchal duc de Tarente fait une proposition à la Chambre des Pairs, pour accorder des indemnités aux Émigrés dont les biens avaient été vendus, 160 à 168. — Analyse de l'exposé des motifs du projet de loi d'indemnité pour les Émigrés, 194 à 214. — Discussion de ce projet de loi, 214 à 222. — Adoption de cette loi, 222.
EMMERY (comte), 148.
ÉMINENCE, ce titre est défendu, 43.
ESCARS (comte François d'), député aux États-Généraux, 15.
ESCLANS (chevalier d'), député aux États-Généraux, 15.
ESCOULOUBRE (marquis d'), député aux États-Généraux, 15.

Espinasse (comte de L'), 149.
Esquille (marquis d'), député aux États-Généraux, 15.
Estagnolle (comte d'), député aux États-Généraux, 15.
Estang (baron d'), 468.
Estourmel (marquis d'), député aux États-Généraux, 15.
Estreux (baron d'), 430.
États-Généraux, convoqués le 5 mai 1789, comment ils étaient composés, 10.
Études Généalogiques, sont en progrès, 373 et suivantes.
Excellence, ce titre est défendu, 43. — Ce titre est rétabli, 107.
Eymard (d'), député aux États-Généraux, 15.

F.

Fabre de l'Aude (comte), 148.
Failly (comte de), député aux États-Généraux, 15.
Familles, leur stabilité forme la stabilité de l'État, 361. — Leur conservation importe à la conservation de l'État, 378 à 387.
Faucigny (comte de), parle en faveur des distinctions des Nobles, 34, 39.
Fayet (baron de), 408.
Fayolles de Mellet (baron de), 492.
Feltre (duc de), Pair, 147.
Féodalité, arrêté qui la supprime, 26.
Féodaux (Titres), voyez : Titres Féodaux.
Férierres (marquis de), député aux États-Généraux, 15.
Ferrand, ministre d'État, 156, 157, 158.

Ferrière-Percy (le comte Hector de La), auteur d'un ouvrage héraldique, 376.
Fesch (cardinal), nommé Grand-Officier du Palais, 107.
Fiefs, sont rétablis, 111.
Fitz-James (duc de), Pair, 146.
Flachslanden (baron de), député aux États-Généraux, 15.
Flégny (baron de), 476.
Fleury (duc de), Pair, 146.
Flocon, 283.
Fonchateau (marquis de), député aux États-Généraux, 15.
Fontanes (comte de), 148.
Forêts, leur vente et destruction sont la cause des inondations que nous éprouvons, 370.
Fossés (vicomte des), député aux États-Généraux, 15.
Foucault de Lardimalie (marquis de), député aux États-Généraux, 15.
Fourcroy, conseiller d'État, 88.
Fournès (marquis de), député aux États-Généraux, 15.
Fremeur (baron de), 477.
Fresnay (marquis de), député aux États-Généraux, 15.
Fresnaye (baron de La), 459.
Freteau (baron), 407.
Fréteau de Saint-Just, député aux États-Généraux, 16.
Froment (de), député aux États-Généraux, 16.
Froment-Castille (baron), 420.
Frondeville (Lambert de), député aux États-Généraux, 16.
Fumel-Monségur (marquis de), député aux États-Généraux, 16. — Anecdote qu'il raconte, 33.

G.

Gaete (duc de), 415.
Gaillon (marquis de), député aux États-Généraux, 16.
Galard-Béarn (comte), 411.
Garnier (comte), 148.
Garon de la Bevière, député aux États-Généraux, 16.
Garran-de-Coulon (comte), 469, 470.
Gassendi (comte), 148.
Gauville (baron de), député aux États-Généraux, 16.
Gay-de-Vernon (baron), 461.
Girardin (comte), 424.
Girardin (M.me Emile), née Delphine Gay, ce qu'elle dit de la Noblesse, 350, 351.
Girod (baron), 410.
Gleises de la Blanque, député aux États-Généraux, 16.
Gomer (baron de), 487.
Gomer (comte de), député aux États-Généraux, 16.
Gonnès (baron de), député aux États-Généraux, 16.
Goupil de Préfeln, sa proposition à l'Assemblée nationale, 30.
Goupilleau (J. F.), demande qu'il soit fait des visites domiciliaires dans les lieux suspectés de recéler des Émigrés, 66.
Gourdan, député à l'Assemblée nationale, 33.
Gouvion (comte de), Pair, 148.
Gouvion-Saint-Cyr (marquis de), Pair, 147.
Graimberg de Belleau, député aux États-Généraux, 16.
Gramont (duc de), Pair, 146.

Grammont (comte de), député aux États-Généraux, 16.
Grand-Amiral, sous l'Empire, 100, 103.
Grand-Électeur, en France, 100, 101.
Grandeur, ce titre est défendu, 43.
Grands dignitaires de l'Empire, leur création, 99. — Leurs attributions générales, 104. — Liste des titulaires de ces Titres, 400.
Grands Officiers, de l'Empire, leur création, leurs attributions générales, 105. — Liste des titulaires de ces Titres, 401.
Grange (baron de La), 479.
Grange (marquis de La), Sénateur, 333.
Grezolles (comte de), député aux États-Généraux, 16.
Grossolles-Flamarens (le comte de), membre du Conseil du Sceau des Titres, 333.
Guerin de la Grasserie, auteur d'un Armorial, 374.
Guigard (Joannis), auteur de la Bibliothèque héraldique, 374.
Guillerville (baron de), 442.
Guizot, député, son discours pour l'hérédité de la Pairie.
Guyard de la Fosse (J. B.), auteur d'un ouvrage sur les Seigneurs, 376.

H.

Hallez (baron), 492.
Ham (comte de), 473.
Harambure (baron d'), député aux États-Généraux, 16.

Harchies (marquis d'), député aux États-Généraux, 16.
Harcourt (d'), pourquoi déclaré Émigré, 61.
Harcourt (duc d'), Pair, 146.
Harcourt (marquis d'), 150.
Harff (baron de), 447.
Hargenvillier (baron d'), 448.
Hart (marquis du), député aux États-Généraux, 16.
Harville (comte d'), Pair, 148.
Haubersart (baron d'), 475.
Haubersart (comte d'), Pair, 148.
Hautoy (vicomte du), député aux États-Généraux, 16.
Havré et de Croï (duc d'), député aux États-Généraux, 17.
Havrincourt (comte d'), 425.
Hédouville (comte d'), Pair, 148.
Heitz (Charles), auteur d'un ouvrage sur les Seigneuries d'Alsace, 374.
Helmstatt (comte d'), député aux États-Généraux, 17.
Hercé (chevalier de), député aux États-Généraux, 17.
Herlincourt (baron d'), 491.
Herwyn (comte), Pair, 149.
Hodicq (comte d'), député aux États-Généraux, 17.
Hocquart (baron), 444.
Houdetot (baron d'), 411.
Hunebourg (comte d'), 415.

I.

Irland de Bazoges, député aux États-Généraux, 17.
Isly (duc d'), 278.
Iversay (comte d'), député aux États-Généraux, 17.

J.

Jacob (le bibliophile Paul L.), refute un pamphlet de Dulaure, 46.
Jahan, membre du Conseil du Sceau des Titres, 333.
Janzé (baron), 418.
Jaucourt (comte de), Pair, 149.
Jessé (baron de), député aux États-Généraux, 17.
Juigné (marquis de), député aux États-Généraux, 17.
Journu-Auber (comte), Pair, 149.

K.

Kenny (baron), 463.
Kerhorre (baron de), 453.
Kertanguy (baron Salaun de), 450.
Klein (comte), Pair, 149.

L.

Labbey de Pompières, député, 214.
Lablache (comte de), député aux États-Généraux, 17.
Lacépède (comte de), 120, 149.
Lachatre (comte de), député aux États-Généraux, 17.
Lachatre (vicomte de), député aux États-Généraux, 17.
Lacoste (marquis de), député aux États-Généraux, 17.
Lacoudraye (chevalier de), député aux États-Généraux, 17.
Lafayette (marquis de), député aux États-Généraux, 17. — Appuie la motion contre la Noblesse, 34.
Laforce (duc de), 147.
Laforest (comte), 405.

LAGALISSONNIÈRE (comte de), député aux États-Généraux, 17.

LA GRANGE (marquis de), sénateur, 333.

LAIPAUD (comte de), député aux États-Généraux, 17.

LALLY-TOLENDAL (comte de), député aux États-Généraux, 17. — Son Livre, intitulé : Défense des Émigrés, 63.

LAMARCK (comte de), député aux États-Généraux, 17.

LAMARTILLIÈRE (comte de), Pair, 149.

LAMBEL, député à l'Assemblée nationale, parle contre la Noblesse, 33.

LAMBERTYE (comte de), député aux États-Généraux, 17.

LAMBRON DE LIGUIN, auteur d'un armorial, 374.

LAMERVILLE (vicomte de), député aux États-Généraux, 17.

LAMETH (chevalier Alexandre de), député aux États-Généraux, 17. — Fait une motion, 33.

LAMETH (comte Charles de), député aux États-Généraux, 18. — Parle contre la Noblesse, 33.

LANDENBERG-WAGENBOURG (baron de), député aux États-Généraux, 18. — Son allocution, 41.

LANGLAIS, membre du Conseil du Sceau des Titres, 333.

LANGON (marquis de), député aux États-Généraux, 18.

LANJUINAIS, demande la prohibition de plusieurs titres, 41. — Son opinion relativement aux Émigrés, 67.

LANNOY (comte de), député aux États-Généraux, 18.

LAPLACE (comte), Pair, 149.

LAPOYPE-VERTRIEUX (marquis de), député aux États-Généraux, 18.

LAQUEILLE (marquis de), député aux États-Généraux, 18.

LAQUEILLE (vicomte de), député aux États-Généraux, 18.

LA ROUZIÈRE (marquis de), député aux États-Généraux, 18.

LASCASES (baron), 405.

LASSIGNY DE JUIGNÉ (comte de), député aux États-Généraux, 18.

LAROCHEFOUCAULD (duc de), député aux États-Généraux, 18.

LA ROCHE LA CARELLE, Auteur d'un Armorial, 374.

LA ROQUE (Louis de), Auteur de plusieurs ouvrages sur la Noblesse, 376, 377.

LAROQUE DE MONS (comte de), député aux États-Généraux, 18.

LASCOUX, Commissaire-Impérial, près le Conseil du Sceau des Titres, 334.

LATOUCHE (le Vassor, comte de), député aux États-Généraux, 18.

LATOUR-MAUBOURG (le comte), Pair, 149.

LATOUR-MAUBOURG (comte Victor de), 150.

LATOUR-MAUBOURG (marquis de), député aux États-Généraux, 18.

LA TOUR DU PIN (comte de), député aux États-Généraux, 18.

LA TOUR DU PIN, Ministre de la guerre, 64.

LAURENCIN, député, 219.

LAVALETTE-PARIZOT (marquis de), député aux États-Généraux, 18.

LAVAL-MONTMORENCY (duc de), Pair, 147.

LAVENANT (baron), 440.

LAVIE (le Président), député aux États-Généraux, 18.

Lebeau, Président du Conseil-Général de la Seine, reçoit de Louis XVIII des Lettres de Noblesse, 153.

Leberthon, député aux États-Généraux, 18.

Lebrun, Consul, lettre que lui adresse Napoléon, 106.

Lebrun de Rochemont (comte), Pair, 149.

Lecarpentier de Chailloué, député aux États-Généraux, 18.

Lecouteulx de Canteleu (comte), Pair, 149.

Ledéan (baron), 437.

Lefvre (maréchal), est créé duc de Dantzick, 111, 404.

Legrand (comte), Pair, 149.

Lemercier (baron J. B. N.), 414.

Lemercier (comte), 409.

Lemoyne de Belleisle, député aux États-Généraux, 18.

Lemulier de Bressay, député aux États-Généraux, 18.

Lencosne (marquis de), député aux États-Généraux, 18.

Lenoir-Laroche (comte), 149.

Lenormant-Flaghac (baron), 460.

Lepeletier d'Aunay (comte), 436.

Leroy de Livet (baron), 461.

Lesergean d'Isbergue, député aux États-Généraux, 19.

Lesergeant de Monnecove (baron), 485.

Lesparda (baron), 445.

Lesperut (baron), 462.

Lévis (duc de), 19, 147.

Lévis (comte de), député aux États-Généraux, 19.

Lezai de Marnezia (marquis de), député aux États-Généraux, 19.

Lezardière, député, 217.

Lherbette, 282.

L'Huillier-Rouvenac (baron de), député aux États-Généraux, 19.

Liancourt (duc de), député aux États-Généraux, 19.

Linière (comte de), député aux États-Généraux, 19.

Liste des membres du corps de la Noblesse qui ont assisté aux États-Généraux, 11.

Livrées (les), décret qui défend d'en porter ou d'en faire porter, 42. — Les étrangers pourront les conserver en France, 43. — Leur transmission, 129. — La Noblesse Impériale ne pouvait avoir d'autres Livrées que celles énoncées dans les Lettres-Patentes, 141.

Loggia (comte de La), 486.

Logras (marquis de), député aux États-Généraux, 19.

Loras (marquis de), député aux États-Généraux, 19.

Lorges (duc de), Pair, 147.

Lostanges-Beduer (baron), 410.

Louis XVI, hésite à sanctionner la suppression des droits Seigneuriaux. — Sa lettre à l'Assemblée nationale, 28. — Il appose son *veto* au décret contre les Émigrés. — Il se rend avec sa famille à l'Assemblée nationale, 60.

Louis XVIII, par la charte de 1814, déclare que la Noblesse Ancienne reprend ses Titres, et que la Noblesse Nouvelle conserve les siens, 145. — Il nomme 154 Pairs choisis dans la Noblesse, 146. — Il accorde des Lettres de Noblesse à plusieurs fonctionnaires municipaux, 153. — Il déclare la dignité de Pair héréditaire, 175. — Chaque Lettre-Patente de Pair porte collation d'un Titre de Noblesse, 175.

LOUIS-PHILIPPE détermine les noms et titres que doivent porter les Princes et Princesses de la maison Royale, 225. — Il confère le titre de Duc d'Isly au maréchal Bugeaud, 278. — Il élève à la dignité ducale le chancelier Pasquier, 278.

LOUVERVAL (baron Guislain de), 425.

LOVERA DE MARIA (baron), 438.

LUDRES (comte de), député aux États-Généraux, 19.

LUPÉ (baron de), député aux États-Généraux, 19.

LUSIGNAN (marquis de), député aux États-Généraux, 19.

LUSIGNEM (marquis de), député aux États-Généraux, 19.

LUSTIÈRE (baron de La), 452.

LUSTRAC (baron de), 454.

LUXEMBOURG (duc de), 19, 146.

LUYNES (duc de), député aux États-Généraux, 19.

M.

MACAYE (vicomte de), député aux États-Généraux, 19.

MACKAU (baron), Attaché au Conseil du Sceau des Titres, 334.

MAILLÉ (duc de), Pair, 147.

MAILLY (duc de), député aux États-Généraux, 19.

MAISON (comte), 150.

MAJORATS, leur création, 123. — Actes relatifs à leur formation, 125. — Ne peuvent être établis qu'avec des immeubles libres de tous privilèges et hypothèques, 125. — Peuvent être établis avec des Rentes sur l'État et des actions de la Banque de France, 125, 126. — Obligations du titulaire d'un majorat, 126. — Les majorats ne confèrent aucuns privilèges, 127. — Maison d'habitation attachée au majorat, 127. — Inscriptions des Palais et Hôtels des titulaires de majorats, 128. — Titres des fils du titulaire d'un majorat, 128, 129. — Transmission des armoiries et des livrées des titulaires de majorats, 129. — Formule du serment à prêter lors de l'investiture d'un majorat, 139. — Chaque Pair doit instituer un majorat qui devient la dotation héréditaire de son Titre, 175. — Une Ordonnance Royale soumet l'hérédité des Titres à la constitution de majorats, 183, 184. — Modification sur les majorats en dehors de la Pairie pour les Titres de Marquis et de Vicomte, 222, 223. — La Chambre des Députés adopte une proposition tendant à interdire à l'avenir toute institution de majorats, 270. — Cette proposition est rejetée par la Chambre des Pairs, 271. — La Chambre des Députés renouvelle une seconde fois, puis une troisième fois la même proposition avec quelques modifications, 272. — Cette proposition est adoptée et convertie en loi, 277. — Texte de la loi, 277 et 278. — L'abolition des majorats n'enlève pas l'hérédité des Titres y attachés, 278. — Une loi de la République (en 1849) supprime les majorats, 283. — Effets des majorats, 356. — Situation des puînés en présence des majorats, 357. — Les majorats ne sont propres qu'à maintenir les fortunes étendues et non à favoriser l'accroissement des fortunes médiocres, 358. — Quelle est la bonté relative des majorats? 358. — Les majorats sont contraires à la Féodalité, 359. — Les majorats ne confèrent aucuns droits ni priviléges, 360. — Le fisc a les majorats en aversion, 360. — Statistique des majorats en 1826, 364, 365. — Les sentiments qui portent à faire des majorats ne sont point effacés, 365.

MALAKOFF (duc de), voir : PÉLISSIER.

MALARTIC (baron de), 489.

MALARTIC (vicomte de), député aux États-Généraux, 19.

MALET (baron), 419.

MALEVILLE (comte de), Pair, 149, 422.

MALLET (baron), 474.

MAQUEREL DE QUÉMY, député aux États-Généraux, 19.

MARGUERITES (baron de), député aux États-Généraux, 19.

MARQUIS (titre de), n'est pas admis sous le premier Empire, 123.

MARSANNE-FONTJULIANE (comte de), député aux États-Généraux, 19.

MARTIGNAC (de) présente à la Chambre des Députés l'exposé des motifs du projet de loi d'indemnité pour les Émigrés, 194 à 214.

MARTIN (baron), 446.

MASCLARY (baron de), 480.

MASCON (comte de), député aux États-Généraux, 20.

MAULETTE (chevalier de), député aux États-Généraux, 20.

MAUNY (comte de), 444.

MAURENS (de), député aux États-Généraux, 20.

MAURY (l'abbé), s'oppose à la sanctions des arrêtés de la nuit du 4 août, 28. — Son discours en faveur de la Noblesse, 35, 39.

MAUSSABRÉE (vicomte Ferdinand de), auteur d'une histoire généalogique, 374.

MAUVIÈRES (baron de), 443

MÉCHIN, député, 217.

MÉGARD DE BOURJOLLY, Attaché au Conseil du Sceau des Titres, 334.

MELLET-DE-BONAS (baron), 430.

MELUN (baron de), 465.

MENILGLAISE (baron de), 451.

MENONVILLE (de), député aux États-Généraux, 20.

MENOU (baron de), député aux États-Généraux, 20.

MERCY-ARGENTEAU (comte), 426.

MERLIN (comte), 470.

MESGRIGNY (comte de), 488.

MESGRIGNY (marquis de), député aux États-Généraux, 20.

MEULANAERE (baron), 439.

MEVOLHON (baron), 429.

MICOUD-D'UMONS (baron), 420.

MILET-MUREAU (baron), 412.

MILLEVILLE (de), auteur d'un Armorial, 377.

MINISTÈRE PUBLIC, est autorisé à ajouter les Titres Nobiliaires en désignant les parties, 129.

MIRABEAU (comte de), appuie la motion de Chapelier, 31. — S'oppose à la loi contre les émigrations, 49.

MIRABEAU (le vicomte de), député aux États-Généraux, 20.
MIRAL (du), député, rapporteur de la commission sur le projet de loi contre les usurpations Nobiliaires, 317 à 323.
MIRAMON (comte de), 427.
MIREMONT (le comte de), député aux États-Généraux, 20.
MIREPOIX (comte de), député aux États-Généraux, 20.
MOLÉ (comte), 417.
MOLINE DE SAINT-YON, auteur d'un ouvrage sur la Noblesse, 376.
MONBADON (comte de), Pair, 149, 467.
MONCORPS DUCHÉNOI (comte de), député aux États-Généraux, 20.
MONGUYON-HARDOUIN (baron), 411.
MONJOYE VAUFREY (comte de), député aux États-Généraux, 20.
MONSEIGNEUR, ce titre est défendu, 43. — Ce titre est rétabli, 107. — Ce titre n'est plus donné aux ministres secrétaires d'État, 225.
MONSPEY (marquis de), député aux États-Généraux, 20.
MONTAGUT-BARRAU (baron de), député aux États-Généraux, 20.
MONTAUBAN (Général), voyez : COUSIN-MONTAUBAN.
MONTBAZON (duc de), Pair, 146.
MONTBOISSIER (comte de), député aux États-Généraux, 20.
MONTCALM-GOZON (comte de), député aux États-Généraux, 20.
MONTCALM-GOZON (marquis de), député aux États-Généraux, 20.
MONT D'OR (marquis de), député aux États-Généraux, 20.
MONTESQUIEU (comte de), 149.

MONTESQUIOU-FEZENSAC (baron), 419.
MONTESQUIOU-FEZENSAC (marquis de), député aux États-Généraux, 20.
MONTFERRÉ (chevalier de), député aux États-Généraux, 20.
MONTFORT (baron de), 456.
MONTFORTON (comte), 420.
MONTGRAND (comte de), auteur d'un Livre sur la Noblesse, 377.
MONTHOLON-SÉMONVILLE (comte de), 456.
MONTIGNY (baron de), 466.
MONTLOSIER (comte de), Pair, son discours en faveur des majorats, 272 à 277.
MONTMORENCY (comte A. C. F. de), 433.
MONTMORENCY (comte A. C. L. de), 434.
MONTMORENCY (comte Matthieu de), député aux États-Généraux, 20.
MONTMORENCY (duc de), Pair, 147.
MONTREVIL (comte de), député aux États-Généraux, 20.
MONVILLE (baron de), 435.
MOREL DE VOLEINE, (L.), auteur d'un ouvrage sur la Noblesse, 376.
MORGE (comte de), député aux États-Généraux, 21.
MORINERIE (baron Léon de La), auteur d'un ouvrage sur la Noblesse, 377.
MORNAY DE MONTCHEVREUIL (comte de), 473.
MORTARIEU (baron de), 480.
MORTEMART (comte A. V. R. R. Rochechouart de) 434.
MORTEMART (duc de), 21, 146.
MORTEMART (marquis de) député aux États-Généraux, 21.

MOUSNIER-BUISSON, son rapport à la Chambre des Députés, sur la loi des Substitutions, 188 à 193.
MUIRON (comte), 435.
MURAT (prince Joseph), 403.

N.

NAPOLÉON I.ᵉʳ, étant consul il délivre les Nobles Émigrés naufragés à Calais, 78. — Il fait porter au Sénat, le projet d'amnistie concernant les Émigrés, 88. — Sa lettre à Cambacérès et à Lebrun, 106. Il fonde des Grandes Dignités, prélude de la création d'une Noblesse, 99. — Son opinion sur les costumes et sur l'étiquette, 107. — Curieux message qu'il envoit au Sénat pour qu'il enregistre les Lettres-Patentes qui confèrent au maréchal Lefebvre, le titre de duc de Dantzick, 111. — Il charge Cambacérès de porter au Sénat les deux Statuts sur la création et la transmission de la Noblesse Impériale, 114. — En réponse le Sénat présente une Adresse à l'Empereur, 120. — A son retour de l'île d'Elbe, il attache toujours une haute importance à la Noblesse qu'il avait créée, 171. — Il confère encore des Titres de Noblesse, 172.

NAPOLÉON III, étant président de la République il abroge le décret du gouvernement provisoire sur la suppression des Titres de Noblesse, 285, 286. — Dispositions réglant les Titres et les Rangs des membres de la Famille de l'Empereur, 288. — Il confère au maréchal Pélissier, la dignité de duc de Malakoff, 302. — Il confère au maréchal Maurice de Mac-Mahon la dignité de duc de Magenta, 337. — Il confère au général de division Cousin-Montauban, le titre de comte de Palikao, 337. — Sa lettre au comte de Palikao, 344.

NERVO (baron), 421.

NOAILLES (Alexis de), député, 219.

NOAILLES (comte de), 478.

NOAILLES (duc de), Pair, 146.

NOAILLES, prince de POIX, député aux États-Généraux, 21. — Nommé Pair, 147.

NOAILLES (vicomte de), député aux États-Généraux, 21.

NOBLES, la Convention ordonne qu'ils soient désarmés, 68. — Ils sont privés des droits de citoyen français, 76. — Ils sont assimilés à des étrangers, 76. — Ils peuvent être appelés aux fonctions publiques, 80.

NOBLESSE ANCIENNE, liste de ses Membres convoqués aux États-Généraux le 5 mai 1789, 11. — Suppression de ses priviléges, 26. — Discussion à l'Assemblée nationale pour sa suppression, 33. — Son abolition est votée, 42. — Ne fut point reconnue par Napoléon I.ᵉʳ, 141. — La situation sous le premier Empire, 142. — Les lois ont été impuissantes pour la supprimer. — Au retour de Louis XVIII, elle reprend ses Titres, 145.

NOBLESSE IMPÉRIALE, ses deux Statuts, 122. — Forme de ses Armoiries, 135. — Formule du serment,

34

139. — Défense de prendre des qualifications Nobiliaires que Napoléon I.er n'avaient pas accordées, 141. — La charte de 1814 consacre ses Titres, 145. — Elle doit à ses dotations et à ses majorats d'avoir été reconnue par le gouvernement de Louis XVIII, 364.

NOBLESSE (*par cette simple désignation, nous entendons la Noblesse en général tant Ancienne que Nouvelle, à dater de 1814, voir page 145*). *Voyez*: Chambre des Pairs. — Le Gouvernement provisoire de 1848 décrète l'abolition des Titres de Noblesse, 279, 280. — La constitution du 12 novembre 1848 confirme cette abolition, 281. — Le président de la République, Louis-Napoléon, abroge le décret du Gouvernement provisoire sur la suppression des Titres de Noblesse, 286. — La Noblesse en regard de l'égalité, 348. — La Noblesse considérée comme lien intermédiaire entre le trône et le peuple, 382 à 387.

NOTAIRES, il leur est défendu d'insérer dans leurs actes des qualifications Nobiliaires, 56, 70. — Il leur est défendu de donner dans leurs actes des titres et qualifications que Napoléon I er n'avait pas accordées, 141.

NOYELLES (baron de), député aux États-Généraux, 21.

O.

O'GILVY, auteur d'un Nobiliaire, 376.

OLMO (baron d') 487.

ORDRES DE CHEVALERIE, un décret ordonne de brûler leurs archives, 59.

ORDRE DE LA LÉGION D'HONNEUR, sa création, 96. — Sa division en 16 cohortes, 97. — Composition des 16 cohortes, 393.

ORDRE DE MALTE, un décret le supprime, 61. — Traité entre Bonaparte et les chevaliers de Malte, 87.

ORDRE DE SAINT-LOUIS, est supprimé, 66.

ORLÉANS (Louis-Philippe-Joseph de Bourbon duc d'), député aux États-Généraux, 21.

ORMESSON (d'), député aux États-Généraux, 21.

OTAGES, choisis parmi les parents des Émigrés, 60. — Choisis parmi les Nobles, 76. — La loi sur les ôtages est rapportée, 78.

OTRANTE (duc d'), 415.

P.

PAIR, *voyez*: Chambre des Pairs.

PALIKAO (comte de), *voyez* COUSIN-MONTAUBAN.

PANAT (marquis de), député aux États-Généraux, 21.

PANAT (vicomte de), député aux États-Généraux, 21.

PANETIERS (comte de), député aux États-Généraux, 21.

PANNETTE (Vincent de), député aux États-Généraux, 21.

PARANT, député, propose à la Chambre d'interdire à l'avenir toute institution de majorats, 270.

PARDESSUS, député, 220 à 222.

PARDIEU (comte de), député aux États-Généraux, 21.
PARIEU (de), 281, 282.
PAROY (marquis de), député aux États-Généraux, 21.
PARTICULE NOBILIAIRE, 322, 504.
PASQUIER (le chancelier), est élevé à la dignité ducale, 278.
PASSAMA-LABUSQUIÈRE (baron), 464.
PASTORET (comte de), Pair, 149.
PAULINE (princesse), 403.
PAVÉE-DE-VANDEUVRE (baron), 423.
PÉLISSIER (le maréchal), est élevé à la dignité de Duc de Malakoff, 302. — Exposé des motifs d'un projet de loi, lui accordant une dotation de 100,000 fr. de rente, 303. — Rapport fait par M. Rigaud, député au Corps législatif, au nom de la commission chargée d'examiner ce projet de loi, 306. — Adoption de ce projet de loi, 309. — Texte dudit projet de loi, 309.
PERÉ (comte), 149.
PÉRICHONS (baron des), 476.
PERIER (Casimir), Président du Conseil des Ministres, 227.
PÉRIGNON, Membre du Conseil général de la Seine, reçoit de Louis XVIII des Titres de Noblesse, 153.
PERIGNON (comte), Pair, 149.
PERREGAUX (comte), 405.
PERTHUIS (baron de), 487.
PÉTION, parle contre les Nobles Émigrés, 67.
PETIT (du cher), Trésorier du Sceau, 153.
PHELINES (de), député aux États-Généraux, 21.
PICOT-BAZUS (baron), 483.

PILOTTE DE LA BAROLLIÈRE (baron), 428.
PISIEUX (baron de), 480.
PLAISANCE (duc de), Pair, 147.
PLANCY (comte de), 408.
PLAS DE TANE (comte de) député aux États-Généraux, 21.
PLEURE (marquis de), député aux États-Généraux, 21.
POLIGNAC (duc de), Pair, 147.
POGNIAT (baron de), 453.
POISSAC (baron de), député aux États-Généraux, 21.
PONTALBA (baron Delfau de), 433.
PONTÉCOULANT (comte de), 149.
PORCHER DE RICHEBOURG (comte), 149.
POTIER DE COURCY, auteur d'un Armorial, 374.
POUILLY (baron de), député aux États-Généraux, 21.
POUPART DE NEUFLIZE (baron), 438.
PRASLIN (comte de), député aux États-Généraux, 21.
PRASLIN (duc de), Pair, 146.
PRÉSIDENTS des Cours et Tribunaux, sont autorisés, ainsi que le Ministère public à ajouter les Titres Nobiliaires, en désignant les parties, 129.
PREVET, commissaire du Sceau, 153.
PREZ DE CRASSIER, député aux États-Généraux, 21.
PRINCE (Titre de), 122.
PRINCES, Grands Dignitaires de l'Empire, leurs armoiries, 135.
PROPRIÉTÉ FONCIÈRE, sentiment qu'elle inspire, 352. — Du morcellement des terres, 353, 355. — Opinion des publicistes anglais, 353, 354. — Comparaison entre la

propriété foncière et la propriété mobilière, 355. — Dangers de la trop grande division et subdivision des propriétés territoriales, 355. — Le morcellement des terres est l'œuvre d'un moment, l'agglomération des terres est l'œuvre des siècles, 362. — Supériorité de la grande propriété, 369.

PROUVEUR (baron), 413.

PRULAY (baron de), 446.

PUCH DE MONTBRETON, député aux États-Généraux, 21.

PUISAYE (comte de), député aux États-Généraux, 21.

Q.

. . . .

R.

RAGUSE (duc de), 147.

RAMPON (comte), 149.

RANCOURT DE VILLIERS, député aux États-Généraux, 22.

RAOUSSET-BOULBON (baron), 450.

RATHSAMHAUSEN (baron de), député aux États-Généraux, 22.

RAY (J.) auteur d'un Livre d'Armoiries, 375.

REDON (comte), 149.

RÉFÉRENDAIRES au Sceau, 132. — Sont obligés à fournir un cautionnement, 226.

REGGIO (duc de), 147.

RÉGNIER (Claude-Ambroise), porte au Sénat le projet d'amnistie concernant les Émigrés, 88. — Est créé duc de Massa di Carrara, 133, 414.

REGNAUD (baron), 492.

REMUSAT, nommé premier Chambellan, 107.

RENEL (comte de), député aux États-Généraux, 22.

RENTES sur l'État, sont admises dans la formation d'un majorat, 125, 126.

REUILLEZ (comte de), député aux États-Généraux, 22.

RICHELIEU (duc de), Pair, 146.

RICHIER (de), député aux États-Généraux, 22.

RIQUET DE CARAMAN (baron), 486.

ROBECQ (prince de), député aux États-Généraux, 22.

ROBERT (Charles), Membre du Conseil du Sceau des Titres, 333.

ROBESPIERRE, parle contre les Émigrés, 67.

ROBILLARD (baron), 440.

ROCHEBRUNE (baron de), député aux États-Généraux, 22.

ROCHECHOUART (comte de), député aux États-Généraux, 22.

ROCHEFOUCAULD (duc de La), Pair, 146.

ROEDERER, conseiller d'État, 88.

ROGER (P.), auteur de plusieurs ouvrages sur la Noblesse, 375, 377.

ROGER (baron Daniel), 406.

ROGER (baron Salomon Louis), 435.

ROHAN (duc de), Pair, 146.

ROQUE (Louis de La), voyez : La Roque.

ROQUEFORT (marquis de), député aux États-Généraux, 22.

ROSLIN D'IVRI (baron), 421.

ROUILLÉ D'ORFEUL (baron), 440.

ROUJOUX (baron de), 438.

ROUVOY (baron), 490.

Royer (E. de), ministre de la Justice, propose dans un rapport à l'Empereur, le rétablissement du Conseil du Sceau des Titres, 327.

Royer-Collard, député, son discours pour l'hérédité de la Pairie, 242.

Roys (comte de), député aux États-Généraux, 22.

Roys (vicomte des), attaché au Conseil du Sceau des Titres, 334.

S.

Sablière (baron de La), 476.
Saint-Aignan (duc de), Pair, 146.
Saint-Cyr (de Révéroni), 442.
Saint-Dénis (baron Agis de), 456.
Saint-Fargeau (le Pelletier de), député aux États-Généraux, 22.
— Sa motion, 35.
Saint-Genois (baron Jules de), Professeur-Bibliothécaire de l'Université de Gand, 375.
Saint-Joseph (baron de) 404, 405.
Saint-Maixant (marquis de), député aux États-Généraux, 22.
Saint-Marc (marquis de), député aux États-Généraux, 22.
Saint-Maurice (marquis de), député aux États-Généraux, 22.
Saint-Simon (marquis de), député aux États-Généraux, 22.
Saint-Vallier (comte), 149.
Sainte-Aldegonde (comte François de), député aux États-Généraux, 22.
Sainte-Suzanne (comte), 149.
Saizieu (baron de), 458.
Salmatoris, 107.

Salm-Dyck (comte), 407.
Sandrans (Cardon, baron de), député aux États-Généraux, 23.
Sandrouin (vicomte de), député aux États-Généraux, 23.
Sarrazin (comte de), député aux États-Généraux, 22.
Sassenay (marquis de), député aux États-Généraux, 22.
Satilieu (marquis de), député aux États-Généraux, 23.
Saulx-Tavannes (duc de), Pair, 147.
Sceau (Conseil du), voir Conseil.
Sceau des Titres, 130.
Secrétaire du Sceau, 152.
Séguier (baron), 405.
Ségur (comte de), 149.
Ségur (vicomte de), député aux États-Généraux, 23.
Semerville (baron de), 432.
Sémonville (comte), 149.
Sénatoreries, leur création, 98.
— Liste et composition des sénatoreries, 398.
Senevas (baron de), 485.
Sepmanville (baron de), 432.
Sérent (comte de), député aux États-Généraux, 23.
Sérent (duc de), Pair, 147.
Serment de la Noblesse Impériale, 139.
Serrurier (comte), 149.
Seurrat de la Boulaye, député aux États-Généraux, 23.
Shée (comte), 149.
Sillery (marquis de), député aux États-Généraux, 23.
Sineti (de), député aux États-Généraux, 23.
Soulés (comte), 149.

SOULTRAIT (comte George de), auteur d'un Armorial, 374, 376.
STEYERT (André), auteur d'un Armorial, 376.
SUBSTITUTIONS, texte de la loi, 185. — Résumé de la discussion qui eut lieu à la Chambre des Députés, 188 à 193. — Sous la République (en 1849), cette loi est abrogée, 285.

T.

TAIGNY (Edmond), Attaché au Conseil du Sceau des Titres, 334.
TALLEGRAND, nommé grand officier du Palais, 107. — Nommé Prince et duc de Bénévent, 403.
TANNEGUI-LEVENEUR (comte), 436.
TARDIF DE MOIDREY, auteur d'un ouvrage sur la Noblesse, 376.
TARENTE (maréchal duc de), fait une proposition à la Chambre des Pairs pour accorder des indemnités aux Émigrés dont les biens avaient été vendus, 160 à 168.
TASCHER (comte), 468.
TERNAY (marquis de), député aux États-Généraux, 23.
TESNIER DE BRÉMESNIL (baron), 412.
TESSÉ (comte de), député aux États-Généraux, 23.
THABAUD, (baron), 411, 472.
THÉVENARD (comte de), 149.
THIBOUTOT (marquis de), député aux États-Généraux, 23.
THIERS, député, son discours pour l'hérédité de la Pairie, 234.
TIERS-ÉTAT, veut qu'on vote par tête et non par ordre, 25. —

TITRES DE NOBLESSE, conférés à des Français par des Souverains étrangers ne peuvent être portés en France sans une autorisation du chef de l'État, 334 à 337.
TITRES FÉODAUX, des habitants des Départements réunis à la France, pouvaient être échangés contre de nouveaux Titres de Noblesse de l'Empire, 131, 132.
TITRES GÉNÉALOGIQUES, existant dans les dépôts publics, devaient être brûlés, 59.
TOULONGEON (marquis de), député aux États-Généraux, 23.
TOULOUSE-LAUTREC (comte de), député aux États-Généraux, 23.
TOUSTAIN DE VIRAY (comte de), député aux États-Généraux, 23.
TRACY (Destutt, comte de), député aux États-Généraux, 23, — Parle contre les usurpations de Titres, 35, — est nommé Pair, 148.
TRÉMOILLE (duc de La), Pair, 146.
TRÉMONT (comte de), 444.
TRÉSORIER DU SCEAU, 152.
TRÉVISE (duc de), Pair, 147.
TRIE (comte de), député aux États-Généraux, 23.
TRONCENORD (baron de), 445.

U.

ULIBON (baron d'), 426.
USSON (marquis d'), député aux États-Généraux, 23.
USTOU DE SAINT-MICHEL (vicomte d'), député aux États-Généraux, 23.

USURPATION de Titres Nobiliaires, punie sous le premier Empire, 141. — Promulgation du Code pénal, article y relatif, 141. — En 1831, suppression de cette disposition du code pénal, 269, 270. — Pétition de M. Voysin de Gartempe adressée au Sénat, demandant qu'on rétablisse l'ancienne disposition du code pénal, supprimée en 1831, 289. — Rapport de M. le président Delangle sur cette pétition, 289 à 302. Renvoi de cette pétition au Ministre d'État et au Ministre de la Justice, 302. — Rapport du garde des sceaux à l'Empereur sur le rétablissement des dispositions pénales applicables à l'usurpation des Titres de Noblesse, 310 à 313. — Projet de loi y relatif, 313. — Exposé des motifs, 313 à 317. — Rapport de la commission chargée d'examiner ce projet de loi, 317 à 323. — Adoption de la loi, 323. — Son texte, 324. — Circulaires administratives pour son exécution, 324, 325, 496 à 504. — Conséquence de la loi du 28 mai 1858 contre l'usurpation des Titres Nobiliaires, 326, 327.

UZES (duc d'), Pair, 146.

V.

VALENCE (comte de), 149.
VALENTINOIS (duc de), Pair, 146.
VALETTE (du Jura), 283.
VALMY (duc de), 147.
VAN DER HAEGHEN-MUSSAIN (baron), 489.

VARANGE (Muguet de), 439.
VAREINNE (baron de La), 455.
VASSÉ (le Vidame), député aux États-Généraux, 23.
VASSY (le comte Louis de), député aux États-Généraux, 23.
VAUBLANC (de), député, 218.
VAUBOIS (comte de), 149.
VAUDEUIL, sa maison est confisquée parcequ'il a négligé de faire enlever 2 girouettes où il y avait apparence de signes héraldiques, 69.
VAUDREUIL (comte de), 150.
VAUDREUIL (marquis de), député aux États-Généraux, 23.
VAUGUYON (duc de La), Pair, 146.
VAUXONNE (baron de), 490.
VERNIER (comte), 150.
VERTPRÉ (baron de), 484.
VERTHAMONT (chevalier de), député aux États-Généraux, 23.
VIALIS (de), député aux États-Généraux, 24.
VICOMTE, (Titre de) n'est pas admis sous le premier Empire, 123.
VILLARMOIS (comte de), député aux États-Généraux, 24.
VILLEBOIS (baron de), 451.
VILLEMANZY (comte de), 150.
VILLEMORT (comte de), député aux États-Généraux, 24.
VILLEQUIER (duc de), député aux États-Généraux, 24.
VILLOT-DE FREVILLE (baron), 421.
VIMAR (comte), 150.
VIOMENIL (comte de), 150.
VIRIEU (comte de), député aux États-Généraux, 24. — Son discours, 40.
VISCHER-DE-CELLES (comte), 417.

Vogué (comte de), député aux États-Généraux, 24.
Voysin de Gartempe, adresse une pétition au Sénat concernant les Titres Nobiliaires, 289. — Rapport de M. le Président Delangle sur cette pétition, 289 à 302. — Renvoi de cette pétition au Ministre d'État et au Ministre de la Justice, 302.
Vrigny (marquis de), député aux États-Généraux, 24.

W.

Wagram (prince de), 147.

FIN DE LA IIme TABLE PAR ORDRE ALPHABÉTIQUE.

ACHEVÉ D'IMPRIMER

LE XIVe JOUR DE AOUT MDCCCLXII

PAR EUG. VANDERHAEGHEN, TYPOGRAPHE,
RUE DES CHAMPS, 66, A GAND.

www.ingramcontent.com/pod-product-compliance
Lightning Source LLC
Chambersburg PA
CBHW051356230426
43669CB00011B/1664